edition suhrkamp

Redaktion: Günther Busch

Michael Müller, geboren am 26. Juni 1946, ist Professor für Architektur/bebaute Umwelt in Verbindung mit Warenästhetik (Geschichte und Theorie der Produktgestaltung) an der Universität Bremen. Veröffentlichungen: *Die Villa als Herrschaftsarchitektur* (mit R. Bentmann, 1970); *Künstlerische und materielle Produktion* (in: *Autonomie der Kunst*, 1972); *Architektur als ästhetische Form oder ästhetische Form als lebenspraktische Architektur?* (in: ›*Theorie der Avantgarde*‹, 1976).

Der Verzicht aufs Ornament in der Architektur zu Beginn des 20. Jahrhunderts ging einher mit dem Durchbruch technologisch gesteuerter Rationalisierungsprozesse und des Prinzips der Zweckrationalität in allen Bereichen menschlichen Handelns. Der Zweifel an der *ästhetischen Form des Ornaments*, das einst den Widerspruch zwischen den individuellen Bedürfnissen und der sozialen Wirklichkeit für die Menschen hatte mildern sollen, hat sich mehr und mehr zu einer ersatzlosen Preisgabe der ästhetischen Form verhärtet. Andererseits büßte das Ornament dadurch an Bedeutung ein, daß die mit ihm verknüpften Vorstellungen, Wünsche, Träume nunmehr in der gesellschaftlichen Praxis eingelöst werden sollten – Ansätze dazu hat es in den zwanziger Jahren vereinzelt gegeben. Zu fragen ist deshalb nach den Bedingungen, unter denen z. B. der Wunsch nach erfahrbarer Individualität nicht in abgeschiedener Privatheit, sondern im Rahmen einer solidarischen Lebenspraxis und einer ihr adäquaten Architektur- bzw. Wohnform Erfüllung finden kann. In der *Verdrängung* der ästhetischen Form allerdings, die für die gegenwärtige Architektur charakteristisch ist, wird die für die Entfaltung menschlicher Hoffnung auf eine human organisierte Lebenspraxis überaus wichtige *Erinnerung* an das, was in der Geschichte auf seine Transformation in dem Alltagszusammenhang wartet, zerstört.

Michael Müller
Die Verdrängung des Ornaments
Zum Verhältnis von Architektur und Lebenspraxis

Suhrkamp Verlag

Für Birgit, Inge und Jac

edition suhrkamp 829
Erste Auflage 1977

Satz, in Linotype Garamond, Druck und Bindung bei Georg Wagner, Nördlingen. Gesamtausstattung Willy Fleckhaus.

Inhalt

Vorbemerkung

Der Verlust ästhetisch signifikanter Einzelformen wie des Ornaments ist heute in der Architektur deutlicher offenbar denn je. Zu fragen ist, was die bürgerliche Gesellschaft im Verlauf unseres Jahrhunderts in ihren Bauten an die Stelle des vormals so außerordentlich beliebten Ornaments eigentlich hatte setzen wollen, was sie schließlich an dessen Stelle gesetzt hat und was sie künftig statt seiner zu setzen in der Lage sein wird.

Müssen wir das Ornament rückblickend als die ästhetische Vergegenständlichung einer Verheißung menschenwürdigen Wohnens begreifen, als eine Versprechung, die einst gemacht, dann aber – aus Gründen, die zu klären sind – zurückgenommen wurde? Wo und wie sind Hinweise auf die – gleichwohl gesellschaftlichen – Bedingungen zu erhalten, die in den Ornamenten einbeschlossenen Verheißungen doch noch zur Erfüllung zu bringen, sie wahrzumachen? Dabei kann und darf nicht außer acht gelassen werden, daß das Ornament im bürgerlichen Verwendungszusammenhang in der Tat jene ästhetisch verpackte »soziale Lüge« gewesen sein mag, als welche es die Avantgardisten und Protagonisten des neuen, funktionalen Bauens seit Beginn des 20. Jahrhunderts angeprangert haben.

Für ihren Rat und die Unterstützung bei der Fertigstellung dieser Arbeit danke ich Henning Burk, Gerhard Eimer, Roland Günter und Hermann Schweppenhäuser.

Bad Homburg, im Oktober 1977 M. M.

Problemstellungen. Notwendige Aufhebung oder falsche Verdrängung des Ornaments?

> »Es ist nun ein wesentliches Kennzeichen der Verdrängung, daß sie den Affekt, gegen den sie sich wendet, nur scheinbar aufhebt. In Wirklichkeit existiert er, unter einer Verhüllung und Maske, welche ihm von der Verdrängung, in dieser Funktion ›Widerstandszensur‹ genannt, aufgezwungen wird, weiter, und zwischen seiner neuen Form und der alten bestehen enge assoziative Zusammenhänge.«
>
> Hanns Sachs, *Über Naturgefühl*

a) Bei einem Thema wie dem der *Verdrängung* des Ornaments in der funktionalen Architektur ist die Frage, wie vorzugehen sei, nicht leicht zu beantworten, da der Gegenstand der Untersuchung, *das Ornament* (genauer: das Bauornament), in der Architektur des funktionalen Bauens ja nicht mehr auftaucht. Es ist also von einem Teilbereich ästhetischer Praxis zu handeln, der sich nur noch ›abstrakt‹ nachzeichnen läßt. Gewiß sind Vergleiche mit älterer Architektur möglich. Doch ist diese für uns der *historische* Zeuge einer ehemals angestrebten und vielfach auch verwirklichten »Einheit« von Architektur und Ornament. Die Ornamente akzentuieren die Oberflächenstruktur der Architektur, indem sie den ästhetischen Ausdruckswert, die repräsentativen Funktionen des architektonischen Äußeren, er- bzw. überhöhen. Die solcherart applizierten Ornamentformen erscheinen dabei sowohl identisch mit ihrem Träger, der Architektur, wie als Einzelform von ihm abgelöst.[1] Unsere Beschäftigung mit dem verdrängten Ornament und die daraus folgende Forderung, die *Sprache* des Ornaments in der Architektur zur Geltung kommen zu lassen, werden also nicht zuletzt deshalb ›abstrakt‹ bleiben müssen, weil die ornamentreichen Architekturbeispiele vor allem aus der zweiten Hälfte des 19. Jahrhunderts bei Architekten unseres Jahrhunderts auf Ablehnung stoßen. Eine Wiederbelebung des Ornaments nach »vergangenen Vorbildern« sollte, trotz ihrer augenblicklichen »Wiederentdekkung«, heute ohnehin ausgeschlossen sein. Aus guten Gründen ist zu befürchten, daß diese Vorbilder in ihrem Eklektizismus lediglich dem »fetischistischen Kunstgenuß« dienen. Demgegenüber hätte eine Architektur, die eine »ästhetisch neue und psychisch hochdifferenzierte Formensprache entwickeln will«, den technischen Stand der ihr zur Verfügung stehenden Materialien zu berücksichtigen: »Sie kann nicht aus dem angehäuften Reichtum der historisch erforschten und zugänglich gemachten Stile beliebigen Zierat herausgreifen, um die heutigen Bauten zu schmücken.«[2]

Die künftige Gestalt der Architektur wird an dem jeweiligen Stand der technologischen Entwicklungen und Möglichkeiten zu messen sein. Gleichwohl ist zu fragen, ob die Herausbildung dieser Gestalt auch weiterhin ohne Gebrauch der geschichtlichen Phantasie und des sozialen Gedächtnisses, also auch ohne »Schmuck« wird vor sich gehen können. Damit ist ein Problem benannt, das in den Diskussionen heute wieder eine Rolle spielt. Noch irritiert von der »lediglich« *Formen* adaptierenden historisierenden Architektur, sieht man sich inzwischen einem anderen, jüngeren und nicht minder bedrohlichen architektonischen Erbe konfrontiert: dem des Funktionalismus. Dessen Vertreter hatten sich seinerzeit vorgenommen, mit der Ablehnung historisierender Überlieferungstechniken Geschichte überhaupt aus dem Wertbildungsprozeß der Architektur zu verbannen. Von den Anforderungen, »die eine neue Arbeitsweise, die industrielle Technik, ein neues Lebenstempo, der moderne Verkehr, eine neue Lebensorganisation, die große Allgemeinheit«[3] in den zwanziger Jahren an die Architekten stellten, waren diese so beeindruckt, daß sie in einem Augenblick, »wo Technik und Großindustrie auch das Bauen« zu erobern begannen, die These verfochten, »daß auch die Tradition nur Entwicklung bedeuten kann und sich dem notwendigen Gang allen Geschehens nicht widersetzen darf«.[4]

b) Die Beantwortung der Frage heute, wie aus der Geschichte anders, als es im Historismus geschehen ist, zu lernen sei, ohne sogleich dem »sentimentalen Blick zurück« zu folgen, ist für die Architektur- und Stadtgestaltung überaus dringlich. Die Hoffnungen Blochs, daß »die blühenden neuen Mensch- und Naturbeziehungen einer neuen Gesellschaft dazu reif und deutlich sind, sich auch in architektonischen Grundrissen und Ornamenten niederzuschlagen«, haben mit dem Historismus und erst recht mit den »infamen Stilkopien«, der »knotigen Romantik der Gründerzeit« nichts gemein.[5] Wie wenig man freilich in der Aufarbeitung des historischen Erbes, von dem Bloch spricht, vorangekommen ist, mögen Blochs Äußerungen selbst belegen. In ihnen dominiert der Abscheu vor der Imitation als einer gedankenlosen ästhetischen Anleihe bei früheren Stilen. Wogegen Bloch sich hier (1938, gemeinsam mit Hanns Eisler) allerdings zu Recht wandte, war die unbedachte Rezeption einer kulturellen Vergangenheit, die »ohne lebendige, dialektisch wache Zeitgenossenschaft« zu einem »Stapelgut von Bildungsware« zu erstarren drohte, »aus dem abstrakte Rezepte gezogen werden«.[6] Wohl war auch Bloch einige Jahre zuvor – in dem 1932 abgeschlossenen Buch *Erbschaft dieser Zeit*[7] – das Erscheinungsbild des 19. Jahrhunderts mit seinen hinter aller Maskerade hervorscheinenden Mythologien, Urbildern und »Archetypen (menschlicher Expression) aus Einsturz«, wie er bekennt, »näher als die Kindheit«.[8] Doch nicht die unmittelbare Erinnerung[9] an eine Kindheit, die »nie so viel Zacken und Verzierungen wie im XIX. Jahrhundert [fand], so viel Verstecke, die schreckten und verbargen«[10], berührte ihn, sondern vielmehr die in den Dingen der (faschistischen) Gegenwart »vermittelte Nähe« zu dem, was sich als Erbe im 19. Jahrhundert vorbereitet hatte. Deshalb argumentierte er gegen den Mythos eines Lebens, das in seinen kulturellen Erscheinungsformen den Entwicklungen an der materiellen Basis entrückt war. Als den auch in der Architektur ausschlaggebenden Widerspruch erkannte er den zwischen der sich durchsetzenden industriellen gesellschaftlichen Produktionsweise und der privatkapitalistischen Aneignungsform[11], zwischen einem ingenieurtechnischen und einem dekorativ-individualistischen Konzept.[12]

c) Die vorliegende Untersuchung wird sich, was den Funktionswandel des Ornaments betrifft, darum bemühen, von einer kritischen (Teil-)Analyse der Architektur auszugehen, die seit Anfang dieses Jahrhunderts *ohne* jede Ornamentik auszukommen vorgibt: die Architektur des *Funktionalismus*[13] (vgl. Abb. 1). Dadurch, daß diese Phase der Architekturgeschichte, die keineswegs abgeschlossen ist, vorrangig unter dem Aspekt ihrer Einstellung zum Ornament untersucht wird, ist es möglich, über dessen verdrängte Gestalt bestimmte Erfahrungen zu sammeln.

Es interessiert zweierlei: einmal die architektonische Praxis, die auf jegliche ornamentale Verzierung verzichtet; zum anderen die Rolle, die dem Ornament als verdrängter ästhetischer Qualität in dieser Architektur zukommt. Es mag sich paradox ausnehmen, daß eine Form, die in der Architektur nicht mehr konkret-sinnlich auftaucht, gleichwohl noch eine Bedeutung haben soll. Es steht jedoch fest, daß der in der funktionalen, auch zweckrationalen und utilitaristischen[14] Architektur verdrängte Gegenstand, das Ornament, nicht lediglich einem Stilwandel zum Opfer fiel. Gewiß kennzeichnet dies die äußere Erscheinung der Verdrängung. Doch war unverkennbar auch Abwehr unliebsamer Vorstellungen und Wünsche im Spiel[15], Abwehr innerer Reize (Triebe) oder an Vorstellungen gebundener Reize (Erinnerungen, Phantasien), die sich formalästhetisch in der Bildgestalt des Ornaments bekundeten und durch das Ornament auch ausgelöst wurden. Daraus wäre im weiteren Gang der Argumentation auf Eigenschaften des Ornaments zu schließen, die über seine Bestimmung als bloß ästhetische Applikation in der historischen Architektur hinaus- bzw. auf seine ursprüngliche Bedeutung als ein gegen die strenge Rationalität der Architektur gerichtetes Ausdrucks- und Gestaltungsmotiv zurückweisen. Zu denken ist dabei an die Bedeutung, die dem nordischen Ornament im 16. und frühen 17. Jahrhundert, vom groteskenhaften *Rollwerk* bis hin zum *Ohrmuschelstil*, als einem gegen die Strenge vitruvianischer Säulenordnung gewandten Phantasiemotiv (in das Momente des die Schönheit beschmutzenden Häßlichen eingehen) zukam.[16] Von der funktionalen Architektur sagen, sie habe das Ornament verdrängt, heißt annehmen, es habe sich dabei um eine Restringierung der an die Ausdruckskraft des Ornaments gebundenen sinnlichen Energie zugunsten ihrer Bindung an ein das ›freie Spiel‹ verstärkt einschränkendes Leistungsprinzip gehandelt.[17] Einer triebökonomischen Umwandlung freier in gebundene Energie entspricht in diesem Fall die These, die Verwendung des Ornaments in der Architektur stehe für »vergeudete Arbeitskraft« – »Ornament bedeutet Mehrarbeit«.[18] Der »stolze Sprung in das unkontrollierbar Phantastische« mußte der geforderten »phrasenlosen Rechenschaftslegung für alle Entschlüsse«[19] geopfert werden.

d) Noch ein anderer Gesichtspunkt ist von Belang. Das Ornament wird in der Kunstgeschichte häufig als *kritische Form* erörtert, und zwar deshalb, weil es als Darstellungssymbol eines überaus komplexen Funktionszusammenhangs verstanden werden kann.[20] Hans Sedlmayr suchte die »kritische Form« noch in der *»radikal«* neuen Form, weil sie die seltenere sei.[21] Gegen Einwände, es handele sich bei derart vom Kanon abweichenden Formen (Sedlmayr nennt als ein Beispiel den *Kugelbau* in der Architektur, Ledoux, Boullée, Leonidow u. a.; Abb. 2) um »Launen der Phantasie«, »Entgleisungen« oder »Ausnahmen, welche die Regel bestätigen«[22], macht er zum »heuristischen Prinzip«, daß sich in derlei »absonderlichen Formen Eigentümlichkeiten enthüllen, die in gemäßigter und deshalb weniger auffallender Weise auch sonst das Schaffen einer Zeit bestimmen, dessen Eigenart in ihnen gleichsam auf die Spitze getrieben wird«.[23] Sieht man einmal ab von dem zitierten Kugelbau, so ist die funktionale Architektur, streng gesehen, keineswegs reich an »radikal« neuen Formen, die zugleich »kritische Formen« genannt werden könnten. Eher gilt das Gegenteil: die *Vermeidung* dieses Formprinzips hat im Laufe der Zeit programmatischen Charakter angenommen.

In einem ähnlichen Sinn spricht Walter Benjamin in einer Rezension des 1931 erschienenen ersten Bandes der *Kunstwissenschaftlichen Forschungen* vom *Grenzfall*, »in dessen Durchforschung die Sachverhalte ihre Schlüsselposition am entschiedensten geltend machen«.[24] Zum »Sachverhalt« wird hier die funktionale Architektur, in der das Ornament als »Grenzfall« behandelt wird. Man grenzt es aus, versucht – gemäß Karel Teiges These von der »Liquidierung der Kunst« aus dem Jahr 1925[25] –, es abzuschaffen. In einer zweiten, für die *Frankfurter Zeitung* geänderten und im Juli 1933 veröffentlichten Fassung dieser Rezension ist die Rede von der »Andacht zum Unbedeutenden« als dem Ausdruck eines Bestrebens, »die Forschung bis zu jenem Grunde vorzutreiben, aus dem auch dem ›Unbedeutenden‹ – nein, gerade ihm – Bedeutung zuwächst«.[26] Und wenige Jahre später meint Benjamin, es seien immer diejenigen Kunstformen von »besonderer Wichtigkeit« gewesen, »die sich eng an die Architektur angeschlossen, an ihr sich emporgebildet haben«.[27] Das schließt ein, daß der unbedeutende Gegenstand – ist er erst einmal als solcher gefaßt, herausgestellt und als »Grenzfall« überwunden – selbst zum »Sachverhalt« heranwachsen kann.

e) Die Zurückdrängung des ornamentalen Gestaltungsanspruches zeichnete sich in der Architektur gegen Ende des 19. Jahrhunderts – vor allem in den nordamerikanischen Wirtschaftsmetropolen, z. B. in Chicago[28] (Abb. 3 und 15) – in der Phase der zweiten industriellen Revolution ab, als der Handwerker traditioneller Prägung aus der Produktion nahezu verschwand. Auch der das Handwerk mythologisierende Jugendstil (mit seinem Diktat des ornamentalen Gesamtkunstwerks bis in die Anfänge des 20. Jahrhunderts hinein) kann nicht darüber hinwegtäuschen, daß das Ornament im traditionell normativ-ästhetischen Gebrauch, seiner ursprünglichen Form entledigt und zur »Leerformel« erstarrt, auf Widerstand und Ablehnung stieß. Das historisierende Ornament galt gemeinhin als Bestandteil einer Architektur, hinter der nichts als »leere Abstraktheit«[29] stand. Der Jugendstil, der den ästhetisch-sinnlichen Akzent aufs Ornament als Bedeutungsträger und Signatur des ›bedrohten Individuums‹ übertrug (um mit künstlerischen Mitteln einen Ausgleich zwischen dem Ideal des Ästhetischen und der als »roh« empfundenen Wirklichkeit des »kapitalistischen Geschäfts« zu schaffen[30]), kann – gemäß seiner ambivalenten Haltung sowohl zum architektonischen Funktionalismus als auch zum *Historismus*[31] – selbst als Reflex auf die Tendenz interpretiert werden, das Ornament aus der Gestaltung zu verdrängen.

Hat sich – ungeachtet jener die Architektur »belebenden« stereotypen Fassadenrasterungen aus geschnittenen, gewalzten oder gequetschten Blechteilen, wie sie Kaufhaus-Architekten (besser: Kaufhaus-Konzerne) gern verwenden – die Verdrängung des Ornaments in der Praxis der heutigen Architektur weitgehend vollendet, so hat die Diskussion um das Für und Wider solcher Praxis gleichwohl nichts von ihrer Heftigkeit eingebüßt. So zweifelhaft der Gebrauch des Ornaments in der Architektur im Verlauf unseres Jahrhunderts und mit Blick auf das vorangegangene auch immer gewesen sein mag – umstritten ist seine Verbannung aus der Architektur bis zum heutigen Tag geblieben. Schon 1927 bemerkte W. C. Behrendt, das Fehlen »jeglichen Ornaments« sei »das auffallendste und am meisten in die Augen springende Kennzeichen der neuen Architektur«[32]. Und es sei eben diese hervorstechende Eigenschaft, »bei der gewöhnlich die Kritik zuerst einsetzt«. In jüngster Zeit hat der Vorwurf, diese Architektur »beziehe den Menschen nicht mehr mit ein«[33], verweigere ihm einen erkennbaren, zur Identitätsfindung unerläßlichen Spielraum, die Debatte nicht nur neu belebt, sondern auch verschärft.[34]

Sehr früh, 1918 in *Geist der Utopie*[35], hat Ernst Bloch vor einer verhängnisvollen »Abwaschbarkeit der neuen Architektur« gewarnt. Er kritisierte, daß der »Zauber der modernen sanitären Anlagen [. . .] sich als das Apriori der Maschinenware unmerklich noch in die entferntesten und kostbarsten Architekturgebilde dieser Zeit«[36] mische. In *Erbschaft dieser Zeit*[37] beschreibt er unterm Eindruck des Faschismus die Architektur der »Neuen Sachlichkeit« als »bourgeoise Sachlichkeit«, von der er z. B. die »vermittelte Sachlichkeit« Brechts deutlich unterscheidet. Jene sei Ausdruck einer der »Anarchie der Profitwirtschaft eigenen Scheinrationalität«; ihr »Phantasiehaß«, ihre »Utopiefeinschaft« trete auch in der »Ornamentlosigkeit« ihrer Architekturen zutage.[38] Und noch im *Prinzip Hoffnung*[39] hält Bloch an der Kritik des Funktionalismus in der bürgerlichen Gesellschaft fest – er sei das Merkmal der »eiskalten Automatenwelt der Warengesellschaft«, die er lediglich reflektiere, deren Entfremdungszwänge er verdopple.[40]

Mit Bloch haben so unterschiedliche Kritiker wie Oswald Spengler[41], Siegfried Kracauer[42], Jan Mukařovský[43], Kenneth Clark[44], Hans Sedlmayr[45], Th. W. Adorno[46], Heide Berndt, Klaus Horn und Alfred Lorenzer[47] den Verlust des Ornaments in der Architektur untersucht und beklagt. In Sedlmayrs interessanter, wiewohl kulturkonservativer Sicht verdichtet sich die Abschaffung des Ornaments zum »Verlust der Mitte« in Kultur und Zivilisation schlechthin. Das Ornament fungiert hier als Symbol für das Verlorengegangene, für eine frühere, bessere und nun im Absterben begriffene Kultur.

Auch Wölfflin mit seiner Frühschrift aus dem Jahr 1886, *Prolegomena zu einer Psychologie der Architektur*[48], die das Ornament als Zeichen der »überschüssigen Formkraft«[49] einer »reifen Kultur« definiert, sowie Spengler und Clark folgen dem Argumentationsmuster konservativer Kulturktitik. Ihnen ist der »Tod des Ornaments« (Sedlmayr) ein Beweis für die »organische Erkrankung« der Zivilisation, die von der Französischen Revolution ihren Ausgang genommen habe. In den Erscheinungsformen der Massenkultur entziffern sie nahendes Unheil, das die Autonomie des bürgerlichen Subjekts »bedroht«.

Die Verdrängung des Ornaments ist zwischen 1907 und 1914 (mit den Fagus-Werken von Gropius/Meyer und Loos' Haus Steiner in Wien) sowie zwischen 1919 und 1932 (vor allem bedingt durch die relative Stabilisierung des Kapitalismus 1924 bis zur Weltwirtschaftskrise 1929[50]) erstmals deutlich geworden, sie war jedoch schon zu einem früheren Zeitpunkt angelegt.[51] Ihre theoretische Begründung durch die Avantgarde ist eng verknüpft mit den vorausgegangenen materiellen und ideellen Wandlungen im 19. Jahrhundert; sie spiegelt den Wandel der Produktionsverhältnisse, der sie begleitenden kulturellen Prozesse unter dem Eindruck der Entwicklung neuer Produktivkräfte, allen voran der Maschine, und deren ›Einbruch‹ in die menschlichen Arbeitsformen. In dem Maße, wie sich in der Theorie und der Praxis der Architektur in den Anfängen unseres Jahrhunderts Erfahrungen angesammelt haben, die – wenn auch verdeckt – auf das 19. Jahrhundert verweisen, sind sie für die neueren Diskussionen von Belang gewesen.[52] Damit will ich andeuten, daß selbst vom kunsthistorischen Standpunkt aus das Ornament »in seiner verdrängten Form« nicht für sich, sondern vor dem Hintergrund einer Architektur zu sehen ist, die ihren ästhetischen Anspruch zugunsten der Erfüllung von sozialen Funktionen einschränkte. Es sind dies Funktionen, wie sie sowohl durch neue Materialien, neue Konstruktionsgesetze usw. als auch durch die wachsenden Bedürfnisse einer industriell produzierenden Leistungsgesellschaft bestimmt sind. In ihrer proklamierten Beschränkung auf Zweckrationalität steht die Architektur zu Beginn unseres Jahrhunderts als Vorläuferin in einer engen Verbindung mit der ihr zeitlich folgenden und sie in ihrer weiteren Entwicklung begleitenden *Neuen Sachlichkeit*, wie sie Helmut Lethen für die Jahre 1924 bis 1932 an Beispielen der Literatur des »Weißen Sozialismus« der Weimarer Zeit eindrucksvoll beschrieben hat.[53] Der Begriff der *Sachlichkeit* taucht, als Synonym für die Begriffe *Zweckrationalität, sachliche Form* usw., zuerst in der Architekturtheorie auf.[54]

f) Es kann aber aus der sich anbahnenden Reduzierung von Formelementen in der Architektur zu Beginn des 20. Jahrhunderts nicht auf eine gänzliche Preisgabe des Ästhetischen in ihr geschlossen werden. Obwohl eine für die Verdrängung des Ornaments so einflußreiche Figur wie der Wiener Architekt und Kulturkritiker Adolf Loos schon 1910 und richtungweisend die Trennung der Architektur vom tradierten Kunstzweck forderte[55], ging dieses Konzept zunächst vornehmlich darauf aus, mit Hilfe der strikten Orientierung der Form an der Funktion die Ästhetik des Historismus sowie die des Jugendstils[56] zu überwinden. Nicht wenige waren überzeugt, auf diese Weise eine neue Bestimmung und Praxis zeitgemäßer ästhetischer Architektur begründen zu können. Wie Lissitzky 1929 rückblickend notiert hat, setzte man den Akzent auf »sachliches« Interesse, allerdings in der »stillen Hoffnung, daß das entstandene Produkt schließlich später doch als Kunstwerk betrachtet wird«.[57] Und Adolf Behne, Mitgründer des im Gefolge der Novemberrevolution im Jahre 1918 gegründeten *Arbeitsrats für Kunst*[58], beschrieb 1923 die erste Phase des architektonischen Funktionalismus (in der ein »Geist schöner und fast brutaler Ehrlichkeit [...] ein verlogenes Zeitalter abzulösen«[59] begann) folgendermaßen:

> »Das ästhetische Gefühl hatte eine Revolution durchgemacht. Hatte man in den neunziger Jahren jeden dicken Formballast pflichtschuldigst bewundert und Kunst nahezu mit Putz gleichgesetzt, so brach um die Wende des Jahrhunderts Freude am Hellen, Knappen, Klaren siegreich durch und öffnete die Augen für die Schönheit – des Zweckmäßigen. Das Gefühl begann sich zu weigern, wenn man ihm zumutete, Überflüssiges schön zu finden, und wurde willig, der Logik des Funktionalen zu folgen.«[60]

An die Stelle einer *formalen* Auffassung von Baukunst war vorgeblich eine *funktionale* getreten; die «konstruktivistische Zeit« ersetzte den bisherigen »Kunstformalismus« durch den

Funktionalismus; sie wollte nicht Formen, sondern die »Wirklichkeit der maximalen Funktionalität«[61] gestalten.

Nun ist freilich, bei aller »Revolution« der »ästhetischen Gefühle«, zu fragen, inwieweit der architektonische Funktionalismus – sofern er affirmativ in der Diskussion um die Form primär gegen das historisierende und das Jugendstil-Ornament argumentierte – im Sinne eines im Grunde noch traditionellen Formenverständnisses bloße ästhetische Opposition betrieb. Wir berühren hier das grundsätzliche Verhältnis des künstlerischen Fortschritts in der Architektur zum technischen Fortschritt, woraus die dem Stand der Technik jeweils adäquate architektonische Gestalt abgeleitet wird. In diesem Zusammenhang ist vor allem zu bedenken, in welcher Beziehung sogenannte »Verluste« in der Kunstgeschichte – wie der Verlust oder »Tod des Ornaments«, der bei Sedlmayr bedeutungsvoller Beleg für den *Verlust der Mitte*[62] ist – sowohl zum technischen als auch zum künstlerischen Fortschritt stehen. Es kann nicht ausgeschlossen werden, daß im architektonischen Funktionalismus, der seine Fortschrittlichkeit in der Verwerfung der Ornamente subjektiv zum Ausdruck brachte, ein Problem zutage tritt, das einer alle Geschichtsspuren ignorierenden Fortschrittlichkeit allemal anhaftet: daß das, was sich als Fortschritt präsentiert, sich schließlich als »die Perpetuierung des vermeintlich Überwundenen«[63] entpuppt. Während die Diskussionen um die Bestimmung der Funktionalität im Hinblick auf neue technische Möglichkeiten im Funktionalismus von Anbeginn durchaus zeitgemäße Züge aufwiesen, bewegte sich die Form-Debatte noch weitgehend in den Denkbahnen des vorigen Jahrhunderts. Der Überwindung der *falschen* Form mußte daher nicht zwingend die Aufdeckung und Durchsetzung der *richtigen* folgen. In der Tat wurde die Verheißung, die in der Formkritik als der Kritik an dem ästhetischen Schein einer die Wirklichkeit bloß kaschierenden Architektur enthalten war: die Absage an eine die Menschen lähmende, deformierende Bauweise, nicht eingelöst. So ist es zu verstehen, daß sich Bloch zu der Bemerkung herausgefordert sah: »Doch je länger, je mehr wurde deutlich, daß es bei dieser bloßen Weglassung auch geblieben ist.«[64] Es trete über dem Bauhaus »und dem, was damit zusammenhängt, die Devise hervor: Hurra, es fällt uns nichts mehr ein«.[65]

Die Funktionalisten haben das Problem der Form, das ihnen als ein Problem der vergangenen Architektur galt, bewußt vernachlässigt und das Interesse nachhaltig auf die *Grundriß-Konzeption* gelenkt. Ludwig Hilberseimer, neben Adolf Loos einer der konsequentesten von funktionalem Denken geleiteten Architekten, begründete die Priorität des Grundrisses aus der seit dem späten 19. Jahrhundert geänderten Rangfolge der Bauaufgaben. Hatte man, so Hilberseimer wohlbegründeter Eindruck, bisher den *Wohnungsbau* nicht »nur als soziales, auch als architektonisches Problem«[66] sträflich gering geachtet, so war er inzwischen unleugbar das entscheidende »Bauproblem der Gegenwart«[67] geworden: im Mietshaus. Die Lösung dieses neuen architektonischen Problems schien mit der Lösung »sozialer Probleme eng verknüpft«; es war ein Problem, das, wie Hilberseimer bekannte, »nicht formaler, sondern organisatorischer Art ist«.[68] In der »Fassadenkunst« des vorausgegangenen und immer noch gegenwärtigen Historismus erkannte der Funktionalist nichts als eine dem Schein nach erweckte Kultur. Man verstand sie als ästhetische Verklärung im Grunde unwürdiger Wohnverhältnisse, die die »gestaltende Organisation«[69] der Architektur bislang verhindert bzw. behindert hatte. Dieser verkürzten Formvorstellung wird heute teilweise energisch widersprochen.[70] Im Gefolge der Stadtsanierung und der anhaltenden Stadtzerstörung ist das formalästhetische Moment des Stadt*bildes*, sind vor allem die sorgsam gepflegten Hausfassaden unmerklich wieder in den Vordergrund der Aufmerksamkeit getreten. Die Priorität der Form der Fassadenarchitektur vor der Innenstruktur der Häuser wird rekonstituiert.

g) Der Kunsthistoriker Werner Hofmann spricht von Adolf Loos, dem gewiß erbittertsten und interessantesten Kontrahenten des Ornaments, als dem »Verkünder einer ›negativen Schönheit‹«, weil die Trennung von *Gebrauchszweck* und *Kunstzweck*, wie sie im Postulat der Abschaffung des Ornaments zum Ausdruck gelangt, bei Loos einer »Zurückweisung des vom Gesamtkünstler verkündeten totalen Gestaltungsanspruchs«[71] gleichkomme. Hofmann wertet diesen Vorgang zu Recht positiv, doch deutet auch er die Loslösung der Architektur vom »ästhetischen Diktat« noch zu sehr vor dem

Hintergrund der Stilphase des Historismus. Da Loos diesen Geltungsanspruch nur im Falle von Gebrauchskunst, der *praktischen* Architektur in ihrem Gegensatz zur monumentalen Grab- und Denkmalarchitektur[72], verwirft, ist das Projekt der »negativen Schönheit« überaus vielschichtig. Loos hat insbesondere in seinen vor 1914 verfaßten kulturkritischen Aufsätzen und Zeitungsartikeln ein Konzept von autonomer und freier Kunst entworfen, in dem die gesellschaftlichen Freiräume des seinerseits autonomen und »schöpferischen« Künstlers bekräftigt werden. Der Künstler habe nur sich selbst zu dienen, die Architektur hingegen der Allgemeinheit.[73] In der Scheidung von »hoher Kunst« und Architektur als einer Gebrauchskunst wird jene aus der »sozialen Verpflichtung« entlassen; sie bleibt »privatangelegenheit des künstlers«.[74] So findet die mehr oder weniger radikal formulierte Ablehnung des Ornaments in der Architektur dort ihre Grenze, wo durchaus ernste Folgen und Folgerungen der ästhetischen Opposition im gesellschaftlichen Bereich sich anbahnen, z. B. in der Absage an den autonomen Status der Kunst. Adorno zufolge hätte Loos denn auch, wäre er konsequent gewesen, seinen Zorn aufs Ornamentale »auf die gesamte Kunst übertragen«[75] müssen. Es überrascht nicht, daß Adorno Loos zugutehält, vor einer derartigen Konsequenz zurückgeschreckt zu sein.[76] Vergleicht man jedoch Adornos Interpretation mit der Wertung, zu der Benjamin gelangt ist, so verliert die Tatsache, daß Loos an der Autonomie der Kunst festhält, an Gewicht. Benjamin dreht den Spieß um. Ihn interessiert weniger, was Loos mit der Kunst im Sinn hatte. Um so mehr hebt er hervor, was Adorno später suspekt erschien: Loos' Kritik am angeblich künstlerischen Gehalt von Architektur. Benjamin erblickt und begrüßt im Werk von Loos die Aufhebung des »auratischen Charakters« der Architektur und die Herausbildung eines operationalen konstruktiven Werkbegriffs.[77]

Was war von den ästhetischen *Erfahrungen*, die das Ornament als kritische Form enthielt, noch übriggeblieben nach der mechanischen Reproduktion in der Phase des Historismus? Erik Forssman stellt in diesem Zusammenhang anhand der Rezeption der klassischen fünf Säulenordnungen fest, daß der »sinnlose Schmuck aus Säulen und Karyatiden, den die

Baukunst des 19. Jahrhunderts auf ihre Fassaden klebte«, uns den »Geschmack an ihnen« verdorben habe.[78] Es ist vom erlöschenden Interesse an ästhetischen Objekten die Rede. Eine »sinnlose« Adaptationspraxis habe die ästhetische Erfahrung verstümmelt. Diesem Sachverhalt ist mittels der Benjaminschen Konzeption von *Aura* und *Erfahrung*[79] nachzugehen, um herauszufinden, was von den *Wahrheitsgehalten* im Ornament früherer Prägung durch eine am Ornament des Historismus und Jugendstils orientierte Rezeption sich noch erhalten hat. Es ist mit Benjamin zu fragen, ob es sich sowohl bei der Verdrängung des Ornaments als auch bereits im Stadium seiner mechanischen Reproduktion nicht um eine Zerstörung seiner »Aura« gehandelt hat. *Entritualisierung* einer Kunstform führt nicht zwangsläufig zu ihrer Befreiung. Auch ist mit der Entritualisierung stets die Gefahr eines folgenschweren Verlusts an Geschichtserfahrung verbunden[80], der sehr wohl zu der Verwerfung des Ornaments beigetragen haben könnte.

Erschien das Ornament – aufgrund einer zweifelhaften Operation, die dessen ästhetische Gestalt im »kunsthistorischen Stilvergleich« mißt und einzig danach die »Qualität« bestimmt[81] – als das gemeinhin Falsche, ja als »Verbrechen« (Adolf Loos) und ökonomisch als das »Überflüssige« schlechthin, so sollte doch nicht unterschlagen werden, daß man im *Deutschen Werkbund* und im *Bauhaus* – wenngleich zögernd – im Ornament durchaus »das lustvolle, behagliche Ausschwingen des Formspiels«[82] wahrnahm. In dem Augenblick, als das Ornament aufgrund seiner vielfachen formalästhetisch-maschinellen Reproduktion seiner ursprünglichen repräsentativen Inhalte entleert worden war, entdeckte man es – nunmehr *freigesetzt*[83] – als hervorragendes Darstellungsmittel individueller Phantasien, Mythologien, Tagträume und unverschlüsselter Sinnlichkeit. Damit schien in Korrespondenz zur anhaltenden Funtionalisierung der Architektur die Voraussetzung dafür geschaffen, daß es ästhetisch einen, nach Adornos Worten, der »rationalen Vergegenständlichung konträren mimetischen Impuls«[84] freisetzte und entsprechend verstanden wurde. In dieser Periode – hauptsächlich in der postfaschistischen Phase, aber auch schon im Surrealismus – wandelte sich das Ornament vom ehemals »repräsentativen

Formenapparat« (Historismus) zu einem Bild von »mimetischer Aussagekraft«, zum Symbol einer in ihren Triebansprüchen bedrohten und bedrohlich disziplinierten Individualität. Es war nun nicht mehr an die Begrifflichkeit bürgerlicher Repräsentanz gebunden und destruierte deren Bildersprache[85]; es war nicht länger dazu verurteilt, ein historisierendes Verständigungsmittel zu sein.[86]

h) Vereinzelt in den fünfziger Jahren, verstärkt im Laufe der letzten Jahre ist eine totale Umkehrung funktionaler Zielsetzung in ihrem Verhältnis zur ornamentalen Praxis des vermeintlich Nutzlosen und gesellschaftlich Überflüssigen zu beobachten. Dabei taucht neben der vom Funktionalismus in die Diskussion gebrachten Maxime der »Bewohnbarkeit« von Architektur das Problem ihrer »moralischen Unbewohnbarkeit« auf. Galt dem strengen Funktionalisten das unnütze Formenspiel als unwürdig, so ist es jetzt die *gerade Linie,* die einem ihrer schärfsten Kritiker, dem Wiener Maler Hundertwasser, »gottlos und unmoralisch« vorkommt (vgl. dessen am 4. Juli 1958 auf einer Tagung in der Abtei Seckau verlesenen *Verschimmelungs-Manifest gegen den Rationalismus in der Architektur*[87]). Hundertwasser glaubt, deutliche Spuren bilderstürmerischer Einstellungen identifizieren zu können. Er wehrt sich gegen die, wie er sagt, »verantwortungslose Zerstörungswut der konstruktiven funktionellen Architekten« (Mies van der Rohe, Neutra, Gropius, Johnson und Le Corbusier), die »die schönen Häuser mit Stuckfassaden der neunziger Jahre und des Jugendstils einfach abreißen und ihre leeren Gebilde hinpflanzen« wollen.[88] Von der moralischen Kraft des »wild wuchernden« Ornamenthaften überzeugt, fordert er den Abriß der »Gebilde« jener Architekten, die »seit einer Generation veraltet und *moralisch* unerträglich« seien.[89]

Hundertwasser – der die »materielle Unbewohnbarkeit der Elendsviertel« »der moralischen Unbewohnbarkeit der funktionellen, nützlichen Architektur vorzuziehen« bereit wäre, da »in den sogenannten Elendsvierteln [. . .] nur der Körper des Menschen zugrunde gehe«, während »in der angeblich für den Menschen geplanten Architektur [. . .] seine Seele zugrunde« gehe – setzt auf die Phantasiefähigkeit des Einzelnen, will ihn darin herausfordern: »Man soll den Baugelüsten des einzelnen keine Hemmungen auflegen! Jeder soll bauen können und bauen müssen und so die wirkliche Verantwortung tragen für die vier Wände, in denen er wohnt.«[90]

Woran Hundertwasser sich anzuknüpfen bemüht, ist die Hoffnung, Architektur als ein Produkt menschlicher Tätigkeit mit konkret-sinnlichen Erfahrungen zu vermitteln.[91] Er wünscht, den Einzelnen am Produktionsprozeß eines (seines) Hauses zu beteiligen. Der Gedanke einer kollektiven Verwirklichung dieser Beteiligung (wie auch immer sie politisch angelegt sein mag) und die Frage der damit zwangsläufig einhergehenden und erforderlichen gesellschaftlichen Veränderungen liegen außerhalb der gegen die »leeren Gebilde« des funktionalen Bauens gerichteten Ambitionen Hundertwassers.

In diesem Zusammenhang ist angesichts zahlreicher (Bürger-)Initiativen zur Erhaltung städtischer Bauwerke des späten 19. Jahrhunderts zu fragen, ob nicht gerade deren Ornamentspuren (sowohl der äußeren als auch der inneren Architektur) den Entschluß, sie einer streng funktional geplanten Architektur vorzuziehen, ganz entscheidend bestimmen. Wehrten sich die Funktionalisten vormals gegen die »Maskerade« großbürgerlicher *Ornamentmaschinen* und Prunkfassaden, so erscheinen diese architektonischen »Leerformeln« vor der Kulisse einer Massenarchitektur von *Wohnmaschinen*[92] nunmehr als Reliquien vor dem Zugriff der Massengesellschaft. Formenreichtum wird unvermittelt gleichgesetzt mit Reichtum an Humanität. Dem wäre mit Brecht entgegenzuhalten, daß der »Mensch nicht wieder Mensch wird, indem er aus der Masse herausgeht, sondern indem er hineingeht in die Masse«.[93]

i) Der von Kracauer sechs Jahre vor der politischen Befestigung des faschistischen Systems veröffentlichte, bereits erwähnte Aufsatz ist für die Erschließung des Funktionswandels des Ornaments unter dem Druck entwickelter kapitalistischer Produktionsverhältnisse nicht zuletzt deshalb bedeutsam, weil er den vermeintlich ornamentlosen Zustand der Kultur – auch und gerade außerhalb der Architektur – *nicht* beklagt. Kracauer hat nicht nur die Beschreibung der Integration des Individuums in die faschistische Massenbewegung und ihre kultisch überhöhten Massenveranstaltungen vorweggenommen[94]; er entzifferte auch die kulturelle Veränderung des großstädtischen Massenpublikums und den Abbau des »idealistischen Kulturguts« in den zwanziger Jahren als ein Indiz für »Entmythologisierung«. Die Voraussetzung dafür waren die ausgreifenden »Rationalisierungsprozesse«.[95] Kracauer nahm an, daß die voranschreitende kapitalistische Rationalisierung »alle alten Rechtfertigungssysteme des Bürgertums hinwegfegt und im Laufe dieses Prozesses den Kapitalismus selbst hinwegfegen wird«.[96] Mit dieser Einschätzung nähert er sich Vorstellungen Benjamins.[97] Gleich Benjamin geht Kracauer über die gewohnte Kritik an der »Liquidierung des Ornaments« als Beweis für die bedrohte Stellung des bürgerlichen Subjekts im Zuge der Rationalisierung des menschlichen Lebens hinaus. Dabei entdeckt er eine neue, bis dahin nicht erkannte höchst ambivalente Qualität des »Ornaments«: das *Ornament der Masse,* das er als »ästhetischen Reflex der von dem herrschenden Wirtschaftssystem erstrebten Rationalität«[98] definiert. Als Träger des neuen Ornaments gilt Kracauer nicht länger die »Einzelpersönlichkeit«, sondern die bereits »homogene« Gestalt der Masse. Wohl vermerkt auch er das Absterben des ehemals organisch »beseelten« Ornaments: »Die im Massenornament eingesetzte menschliche Figur hat den *Auszug* aus der schwellenden organischen Pracht und der individuellen Gestalthaftigkeit [zur] Anonymität angetreten.«[99] Doch hält er sich nicht lange damit auf und widmet sich ganz der Beobachtung und Dechiffrierung der Muster, aus denen das neue Ornament zusammengesetzt ist: »Sein Interesse gilt nicht dem Einzelnen, gilt vielmehr der Verfassung einer homogenen Masse und den Zuständen, in denen diese sich spiegelt.«[100] Kracauer macht deutlich, daß wir es in der Konstruktion des Massenornaments mit einem Signal bürgerlicher Massenkultur zu tun haben. Und so wie er in einem für die zwanziger Jahre typischen Produkt massenkultureller Zerstreuung, der Tanzgruppe der »Tiller-Girls«, ein Phänomen der *Gleichzeitigkeit* ausgemacht hat, in dem sich »die rohen ›Fakten‹ der Produktionssphäre nun auch im kulturellen Bereich ›unverschleiert‹ erblicken« ließen[101], so ist im Hinblick auf die Architektur zu fragen, in welcher Gestalt *in ihr* diese Gleichzeitigkeit sich bekundet hat.

Das Problem der Massenkultur, am Beispiel der Architektur für Massen aufgeworfen – wie es bereits in der für Massen in geradezu utopisch-phantastischer Weise konzipierten Architektur der französischen »Revolutionsarchitekten« Boullée und Ledoux gegen Ende des 18. Jahrhunderts sich ankündigte (Abb. 2 und 4) –, führt zurück zu dem Problem des Verlusts des »auratischen Charakters« der bürgerlichen Architektur. Sowohl für Kracauer als auch (und in verstärktem Maße) für Benjamin gilt, daß sie, im Gegensatz zu Horkheimers und Adornos späteren Thesen in der *Dialektik der Aufklärung* zur »Kulturindustrie«[102], die Entritualisierung der bürgerlichen, »hohen Kunst« vor der Folie der Massenkultur analysieren und sie als ein fortschrittliches Moment festhalten. Darin steckt der Gedanke einer operativen Architekturpraxis, welche die Erfahrungen der Massen zu organisieren, ihr Alltagsleben auszudrücken vermag.[103] Hier gilt immer noch Adornos Wort, daß der »gegenwärtige Zustand« unserer Gesellschaft weit entfernt ist von derartigen Einsichten. Statt die »Monade durch Solidarität«, in der »zugleich die Rettung des Einzelwesens [. . .], das gerade in seiner Beziehung aufs Allgemeine erst ein Besonderes würde«, abzuschaffen, werde »das geschichtlich Verurteilte tot, neutralisiert, ohnmächtig mitgeschleppt. [. . .] Mitten unter den standardisierten und verwalteten Menscheneinheiten west das Individuum fort«.[104] Der bürgerlichen Organisation der Gesellschaft scheint es nicht möglich zu sein, den entscheidenden und zur Antinomie herangewachsenen Widerspruch zu lösen, einerseits dem Individuum einen zuvor nicht gekannten *Wert* individueller Freiheit beizumessen, andererseits durch die Entfaltung der ökonomischen Bedingungen dieses neuen Individualismus, durch die Verdinglichung, die die Warenproduktion schafft, Individualität wieder aufzuheben.[105] Die Rettung des Subjekts (i. e. zugleich die zu rettende Erinnerung und Mahnung an die in der bürgerlichen Ideologie enthaltene *Verheißung* von Freiheit) wäre demnach nur in einem Prozeß kollektiver Anstrengung[106] gewährleistet. Sowohl Brecht als auch Benjamin (dieser ›ausführlicher‹ als jener, jedenfalls in bezug auf den Problemkreis der Architektur) haben aus diesen für die letzten Jahre der Weimarer Republik typischen Widersprüchen Forderungen abgeleitet, die für eine Neueinschätzung heutiger und künftiger Architekturpraxis bedeutsam sind. Der Rückgang der Bautätigkeit damals, Resultat der Weltwirtschaftskrise 1929, hatte die Architekten zu Überlegungen genötigt, wie sie ihrer hoffnungslosen beruflichen Lage Herr werden könnten. Manche gingen in die UdSSR.[107] In diesem Zusammenhang ist, wie Kurt Junghanns zu Recht hervorhebt, nicht zu vergessen, daß »die KPD seit etwa 1929 ihre Arbeit unter der Intelligenz wesentlich verstärkt und dafür entsprechende Organisationen geschaffen hatte«, so z. B. die Assoziation revolutionärer bildender Künstler Deutschlands, kurz ASSO genannt. 1930 hatte sich innerhalb der ASSO ein Kollektiv für sozialistisches Bauen gebildet, das sich aus Architekturstudenten der Berliner Technischen Hochschule zusammensetzte. Dieses Kollektiv veranstaltete 1931 im Berliner Wedding die erste proletarische Bauausstellung.[108] Es muß dabei freilich beachtet werden, daß die so organisierten Architekten, für die es keinen Zweifel zu geben schien, »daß ihre Standesorganisation konsequent Partei für das Proletariat ergreifen mußte«[109], sich gleichwohl weitgehend an dem tradierten Selbstverständnis freiberuflich arbeitender Architekten orientierten, die – obschon parteilich – *für* das Proletariat, keineswegs *mit* dem Proletariat bauen wollten.

k) Die Erfahrungen im Faschismus und die daraus hervorgegangene nachhaltige Skepsis gegenüber den Phänomenen der Massenkultur (wie sie charakteristisch für Adornos Stellung zum »Funktionalismus heute« sind[110]) haben dazu geführt, daß die Auseinandersetzung sowohl mit dem Erbe des 19. Jahrhunderts als auch mit dem »funktionalen Erbe« erst jetzt und nicht ohne Widerstände eingeleitet wird. Das belegen nicht zuletzt die Diskussionen über die Bedeutung des Ornaments. Ernst Bloch spricht – im Hinblick auf die Epoche *vor* »den Greueln des neunzehnten Jahrhunderts«[111] – vom Ornament als einem »mahnend-utopischen Zeichen dessen, was Fülle, [. . .] was tüchtig umgebende Phantasie war und nicht bloß war, sondern unbeendet ist« (ibid.). Das Ornament wird zu einem utopischen Zielinhalt, der sich in dem erhalten hat, was als Unabgegoltenes gegenwärtig nach- und fortwirkt. Und es wirkt allein fort, wo es sich in gegenwärtiger Praxis bereits bewahrheitet bzw. wo es zur Forderung wird. Denn der »Grad von Neuheit macht ein Werk wichtig, aber der Grad von Altertum macht es kostbar, und beide Bestimmungen gehen im Werk, das ein Kulturerbe so antritt wie selber hinterläßt, Hand in Hand«.[112] Sicherlich mag dies zu Zeiten, da die »Neuheit« der Architektur darin bestand und *wichtig* war, angemessenen Wohnraum für viele zu schaffen, sich selbst »kostbar« ausgenommen haben.[113] Dennoch ist der 1918 von Bloch in *Geist der Utopie* notierte Satz: »Eine Geburtszange muß glatt sein, aber eine Zuckerzange mitnichten«[114], aktueller denn je. Die Grenze zwischen dem Bereich, in dem das Ornament, durchaus positiv, notwendig keinen Platz hat, und dem Bereich, in dem es Ausdruck »geglückten Daseins« sein kann (für Bloch ein Dasein in Solidarität[115]), ist damit zumindest angedeutet.

Unsere Skizze der Problemstellungen zeigt an, daß versucht werden soll, sich dem Gegenstand der Untersuchung vom Standpunkt interdisziplinärer Forschung aus zu nähern. Ein solches Vorgehen ist für die Kunstgeschichte nicht selbstverständlich, geschweige denn hinreichend erprobt. Doch bei einem Thema wie dem hier zu erörternden drängt es sich geradezu auf. Und sieht man einmal ab von Hans Sedlmayrs weitgespannter und engagiert geschriebener Klage über den »Verlust der Mitte«, so hat sich die Kunstgeschichte eigentlich immer schwer getan, sogenannte *Verluste* in der Kunst- bzw. Kulturgeschichte angemessen zu erfassen.[116]

I. Handwerk, Ornament und die aufkommende maschinelle Produktionsweise im 19. Jahrhundert

1. Die Krise des Ornaments

Spätestens seit den Schriften von John Ruskin und Gottfried Semper, seit Mitte des 19. Jahrhunderts also, findet man in den Texten über den sich wandelnden ästhetischen und sozialen Gehalt der Architektur Hinweise auf die *Maschine* als die eigentliche Ursache der Neueinschätzung des Bauens. Schon 1832 hatte Heigelin angeraten[117], man solle die Maschine wie ein Werkzeug behandeln und nicht mit »angeklebten Albernheiten verunzieren«; und in der Folgezeit bildete sie das zentrale Motiv der Argumentation gegen die weitere Verwendung von Ornamenten. Die maschinelle Produktion und das Maschinenprodukt gewannen eine neue Bedeutung in Deutschland, als um die Jahrhundertwende »die Bewegung gegen die historisierende Architektur sich auf den Kampf gegen das Ornament, überhaupt gegen jede dekorative Zutat«[118], zuspitzte. Die Maschine sollte – teils berechtigt und teils fetischisiert – zu einer Art Matrix für zweckgebundenes *und* ornamentloses Gestalten werden. Fünf Jahre vor der Gründung des *Deutschen Werkbundes* im Jahr 1907 schrieb Hermann Muthesius in der Zeitschrift *Dekorative Kunst*, mancher finde inzwischen »einen Landauer, eine Hängebrükke, ja eine Lokomotive ›schön‹ [. . .], alles Dinge, die mit der Kunst alter Auffassung gar keine Berührung haben, sondern neben derem Gehege sozusagen wild aufgewachsen sind. Und Hand in Hand damit geht eine zunehmende Abneigung gegen Ornamente, gegen unsachlichen Formenaufwand, gegen Schmuck überhaupt, Dinge, gegen die die alte Kunst nichts einzuwenden hatte«.[119]

Es war die maschinelle Produktionsweise, die im Laufe des 19. Jahrhunderts die handwerkliche ablöste. Damit veränderten sich der materielle Wert und der ästhetisch-sinnliche Schein (Reiz) aller weiterhin und bis dahin handwerklich hergestellten Gegenstände. Das Ornament galt als eine ans Handwerk gebundene ästhetische Form und zugleich als das, »was man früher als das eigentliche Kennzeichen eines Kunstgewerbes zu betrachten pflegte«.[120] Bevor jedoch die maschinelle Produktion das Ornament »eliminierte«, zerstörte es seine Esoterik. Denn die maschinelle Produktion des Ornaments – was gleichbedeutend war mit seiner Reproduktion – wurde als mit seinen ästhetisch-mimetischen Inhalten unvereinbar erachtet. Ruskin sprach davon, daß beiden unterschiedlichen Produktionsweisen auch unterschiedliche »moralische Werte« zugrunde lägen: »There are two reasons, both weighty, against the substitution of cast or machine work for that of the hand: one, that all cast and machine work is bad, as work; and the other, that it is dishonest.«[121] Die Maschinenarbeit schließe die direkte sinnliche Einwirkung der menschlichen Hand auf den Gegenstand aus, der durch maschinelle Herstellung »würdelos« werde. Die Handarbeit, so Muthesius ganz im Sinne Ruskins, sei »unmittelbarer Ausfluß des menschlichen Seelenlebens; sie zeigt Vollkommenheiten, Neigungen und Liebhabereien, Ehrgeiz und Aufwärtsstreben, sie ist ein Spiegelbild des arbeitenden Menschen selber.«[122]

Wurde die Krise, in die das Ornament wegen seiner ökonomischen Bindung an das Handwerk geriet, auch durch die ihr nicht adäquate maschinelle Produktionsweise hervorgerufen, so gilt doch nicht minder, daß die Vorstellung, das Ornament könne einzig auf der materiellen Basis der Handarbeit wirklicher ideeller Ausdruck der von ihm verkörperten »Lebendigkeit« sein, es auch ökonomisch zu einem Produkt der Luxustätigkeit werden ließ, das mit der Wirtschaftlichkeit maschinell produzierter Massenartikel nicht konkurrieren konnte. Die Fetischisierung der Handarbeit als »Qualitätsarbeit« gegenüber der maschinellen Serienproduktion ging einher mit der Nobilitierung und Sublimierung der Ornamentsprache. Damit war das Ornament einer inhaltlich-kritischen Neubestimmung entzogen, wie sie in der damaligen kunstwissenschaftlichen Forschung ansatzweise von Alfred Lichtwark (1888)[123] und Max Deri (1905)[124] an Beispielen manieristischer Ornamente wie dem *Roll-* und *Knorpelwerk* und vor allem an dem von Zülch[125] 1932 ausführlich behandelten *Ohrmuschelstil* des frühen 17. Jahrhunderts in den Niederlanden und Deutschland versucht wurde. Die schroffe Gegenüberstellung von *toter* Maschinenarbeit und *lebendiger* Handarbeit blieb formalistisch. Wohl war verschiedentlich, wie bei Muthesius, von der Ornamentik als dem »Ausfluß des menschlichen Seelenlebens« die Rede. Doch scheint niemand im Werkbund seinerzeit ein wirkliches Interesse daran gehabt zu haben, die im Ornament gefaßte und gegen blanke Zweckrationalität gerichtete Sinnlichkeit und Sensibilität zu ergründen. Indem man es als an die Handarbeit gekoppelte ästhetische Gestalt definierte, konnte in der Folgezeit leicht der Eindruck entstehen, es falle »naturwüchsig« aus der Produktivkraftentwicklung heraus.[126] Sie war im 19. Jahrhundert dem Handwerk gegenüber in der Tat fortschrittlich und hatte es zu Beginn des 20. Jahrhunderts verdrängt. Und in dem Maße, wie das Handwerk ›rückständig‹ wurde, erschien das Ornament als eine Ausdrucksform, die im Bereich des Alltags und des ›Geschäfts‹ keinen Platz mehr hatte. Die Freiheit, Ornamente hervorzubringen, wurde zu einem Privileg des, nach W. Lethaby, »wirklichen Meisters«.[127] Am klarsten hat wohl der amerikanische Nationalökonom Thorstein Veblen die gesellschaftlich neue Rolle der Handarbeit charakterisiert, als er 1899 schrieb: »Die Handarbeit stellt eine höchst verschwenderische Produktionsmethode dar, weshalb sich handgearbeitete Güter besser für Prestigezwecke eignen; deshalb gelten auch die Merkmale der Handarbeit als ehrenvoll, und die entsprechenden Güter nehmen einen höheren Rang ein als ihre maschinell hergestellten Brüder.«[128] Diese Einschätzung hat sich in den wesentlichen Zügen durchgehalten. Wann immer man sich später, sofern es um die Entwicklung des funktionalen Bauens ging, um Ornamente und ihre weitere Verwendung Gedanken machte, war der Hinweis auf die außergewöhnliche *materielle* Struktur des Ornaments als Ergebnis qualitätvoller Handarbeit in der Architektur zur Hand. So wurde es denn auch nicht eigentlich gerettet. Was man erreichte, war lediglich die ›Reinigung‹ der Architektur vom historisierenden Ornament. Der Kampf gegen das ›falsche‹ Ornament in der Architektur führte zu einer Trennung von Ornament und Architektur: Das Problem des Verhältnisses von Architektur und Ornament war damit freilich keineswegs gelöst. Selbst das Privileg »organischer Lebendigkeit«, das man dem Ornament zugesprochen hatte und das unmittelbar mit der handwerklichen Arbeitsweise verknüpft war, erlosch zunehmend in der maschinellen Produktion und den darin verarbeiteten »künstlich entstandenen Materialien«[129] Diese wurden abstrakt und anonym. So wie die lebendige Arbeit der vergegenständlichten Arbeit im kapitalistischen Produktionsprozeß weichen muß, wie also in der Maschinerie »die vergegenständlichte Arbeit stofflich der lebendigen als die beherrschende Macht entgegen [tritt]«[130], so verdrängte das maschinell hergestellte und »seelenlose«[131] Ornament das *lebendige.* Das Ornament, früher eine »Einzelkunstleistung« (Muthesius), geriet zunehmend in den Sog der industriellen Massenproduktion. Vom »Leben«, das in den Ornamenten inkorporiert sein sollte, sah man in der Maschinenarbeit »nur die Totenmaske«[132] als Rest übrigbleiben. Von der im maschinell produzierten Ornament enthaltenen Arbeit galt, was für jede Arbeit unterm Gesetz der Maschine gilt: »Die Arbeit des Arbeiters wird zur Vermittlung der der Maschine und bloße Abstraktion. Gleichwohl entfaltet der mechanisierte Produktionsprozeß nur den Begriff des Kapitals in der Aneignung der lebendigen Arbeit durch die vergegenständlichte Arbeit. Vergegenständlichte Arbeit ist die Vermehrung der Produktivkraft, Subsumierung unter die Maschinerie und Negation notwendiger Arbeit. Substrat erhöhter Produktivität aber ist allein vergegenständlichte Arbeit.«[133] Eine Folge davon war, daß in der funktionalistischen Architektur das lebendige Ornament anachronistische, unwirkliche Züge annahm. An ihm wurde die Bedrohung durch »ökonomische Sachzwänge« sichtbar, wie sie auch die Architektur beherrschen.[134]

Wie sehr die Ersetzung der Handarbeit durch die Maschinenarbeit sich gegen Mitte des 19. Jahrhunderts auch das Denken prägte, zeigt sich daran, daß Semper von der Fertigkeit der Maschine anerkennend sagte, daß sie »näht, strickt, stickt, schnitzt, malt«, tief in das »Gebiet menschlicher Kunst« eingreift und so »jede menschliche Geschicklichkeit«[135] beschämt. Die sich in solchen Bemerkungen andeutende ›materialistische‹ Kunstauffasssung[136] Sempers (von der er in seiner *Bekleidungstheorie* jedoch wesentliche Momente wieder zurücknimmt) führt immerhin so weit, daß er unter dem weite Bereiche der Warenproduktion erfassenden Einfluß der Maschine die für das Problem der Rezeption in der Folgezeit so bedeutsam gewordene Frage stellt: »Ist das neue Parlamentshaus in London nicht durch die Maschine ungenießbar geworden?«[137] Diese Frage fußt ganz offenkundig auf der Erfahrung (wie sie Ruskin teilte, aber im Gegensatz zu Semper noch umzukehren hoffte[138]), daß die Maschine und die vergegenständlichte Tätigkeit des Arbeiters in die Wirkungsästhetik einer mit der Gestalt und dem Wirken (Bewegung) der Maschine nicht mehr korrespondierenden Architektur hineinreichen und sie verändern.

Dieser von Semper so bündig gefaßte Sachverhalt sollte für die Bemühungen der Architekten und Architekturtheoretiker zu Beginn unseres Jahrhunderts, die Verdrängung des Ornaments zu rechtfertigen, eine hohe Bedeutung erlangen. Da man überzeugt war, den von der Maschine ausgehenden und vermittelten neuen Bewegungsgesetzen in der Architektur Rechnung tragen zu müssen, war es nur eine Frage der Zeit, bis – gemäß der Entwicklung adäquater technischer Fertigungsmethoden und Materialien – das der maschinellen Produktion widersprechende Ornament entweder streng geometrisiert oder aber aus der Architekturgestaltung verschwinden würde. Der Wunsch, eine der maschinellen Produktivität entsprechende ästhetische Ausdrucksform zu finden[139], leitete schon Semper. Er lobte die Maschine und die mit ihr einhergehenden technischen Errungenschaften als »vortrefflich«, beklagte aber, daß sie »der hergebrachten Form geopfert«[140] würden. Diese Ungleichzeitigkeit von technischem und künstlerischem bzw. kulturellem Fortschritt veranlaßte ihn zu der Forderung, die »Industrie, die Spekulation und die auf das Leben angewendete Wissenschaft [müßten den] Prozeß der Zersetzung der vorhandenen Kunsttypen« vollenden, »ehe etwas Gutes und Neues erfolgen«[141] könne. Die Maschine als die neue richtungweisende Kraft treibt die nach Semper unausweichliche Zerstörung (Entzauberung) der vom Bürgertum angeeigneten und selbst schon der Warenform geopferten »Kunsttypen« der Vergangenheit voran. Sie soll zukünftig das Wirkungsmoment der Kunst, vor allem das der Architektur, bereits in seiner Genesis bestimmen. Die Hoffnung, daß diese nachhaltigen Wirkungen der Maschine auf die weitere Entwicklung vor allem der Architektur auch eintreten werden, kann Semper im Grunde nur aus dem Umstand gewonnen haben, daß die maschinelle Produktionsweise die herkömmlichen Arbeitsverfahren – und damit auch die der Architekturproduktion – in ihrem Charakter grundlegend zu verändern begann und daß dies im ästhetischen Gehalt der Architektur seinen Niederschlag finden mußte.

Einige Jahre nach Semper befaßte sich Karl Marx in den *Grundrissen* mit den Konsequenzen der Einführung der Maschinerie für den Arbeitsprozeß.[142] Er kam zu dem Ergebnis, daß der Produktionsprozeß in dem Sinne aufgehört habe, Arbeitsprozeß zu sein, daß »die Arbeit als die ihm beherrschende Einheit über ihn übergriffe«.[143] Die Arbeit erscheine »vielmehr nur als bewußtes Organ, an vielen Punkten des mechanischen Systems in einzelnen lebendigen Arbeitern«.[144] Arbeit, zerstreut und subsumiert unter den Gesamtprozeß der Maschinerie, sei »selbst nur ein Glied des Systems, dessen Einheit nicht in den lebendigen Arbeitern, sondern in der lebendigen (aktiven) Maschinerie existiert, die seinem einzelnen, unbedeutenden Tun gegenüber als gewaltiger Organismus [. . .] erscheint«.[145] Eine Architektur, die dies zu leugnen suchte, mußte – woran Semper sicherlich auch dachte, als er das Wort *»ungenießbar«*[146] benutzte – unglaubwürdig werden.

2. Erste Konsequenzen für die Architektur

Soweit die Entwicklung der Architektur den Gesetzmäßigkeiten des von Marx beschriebenen Prozesses, in dem die Arbeit nicht mehr das übergreifende Moment der Produktion bildet, unterworfen war, wurden in ihr die bedeutsamen Veränderungen, die den Arbeitsprozeß bestimmten, erst gegen Ende des 19. Jahrhunderts in der »ziellos zersplitterten Bauwirtschaft«[147] wirksam. Das Bauwesen war in Deutschland trotz der wachsenden neuen Funktion städtischer Architektur als *Ware* schon in der Phase der industriellen Revolution sowohl technisch als auch hinsichtlich der Kapitalverhältnisse zurückgeblieben. Nicht zuletzt wegen der großen Anzahl ungelernter Arbeitskräfte verminderte sich der Anreiz zur Einführung neuer Techniken.[148] Einer der ersten, der auf Einführung neuer Techniken in allen Bereichen der Architektur drängte und daraus die für die Architektur entscheidenden formalen Folgerungen zu ziehen bereit war, war der Wiener Architekt Otto Wagner. Unter Hinweis darauf, daß, so Wagner, »große sociale Umwälzungen [...] immer neue Stile geboren« hätten, schrieb er 1894: »Alles modern Geschaffene muß dem neuen Material, den Anforderungen der Gegenwart entsprechen.«[149] Es sollte in der Architektur »den kolossalen technischen und wissenschaftlichen Errungenschaften sowie dem durchgehenden praktischen Zuge der Menschheit Rechnung«[150] getragen werden. Wagner hat daraus den für die damalige Periode wichtigen Schluß abgeleitet, die Architektur müsse danach trachten, »Neuformen zu schaffen oder jene Formen, welche sich am leichtesten unseren modernen Constructionen und Bedürfnissen fügen«[151], weiterentwickeln. Der *Gebrauchs*wert (»Bedürfniswert«) von Architektur macht hier ihrem tradierten *Kunst*wert die Vorherrschaft streitig; etwas »Unpraktisches [könne] nie schön sein«; woran Wagner die Forderung knüpft, daß der Architekt »immer aus der Construction die Kunstform zu entwickeln«[152] habe.

Darin zeichnete sich eine wesentlich geänderte Auffassung von Architektur, der Bestimmung ihres *festen Raums* ab. Gewiß ist nicht zu übersehen, daß Wagner zuerst von der Konstruktion und dann von den Bedürfnissen spricht und so eine für den Architekten und Bauherrn weniger problematische Priorität setzt. Bedeutsam ist jedenfalls Wagners Bemühen, die ästhetische Form aus der Konstruktion zu begründen. Er macht jene abhängig von den Veränderungen der materiellen Produktion, aus der die Veränderungen der materiellen Gesetzmäßigkeiten der Konstruktion hervorgehen.[153] Der so definierte architektonische Raum bleibt *offen;* seine Gestalt ist nicht einem fixierten ästhetischen Kanon (etwa dem vitruvianischer *Ordnungs-* und *Proportionsgesetze*) verpflichtet, der sich der Entwicklung der materiellen Produktivkräfte gegenüber indifferent verhielte. Die von Wagner formulierte Raumkonzeption ist offen für die aus der Veränderung der materiellen Basis sich ergebenden Wandlungen der Bedürfniswerte.

Dieser sowohl im Innern als auch im Äußeren an Wandel und Bewegung orientierten Raumkonzeption widerspricht es, Architektur als ein in sich geschlossenes System ästhetischer Werte zu begreifen, in dem die Ornamente ganz bestimmte repräsentative Aufgaben erfüllen. Wohl tauchen gegen Ende des 19. Jahrhunderts verschiedentlich ornamentale Einzelformen in der Architektur auf, die eine abgehobene Bildphantasmagorie anzeigen (vgl. Abb. 6). Sie sind Allegorien, Bruchstücke, in denen die Geschichte sich für die Avantgarde zu Beginn des 20. Jahrhunderts als Verfall darstellt. In ihnen, als Bildern, Masken und versteinerten Naturnachahmungen, tritt die »Geschichte als erstarrte Urlandschaft dem Betrachter vor Augen«.[154] Wenngleich in der Betrachtung zu allegorischen Bildern geworden, sind die Einzelformen im Historismus durchaus als Elemente eines organisch einheitlichen Werkganzen konzipiert worden. Für sich repräsentativ, waren sie es auch für das Ganze. In dieser formalen Abgestimmtheit beruht der Sinnzusammenhang der Gründerzeit-Fassade. Unabhängig von der Innenraum-Konzeption und ihrer inhaltlichen Gestaltung wirkt die Fassade organisch einheitlich. Völlig anders verhält es sich mit einer von der Konstruktion und Organisation in ihrem Innern abhängigen Gestaltung montierter Einzelteile; sie werden sinnvoll erst in der Montage; für sich genommen vermitteln sie keine Information; ihre Bedeutung geben sie erst frei, wenn das ihnen zugrunde liegende Konstruktionsprinzip erkannt ist. Da sie nicht zu Zeichen verarbeitet und kombiniert werden, die in einem mimetischen Kontext auf die Wirklichkeit hinweisen, setzen sie unmittelbar erlebte und erkannte Wirklichkeit voraus. Die Absage an eine organisch geformte Architektur, wie sie der Historismus noch anstrebte, hat so in der Architekturtheorie und -praxis einen *Werkbegriff* entstehen lassen, der erstmals eine materialistische Begründung der Architektur erlaubt. In Hilberseimers Gegenüberstellung von »Fassadenkunst« und »gestaltender Organisation«[155] rücken Bestrebungen wie »Ökonomisierung der Wohnung« und »konsequent durchzuführende Taylorisierung«[156] der Produktion von Architektur ins Zentrum der Überlegungen. Architekturfragen seien, wie Lissitzky gegen Ende der zwanziger Jahre lapidar bemerkt, längst zu »Massenfragen«[157] geworden. Das Ziel der Architekten des 19. Jahrhunderts, »Architektur als Kunst«[158] zu betreiben, verliert sich in dieser neuen, operational ästhetischen Architekturpraxis. Der Streit um die Vorherrschaft von Form und Inhalt, die Unterscheidung von »Kernform« und »Kunstform« (Carl Bötticher, *Die Tektonik der Hellenen,* 1844), scheint überwunden. Was nun zum Zuge kommt, ist die Hervorkehrung der sozialen Funktion der Architektur.

Fassen wir zusammen und wagen wir einen Ausblick auf die unter dem Eindruck der radikalen Veränderung im Produktionsbereich[159] sich wandelnden materialen und ästhetischen Strukturen der Architektur. Zu Beginn dieses Jahrhunderts setzt sich endgültig durch, was sich mit der Entwicklung sowohl der Eisenkonstruktionen als auch der des »sozialen« Wohnungsbaus in den Großstädten im 19. Jahrhundert angedeutet hatte: Architektur wird zunehmend zu einem Produkt praktischer Tätigkeit. Angesichts gewachsener ökonomischer Zwänge verringert sich ihr Kunstwert.[160] Gelingt es den »freien Künsten« – nicht zuletzt wegen deren handwerklicher, gleichsam vor-kapitalistischer Produktionsweise[161] –, den Status autonomer Subjektivität voranzutreiben oder ihn als Antinomie zu thematisieren, so nimmt die Architektur – in der mehr und mehr die materielle Sphäre dominiert – den Charakter eines *Arbeitsmittels*[162] an; die Technik als Beurteilungskriterium tritt in den Vordergrund. Und selbst dort, wo die Formgebung z. B. bei Büro- und Warenhäusern »stilbildenden Wert«[163] behält, nehmen die Bauten in ihrer Erscheinung typische Merkmale eines Arbeitsmittels an. Ja selbst in der Wohnarchitektur spiegelt sich die von den »Werken der Industrie und Technik« ausgehende »neue Entwicklung der Form«[164] als die von Arbeitsmitteln – die Wohnarchitektur *erscheint* als Arbeitsmittel, ohne der Definition nach eines zu sein (Abb. 9/Abb. 32). Dies hat einen seiner Gründe in den Produktionsinstrumenten, soweit diese den Formencharakter der Architektur durch die in ihnen zum Ausdruck kommende technische Rationalisierung einschneidend verändern. In diesem Sinne ist Behnes Bemerkung anläßlich der Werkbund-Siedlung am Weißenhof, Stuttgart, aus dem Jahr 1927 zu verstehen, daß man auch »Ornamente in Gips fabrikmäßig herstellen« könne: »Aber der Kran ist doch nicht das rechte Werkzeug, Akanthusblatt und Perlenschnüre anzukleben. Man hat auf dem Bauplatz keine Zeit für die 30 Stile, alles ist auf Konstruktion gestellt.«[165] (Vgl. Abb. 18) In der Entwicklung der materiellen Produktivkräfte wandelt und reduziert sich sowohl das künstlerische Material der Architektur als auch die Architektur als künstlerisch gestaltete Materie in einem, wie es scheint, irreversiblen historischen Prozeß. Der Produktionsablauf wird so, wie es bei Rolf Rosenbrock heißt, einer wissenschaftlichen Analyse zugänglich, »die ihn unabhängig von den ursprünglichen Arbeitsgängen der Teilarbeiter in seine Funktionen zerlegt und [. . .] zu neuen, maschinengerechten Teilprozessen zusammenfügt«.[166] Das Ornament fällt dieser Zerlegung des Produktionsablaufes zum Opfer; das Werkzeug, mit dem es, selbst fabrikmäßig hergestellt, noch hätte »angeklebt« werden können, ist dem Arbeiter weggenommen und in einen kollektiven Mechanismus integriert worden.[167] Der »neuen Architektur« *muß*, so W. C. Behrendt, das Ornament als »Detail im alten Sinne« fehlen, »da sie, statt mit handwerklich geschulten Kräften, mit Maschinenarbeit, mit industriellen Techniken zu rechnen hat«.[167a]

II. Der Doppelcharakter bürgerlich-kapitalistischer Repräsentation in der funktionalen Architektur zwischen 1918 und 1933

1. Die alte und die neue bürgerliche Kultur

Bei der Errichtung von Siedlungen und Gebäuden des sozialen Wohnungsbaus (Arbeitersiedlungen, Mietskasernen usw.) ist man nie sonderlich verschwenderisch mit dekorativen Formen gewesen.[168] Ernst Wiß, einer der Ideologen der *Wohnungsfrage* (die in Deutschland seit Mitte des 19. Jahrhunderts heftig diskutiert wurde[169]), plädierte beizeiten für einen bescheidenen und kostensparenden Wohnungsbau für das Proletariat. Er entdeckte an den Londoner Arbeiterhäusern, daß »einfache, schöne Verhältnisse und Linien, einfacher plastischer Schmuck an den Fronten« besser am Platze seien »als unvermittelt an kahle Wände angeklebte Ornamente«[170] (vgl. Abb. 9). Die Wohnung, insbesondere das für das Proletariat bestimmte Mietshaus, war längst zum Handelsobjekt geworden[171], dessen Herstellung und Vermietung man »unter dem freien Spiel der Kräfte«, wie es Hilberseimer später kritisierte[172], den auf privat-kapitalistischer Basis operierenden Bauunternehmern überlassen hatte, also zur Spekulation, »die dem Kapitalisten auf Kosten der Volksgesundheit hohe Zinsen einbrachte«.[173] Die Folge waren erhebliche Einsparungen beim Bau der Mietshäuser.[174] Der Architekt war gehalten, »Massenquartiere zu fabrizieren, nach denselben Prinzipien, wonach der Kunstindustrielle wohlfeile Marktware für Proletarier herrichtet«[175] – ein »Zeichen von Barbarei«.[176]

Wie nun ist die Abkehr von Kulturformen aristokratischer Herkunft beim Großbürgertum zu Beginn unseres Jahrhunderts zu deuten? Unverkennbar haben sich gegen Ende des 19. Jahrhunderts in Deutschland – zu einer Zeit also, in der das Proletariat die politische Vormachtstellung der Bourgeoisie mehr und mehr bedrohte (die Zahl der Industriearbeiter hatte sich seit 1887 bis 1914 verdoppelt[177]) und die ideologischen Legitimationsmodelle der Herrschaft sich als brüchig erwiesen – vor allem die fortschrittlich-liberalen Kräfte um die Begründung und Festigung einer der Entwicklung der materiellen Produktivkräfte angemessenen *bürgerlichen Kultur* als einzig *wahrer* Kulturform bemüht. Wie Hermann Muthesius lehnten sich jetzt viele der im 1907 gegründeten *Deutschen Werkbund*[178] zusammengeschlossenen Architekten, Künstler, Politiker usw. gegen die vormals von einer emporgekommenen bürgerlichen »Finanzaristokratie« »angeeigneten aristokratischen Flicken der Vergangenheit«[179] auf. Man hatte angesichts der wachsenden Bedürfnisse einer die Interessen der Bourgeoisie unmittelbar berührenden Massengesellschaft erkannt, daß das, »was wir brauchen, [...] nicht Gebühlsmöbel und eine Luxuskunst für die Reichen« sind, »sondern ein anständiges Hausgerät für den gemeinen Mann«.[180] Es ist kein Geheimnis, daß sich in solchen Bestrebungen ernst zu nehmende ökonomische Erwägungen[181] mit stabilisierenden bürgerlichen Ideen (in Gestalt avancierter bürgerlicher »Gebrauchsformen« in der Warenproduktion) vermischten. Kurz, das Bürgertum war sich seines zweifelhaften Umgangs mit dem Kultur-Erbe bewußt geworden. Dem kam entgegen, daß der Kapitalismus in seiner, wie Lukács sagt, »reinen« Gestalt nicht länger darauf angewiesen war, in der vorkapitalistischen Vergangenheit »ideologische Stützen« zu suchen, um im Rahmen eines politischen Kompromisses mit den früher herrschenden Klassen »eine radikale Demokratisierung der Gesellschaft, vor allem aber ein Vordringen des sozialen Proletariats, zu verhüten«.[182] Und man entdeckte sich als Nachkomme eines »von jeder kulturellen Verfeinerung jahrhundertelang abgeschlossen gewesenen Bürgerproletariats«.[183] Von ihm wußte man, daß es, so Fritz Hallwag 1917, »hilflos und geblendet in das grelle Licht eines neuen Lebens, einer ungewohnten Macht« eingetreten war, »nachdem die früheren Führer, die sittlich freilich unwürdig gewordenen Träger der Tradition, in der großen französischen Revolution den ›Kopf verloren‹ hatten. Bei uns in Deutschland kam diese Schicht erst in der Gründerzeit der siebziger Jahre, spät, aber mit verdoppeltem Prunkhunger, in die Höhe und hielt alles, so auch die Kultur für käuflich; mit deren reellem, geistigen Erwerb hielt sie sich nicht auf, sie wollte nur den Schein von ihr«.[184] War der Machtverlust der Aristokratie mit der Preisgabe ihrer *Würde* und *kulturellen Sittlichkeit* verknüpft (Tugenden, an denen das Bürgertum

– neben der der Ordnung – unbedingt festhalten wollte), so war es eine der vordringlichsten Aufgaben der bürgerlichen Schichten, nicht selbst zu einem »unwürdigen Träger« der in der Entfaltung der materiellen Produktivkräfte sich abzeichnenden kulturellen Veränderungen zu werden. Man hatte zwar die Aristokratie verdrängt, aber lief nun, da man sich von deren kulturellen Verständigungssymbolen nicht hatte lösen können und wollen, Gefahr, dem gestiegenen kulturellen Anspruch der Massen auf Bildung nicht zu entsprechen. Um sich in diesem Sinn als *sittlich* zu erweisen, galt es, Formen zu entwickeln, die nicht mehr an die eigene kulturelle Unselbständigkeit, das mangelhafte kulturelle Selbstbewußtsein früherer Jahrzehnte erinnerten. Doch nicht minder wichtig war es, zugleich mit der Herausbildung neuer kultureller Mittel der Verständigung die Angleichung des Proletariats an das Bürgertum zu betreiben. Kultur – und zwar die eigene bürgerliche – sollte zum Vorbild für die proletarischen Massen in den Städten werden. Aus diesem Grunde legte man großen Wert auf die »Schaffung einer zeitgenössischen bürgerlichen Kunst«[185], in der man sehr genau ein vortreffliches *Instrument sozialer Integration* erkannt hatte.

Peter Brückner hat dargestellt, auf welche Weise diese soziale Integration seit der zweiten Hälfte des vorigen Jahrhunderts über die unterschiedlichsten Instanzen vorangetrieben wurde.[186] Dabei kam es darauf an, die unterprivilegierten Schichten auch bildungspolitisch zu assimilieren, um sie so einer erweiterten sozialen Kontrolle zu unterwerfen: »Der von Marx skizzierte Sozialcharakter des 19. Jahrhunderts: der asketische, produzierende Knecht, war ein Resultat der industriellen Disziplinierung der Bevölkerungsmassen und ihrer Armut; ergänzt durch obrigkeitsstaatliche, durch Untertanen-Gesinnung. [...] Namentlich in der Verbindung mit Aufstiegsimpulsen entfaltete die Untertanen-Gesinnung ihre stabilisierende Kraft. [...] Nach der Jahrhundertwende schufen die Erfordernisse der Kapitalverwertung und darin einbeschlossen die der Konsumtion neue Sozialcharaktere, die jene überlieferten und doch z. T. gerade erst erlernten (›bürgerlichen‹) Tugenden, Werte, Gesinnungen erneut labilisieren mußten.«[187] Weiter kommt Brückner zu dem Ergebnis, daß in dem Maße, wie das Bürgertum im Laufe des 19. Jahrhunderts die Kulturwerte der Aristokratie übernahm, sich dieser frühere Vorgang nunmehr ideell auf der Seite der damals gegründeten Arbeitervereine, Gewerkschaften usw. wiederholte: »Die Übernahme kleinbürgerlicher Reputationen, d. h. zunächst von Formalien und äußerlichen Umgangsstilen der Bourgeoisie in einen Bestand von Sollwerten der arbeitenden Bevölkerung (›Verbürgerlichung‹) mit ihren psychischen Konsequenzen wurde von ihren Assoziationen: Arbeiter- und Arbeiterbildungsvereinen, Bünden, Gewerkschaften, Parteien als Grundlage für die Veränderung der sozialen Situation der lohnabhängigen Bevölkerung angestrebt. Während innerhalb der Bourgeoisie derjenige ein ›guter Mann‹ ist, d. h. ein Mann, mit dem man reden, dem man Vertrauen entgegenbringen kann, der ein zahlbarer Mann ist, der Kredit in Bürgerrechte einsetzt, lebt die mißtrauische, immer partielle Kreditierung des vermögenslosen Arbeiters als ›gutem Manne‹ ausschließlich von der Reputation, d. h. der Assimilation.«[188] Daraus geht hervor, daß der Arbeiter immer dann vom Bürgertum anerkannt wird, wenn er dessen kulturelle Wertmaßstäbe akzeptiert. D. h. daß die Bemühungen zur »Verbürgerlichung« des Proletariats maßgeblich vom Bürgertum selbst ausgingen. Aus diesem Grund kann in der sozialen Integration der Lohnabhängigen auch keine wirkliche »Verbürgerlichung« gesehen werden; »indessen quittiert diese assimilative Tendenz [. . .] nur den Umstand, daß die proletarische Situation gerade unentrinnbar wird. Sie muß vor'm Ärgsten geschützt werden«.[189] Das fortschrittliche Bürgertum hatte erkannt, daß eine der wichtigsten Voraussetzungen der »Verbürgerlichung« darin bestand, die Ungleichzeitigkeit des entwikkelten Stands der Technik und der ästhetischen Ausdrucksformen einer bei früheren Geschichtsepochen geborgten Sprache zu überwinden, um zu beweisen, daß die vom Bürgertum propagierten gesellschaftlichen Handlungsweisen, Gefühls- und Denkgewohnheiten, Sitten, Konventionen, Arbeitsnormen etc. selbst der adäquate ideelle Ausdruck der materiellen Werte waren. Es galt, die Überzeugungskraft einer ihrem äußeren Erscheinungsbild nach einheitlichen Form von materieller und ideeller Produktion vor allem im Alltag zu institutionalisieren – sie mußte sichtbar gemacht werden. Es war das Ethos der eigenen, der bürgerlichen Klasse, das »als typisch für die gesamte Gesellschaft«[190] verbindlich gemacht werden sollte. In diesem Sinn ist Peter Behrens' Klage in einem Vortrag aus dem Jahr 1917 zu verstehen, daß die »Fortschritte der Technik [...] eine Höhe des materiellen Lebens geschaffen [hätten], wie sie so hoch in der Geschichte, bisher noch nicht erreicht waren. Allerdings ist es bis jetzt nur das materielle Leben, das erhoben wurde, nicht das kulturelle, und eine *Einheit von den materiellen und geistigen*, d. h. seelischen, *Werten* konnte noch kaum zum *Formausdruck* werden. Ein Leben ohne den materiellen Nutzen der modernen Technik kann aber nicht mehr gedacht werden. [...] Trotzdem trägt es nicht die Zeichen einer gereiften Kultur, weil die beiden Gebiete der Technik und der Kunst sich kaum berühren, und zwar da am wenigsten, wo sie es am meisten sollten, nämlich im Hochbau und in den Erzeugnissen der Großindustrie«.[191]

Fassen wir zusammen: Die sinnlich gegenwärtigen Produkte der ehemals herrschenden Klasse der höfischen Aristokratie verblaßten in ihrer Wirkung auf die proletarischen Massen in den Städten. Deren soziale Integration diente der Ablenkung von ihren wirklichen Interessen. Kulturell konnte dies einzig mittels einer selbstbewußten, vom Prunk und Vorbild des aristokratischen Geschmacks geschiedenen bürgerlichen Kultur gelingen. Hatte sich das Großbürgertum des 19. Jahrhunderts die kulturellen Formen der vorangegangenen herrschenden Klasse angeeignet, so sicherlich deshalb, weil man eben nicht, wie Hellwag annahm, »ausgeschlossen«, sondern vielmehr gewohnt war, die eigenen Bedürfnisse und Repräsentationsabsichten an den von dieser Klasse produzierten Werten, ihren sinnlich gegenwärtigen Produkten zu messen. Daraus erklärt sich die »Jagd« nach dem vielzitierten »falschen Reichtum«, die Walter Benjamin mit den Worten verurteilte: »Nach der Einverleibung jeder Vergangenheit, nicht durch die fortschreitende Emanzipation des Menschengeschlechts, kraft deren es seiner eigenen Geschichte immer geistesgegenwärtiger in das Auge sieht und immer neue Winke ihr abgewinnt, sondern durch Nachahmung, das Ergattern aller Werke aus abgelebten Völkerkreisen und Weltepochen.«[192]

2. *»Klassenlose« Architektur als Scheinsynthese*

Völlig anders verlief zu Beginn dieses Jahrhunderts der Prozeß kultureller Angleichung. Die vormalige Ungleichzeitigkeit von Gestalt und Funktion in der Architektur und – als deren Ausdruck – ihre »falsche Individualität« wurden, gemäß neuzeitlichem Utilitäts- und Fortschrittsdenken, als *Lüge*[193] und sinnentleerte »sentimentale Phrase« (Gropius) empfunden. Geschichte – gleichgesetzt und verwechselt mit der Geschichte, wie sie der Historismus (auch als Wissenschaft) verstanden und dem 20. Jahrhundert überliefert hatte – wurde verdrängt. Man war überzeugt, daß die »neue Zeit«, so Walter Gropius im Jahre 1913, »den eigenen Sinn«[194] forderte. Damit war die Angleichung der Lebensnormen, der Formen des Bewußtseins und des Lebens an den Standard der industriellen Massenproduktion gemeint. So wie im Arbeitsprozeß sich allmählich die »Versachlichung« der Kooperation der Arbeitenden[195] durchsetzte und, wie Kracauer später bitter bemerkte, die »seelischen Zwischenschichten« verdrängt werden mußten, um den Menschen »so glatt und geleckt wie ein Auto zu machen«[196], so sollten all jene Formen aus der durch Architektur vermittelten Alltags- und Erlebniswelt ausgeschieden werden, die der angestrebten äußerlichen Gleichzeitigkeit von materieller Basis und Kultur nicht entsprachen. Überall dort, »wo ein disziplinierter und logischer mathematischer Geist an der Arbeit ist«, durfte es auch »keinen Platz für Gefühle, Phantasie und Sehnsucht nach Schönheit«[197] geben. Daraus zog Gropius bereits 1913 für die Architektur und für die Architekten Konsequenzen und prophezeite, daß »exakt geprägte Formen, jeder Zufälligkeit bar, klare Kontraste, Ordnen der Glieder, Reihung gleicher Teile und Einheit von Form und Farbe [. . .] entsprechend der Energie und Ökonomie unseres öffentlichen Lebens das ästhetische Rüstzeug des modernen Baukünstlers«[198] sein werden.

Sehr klar entfaltet hier Gropius die Korrespondenz zwischen geordneter architektonischer Außenhaut und Ordnung des Produktionsprozesses, in dem die Arbeiter sich nach dem Gesetz der »Ökonomie des öffentlichen Lebens« bewegen. In der auf schmucklose Bauelemente konzentrierten (Fabrik-) Architektur spiegelte sich eine Entwicklung der bürgerlichen

Gesellschaft insgesamt wider, die Lukács[199] ihr »ökonomisches Einheitlich-Werden« genannt hat.[200] Nun weiß man aber, daß das, was Walter Gropius begeistert als Richtlinie für das ›neue Bauen‹ noch vor Ausbruch des Ersten Weltkriegs propagiert und selbst in den (gemeinsam mit A. Meyer) 1911 fertiggestellten ›Fagus-Werken‹ in Alfeld a. d. Leine (Abb. 10) verwirklicht hatte (nebst einem Modell einer Fabrik auf der Werkbund-Ausstellung in Köln 1914 [Abb. 10 a]), keineswegs als eine die Klassengegensätze nivellierende Architektur zur Preisgabe der bürgerlichen Repräsentation führte, sondern den gewandelten »Reklameabsichten des Organisators« (i. e. der Industrielle als Bauherr) entgegenkommen sollte. Mit der von Peter Behrens 1909 für die AEG in Berlin-Moabit erbauten Turbinenhalle (Abb. 11) hatte sich nach Gropius' damaliger Überzeugung die Industrie ein Denkmal von »Adel und Kraft gesetzt, an [dem] keiner mehr empfindungslos vorüberwandelt«.[201] Ob die sich solcherart in Industriearchitektur manifestierende Gestalt bürgerlicher Kultur zur sozialen Integration des Arbeiters – gemäß der veränderten Produktionsweise – beitragen konnte, läßt sich heute kaum stichhaltig nachprüfen. Die Absicht indes scheint bestanden zu haben: »Aber auch vom sozialen Standpunkt aus ist es nicht gleichgültig, ob der moderne Fabrikarbeiter in öden, häßlichen Industriekasernen oder in wohlproportionierten Räumen seine Arbeit verrichtet. Er wird dort freudiger am Mitschaffen großer gemeinsamer Werte arbeiten, wo seine vom Künstler durchgebildete Arbeitsstätte dem einen jeden eingeborenen Schönheitsgefühl entgegenkommt und auf die Eintönigkeit der mechanischen Arbeit belebend einwirkt. So wird mit der zunehmenden Zufriedenheit Arbeitsgeist und Leistungsfähigkeit des Betriebes wachsen.«[202] Mag an dieser Stelle durchaus unterstellt werden, daß Gropius, um den funktionalen Industriebau zu propagieren, mit Bedacht in der Sprache des Unternehmers argumentiert hat, so kann doch nicht übersehen werden, daß die Herausbildung neuer ästhetischer Produktionsmethoden maßgeblich an die Möglichkeiten erweiterter Mehrwertproduktion (»Leistungsfähigkeit des Betriebes«) geknüpft gewesen ist.[203] Daher kann man sich nur schwer des Verdachts erwehren, der Verzicht aufs Ornament sei einem bereitwilligen Verzicht auf Formen der Repräsentation geschuldet, deren gesellschaftliche Bedeutung erheblich nachgelassen hat. Die in die ästhetische Gestalt des Ornaments eingegangene Sinnlichkeit wird überlistet, indem sie für repräsentative Zwecke in Dienst genommen und ihres ursprünglichen geschichtlichen Wahrheitsgehalts beraubt wird. Sie wird bloß *ausgestellt* (Abb. 12).[204]

Sehr überzeugend hat Roland Günter anhand von Beispielen aus der Fabrikarchitektur dargelegt, mit welchen formalästhetischen Konsequenzen und unter welchen sozio-ökonomischen Veränderungen diese Art des »Sich-in-Szene-Setzens« verschwinden mußte. Tauchten ornamentale Formen im 19. Jahrhundert meist an Fabrikgebäuden dort auf, wo der Fabrikherr oder seine Familie sinnbildlich repräsentiert werden sollte, um durch die derart zur Schau gestellte Aneignung des an diese Formen und Bilder geknüpften gesellschaftlichen Reichtums seinerseits *kreditwürdig*[205] zu erscheinen, so verliert sich dieses ostentative Verhalten mit der wachsenden Anonymität der Verwaltungen: »In dem Maße, wie das Wirtschaftsleben die personale Eigentumsstruktur verliert, weil es durch leicht verschiebbares Aktienkapital anonym wird [. . .], entfällt die persönliche Repräsentation im Fabrikbau«[206] (vgl. Abb. 13 und 14). Diese formale Veränderung folgt aus der Tatsache, daß die einzelnen Kapitalisten nicht länger funktionell das Kapital »personifizieren«. Sie treten jetzt vielmehr der Masse von Arbeitern und Angestellten »als unmittelbare Macht der Dinge über die Menschen gegenüber, als ein System ›technischer‹ Sachzwänge von dämonischer Funktionalität«.[207] Eine »abstrakt allgemeine Macht gegenüber dem einzelnen Individuum« hatte die »Macht über den Gegenstand«, wie sie das 19. Jahrhundert noch als Illusion festhielt, in die »Macht des Gegenstandes«[208] über das Individuum verwandelt. Verkörperte sich das Kapital in den wohnhausähnlichen Fabriken[209] noch auf mittelbare Weise, so schwindet diese überflüssig gewordene Repräsentationssymbolik an der Architektur wie der Fabrikherr »als überflüssige Person aus dem Produktionsprozeß«.[210] In dem Maße, wie es zur »allmählichen Verwandlung der kapitalistischen Privatunternehmungen in kapitalistische Aktiengesellschaften«[211] kam, wurde die Figur des fungierenden Kapitalisten, des autonomen Fabrikanten, hinfällig.[212] Repräsentative Formen wirkten nun aufgesetzt und unwirklich. Sie waren lediglich applizierte Formen. Verriet die individuell-privatisierende Gestaltung der frühen Fabrikationsräume bei aller »Barbarei und Unzweckmäßigkeit« etwas von der sozialen Rolle des Fabrikherrn (der, so Benjamin, »darinnen, gleichsam als Staffagefigur, zu denken ist, wie er in den Anblick seiner Maschine versunken, nicht nur von seiner, sondern auch von ihrer künftigen Größe träumt«[213]), so gibt der moderne Fabrikbau kaum noch etwas von der »Verdinglichung der menschlichen Beziehungen«, die ihn charakterisiert, preis.[214]

In dem Versuch, dem mittlerweile »monumentalen Arbeitsbedürfnis« Gehäuse zu errichten, »die den inneren Wert der Einrichtungen und die Methode der Arbeit würdig auszudrücken vermögen«[215], den »Gestaltungswillen der vielen in einem Gedanken zu sammeln«[216], deutet sich bereits die Anstrengung an, den »Mangel an weltanschaulicher Fundierung«[217] und an unternehmerischem Selbstbewußtsein[218] auszugleichen. Zugleich kommt hier eine Ideologievariante bürgerlicher Öffentlichkeit zum Zuge, einer Öffentlichkeit, in der die Vorstellung von einer *gesamtgesellschaftlichen Synthese* beherrschend wird. Das Ziel ist, eine *für alle* gültige Identität herzustellen, Gesellschaft als etwas *Ganzes*, als Gemeinschaft *darzustellen.*[219] In einer solch homogenen Gesellschaft – in der die sich institutionalisierende Öffentlichkeit nichts anderes sein kann als Scheinöffentlichkeit[220] – verbietet es sich, in der Architektur, die diese Öffentlichkeit spiegeln soll, Formen zu gebrauchen, die der gesamtgesellschaftlichen Synthese widerstreiten. Selbst da, wo Ornamente – wenn überhaupt – noch eingesetzt werden, sollten sie »stets etwas Unpersönliches haben« und »nicht störend«[221] wirken. Denn »alle unwesentlichen Einzelheiten ordnen sich einer großen einfachen Darstellungsform unter, die schließlich, wenn ihre endgültige Gestalt gefunden sein wird, zum symbolischen Ausdruck für den inneren Sinn der modernen Baugebilde führen muß«[222] (Abb. 15).

Die Funktion der (Industrie-)Architektur ist in dieser Verbindung eine selbständige politische; ihr »innerer Sinn« ist die entfremdete Arbeit, deshalb soll Architektur das »Symbol der Gemeinsamkeit«[223] werden. Sie dient der Herstellung einer »wirklichen Volksgemeinschaft«, die sich über die Interessen und »Gegensätze der Stände und Klassen erhebt«.[224] Dabei setzt man auf den wertbildenden Charakter der Architektur. In diesem Zusammenhang hatte Gropius bereits im Jahr 1911 in einem Vortrag im Folkwang-Museum in Hagen gefordert, daß der *Arbeit* »Paläste errichtet werden« müßten, »die dem Fabrikarbeiter, dem Sklaven der modernen Industriearbeit, nicht nur Licht, Luft und Reinlichkeit geben, sondern ihn noch etwas spüren lassen von der Würde der gemeinsamen großen Idee, die das Ganze treibt«[225] (Abb. 16). Ist der Arbeiter tatsächlich von der »Idee«, die dem industriell-maschinellen und automatisierten Arbeitsprozeß zugrunde liegt, wegen der Funktionalisierung und Spezialisierung seiner Arbeitskraft abgeschnitten – ohne Erfahrung gewissermaßen –, so sollte die Architektur die Anonymität des Arbeitsprozesses wenigstens erträglich machen. Spüre der Fabrikarbeiter erst einmal etwas von der »Würde der gemeinsamen großen Idee«, dann, so hoffte man, werde er seine Entwürdigung zu einer auf dem Markt gehandelten Ware eher hinnehmen. Die Architektur müsse helfen, der »seelischen Verödung der Arbeitsmassen entgegenzuwirken«[226], »die Arbeit geistig zu beleben und den Arbeitenden ihre Berufstätigkeit interessanter zu machen, damit sie innerlich mehr befriedigen kann« (Abb. 17).[227]

Dieses Programm blieb nicht ohne Widerspruch. Kein geringerer als Adolf Behne warnte 1920[228] vor einer verhängnisvollen Harmonisierung und ästhetischen Überhöhung der Arbeitssphäre. Von der AEG-Turbinenfabrik (vgl. Abb. 10 und 11) von Behrens sagte er: »Peter Behrens [. . .] schuf die zyklopischen Tempel der Arbeit mit seinen A-E-G-Bauten. Was hat man nicht über diese Bauten für Lobgesänge angestimmt. ›Rhythmus der modernen Industrie‹ – ›Adel der Arbeit‹ – ›Ausdruck der neuen dynamischen Zeit‹ – als ob die große Gebärde dieser Schauseiten auch nur das Geringste an der Lohnsklaverei der Arbeiter geändert hätte. Wohl, es lag nicht in der Hand des Baukünstlers, dieses zu leisten. Aber es lag in seiner Hand, zu vermeiden, daß Stätten des Schweißes und der herdenweisen Arbeit um das liebe Brot ein Gesicht bekamen, als seien sie Stätten der Erhebung. Was an tiefer Erfassung der heutigen Arbeit in diesen Schauseiten liegen sollte, sind ja nur steinerne Redensarten, dem Größenwahn des Unternehmers zu schmeicheln.«[228a] Daraus ließe sich schließen, daß eine erklärtermaßen ornamentfeindliche Architektur (sei es als Industrie-, Wohn- oder Kaufhaus- bzw. Büroarchitektur) durchaus in subtiler Weise der gewünschten Disziplinierung und sozialen Assimilierung dienen kann.

Das Prinzip, dem sich nun *alle* unterordnen mußten, war die zweckrationale Organisierung des Arbeitsprozesses. So sah Hermann Muthesius »in der Befolgung der eisernen Grundsätze der Gestaltung nach dem Zweck, dem Material und der Konstruktion ein Bollwerk [. . .], das davor hütet, in historische Sentimentalität und damit in Unsachlichkeit zu verfallen«.[229] Und bei »der enormen Wichtigkeit, die der Architektur im Kulturbilde einer Zeit zukommt«, war eine »anständige Gestaltung der Räume, in denen wir wohnen«[230], unerläßlich, um »die heutigen Gesellschaftsklassen zur Gediegenheit, Wahrhaftigkeit und bürgerlichen Einfachheit zurückzuerziehen«.[231] Architektur wird in einer Zeit, da der »Wind«, der über die Kultur »weht«, ein *bürgerlicher*[232] ist, zu einem »kulturellen Erziehungsmittel«[233], von dem man erwartet, daß es die proletarischen Massen »im Gleise völliger Einfachheit und Sachlichkeit«[234] hält (vgl. Abb. 18). Ähnlich war man bei der industriellen Fertigung typisierter Gebrauchsgegenstände darauf bedacht, klassenspezifische Differenzen zu kaschieren. In dem Maße, wie sich die Denunzierung der Formensprache des historisierenden 19. Jahrhunderts zur Neutralisierung der Klassenverhältnisse eignete, wurden mit ihrer Hilfe die Momente der Regression im *Fortschritt* verdeckt. In dessen Namen insistierte Veblen darauf, »die Welt möge sich in jener abstrakten Gleichheit ihrer Objekte [und Subjekte – M. M.] präsentieren, die von den Verhältnissen vorgezeichnet wird«.[235] Ihm galt die Ungleichzeitigkeit von kultureller und technischer Entwicklung als Versündigung an der Utilität der kapitalistischen Produktionsweise und den von ihr diktierten Normen. All das, was dem strengen Maßstab wissenschaftlichen Kausaldenkens[236] nicht gerecht wurde, verurteilte Veblen als »animistische Rückstände«, worunter vor allem solche Formen zu verstehen sind, die dem industriellen Arbeitsbegriff nicht genügen. Die strenge Sparsamkeit im Umgang mit dem Material und den Arbeitskräften vermag jedoch über die in den zwanziger Jahren sich abzeichnende wirtschaftliche

Bedeutung von an sich unproduktiver Produktivität nicht hinwegzutäuschen.[237] Adorno hat dem ästhetischen Bild des »geschmacklosen« Historismus das Bild seiner *historischen Notwendigkeit* an die Seite gestellt, welches auf den gescheiterten Versuch des Bürgertums verweist, sich der Nüchternheit und Abstraktion des kapitalistischen Produktionsprozesses zu entziehen. In der ideologisch nur mühsam bewahrten »Doppelexistenz«[238] zeigt sich die eigentliche Ambivalenz der »kulturellen Barbarei« des 19. Jahrhunderts. »Im Nachlaß Frank Wedekinds findet sich die Bemerkung, Kitsch sei die Gotik oder der Barock unserer Zeit. Mit der darin visierten historischen Notwendigkeit des Kitsches hat Veblen es sich zu leicht gemacht. Ihm ist die falsche Ritterburg nichts als anachronistisch. Er weiß nichts von der Moderne der Regression. Ihm sind die trugvollen Bilder der Einmaligkeit in der Ära der Massenproduktion bloße Rückstände, nicht aber Repliken auf die hochindustrielle Mechanisierung, die über diese selber etwas aussagen. Die Welt jener Bilder, die Veblen als conspicuouis consumption demaskiert, ist eine synthetische Bilderwelt. Sie stellt den gescheiterten, doch zwangsläufigen Versuch dar, dem Erfahrungsverlust, wie ihn die moderne Produktionsweise involviert, zu entrinnen und durch selbstgemachte Konkretion der Herrschaft des abstrakt Gleichen sich zu entziehen. Lieber wollen die Menschen das Konkrete sich selber vorspiegeln als die Hoffnung von sich werfen, die daran haftet. Die Warenfetische sind nicht bloß die Projektion undurchsichtiger menschlicher Beziehungen auf die Dingwelt. Sie sind zugleich die schimärischen Gottheiten, welche das nicht im Tausch Aufgehende repräsentieren, während sie doch selber dessen Primat entsprungen sind. Von dieser Antinomie ist Veblens Denken [wie auch das von Loos – M. M.] zurückgeprallt. Sie aber gerade macht den Kitsch zum Stil. Kitsch bezeichnet nicht einfach Fehlleitung von Arbeit. Daß die synthetischen Bilder Regression aufs längst Vergangene darstellen, bezeugt einzig seine Unmöglichkeit. Bilder, welche den Stand des technisch Möglichen und den menschlichen Anspruch aufs Konkrete zusammendächten, hat die avancierte Kunst entworfen. Ihr blieb die gesellschaftliche Rezeption versagt. [. . .] Er [Veblen] hat die Ungleichzeitigkeit der Ritterburg und des Bahnhofs gewahrt, nicht aber diese Ungleichzeitigkeit als geschichtsphilosophisches Gesetz. Der Bahnhof maskiert sich als Ritterburg, aber die Maske ist seine Wahrheit. Erst wenn die technische Dingwelt unmittelbar der Beherrschung dient, vermag sie es, solche Masken abzuwerfen.«[239] (Vgl. Abb. 14) Die technische Dingwelt, wie Adorno sie beschreibt, prägt unmittelbar die funktionale Architektur, die die »aus früheren Stilen erborgten Masken«[240] abgelegt hat. Architektur nähert sich damit der Möglichkeit direkter Beherrschung von Natur und Menschen durch die technische Dingwelt, der Legitimation von Herrschaft.[241] Sie ersetzt die alten Statussymbole durch »intellektuelle Eleganz« (Günter). Als geistige *Träger* dieser formalen Eleganz sah Muthesius bereits im Jahr 1903 »eine Geistesaristokratie« von Spezialisten »im Entstehen begriffen«, die »diesmal aus den besten bürgerlichen und nicht aus geburtsaristokratischen Elementen besteht und schon dadurch das neue und erweiterte Ziel der Bewegung deutlich kennzeichnet: die Schaffung einer zeitgemäßen bürgerlichen Kultur. [. . .] Das Ziel bleibe Aufrichtigkeit, Sachlichkeit und eine Lauterkeit der künstlerischen Gesinnung, die alle Nebenrücksichten und Äußerlichkeiten fallen läßt, um sich ganz dem großen Zeitproblem zu widmen«.[242] Damit war der Weg, der über den Deutschen Werkbund zum Bauhaus führen sollte, vorgezeichnet. Zehn Jahre später sprach Karl Scheffler davon, daß eine neue »demokratisch gefärbte Großbürgerkultur« sich vom Ballast, den überflüssigen Anhängseln der »aristokratischen Formen«[243], befreit habe. Diese Kultur verstehe sich als die das Volk führende geistige Kraft und sei darin, wie Kurt Hiller damals notierte, »Funktion des Volkes«; denn im »geistigen Menschen« würden »dem Volk seine Nöte bewußt, in ihm denkt es«.[244] Die darin behauptete Identität mit der Masse ist freilich ein Akt ihrer Verwaltung.

III. Das ›Ornament der Masse‹

1. Gleichzeitigkeit

Wir wollen die Tauglichkeit der von Kracauer eingeführten soziologischen Kategorie des Massenornaments als Beschreibungskategorie für einen architekturhistorischen und -thetoretischen Funktionszusammenhang prüfen. Es wird sich dabei herausstellen, daß eine an der immanenten Geschichte der Architektur orientierte Erörterung des *Ornaments* dem Gegenstand nicht gerecht wird. Mit der Frage nach der vom Ornament zu erfüllenden Funktion, der an es geknüpften Erwartungen und Hoffnungen war allemal das Problem der Entfaltungsmöglichkeiten des Individuums in der bürgerlichen Gesellschaft, der »Verdinglichung seines Bewußtseins« und seines instrumentalisierten Handelns verbunden.

Der gewandelten Stellung des Menschen in den gesellschaftlichen Arbeits- und Lebensbereichen entspricht die Neubestimmung der Rolle des Ornaments heute. Wird in der Kritik, die wir eingangs zitiert haben, meist ein Zusammenhang zwischen der eingeschränkten Entfaltung des Individuums und der Zurücknahme der ornamentalen Einzelform in der Architektur hergestellt, so verweist der Begriff des Massenornaments auf Vereinheitlichungs- und ›Begradigungs‹-Prozesse, die – ungeachtet ihrer politischen Gewichtung – in der Architektur ältere Formen bürgerlich-individueller Lebenspraxis ausschließen. Zu klären wäre, ob die Architektur als »Symbol der Gemeinsamkeit« diese Sachverhalte bloß ästhetisiert (bis hin zur Ästhetisierung der »Volksgemeinschaft« im Faschismus) oder ob sie für soziale Phantasie, für Erfahrung Raum schafft. Das Massenornament als Beschreibungskategorie für kulturelle Veränderungen in der Ära der Weimarer Republik verrät wenig davon, was aus der Ungleichzeitigkeit von materieller Basis und Überbau in der Architektur geworden ist. Genügt es, wenn die Architektur den »rohen Fakten« der Produktionssphäre angepaßt und zu einer Erscheinung der sich anbahnenden Massenkultur erklärt wird? Wie ist diese neugewonnene massenkulturelle Qualität der Architektur zu beurteilen, enthält sie antizipatorische Momente? Zweifellos ist mit den Ornamenten eine ästhetische Form verschwunden, die »an die Grenzen eines Limbus stieß – der bürgerlichen Lebenskultur, die aber mit dem Paradies sich verwechselte«.[245] An ihre Stelle ist nach Kracauer das Massenornament getreten; es kündet die Zerstörung des idealistischen Überbaus der bürgerlichen Lebensweise an. Siegfried Kracauer erkannte 1927 im Massenornament eine wahrhaft fortschrittliche Nivellierung der kulturellen idealistischen Ansprüche von im Grunde ungleichzeitigen Überbauphänomenen. In seiner geschichtstheoretischen Konstruktion wird diese Entwicklung abgehandelt, als habe sie von der bedrohten Individualität des bürgerlichen Subjekts des 19. Jahrhunderts direkt zur »homogenen« Masse des (Berlin nachgezeichneten) »Weltstadt-Publikums«[245] geführt. Diese »homogene« Masse sei »vom Bankdirektor bis zum Handlungsgehilfen, von der Diva bis zur Stenotypistin eines Sinnes«[247] (vgl. Abb. 19/20). Le Corbusier hat dieses weltstädtische Massenpublikum drei Jahre vor Kracauer aus der Sicht des Architekten begeistert als ein Medium beschrieben, in dem jeder »seinen Ort« habe, »jede Stellung« für jedermann erreichbar sei, und »wer das Zeug zum Generaldirektor« habe, müsse »nicht lange Hilfsarbeiter bleiben«[248] (Abb. 21). Derartige Deutungen gehen an den wohl äußerlich nivellierten, aber nach wie vor bestehenden Widersprüchen der gesellschaftlichen Basis vorbei. Denn diese Widersprüche berichten unverändert davon, daß das für die Warenproduktion charakteristische Prinzip der *abstrakten Gleichheit* – aus der sowohl Kracauer als auch Le Corbusier, Gropius und viele andere der Architekten-Avantgarde die Fortschrittlichkeit des großstädtischen Massenpublikums mit seinen vermeintlich egalitären Bedürfnissen nach kultureller Zerstreuung herauszulesen meinten – auf abstrakter Arbeit beruht, die als *Lohnarbeit* auftritt. Die offenkundige, in der großstädtischen zweckrationalen Architektur zum ästhetischen Einheitsbild konfigurierte Gleichheit erweist sich in Wirklichkeit als »konkrete Ungleichheit«[249], die z. B. in den Mietskasernen des ausgehenden 19. Jahrhunderts noch unverdeckt hervortrat. Dort war – in einer Stunde der Not – eine menschenunwürdige Wohnsituation entstanden, die die wirklichen Klassenverhältnisse zum Ausdruck brachte. So sehr diese Architektur das Elend des Industrieproletariats besiegelte, so war sie doch in gewisser Weise die Architektur des damaligen Proletariats, auch wenn die Bourgeoisie ihr später mit architektonischen Formen äußerlich den Anstrich bürgerlicher Lebenskultur zu geben sich bemühte.[250] Hans Schmidt[251] nannte 1931 angesichts der ungleichen sozialen und ökonomischen Verhältnisse in Deutschland das sozialdemokratische Konzept von der »kulturellen Hebung der Arbeitermasse« einen Traum der fortgeschrittenen Schichten der Bourgeoisie.[252] Bestrebungen dieser Art ignorierten, daß das Haus »ein Geschäft, die Architektur eine Ware«[253] geworden seien. Wegen dieses Tauschverhältnisses könne »die große Masse der Ausgebeuteten [auch] kein Anrecht« auf eine Architektur haben, die Ausdruck *ihrer* kulturellen Bedürfnisse ist. Schließlich käme es entscheidend auf die Frage an: »Wer baut für wen?«[254]

Friedrich Engels hatte 1892 davor gewarnt, in der sich abzeichnenden Umwandlung der großen Produktions- und Verkehrsanstalten in Aktiengesellschaften, Trusts oder in Staatseigentum, welche die »Entbehrlichkeit der Bourgeoisie« für den Zweck »zur fernen Verwaltung der modernen Produktivkräfte«[255] unter Beweis stelle, das vorweggenommene Resultat homogener und gleichsam klassenloser Verhältnisse zu vermuten. Sicherlich konnte nicht geleugnet werden, daß die kapitalistische Produktionsweise – nachdem sie zunächst die Arbeiter verdrängt hatte – nun auch die ›autonomen‹ Kapitalisten verdrängte und sie, ganz wie die Arbeiter, »in die überflüssige Bevölkerung, wenn auch zunächst noch nicht in die industrielle Reservearmee«[256], verwies. Engels beharrt jedoch darauf, daß die Monopolisierung an der Kapitaleigenschaft der Produktivkräfte nichts ändern könne. Im »modernen Staat« bleiben die Arbeiter das, was sie schon immer waren: Lohnarbeiter. Das Kapitalverhältnis werde nicht aufgehoben, sondern »vielmehr auf die Spitze getrieben«.[257] (Zugleich heißt es, daß es – auf die Spitze getrieben – umzuschlagen drohe, denn: »Das Staatseigentum an den Produktivkräften ist nicht Lösung des Konflikts, aber es birgt in sich das formelle Mittel, die Handhabe der Lösung«.[258])

Bei Kracauer nun fällt, worauf Lethen hingewiesen hat[259], das Proletariat als geschichtstreibende Kraft zugunsten einer von der Proletarisierung bedrohten Angestellenmasse aus der aktiven Transformation der Gesellschaft heraus. Dieses Konzept zeigt auch die Richtung der Theoriebildung bei den damaligen Funktionalisten an. Der Umstand, daß die Kapitalfunktionen mehr und mehr von Angestellten wahrgenommen werden, drückt die Rolle des Proletariats als revolutionäre Klasse in den Hintergrund. Ja, man geht dazu über, vom Kapital noch mehr Rationalisierung zu fordern, da sie die egalitären Bedürfnisstrukturen und -angleichungen hervorgetrieben habe.

In einer Architektur, die bewußt zur Festigung der bürgerlichen Kultur als »Gestaltungswille der vielen in einem Gedanken« (Gropius) entwickelt und entsprechend ideologisch fundiert wird, gerät das Massenornament zum ästhetischen Ausdruck und Beweis einer über die Individuen und die Klassenverhältnisse hinweggreifenden Illusion von kollektiver Identität auf der politischen Grundlage einer »Massendemokratie«. Das Massenornament gilt als Zeichen einer einheitlichen Kultur- bzw. Architektur*sprache*. Zur vordringlichen Aufgabe der Architektur wird es dann, gesellschaftliche *Synthese* zu suggerieren. Kann sich der Arbeiter schon nicht die von ihm produzierten Werte wirklich aneignen, so soll wenigstens die mythische Vereinigung aller am Produktionsprozeß Beteiligten zur homogenen Produktionsgemeinschaft im Massenornament stattfinden.[260] Wie Kracauer 1929 in seinem »Angestellten«-Buch ausführt, hat sich die »Zur-Schau-Stellung subjektiver Machtansprüche« des Unternehmers in eine Darstellung des »Unternehmens an sich« (W. Rathenau) verwandelt.[261] Das heißt, daß der Unternehmer in der Gemeinschaft (i. e. *Werkgemeinschaft*) mit den leitenden und einfachen Angestellten als »Diener seines Werks«[262] in Erscheinung tritt. Das Unternehmen selbst bildet das »Höhere«, «in dem auch der Eigenwille des Unternehmers aufgeht«.[263] An die Stelle sinnlich-konkret ablesbarer Machtansprüche tritt deren *Verklärung*.[264]

2. *Massenornament und Faschismus*

Die Funktionen des Massenornaments hat der Faschismus weiterentwickelt und zur Unterdrückung der Massen eingesetzt. Die Aufgabe des Massenornaments war es nun (in folgerichtiger Betonung seiner Fundierung in der Ästhetik), der Masse ihr *Ausdruckssymbol* zu verschaffen – es zu *sein*. In der Weimarer weltstädtischen Angestellten-Kultur tauchten die Menschen in diesem Ausdruckssymbol als »Bruchteile einer Figur«[265] auf; sie erlebten ihren »Ausdruck« bewußtlos. In der faschistischen Massenbewegung, in der, wie es Benjamin sehr früh wußte (1936), vor »dem Blick der faschistischen Herren [. . .] der Unterschied der Sklaven, die aus Blöcken die Pyramiden errichtet haben, und der Massen von Proletariern, die auf den Plätzen und Übungsfeldern vor dem Führer selbst Blöcke bilden, ein verschwindender« ist[266], konnte sich in der ästhetischen Konstruktion des Massenornaments im Laufe der dreißiger Jahre die »Vergewaltigung der Massen«[267] vollziehen. In den zu diesem Zweck vorgesehenen Architekturen – »Denkmäler der Allgemeinheit, die nicht für den Augenblick, sondern für die Ewigkeit bestimmt« waren, »überragende Wahrzeichen der Volksgemeinschaft«[268] – wurde dem Einzelnen ein »lebendige[r] Begriff von der demonstrativen Wucht einer Riesenkundgebung vermittelt und zugleich auch das Gefühl der unbedingten Zusammengehörigkeit«.[269] Der ästhetische Sammelpunkt der »Gesamtgröße einer solchen Kundgebung« (Speer) lag freilich *außerhalb* der Massen; deren Aktivität wurde auf ein »optisches Zentrum (ab)gelenkt, das »so groß und gewaltig« sein mußte, daß es »als Symbol des Geschehens, als Willensausdruck der aufmaschierenden Menschenmassen derart wirkte, daß es auch von der entferntesten Stelle aus als wirkungsvoll und bedeutend empfunden werden konnte«.[270] Es war zugleich der ästhetische Ausdruck der zentralen Persönlichkeit des Führers, ein kultisches Arrangement, das »alle nebensächlichen und störenden Beiwerke«[271] aus dem Gesichtsfeld der Massen entfernte.

Es ist – auch aus ökonomischer Sicht[272] – unmöglich, diese Architektur nach Kriterien zweckrationalen Denkens zu erfassen. Folgen wir der These von Adolf Loos aus dem Jahr 1910, daß die Architektur ihre auratische Wirkung, ihren Kunstwert künftig einzig in der Grab- und Denkmalarchitektur[273] bewahren könne, so stimmt sie mit dem autoritativen ästhetischen Effekt der faschistischen Repräsentativbauten überein. Grab- und Denkmalarchitektur ist durch das in ihr artikulierte *Zeit*verhältnis geprägt. Mythisch greift sie sowohl in die Geschichte zurück als auch ins Zukünftige voraus. Die Menschenmassen, die sich vor diesen Monumenten in »*einer* Haltung, im *gleichen* Kleide, auf *ein* Ziel ausgerichtet«[274] finden und sammeln, können die regressive Verschiebung der Zeitmarken allein kraft des suggerierten ästhetischen Erlebens ausgleichen. Dieses Erleben ist in seiner potentiellen Phantasietätigkeit vom mythischen Charakter der Aufmärsche, vom empfundenen »vollkommenen Einklang« der Massen »zwischen sich und der Architektur«[275] ganz in Anspruch genommen; es ist regredient organisierte Phantasie, die auch den Raum-Zeit-Mythos[276] im Abstrakten hält.

3. Ausblick

Es muß in Anbetracht der angedeuteten Entwicklungstendenzen, in die sich das Massenornament scheinbar bruchlos einfügte, zweifelhaft erscheinen, ob dieser Begriff weiterhin benutzt werden kann. Ist er trotz seines faschistischen Mißbrauchs noch ein Begriff, an dem erkennbar wird, daß überkommene bürgerliche Kulturformen den Ansprüchen einer Massenkultur gewichen sind? Schon in der Architektur des Funktionalismus war wieder eine idealistische Schein-Identität homogener Massengesellschaft enthalten. Führt von hier aus ein Weg zur *wirklichen Identität?* Ernst Bloch war, trotz seiner Kritik an der Sachlichkeit der Architektur, 1932 immerhin bereit, eine solche Möglichkeit ins Auge zu fassen. Gemäß der Prämisse, daß sich die tragenden materiellen Elemente einer sozialistischen Produktionsweise im Schoße des Kapitalismus heranbilden würden und sich daraus, wie Alfred Sohn-Rethel jüngst anmerkte, »die Geburt des Sozialismus oder aber auch die Mißgeburt des Faschismus ergeben«[277] könnte, meinte Bloch, daß sich in dieser Architektur »unter der Decke« »manches zu regen beginne«.[278] Im Vorwort zu *Erbschaft dieser Zeit* ist nachzulesen, daß es weniger auf die »Entlarvung des ideologischen Scheins« ankomme als auf die »Musterung des möglichen Rests« an antizipatorischer Kraft[279] in der »vernikkelten Leere«[280] der Architektur der Neuen Sachlichkeit, in der »bourgeoises Gift mindestens so genau wie mögliche Zukunft«[281] stecke.

Fassen wir zusammen. Der Begriff *Massenornament* ist in

sich widersprüchlich. Er beschreibt eine von Widersprüchen gezeichnete Entwicklung, die nicht allein auf die Architektur beschränkt bleibt. Er verrät etwas von den Veränderungen, die sich mit dem wachsenden Anspruch der Massen auf Partizipation an Teilbereichen der *bürgerlichen* Kultur vollzogen haben. Und er bewahrt die Erinnerung an den im Ornament ästhetisch fixierten bürgerlichen Anspruch auf eine humane Lebenspraxis. Dem Faschismus war es darum gegangen, den funktionalen Charakter der Architektur durch Monumentalisierung und Mythologisierung gegen gesellschaftliche Prozesse und Forderungen abzudichten.[282] Dort, wo das faschistische System seine wirtschaftliche und politische Macht architektonisch dokumentierte, verdünnte sich – anders als in der sozialistischen Auffassung von Architektur[283] – der Begriff der *Technologie*. Die Bauten des Faschismus kaschieren, daß Technologie zur Bildungsgeschichte der produktiven Fähigkeiten des gesellschaftlichen Menschen gehört. Technik und Technologie sind Formen des tätigen Umgangs der Menschen mit der äußeren Natur, sie legen Zeugnis ab von den realen Lebensverhältnissen und den mit ihnen verwobenen Vorstellungen.[284] Ihre Verarbeitung ist Bestandteil eines sich herausbildenden reflektierten Bewußtseins von den Bewegungsformen der Geschichte.

IV. Architektur als Mittler zwischen Mensch und Natur

Im 19. Jahrhundert bahnte sich die Loslösung der »praktischen Architektur« vom Kunstwert an. Zugleich erschütterte die Betonung der materiellen Mittel, die, wie sich Semper ausdrückte, »zu dem erstrebten Kunsteindruck gebraucht werden müssen«[285], die traditionelle ästhetische Architektursprache und die traditionelle Ästhetik insgesamt. Das stofflich-empirische und naturgebundene Substrat in der Idee des *Kunstschönen* bekam Vorrang, die allgemeine Gebrauchswertproduktion rüttelte an den festgefügten »Kunsttypen«, das überlieferte Schönheits- und Kunstideal wurde, vorab in der Architektur, auf Zwecke verpflichtet.

Grundsätzlich ist davon auszugehen, daß in der Architektur als Arbeitsprodukt ein *Naturverhältnis* sichtbar wird. Dieses Verhältnis ist entscheidend durch Arbeit bestimmt. Marx schreibt im ersten Band des *Kapital*, daß die Arbeit ein Prozeß zwischen Mensch und Natur sei, »worin der Mensch seinen Stoffwechsel mit der Natur durch seine eigene Tat vermittelt, regelt und kontrolliert. Er tritt dem Naturstoff selbst als eine Naturmacht gegenüber. Die seiner Leiblichkeit angehörigen Naturkräfte, Arme und Beine, Kopf und Hand, setzt er in Bewegung, um sich den Naturstoff in einer für sein Leben brauchbaren Form anzueignen. Indem er durch diese Bewegung auf die Natur außer ihm wirkt und sie verändert, verändert er zugleich seine eigene Natur. Er entwirft die in ihr schlummernden Potenzen und unterwirft das Spiel ihrer Kräfte seiner eigenen Botmäßigkeit«.[286] Der Sinn dieses Stoffwechsels ist es, einerseits die Natur zu humanisieren, andererseits die Menschen zu naturalisieren[287]; die Art und Weise, wie er vonstatten geht, ist historisch bestimmt.

Die Architektur wird zu einem Arbeitsprodukt, an dem sich ein Bild vom lebendigen Austausch der Menschen mit der Natur formt. Dabei entsteht[288] aus der dialektischen Bewegung von Produktion und Konsumtion[289] eine der Produktion vorausgehende Zweckbestimmung, die jedoch ihrerseits entscheidend vom Material abhängt, das die Produktion der Konsumtion erst schafft und ohne das, wie Marx betont, ihr »der Gegenstand fehlte«.[290] Wir haben es also mit einer reflektierten Art der Selbsterzeugung des Menschen zu tun, in der sich Bedürfniserfüllung und Bedürfnis wechselseitig bedingen.

Nun ist die Architektur, als ästhetisch-zweckmäßig gestaltetes Material, eine vom »zweckmäßigen Willen«[291] der Menschen geschaffene Hülle, ihre zweite Haut, aus der sie täglich in die bearbeitete und angeeignete Natur treten; kurz, sie ist Gegenstand des jeweiligen Ausdrucks der menschlichen Arbeit an der Natur und des Verhältnisses zur Natur. Daher rührt ihr wertbildender Anteil an der Entfaltung von Geschichtsbewußtsein – vorausgesetzt, der Mensch begreift seine Geschichte als die Geschichte der gesellschaftlichen Arbeit an der Natur. Wir können also sagen, daß sie auch in ihrer ästhetischen Dimension *historisch* bestimmt ist, und zwar nicht nur hinsichtlich ihres Stils, sondern auch in ihren Inhalten.

In dem Maße, wie die Architektur zur Ware wird und in ihr – gemäß der Formel, daß die Form der Funktion folgen müsse – sich das dialektische Verhältnis von Produktion und Konsumtion zugunsten der von der Produktion diktierten privatkapitalistischen Verkehrsformen verkehrt, büßt sie an geschichtsbildender Kraft ein, da der für den Stoffwechsel des Menschen mit der Natur entscheidende »zweckmäßige [Gestaltungs-]Wille« des Menschen (den Marx für die Konsumtion als »Trieb der Produktion«[292] bezeichnet) gegenüber der toten und verdinglichten Realität zweckrationaler Gestaltung erlahmt – einer Realität, »von der das menschliche Leben wie von einem blinden Schicksal beherrscht wird«[293]. Hinzu kommt, daß die funktionale Architektur die ohnehin gebrochenen Verbindungen zur Natur ins Unnatürliche verkehrt, indem sie sich ganz der Verdrängung vormals noch lebendig und organisch empfundener Ornamentformen durch anorganische Stoffe und Kräfte verschreibt und damit, wie Gehlen es einmal ausgedrückt hat, die Natur aus dem Blick schiebt, um »die Gesamtgesellschaft auf Beton und Stahl«[294] umzupflanzen. Aufgrund dieser inneren *und* äußeren Veränderung der Architektur nimmt schließlich die Natur selbst fälschlich Eigenschaften einer »besseren Welt« an. »Daß heute gerade in den kapitalistischen, technisch-industriellen Metropolen die Natur als ›Umwelt‹ wiederentdeckt wird, braucht niemand zu verwundern und sollte niemanden zum Optimismus verführen, hier bahne sich ein neues Erkennen der Dialektik zwischen Mensch und Natur an; der kapitalistische, profitorientierte Raubbau an den Naturgrundlagen der Produktion ist auf eine Grenze gestoßen, die zu mißachten der Profitmaximierung widerspräche; die Lösung der ›Umweltschutz-Frage‹ erinnert an die ›Lösung der sozialen Frage‹ im 19. Jahrhundert [vgl. nur die Literatur zur ›Wohnungsfrage‹ in dieser Zeit[295] – M. M.], bei welcher es darum ging, die menschlichen Ressourcen der Produktion nicht in einem Maße verelenden zu lassen, das die Reproduktion der Ware ›Arbeitskraft‹ lahmgelegt hätte.«[296] Da im Arbeitsprozeß »die Tätigkeit des Menschen durch das Arbeitsmittel eine von vornherein bezweckte Veränderung des Arbeitsgegenstandes«[297] bewirkt, verbindet sich die Arbeit mit ihrem Gegenstand, der fertigen Architektur. Diese wird im übertragenen Sinn zum Gegenstand. »Was auf seiten des Arbeiters in der Form der Unruhe erschien, erscheint nun als ruhende Eigenschaft, in der Form des Seins, auf seiten des Produkts.«[298] Sofern Architektur in dieser materialen Eigenschaft sich der Vergegenständlichung des im Prozeß der Arbeit sich ausdrückenden Naturverhältnisses annähert, bildet sich in ihr – analog zur ökonomischen Entfremdung im Arbeitsprozeß der Warenproduktion – ein entfremdetes Verhältnis zu der in der Arbeit angeeigneten Natur ab. Natur tritt in der unter solchen ökonomischen Bedingungen produzierten Architektur aus deren Funktionszusammenhang heraus und wird – etwa als »gerettete Natur« in denkmalhaft erhaltenen Kulturlandschaften – zur *abstrakten Natur.* Als solche aber, »für sich, in der Trennung vom Menschen *fixiert*«, ist sie, wie Marx in den *Pariser Manuskripten* notierte, »für den Menschen *nichts*«.[299]

1. Das Verhältnis von Produktion und Konsumtion

In der dialektisch-materialistischen Geschichtskonzeption hat die Architektur niemals bloß die Aufgabe, Wohnbedürfnisse zu befriedigen.[300] In Engels' *Lage der arbeitenden Klasse in England*[301] und seiner Schrift zur *Wohnungsfrage*[302] ist die Rede vom Leben des Proletariats in den »großen Städten«, von der damals weitverbreiteten Abscheu vor der Stadt mit ihrem »Straßengewühl«, das »etwas Widerliches« habe.[303] Jedenfalls hat Engels äußerst kenntnisreich das soziale Elend und die Not der Arbeiter in einem unmittelbaren Zusammenhang mit ihren Wohnverhältnissen gesehen. Die »brutale Gleichgültigkeit, die gefühllose Isolierung jedes einzelnen auf seine Privatinteressen [...] [trete] um so widerwärtiger und verletzender hervor, je mehr diese einzelnen auf den kleinen Raum zusammengedrängt sind« (ibid.). Gleichwohl war für Engels (und ebenso für Marx) »sonnenklar«, daß der kapitalistische »Staat der Wohnungsfrage weder abhelfen konnte noch wollte«.[304] Und da »wir keine utopistischen Systeme für die Einrichtung der künftigen Gesellschaft zu machen haben«[305], erschien es ihm »mehr als müßig« (ibid.), sich über die architektonischen »Einrichtungen«, die den solidarischen Zusammenhalt des Proletariats in den Städten hätten stützen können, Gedanken zu machen. Im Grunde seien »schon jetzt in den großen Städten hinreichend Wohngebäude vorhanden, um bei rationeller Benutzung derselben jeder wirklichen ›Wohnungs*not*‹ sofort abzuhelfen. Dies kann natürlich nur durch Expropriation der heutigen Besitzer, resp. durch Bequartierung ihrer Häuser mit obdachlosen oder in ihren bisherigen Wohnungen übermäßig zusammengedrängten Arbeitern geschehen, und sobald das Proletariat die politische Macht erobert hat, wird eine solche, durch das öffentliche Wohl gebotene Maßregel ebenso leicht ausführbar sein, wie andere Expropriationen und Einquartierungen durch den heutigen Staat« (ibid., S. 226/7).

Über an die konkrete geschichtliche Situation gebundene Bemerkungen zum Bauen und Wohnen hinaus finden wir in der *Einleitung zur Kritik der Politischen Ökonomie*[306] von Marx Hinweise auf die wertbildende Funktion der Konsumtion. Die Produktion vermittele die Konsumtion, »deren Material sie schafft, der ohne sie der Gegenstand fehlte» (ibid., S. 623). Und die Konsumtion – als der Bereich, in dem in unserem Fall die Architektur benutzt wird (wo man in ihr lebt, arbeitet usw.) und für den sie ihren Zweck erfüllen muß – vermittele die Produktion, »indem sie den Produkten selbst das Subjekt schafft, für das sie Produkt sind« (ibid.). Ausschlaggebend für die mögliche »eigentätige» Bewegung im Rahmen der Konsumtion sei, daß das Produkt »erst den letzten finish [i. e. seine ›Vollendung‹ – M. M.] in der Konsumtion« (ibid.) erhält. Das heißt: Erst in der Konsumtion wird die Architektur zur »wirklichen« Architektur, vollendet sich ihre Produktion. »Ein Haus, das nicht bewohnt wird, ist in fact kein wirkliches Haus« (ibid.). Es »bewährt sich, *wird* das Produkt« als Produkt, »im Unterschied von bloßem Naturgegenstand«, allererst *in* der Konsumtion: »Die Konsumtion gibt, indem sie das Produkt auflöst, ihm erst den finishing stroke [letzten Schliff – M. M.]; denn Produkt ist das Produkt nicht als versachlichte Tätigkeit, sondern nur als Gegenstand für das tätige Subjekt« (ibid.). Die Konsumtion »setzt« den Gegenstand der Produktion als *»ideal* [. . .], als innerliches Bild, als Bedürfnis, als Trieb und als Zweck« (ibid.).

Daraus auf eine Identität von Produktion und Konsumtion zu schließen, wäre allerdings falsch. Die an Hegel orientierte Vorstellung von einem Individuum, das sich einen Gegenstand herstellt und dadurch, daß es ihn gebraucht, wieder in sich zurückkehrt, übersieht, daß in der Gesellschaft (in der mitunter *leerstehende Häuser* ihrem »Zweck« – der Mehrwerterzeugung – besser genügen als bewohnte bzw. vermietete[307]) »die Beziehung des Produzenten auf das Produkt, sobald es fertig ist, eine äußerliche« ist (ibid., S. 626). Deshalb kommt alles darauf an, in welche durch die Produktion (Distribution und Austausch) bestimmten Beziehungen die Individuen zueinander treten. Hierbei ist zu beachten, daß die Produktion nicht nur einen Gegenstand für das Subjekt produziert, sondern in gleicher Weise auch ein Subjekt für den Gegenstand. Es könnten also durch eine vom Gebrauch sich verselbständigende Architektur die in ihr immer wieder »neu« zu bildenden Gebrauchswerte als »Triebe« verkümmern, indem deren Entfaltung in der Produktion willkürlich vorgegriffen wird. Die Eigentätigkeit der Individuen würde dann rigoros auf fest umrissene Funktionsabläufe reduziert.

2. *Wunschbilder einer Aussöhnung durch Architektur*

Ernst Bloch hat sich der Verkümmerung der in den »innerlichen Bildern« sich subjektiv herausbildenden Gebrauchswerte hartnäckig widersetzt. Für ihn ist die Architektur der »Produktionsversuch menschlicher Heimat«, »vom gesetzten Wohnzweck bis zur Erscheinung einer schöneren Welt in

Proportion und Ornament«.[308] Nicht von ungefähr beruft sich Bloch dabei auf Hegels »wahre, nicht bloß idealistische Bestimmung« der Rolle der Architektur. Sie sei darin begründet, »die anorganische Natur so zurechtzuarbeiten, daß sie als kunstgemäße Außenwelt dem Geist verwandt wird. Der Geist soll heißen, das menschliche Subjekt«.[308a] Hier kommt die Utopie ins Spiel. In der Tat lassen sich Blochs »Tagträume« anhand solcher Utopien veranschaulichen, wie sie vor ihm Bruno Taut (den Bloch auch erwähnt[309]) oder Walter Gropius nach 1918 unter Berücksichtigung der Scheerbartschen Glasutopie formuliert haben (Abb. 22). Unter dem Eindruck des zu Ende gegangenen Weltkriegs, des Zusammenbruchs bürgerlich-nationaler Ideologie formulierten sie die Hoffnung auf einen Neuanfang. Wie in Tauts 1919 entworfener »Stadtkrone«[310], die an frühe sozialreformerische und in Architektur gefaßte Produktionsgemeinschaften (wie Owens »New Harmony«[311]) gemahnt, suchte man nach einer glückverheißenden Aussöhnung der Natur mit dem von Menschenhand Geschaffenen in der Architektur. Geprägt von einem tiefen Skeptizismus, den Martin Mächler 1923 mit der Bemerkung kommentiert, daß der »Untergrund« des Überlieferten, seine »Mittel und Methoden [. . .] falsch und unzulänglich gewesen sein« müssen, um das zu retten, »was offenbar nicht mehr zu retten war«[312], erlebte man die Welt von »tiefer Sehnsucht nach Erneuerung durchdrungen«.[313] Das »neue Gebäude einer leuchtenden Zukunft« (Mächler) war das Ziel, Architektur das Synonym für eine vom Althergebrachten befreite Gesellschaft. »Viel tausendmal gepriesen sei die Herrlichkeit der Architektur! Sie erfüllt die Bedürfnisse des Menschen nach Schutz vor den Unbilden des Wetters und den vielfältigen Gefahren, denen er ausgesetzt ist, wenn er der Natur ohne Behausung gegenübersteht. So scheint ihre Rolle im Dasein des Menschen eine bescheidene zu sein, diejenige einer ›Zweckkunst‹, die praktische Forderungen in anmutiger Form befriedigt. Erst wo die menschlichen Wünsche über das bloß praktisch notwendige Maß hinausgreifen, wo ein Überschuß des Wohllebens nach Luxus verlangt, scheint sie in höherem Maße in die Erscheinung zu treten und stärker ihr eigenes Ich zu geben. Da scheint sie nicht mehr so eng an die Notdurft gebunden und darum als Kunst erst wirklich vorhanden zu sein.«[314] Wie Taut, der »die Bedeutung und den Wert der Phantasie in allen [. . .] Fällen viel stärker«[315] betont wissen wollte, forderte auch Gropius von den Architekten, daß sie in »der Phantasie, unbekümmert um technische Schwierigkeiten«, bauen sollten: »Gnade der Phantasie ist wichtiger als alle Technik, die sich immer dem Gestaltungswillen der Menschen fügt.«[316] Und: »Es *gibt* ja heute noch keinen Architekten, wir alle sind nur *Vorbereitende* dessen, der einmal wieder den Namen Architekten verdienen wird.«[317] Die Architektur wird hier zum Symbol des Ausgleichs und der Versöhnung; ihre Phantasiegestalt zeigt an, daß »das Praktische keine engen Grenzen mehr zieht«.[318] In den Gesetzen (Grenzen), die die Technik als Ausdruck der materiellen Produktion setzt, ist eine Zweckbestimmung enthalten.[319] Architektur, rein aus der Technik hervorgehend, hat einen »willkürlichen Zweck zum Bestimmungsgrund«.[320] Dieser Zweck besagt, daß die »Hauptsache« der Architektur ihr Gebrauch ist, weshalb in ihr »die ästhetischen Ideen eingeschränkt werden«. [321] Dagegen wendet sich nun die Ästhetik des »imaginären« Architekten, der die Vison des »neuen Gebäudes« begründet, die *Zukunfstkathedrale* (vgl. Abb. 23) entwirft. Die wieder- bzw. neuerweckte Architektur wird als eine rein ästhetische Idee aus ihren sozialen Funktionen herausgelöst. Allein die *Idee* »gibt einen Trost«, daß »eine glücklichere Zeit, die kommen muß«[322], sich erfüllen wird. Die zu diesem Zeitpunkt von Taut und Gropius inaugurierte »Aussöhnung« vollzieht sich als metaphysischer Ausgleich von objektiver Natur und menschlicher Natur. Deshalb plädierte Taut für eine »Auflösung der Städte«.[323] Der Neuanfang sollte nicht in der Großstadt, nicht »innerhalb der Städte, sondern auf freiem Lande«[324] unternommen werden. Dort sollte die Einbildungskraft das bearbeitete Naturmaterial in der Architektur versinnlichen, so daß eine andere, »höhere« Natur hervorgehen könne. Die Architektur wird »zu etwas ganz anderem«, nämlich zu »dem, was die Natur übertrifft«.[325] Der Architekt ist gehalten, als »Herr der Kunst [. . .] aus Wüsten Gärten [zu] bauen und Wunder in den Himmel [zu] türmen«[326] (vgl. Abb. 24); eine *»endgültig manifestierte Natur«*[327] im Sinne Blochs herzustellen, »fern von jeder Herrschaftsform als die einfache schlichte Beziehung der Menschen zueinander«.[328] Taut ist überzeugt, daß der »Sozialismus« »über die Kluft der sich befehdenden Stände und Nationen« hinwegschreiten und »den Menschen mit dem Menschen« verbinden wird.[329]

In diesen Zusammenhang eines partikularen sozialen Friedens gehören die im Laufe der zwanziger Jahre errichteten funktionalen Siedlungen. Größtenteils vor dem inneren Stadtbereich gelegen (wie z. B. Tauts hufeisenförmig angelegte Siedlung Britz in Berlin oder Ernst Mays Römerstadt in Frankfurt/M.; Abb. 25), sind sie Belege äußerlich harmonischer menschlicher Beziehungen. Und selbst dort, wo die geplante Errichtung einer »Genossenschaftsstadt« (ein von Fischer, Gropius und Paulsen erstelltes Projekt für 24 000 Personen in Berlin) in Konkurrenz zur wirtschaftlichen und kulturellen Dominanz des großstädtischen Zentrums treten sollte, bleibt die genossenschaftlich organisierte große Siedlung eine »utopische Insel« innerhalb der kapitalistischen Organisation.[330]

Deutlicher spricht Bloch von einem Zustand, in dem »die Bedingungen zur Ordnung der Freiheit nicht mehr partial«[331] und die (wenigen avancierten) Phantasieprodukte der Architektur nicht mehr Ausdruck des »Überschusses» (Taut) des Wohllebens einiger weniger sind, sondern *aller*. Der kristallklaren Raumkonzeption der Tautschen Glasentwürfe hält Bloch vor, daß sie sich in einem »spätkapitalistischen Hohlraum«[332] bewegten, der den Zerfall von Zweckform und Phantasie zugunsten der zweckbestimmten Form signalisiere. Nicht der Entwurf als utopisches Bild erscheint ihm suspekt, sondern lediglich der Glaube an seine Realisierbarkeit. Demgegenüber betont Bloch die »Kraft des Marxismus«, die »Ordnung zu dem Ende setzt, damit ›menschliche Fülle‹ Platz erlange«.[333] Doch auch hier ist die von Taut und Gropius hervorgekehrte Macht der *Phantasie* das Grundmotiv der einem »*Kunst*-Wollen«[334] entstammenden Architektur, die »konkrete Tendenz«, im Zuge der »Humanisierung der Natur«[335] »außer Rohstoff, Technik, Zweck, die wichtigste Bestimmung: die der Phantasie«[336] zurückzugewinnen, wie sie z. B. die gotische Bauhütte kannte. »Erst die Anfänge einer anderen Gesellschaft ermöglichen wieder echte Architektur, eine aus eigenem Kunstwollen konstruktiv und ornamental zugleich durchdrungen. [. . .] Der Baumeister gibt dann seinem Werk vielleicht ›das Wasser einer Perle‹ [ein von Taut entlehntes Zitat Claudels – M. M.], doch endlich auch eine verlorene, weniger durchsichtige Chiffre: den bildernischen Überfluß in nuce – das Ornament.«[337] Bloch ist sich bei der Einschätzung der vom Kapitalismus gesetzten Bedingungen einer aus der Humanisierung der Natur hervorgehenden Architektur bewußt, daß diese nicht ohne eine radikale Veränderung des Verhältnisses der Menschen zueinander und zur außermenschlichen Natur zu verwirklichen ist, kurz, nicht ohne eine Gesellschaftsform, in der die Menschen »nicht länger dazu verhalten sind, einander primär unter dem Aspekt ökonomischer Nutznießung zu betrachten«.[338] Erfaßt Bloch – darin gegenüber Taut Realist – die Veränderung der Achitektur im Kontext der Veränderung der gesellschaftlichen Verhältnisse, so begreift doch auch er die Natur als eine im Grunde noch nicht abgeschlossene, gleichsam »gefrorene Natur«[339] Der Technik fehlt in seinen Augen »der Anschluß an die alte gewachsene Welt, von der sich der Kapitalismus abgestoßen hat, und ebenso der Anschluß an ein der Technik selber Günstiges in der Natur, zu dem der abstrakte Kapitalismus nie den möglichen Zugang finden wird. Die bürgerliche Maschinenwelt steht in der Mitte zwischen dem Verlorenen und dem noch nicht Gewonnenen«.[340] Ihr Signum ist »Heimatlosigkeit«.[341] Dieser Pervertierung der in der technischen Entwicklung verankerten Chance[342] der möglichen Freisetzung sowohl des Menschen als auch der »schlummernden Potenzen« der Natur hofft Bloch mit dem »Marxismus der Technik« als dem »Ende der naiven Übertragung des Ausbeuter- und Tierbändigerstandpunktes auf die Natur«[343] in einer zukünftigen Gesellschaft selbst ein Ende zu bereiten: *»Die endgültig manifestierte Natur liegt nicht anders wie die endgültig manifestierte Geschichte im Horizont der Zukunft,* und nur auf diesen Horizont laufen auch die künftig wohlerwartbaren Vermittlungskategorien konkreter Technik zu [. . .] Natur ist kein Vorbei, sondern *der noch nicht geräumte Bauplatz, das noch gar nicht adäquat vorhandene Bauzeug für das noch gar nicht adäquat vorhandene menschliche Haus.«*[344]

Alfred Schmidt hat in seiner Kritik an Blochs »Hoffnungsphilosophie«[345] darauf insistiert, daß Marx mit den »schlummernden Potenzen« der Natur die der Menschen oder die

»objektive Möglichkeit der Dinge, in bestimmte menschliche Gebrauchswerte überführt zu werden«[346], gemeint hat. Blochs »apokalyptische Phantasie« lasse demgegenüber offen, ob die unter den Bedingungen einer neuen Gesellschaftsform freigesetzten »Bildkräfte der Natur«, sich mit menschlichem Tun vermittelnd, in Gebrauchswerte eingehen werden, oder ob die Natur sich »endgültig zu manifestieren« beginne und unabhängig von menschlichem Eingriff neue Formen aus sich hervortreiben werde.[347] Alle Versuche der Architektur, gleichsam auf dem Wege der naturmimetischen Darstellung das ihr äußerliche Verhältnis zur Natur abbildhaft zurückzugeben, haben nichts daran zu ändern vermocht, daß sie *zweite Natur* ist.[348] Bedrohlich wurde die Tendenz der Naturabweichung mit Beginn der industriellen Revolution im Laufe des 19. Jahrhunderts, als der naturmimetische Anspruch (i. e. die vollkommene Durchdringung von Form und Inhalt) in der nach rein mathematisch-physikalischen Gesetzmäßigkeiten konstruierten (Ingenieur-)Architektur allmählich aufgegeben wurde. Das Gebaute gab sich nur noch als das Resultat einer abstrakt in Erscheinung tretenden Technik zu erkennen. In der »sinnlichen, materiell räumlichen Masse« der Architektur wurde das »Innerlichste«, wie Hegel es an der christlich romantischen Kunstform entwickelt hat, nicht mehr »zur Anschauung gebracht«.[348a] Gerade das »Materielle, Massige« hat die funktionale Architektur in seiner Selbständigkeit und im »Schein seines unmittelbaren Zusammenhalts« (ibid.) belassen. Hier kann also nicht mehr von der »Rückkehr des Ideellen in sich« oder vom Widerschein des »Inneren im Äußerlichen« (ibid.), woran der Historismus und der Jugendstil noch festzuhalten bemüht waren, gesprochen werden. Der von Hegel hervorgehobene »Charakter des überall Durchbrochenen oder über die Flächen [der »ungeheuren, schwerlastenden Steinmassen« der Architektur – M. M.] Hingeflochtenen« (ibid., S. 346) ist heute zur Formel von der »Kunst am Bau« verkommen, in der das schlechte Gewissen über diesen nicht einmal überwundenen Zustand nachwirkt.

V. Entlastung durch ornamentlose Architektur

Der Gebrauchswert der Architektur ist heute in vielerlei Hinsicht durch Entlastungsaufgaben bestimmt. Entlastung wovon? Von einer sich zu immer abstrakteren Zwängen und Anforderungen zusammenschließenden »Außenwelt«. *Entlastung*, ein Schlüsselbegriff der deutschen philosophischen Anthropologie[349], bedeutet als Funktionsprogramm der Architektur, daß sie zur »Reduktion von [Umwelt-]Komplexität[350] beitragen, überschaubare Zonen des Lebens markieren, »Heimat« schaffen soll. »Entlastende« Architektur liefert einen Filter zur Verarbeitung von Realität und Realitätserfahrung – einen Filter allerdings, der bereits Vorentscheidungen über die zu gewinnenden oder nachzuerlebenden Erfahrungen trifft. In dem Augenblick, da Architektur nicht mehr die von ihren Benutzern konzipierte »zweite Haut« ist, sondern zu einer *äußerlichen* Hülle ihrer Wohnbedürfnisse wird, kann daher von *wirklicher* Entlastung keine Rede mehr sein. »In der Übung des Ineinanderspiels von physischen und psychischen Möglichkeiten entlastet sich der Mensch zwar von der ständigen Beachtung von Details seines Verhaltens, verfällt aber der Routine. Der Mensch gewinnt dadurch Übersicht, daß er etwas, vieles übersieht. Der Preis ist deutlich: Erweiterung des Blickfeldes durch Ausschluß, Verbreiterung durch Tiefenverlust, Vertiefung durch Verengung.«[351]

Ein Preis für die Entlastung war somit das Ornament. Ein neuer Beobachtungs- und Bewegungsstil setzte sich durch, ein anderes »Maß der Bewegung«[352], als es »in einer der vergangenen« Zeiten gegolten hatte: »Eine Eile hat sich unser bemächtigt, die keine Muße gewährt, sich in Einzelheiten zu vertiefen. Wenn wir im überschnellen Gefährt durch die Straßen unserer Großstädte jagen, können wir nicht mehr die Einzelheiten der Gebäude gewahren, ebensowenig wie vom Schnellzug aus Städtebilder, die wir in schneller Flucht des Vorbeifahrens streifen, anders wirken können als nur durch ihre Silhouette. Die einzelnen Gebäude sprechen nicht mehr für mich. Einer solchen Betrachtungsweise unserer Außenwelt, die uns in jeder Lage bereits zur steten Gewohnheit geworden ist, kommt nur ein Bauwerk entgegen, das möglichst geschlossene, ruhige Flächen zeigt und durch seine Bündigkeit keine Hindernisse bietet.«[353] Der Reizüberflutung und -überforderung der Menschen suchte eine formal differenzierte, sparsame »stabilisierende« Architektur zu begegnen. Erinnern wir uns in diesem Zusammenhang an Gropius' These, die Architektur müsse die sich »aus dem Chaos individualistischer Anschauungen« herausschälenden »gemeinsamen Gedanken«[354] symbolisieren. Gropius nahm damit das von Heinrich Wölfflich wenige Jahre später in den *Kunstgeschichtlichen Grundbegriffen* (1915) formulierte Konzept der *geschlossenen Form*[355] vorweg. Die neuzeitlichen Gebäude (z. B. ein Kornsilo oder ein Elevator) hätten »klare, mit einem Blick erfaßbare Erscheinungsform[en]«, die »nichts mehr von der Kompliziertheit des technischen Organismus ahnen« ließen.[356] Doch die »geschlossene Form« als Antwort auf die ingenieurhaften Eisenkonstruktionen des 19. Jahrhunderts verdeckte die in der fortschreitenden technischen Organisation wirksame allgemeine Entwicklung. Die rasche äußere Veränderung der vom industriellen Wachstum geschüttelten Städte sollte durch Konformität ihrer Formgestalt gemildert werden. Die »schneller als ein Menschenherz«[357] sich wandelnde Stadt drohte darüber gedächtnislos, austauschbar zu werden. Adolf Behne schien das begriffen zu haben. Jedenfalls argumentierte er gegen eine die sinnlich-mimetischen Fähigkeiten des Einzelnen einschränkende, weil sie nicht mehr beanspruchende Gestaltung von Straßen. In dem erwähnten Aufsatz *Fabrikbau als Reklame* vom Juni 1920 wandte er sich gegen die »Auffassung des unsinnlichen Raumphilosophen Peter Behrens«, der sich auf das »sausende Zeitmaß« berufen habe, »um die kalte Glätte seiner nackten Mauern zu rechtfertigen«.[357a] Behrens habe überdies, wo er von der Reise durch die Großstädte im »überschnellen Gefährt« sprach, »mehr an die reichen Unternehmer [gedacht], die ja schließlich auch die Geschichte bezahlen, als an die immerhin etwas zahlreicheren Proletarier, die per pedes apostolorum reisen« (ibid.). Als auf ein Gegenmodell dazu verweist Behne auf eine von Bruno Taut in Berlin gebaute Waschanstalt, deren farbige Flächenmuster »zu einer reizvollen Belebung des niedrigen Mauerwerks führen«. Taut habe es abgelehnt, »den an der Hauswand Vorübergehenden eine stumpfsinnige Steinfläche vorzusetzen. Seine eigene starke, künstlerische Sinnlichkeit rechnet auf die sinnliche Empfänglichkeit des für einen lebendigen Reiz dankbaren Fußgängers« (ibid.). Durchgesetzt hat sich die glatte, »stumpfsinnige« Fläche, also das Spiegelbild »konformer und konstanter Verhaltensweisen«.[358] Diese Art von »Entlastung« besorgt freilich die Verstümmelung sinnlicher Erfahrung statt ihrer Erweiterung und Vertiefung. Sie ist äußerst ambivalent. Denn obwohl die ›Befreiung‹ der Architektur von den typischen Ornamentformen des Historismus in den Anfangsjahrzehnten unseres Jahrhunderts ein bedeutsamer Vorgang gewesen ist, hat doch der Ausschluß der Einzelform nicht zwangsläufig zu einer kritischen »Erweiterung des Blickfeldes« geführt. Eher ist in den Nachkriegsjahren in der Architektur eine verhängnisvolle Verengung des Blickfeldes eingetreten: Monotonie und *Langeweile*[359], die ihrerseits aus einer Ausdünnung der sozialen Phantasie der Architektur hervorgingen und eine der »Gegenständlichkeit gegenüber gleichgültige Abstraktion« erzeugten.[360] Es sind dies die eigentlich regressiven Momente der »Entlastung«[361]; sie befestigen die Unmündigkeit der Menschen in einem wichtigen Reproduktionsbereich, dem des *Alltags*. Die Erfahrung wird streng reglementiert. Das Funktionssystem der Architektur ist dann nur noch durch *Gegenerfahrung* in einer gegen Erfahrung abgedichteten Umwelt aufzubrechen. Diesen Widersprüchen ist der Funktionalismus bereits in seiner wichtigsten Phase ausgewichen. Einerseits war man bemüht, die »Zukunft« über den Weg der technologischen Entwicklung offenzuhalten. Andererseits schloß man die Geschichte aus dem Wertbildungsprozeß aus – destruierte sie, wie Plessner sagt, »bis in den Boden der Existenz«.[362] Eine solche Architektur (wovon die Zerstörung historischer Architektur zugunsten neuer nicht zu trennen ist) verkannte und verkennt die geschichtliche Dimension des Menschen.

1. Entprivatisierte ›Berufssphäre‹ und emotionalisierte Familialsphäre

In einem für den Strukturwandel bürgerlicher Öffentlichkeit bedeutsamen Zusammenhang hat Habermas im Rahmen einer

Gegenüberstellung von *Beruf* und *Familie* dargelegt, daß aus der »Entprivatisierung der Berufssphäre« im Gefolge der Auflösung privat-feudalen Unternehmertums gegen Ende des 19. Jahrhunderts[363] auf eine ebensolche Abnahme der Privatheit im familialen Bereich nicht geschlossen werden kann. Vielmehr habe sich die Familie in dem Maße, »wie sich die Sphäre des Berufs verselbständigt«, auf sich selbst zurückgezogen.[364] Dabei charakterisiere »weniger der Verlust produktiver zugunsten konsumtiver Funktionen [...] den Strukturwandel der Familie seit der liberalen Ära, als vielmehr ihre fortschreitende Ausgliederung aus dem Funktionszusammenhang der gesellschaftlichen Arbeit überhaupt«.[365] Dies sei erwähnt, um deutlich zu machen, daß mit der durch Architektur symbolisierten Versachlichung der Kooperation der Arbeiter im Produktionsbereich nicht notwendig eine ebensolche Versachlichung der Bedürfnisstrukturen im Privatbereich verbunden ist. Doch genau dies ignoriert eine Architektur, welche die Prinzipien der Gestaltung des Wohnbereichs dem Produktionsbereich entlehnt. Ist das Haus erst einmal als »Wohnmaschine« bestimmt, dann erscheinen auch die Fabriken – »beruhigende Erstgeburten der neuen Zeit«, so 1922 Le Corbusier –, klar und hell, [. . .] dem Auge Ruhe und dem Geist die Freuden der Geometrie vermittelnd«[366], und ist es keine »Schande« mehr, in einem Haus zu wohnen, dessen Fenster aussehen »wie Fabrikfenster«.[367]

Die formale Annäherung von Wohn- und Fabrikarchitektur folgte der unter den Funktionalisten damals verbreiteten Forderung, eine »Brücke« zu schlagen von der »täglichen, zweckmäßigen und gesunden Arbeit in der Fabrik, im Büro oder an der Bank« zum »familiären Dasein«.[368] Man hoffte auf diese Weise, die Familie aus ihrem »demoralisierten« Zustand befreien und ihrer »allerorten« zu beobachtenden Zerstörung entgegenwirken zu können, wobei zunächst die Distanzierung von allen »unzeitgemäß gewordenen Dingen«, an die die Menschen »wie Sklaven« gekettet seien, geboten schien.[369] Diesem Vorsatz gehorchte die Angleichung der Wohnsphäre an den »modernen Geist« der Produktionswelt (vgl. Abb. 26/29). Das Ziel waren Wohnverhältnisse, in denen architektonisch *unmittelbar* der Glanz und die Sauberkeit einer »funkelnd und strahlend« modernen Zeit widerscheinen.[370] Lassen wir hier die widersprüchlich fortschrittlichen Momente noch außer acht, die einer solchen Angleichung von Produktions- und Wohnbereich partiell zugrunde lagen.[371] Auszugehen ist davon, daß die Familienbeziehungen in einer kapitalistisch gesteuerten Industrie- und Leistungsgesellschaft zunehmend *emotionalisiert* werden.[372] Zugleich und im Gegensatz dazu werden die Funktionsbereiche der Gesellschaft versachlicht und durchrationalisiert, »weil sie der Kapitalverwertung und der verwaltenden Kontrolle sozialen Lebens dienen«.[373] Daß diese Versachlichung außerhalb der »familialen Binnenverhältnisse« nicht auf die Gegenstände der Produktion beschränkt bleibt, sondern auch die mit ihnen befaßten Menschen zeichnet, hat Georg Simmel 1903 einprägsam dargestellt. »Die Großstädte sind von jeher die Sitze der Geldwirtschaft gewesen. [. . .] Geldwirtschaft aber und Verstandesherrschaft stehen in tiefstem Zusammenhang. Ihnen ist gemeinsam die *reine Sachlichkeit* in der Behandlung der Menschen und Dinge, in der sich eine formale Gerechtigkeit oft mit rücksichtsloser Härte paart«.[374]

Die Versachlichung der Aufgaben des Menschen im Arbeitsprozeß, die Zerstückelung seiner *Lebenszeit* in Arbeits- und Freizeitquantitäten und seine Vereinzelung in den der Familie äußerlichen Funktionsbereichen verlangen nach triebökonomischem Ausgleich.[375] Dieser Ausgleich ist jedoch ideologisch vorbestimmt; er darf die Stabilität der Arbeitssphäre nicht antasten. Die »Harmoniebedürfnisse«[376] sind und bleiben auf die private Lebenswelt verwiesen. Wird nun die Wohn- und Freizeitarchitektur – gemäß unserer Bestimmung als »Arbeitsmittel« – der Industriearchitektur angenähert, ohne daß das entfremdete Verhältnis im Arbeitsprozeß aufgehoben wäre, so ist sie nichts anderes als die Widerspiegelung der Rationalität der außerhalb der Familie wirkenden Funktionsgesetze. Das heißt, sie zerrüttet ihrerseits die gegenüber der sich verselbständigenden Produktionssphäre mühsam aufgebauten »Reservate des Privaten« und verstärkt die »heimliche Aushöhlung der familiären Intimsphäre«[377], ja sie gerinnt geradezu zu deren architektonischem Ausdruck.

Noch ein weiterer Gesichtspunkt, den die Sozialpsychologie für die Sozialisation des Einzelnen durch weitgehend »außerfamiliale Instanzen« geltend macht, läßt sich auf die versachlichte und durchrationalisierte Gestalt der Architektur übertragen. Heide Berndt und Reimut Reiche gehen in einem gemeinsam verfaßten Aufsatz davon aus, daß mit der steigenden Einflußnahme der außerfamilialen Instanzen auf den Sozialisationsprozeß das Kind nicht mehr lernt, »sich mit der gesellschaftlichen Autorität in Gestalt des Vaters auseinanderzusetzen und durch die Verinnerlichung seiner Gebote die gesellschaftlichen Gebote selbständig zu überdenken; [...] Durch die Beseitigung der intrafamilialen Konfliktpunkte zwischen den Generationen wird die lebendige, d. h. affektivmitvollzogene Aneignung der kulturellen Leistungen erschwert«.[378] Das nämliche Phänomen spiegelt sich in der heutigen Architektur; sie verlängert die Schwächung der affektiven Kräfte des Individuums, indem sie ihm die Möglichkeit nimmt, an ihrer ästhetisch-sinnlichen Gestalt konkrete Bindungen zu erfahren, zu überprüfen und, gegebenenfalls, zu verwerfen. Indem die durchrationalisierte Architektur sich ästhetisch »neutralisiert« darbietet, verdeckt sie mit ihrem äußerlich einheitlichen Schein die gesellschaftlichen Unterschiede. Ihre Objektivität und ihre formale Neutralität begünstigen die Schwächung der Ich-Fähigkeiten des Indiviuums.[379] Der Widerspruch zwischen entprivatisierter Berufssphäre und familiärer Intimssphäre bleibt bestehen. Beziehen wir unter diesem Blickwinkel den Gedanken der »ausgehöhlten Privatheit« auf die applizierten Ornamentformen der Architektur des 19. Jahrhunderts, so finden wir bestätigt, was sich schon an anderer Stelle zeigte: auch sie entsprachen dem Wunsch, der bedrohten bürgerlich-familiären Privatheit und Innerlichkeit eine architektonische Kompensation zu verschaffen. Ist heute in der ornamentlosen Architektur dieser Wunsch zur hoffnungslosen Illusion verkümmert, so maskierte er sich in den applizierten Ornamenten im vorigen Jahrhundert immerhin noch als bürgerliche Utopie. Damals konnte in den Köpfen der Bürger der Eindruck entstehen, der Vergesellschaftungsprozeß des Warenverkehrs werde durch die Architektur aufgefangen. Davon ist in der heutigen Architektur nichts mehr übrig; sie gibt erst gar nicht vor, dem Verlangen nach individuell gestalteter Privatheit entgegenzukommen. Die Architektur im Wohn- *und* im Individualbereich ist ein selbständiger »Block« geworden. Sie erscheint im Bewußtsein der von ihr Betroffenen als ein verfügender, die Menschen abstrakt verwaltender Apparat, den zu verändern mittlerweile kaum noch Hoffnung besteht.

2. *Ersatz für versagte Entlastung*

Immer dann, wenn Entlastung dazu führt, daß die Komplexität der Umwelt für den individuellen und kollektiven Erfahrungsbereich nicht sinnvoll reduziert, sondern neutralisiert wird, wird das in seinen Erwartungen betrogene Subjekt zwangsläufig nach neuen Entlastungen suchen. In diesem Zusammenhang gilt, »daß abgedrängte, aus dem Bewußtsein abgespaltene Triebansprüche zwar unserer Aufmerksamkeit sich entziehen, nicht aber aus dem Gesamthaushalt unseres seelischen Lebens verschwinden. Terroristisch unterdrückt, entfalten die Triebkräfte vielmehr im unbewußten Seelenleben eine ich-fremde, eine gegen die Herrschaft des bewußten Ichs gerichtete Tätigkeit. Sie suchen nach Ausdruck und Mitbeteiligung am Geschehen, nach Entlastung. Sie müssen alle Finessen der Überrumpelung gegen die von unserem Ich aufgerichtete Abwehr anwenden, um trotz dieser Einsprüche des Ichs die gesuchte Entlastung zu finden. Ihre Wiederkehr kann chiffriert erfolgen, als Fehlleistung, als diffuses oder eng umschriebenes Symptom«.[380]

Die Art der Erörterung des Ornaments in der Architektur, sei es bei seinen Verteidigern oder bei seinen Gegnern, läßt vermuten, daß sich daran Hoffnungen auf Entlastung, wie Mitscherlich sie faßt, geknüpft haben und weiterhin knüpfen. Ebenso lassen sich Verbindungen zwischen vom Bewußtsein abgespaltenen Triebansprüchen und aus dem rationalistischen Ordnungsschema funktionaler Architektur herausgelösten Ornamentformen herstellen. Ist die Sehnsucht nach der Wiederherstellung des Ornaments eine Ersatzsehnsucht, eine Sehnsucht nach Ersatz? Es ist, soviel steht fest, nicht leicht, den begründeten Wunsch nach einer optisch reicheren Architektur von einem in die Warenästhetik verstrickten Konsumentenreflex zu unterscheiden.[381] Alfred Lorenzer hat als einer der ersten auf dieses Problem aufmerksam gemacht. Der Protest gegen die Dominanz des bloß Zweckdienlichen und gegen die Diskriminierung des ornamental Überflüssigen als vergeudeter Arbeitskraft sei nicht unbedingt Ausdruck »kritischer Sensibilität«, wie sie z. B. Gorsen im neuzeitlichen Wiederaufleben des Ornaments in der Kunst entdeckt hat.[382] »In dem Maße, in dem das Bauen sich dem Gebot ›chemisch reiner Zweckmäßigkeit‹ unterwirft«, werde »das ästhetische Bedürfnis« notwendig irrational.[383] Lorenzer sieht seine Prognose im Alltagsleben dort bestätigt, wo es zur »Regression in den Kitsch« kommt, »je rücksichtsloser sich Zweck-Rationalität in der Gestaltung der Umwelt durchsetzt«: »Wie zu erwarten, blüht in einer Umwelt, die dem Prinzip der Zweck-Rationalität verfällt, jenes ›Glück im Winkel‹, in das sich der einzelne zurückzieht. Das Individuum flüchtet sich, gerade weil die Welt unserer Städte auch in ihrer Baugestalt sich so sehr der Wirklichkeit einer Angestellten-Welt annähert, in eine von aller Rationalität und Vernunft abgelöste Sentimentalität innerhalb seiner vier Wände. Vergeblich allerdings, weil ihn dort dieselben Tendenzen einholen. Doch das hebt den Konflikt nicht auf, sondern verschärft ihn nur.«[384] Der fetischisierte Besitz von Dingen ersetzt die Selbst- und Wirklichkeitserfahrung. »Auf der einen Seite geht es um ein Leben in einer strikt funktionsbestimmten, durchrationalisierten Welt, und auf der anderen Seite wuchert eine Phantasie, die den Kontakt zur Realität verloren hat und zur ›irrealen Phantastik‹ verkümmert, während die vermittelnde psychische Instanz, das ›Ich‹ nämlich, an dieser Stelle auf eine unreifere Stufe zurückgesunken ist«.[385] Phantasieproduktion, die unter solchen gesellschaftlichen Bedingungen zustande kommt, hat eindeutig defensiven Charakter. Sie ist selber Ausdruck der Entfremdung und des darin angestauten menschlichen Leids. »In ihrer unaufgehobenen Form, als bloß triebökonomisches Gleichgewicht gegenüber unerträglichen entfremdeten Verhältnissen, ist die Phantasie selber bloß ein Ausdruck dieser Entfremdung. Ihre Inhalte sind deshalb verkehrtes Bewußtsein. Der Form ihrer Produktion nach ist diese Phantasie jedoch unbewußte praktische Kritik an den entfremdeten Verhältnissen.«[386] Doch obschon (oder weil) »verkehrtes Bewußtsein«, sind diese Phantasieinhalte Chiffren für die Versagung und die Unterdrückung von zentralen Bedürfnissen. Sie erzählen die Geschichte unterschlagener Hoffnungen.

In diesem Sinne hat – bezogen auf neuzeitliche Architektur – Heinrich Klotz die betont künstlerische Ausgestaltung hervorragender Bauten anhand eines Beispiels aus der Sakralbaukunst (der Dorfkirche in Bürgeln/Hessen) untersucht. »Der Kirchenbau bietet die Möglichkeit, das zu tun, was der soziale Wohnungsbau nicht zuläßt: schöne Grundrisse zu entwerfen, monumentale Räume zu konzipieren, seelenerhebende Denkmäler aufzurichten. Erst durch einen Kirchenbau wird der Architekt zu dem, was er im Alltag nicht sein kann: ein Künstler. In der Sphäre religiöser Repräsentation soll möglich sein, was in der Sphäre des Alltags Überfluß ist – Ornament, Mannigfaltigkeit, Kunst.«[387]

Was für die exponierte Stellung der von Klotz beschriebenen Kirchenbauten gilt, berührt in gewisser Weise die denkmalpflegerische Praxis selbst, z. B. die Erhaltung der ornamentreichen Fassaden der Gründerzeit. Sind dabei Ersatzinteressen im Spiel? Ersatz – das meint zunächst, sich hier und jetzt etwas zu nehmen, indem man bewahrt, was eine von der Natur abgekehrte Massenarchitektur heute nicht mehr gewährt. Wird das Ornament von *Schöner Wohnen* beschlagnahmt, dann ist für eine Neubestimmung seiner Funktionen ebenso wenig gewonnen wie für die Herausbildung einer Architektur, die *allen* das »Geschenk des Ornaments« (Bloch) macht.

Daß es nicht immer ästhetische Motive sein müssen, die zur Bevorzugung älterer Architektur verleiten, mag an dem folgenden Beispiel verdeutlicht werden. Es handelt sich hierbei um eine vor Gericht abgegebene Erklärung eines Vaters, dessen noch minderjähriger Sohn von der Hamburger Staatsanwaltschaft mit Freiheitsentzug bis zu einem Jahr bestraft werden sollte. Der Junge hatte mit Freunden in Hamburg ein gewerkschaftseigenes Haus (»Neue Heimat«), das »leer stand und zugunsten eines mehr Rendite versprechenden Neubaus abgerissen werden sollte«[388], besetzt. In der Stellungnahme des Vaters heißt es u. a.: »Der zweite Punkt: die enge Beziehung junger Leute zu alten Häusern. In den westlichen Industrieländern versuchen neben den Studenten auch mehr und mehr Lehrlinge und Oberschüler, ihr eigenes Leben zu leben, neue Wohnformen zu entwickeln oder einfach einer lästigen Daueraufsicht in Familie und Nachbarschaft zu entrinnen. [. . .]

Natürlich können diese Jugendlichen den erwünschten Freiraum nur in billigen Altbauten erlangen. Gäbe es nur Neubauten, sie hätten auf Jahre hinaus keine Chance, sich in der Lebensweise selbständig zu machen. Altbaustraßen und Sanierungsviertel werden so zu der Welt, die sie als ihre Stadt identifizieren. Ist es verwunderlich, daß sie und andere, die den Absprung erst finden wollen, Abbrucharbeiten in diesen Gebieten als Unrecht empfinden, als Beschneidung ihrer Möglichkeiten – wenn nicht gar als Aggression?«[389]

Ich finde diese Aussagen deshalb bemerkenswert, weil sie auf einen Aspekt der Altbausanierung aufmerksam machen, der bislang nicht sonderlich beachtet wurde. Immerhin geht es hier nicht um die Schaffung privilegierter Freiräume, sondern um elementare menschliche Bedürfnisse. Und hier liegt die *sozialpolitische* Aufgabe der Denkmalpflege. Das gilt auch im Hinblick auf die älteren Fabrikanlagen, Wassertürme, Arbeitersiedlungen[390] (vgl. Abb. 32/33). Nur wenn die hier im offenen Kontrast zur modernen Architektur erscheinenden Widersprüche zu politischen Erkenntnissen führen und die in der Architektur des späten 19. Jahrhunderts versammelten Wahrheitsgehalte aus dem »Gestrüpp des Wahns und des Mythos« eines Lebens in privatistisch abgeschlossenen bürgerlichen Räumen befreit werden, kann von der Architektur heute mehr verlangt werden, als bloße Unterkunft fürs Überleben zu schaffen.

VI. Das Ornament als semantische Information

1. Bemerkungen über eine Form geschichtsloser »Rettung« von Geschichte

All das bleibt in einer Argumentation unberücksichtigt, die Architektur und ihre Formdetails ausschließlich informationsästhetisch auf ein System von Zeichen bezieht. Eine in diesem Sinn beispielhaften Studie zum Münchner Stadtteil »Lehel« geht davon aus, daß – »semiotisch betrachtet« – Architektur als eine spezifische Zeichensprache bestimmt werden kann, die »Informationen« vermittelt.[391] Nach einem Vergleich der »Gründerzeitfassaden« mit modernen »Rasterbauten« heißt es: »Beim Übergang vom Einzelobjekt auf größere Bereiche erscheint die Reihung gründerzeitlicher Fassaden als Konzentration hoher ästhetischer Information [...]. Die Reihung moderner Rasterbauten hingegen erzeugt niedrige ästhetische Information bei hochredundanter Gestaltbildung: ihre Folge ist Monotonie.«[392] (Abb. 15 und 34)

Mag eine solche Beobachtung bei aller Unvoreingenommenheit und bei einer rein optisch provozierten Gegenüberstellung von »Gründerzeitfassade« und »Rasterbauten« plausibel erscheinen, so muß eine Reduzierung der Auseinandersetzung mit Architektur auf ihren bloß semantisch-kommunikativen Wert höchst zweifelhaft bleiben. Daß in solcher (ihrerseits von technologischen Denkmustern beherrschten) rationalistischen Argumentation Ansätze enthalten sind, die, wie die Autoren für sich in Anspruch nehmen, über das traditionelle Urteil der Kunstgeschichte hinausweisen, soll gar nicht bestritten werden. Doch spricht dies eher gegen die sich vor neuen Inhalten verschließende Kunstgeschichte als für die Methode semiotischer Betrachtung.

Bei der »theoretischen Grundlegung« der semiotischen Betrachtungsweise sind die Autoren, wie sie ausdrücklich versichern, »von der Frage nach der Funktion historischer Architektur im Stadtbild ausgegangen«.[393] Hierbei habe sich gezeigt, »daß die traditionelle ›strenge‹ Ästhetik und der kunsthistorische Stilbegriff bei der Behandlung eklektizistischer Bauten im städtebaulichen Zusammenhang notwendigerweise versagen müssen, da ihre am ›Kunstwerk‹ orientierten Kategorien das

Objekt isolieren und jeden Rezipientenbezug ausschließen«.[394] Von der Kunstgeschichte und ihrem Bestimmungskanon im Stich gelassen, bemühte man sich, die Untersuchung »auf der Interpretation des Bezugs Mensch – gebaute Umwelt als einem kommunikativen Prozeß« aufzubauen, da man davon ausging, daß dieser »kommunikative Prozeß« es erst ermögliche, »ästhetische Erscheinungsweisen als einen psychologischen, weil Bewußtseins-Sachverhalt zu begreifen«[395] und damit in ihrer Relation zu erfassen.

Die Autoren gehen wohl zu Recht davon aus, daß ein kategoriales System entwickelt werden muß, welches das Objekt nicht isoliert, sondern es in seinem Gegenüber zum Subjekt erschließt. Dies ist eine Forderung, die an jede Analyse ästhetischer Objekte zu richten ist, nicht nur an die »eklektizistischer Bauten«. Doch nur unter Vernachlässigung der historischen Bedeutung der Formen von Architektur gelingt es den Autoren, Architektur »auf der Basis der Semiotik« zu erörtern und sie als »eine spezifische Zeichensprache« zu definieren. Die Problematik der Architektur wird so eingeengt auf ihre informationsästhetische »Erscheinungsweise«, was zur Folge hat, daß jede Architektur, die in ihrer äußeren Gestalt wenig ästhetische, formenreiche Information gibt, a priori zur »schlechteren« Architektur wird. Wie beliebig die Autoren das reiche Angebot an Formen verstehen, wird offenkundig, wenn sie von der Architektur der Gründerzeit sagen, daß ihr »semantischer Aspekt« – im Gegensatz zur modernen zweckrationalen Architektur – dem Benutzer zahlreiche Beziehungsmöglichkeiten zu seiner gebauten Umgebung durch »die Vermittlung semantischer Informationen sowie über Assoziationen« böte.[396]

Ich will hier nicht auf das vielstrapazierte Wort der »Herrschaftsarchitektur« hinweisen; doch muß ernsthaft gefragt werden, wie die Vermittlung solcher Informationen und Assoziationen z. B. *ohne* die Vermittlung der in der Ästhetik dieser Informationen enthaltenen sozialen und politischen Inhalte vonstatten gehen soll. Ist ein Zeichen per se ein qualitatives *Mehr* an Information usw.? Fragen dieser Art können von der Informationsästhetik nicht beantwortet werden, da sie sich stillschweigend auf die inhaltliche Wertindifferenz der »Zeichen« verläßt. Positiv bestimmen die Autoren die nach quantitativen Maßstäben sich steigernden »Beziehungsmöglichkeiten« des Individuums zu seiner Umwelt als eine Ansammlung »semantischer Informationen«. Doch fehlen in derlei »Gleichungen« die kritischen Bewertungsmaßstäbe. Das gilt nicht zuletzt im Hinblick auf die These von der hohen Identifikation der Menschen mit ihrer Umwelt bei hoher ästhetischer Information – bei, wie die Autoren es nennen, höchster »Superierungsstufe«.[397]

Diese These unterschlägt, daß willkürlich herbeigeführte »Interaktion« auch Aggression erzeugen kann. Auf die Architektur übertragen heißt dies, daß die geschichtliche Dimension historisierender Ornamentformen erlischt in ihrer mathematischen Schematisierung. Das haben die Autoren übersehen, als sie die Architektur des Historismus gegen das normative Qualitätsurteil der Kunstgeschichte zu retten versuchten. Gegen die Leugnung der Wahrheitsgehalte ästhetischer Gebilde in der Kunstgeschichte setzen sie apodiktisch ein Wahrheitsbild, das gegenüber dem historischen Argumentationsablauf zur normativen Wahrheit erstarrt.[398] Es ist nicht zu bestreiten, daß angesichts der »denaturierten« und sprachlosen Architektur heute die Bedeutung einer »sprechenden« Gründerzeitfassade offenkundig wird. Zu ergründen und zu begreifen wäre jedoch deren Bedeutungs*wandel.* Denn nicht erst die heutige Architektur ist das Siegel auf einem Massendasein. Argumentierte Adorno gegen Veblen, diesem seien die »trugvollen Bilder« der Einmaligkeit (historisierender Fassaden) in der Ära der Massenproduktion nichts als pure »Rückstände« der industriellen Mechanisierung[399], so werden diese »Bilder« von Buttlar u. a. nicht einmal mehr als »Repliken auf die hochindustrielle Mechanisierung, die über diese selber etwas aussagen«[400], verstanden. Der geschichtliche Inhalt der architektonischen Formen, auf den schon Vitruv gepocht hatte[401], kommt nicht mehr in den Blick – die »Ornamentfrage« erscheint als bloße Formfrage. Buttlar u. a. bestimmen das Ornament als »Zeichen« einer Architektur, die »prinzipiell in ihrer ästhetischen Erscheinung die positiven Momente der hohen ästhetischen Informationen wie der semantischen Valenz besitzt«.[402] Damit fallen sie noch hinter Loos' Position zurück, der an den Ornamenten immerhin eine »erotische Bedeutung«[403] wahrgenommen hat. Es heißt, die Inhalte ästhetischer Gebilde ignorieren, wenn man sie einzig nach den an ihnen ablesbaren ›neutralen‹ Informationen beurteilt. Dann werden, gemäß der »mathematischen Formel für den Richtwert« der Information[404], die »ästhetischen Informationsträger« gänzlich austauschbar. – Hier ist jene technologisch-naturwissenschaftliche Rationalität im Spiel, die Formen zu verfügbaren semantischen Zeichen verdinglicht. So kann es auch nicht überzeugen, wenn Manfred Sack davon spricht, daß die »ästhetische Scham« im 19. Jahrhundert weniger aus »Vergangenheitssehnsucht« denn aus Gründen des Verlangens nach »visuelle[r] Erfahrung« überwunden worden sei.[405] Das in der Architektur des vorigen Jahrhunderts vorliegende Erbe kann nicht auf die pure visuelle Information formalisierend reduziert werden, wenngleich das Bedürfnis nach sinnlichen Erfahrungen, die sich an Architektur knüpfen lassen, ein berechtigtes und ernst zu nehmendes Interesse signalisiert. Wird aber gesagt, »daß Ornamente [. . .] für das Wohlbefinden des Menschen notwendig sind«[406], so muß das so lange als eine Reaktion auf ornamentlose Architektur verstanden werden, bis nicht geklärt ist, inwieweit Ornamente in solcher Verbindung nicht bloß als Ersatzpunkte für menschliche Identitätsfindung fungieren. Auch verweist es auf eine tendenzielle Verdrängung der seit Loos geführten Auseinandersetzung mit der Architektur des 19. Jahrhunderts, wenn Sack erklärt, daß »Adolf Loos, der das ›Ornament als Verbrechen‹ diffamiert und mit seinem Reflex auf die Dekorsucht des 19. Jahrhunderts zu seiner Zeit ganz normal reagiert hatte, [. . .] überwunden« sei.[407] Loos mag, was seine damalige Polemik gegen das 19. Jahrhundert betrifft, »überwunden« sein. Nicht überwunden ist das in dieser Polemik enthaltene Problem der *Aneignung*, wenn sie auf den Bereich »visueller Erfahrung« eingeengt wird. Gerade in diesem Punkt waren Loos und andere Vertreter eines ornamentlosen funktionalen Bauens bemüht, die Ablehnung der Architektur des Historismus *gesellschaftlich* zu begründen.

Exkurs: Umberto Ecos Relativierung des erkenntnistheoretischen Anspruchs semiotischer Betrachtungsweisen

Von einem erheblich differenzierteren Ansatz aus nähert sich der italienische Kultur- und Kommunikationswissenschaftler Umberto Eco dem Problem architektonischer Formen (»Botschaften«) in einer Zeit, in der die für das Verstehen solcher Formen erforderlichen *»Lesecodes«* längst in Vergessenheit geraten sind (vgl. Umberto Eco, *Einführung in die Semiotik*, Kapitel C: *Funktionen und Zeichen, Semiotik der Architektur*, München, 1972, S. 293-356). Da es nicht in den Rahmen meiner Arbeit gehört, Ecos Grundthese, daß Kultur grundsätzlich als Kommunikation zu begreifen, zu würdigen bzw. zu kritisieren sei, seien seine Ausführungen nur in Ergänzung zu denen von Buttlar/Selig/Wetzig herangezogen.

Eco geht davon aus, daß die Architektur »eine Tendenz [...] in Richtung auf Information und Umwälzung der Systeme rhetorischer und ideologischer Erwartung zu haben [scheint]« (338). Um diese Möglichkeiten unbestreitbaren qualitativen Einwirkens der Architektur auf unsere Verhaltensweisen, Lebensgewohnheiten usw. gewährleistet zu sehen, sollte »vermieden werden, daß die Architektur von den gegebenen Codes ganz absieht, weil es ohne Code, auf den man sich stützen kann, keine wirksame Kommunikation gibt, und weil es keine Information gibt, die sich nicht auf Redundanzstreifen stützt« (ibid.). Eco denkt dabei an Formen, deren Gestalt entweder durch Überlieferung vertraut ist oder deren Äußeres verhältnismäßig leicht Verbindungen zu Informationen herzustellen erlaubt, die außerhalb der ästhetischen Sprache liegen. Es bleibt offen, ob diese »Codes« von formal hoher oder niedriger Information bzw. Redundanz sein müssen. Wesentlich ist, daß sie Botschaften übermitteln, auf die man sich in den eigenen kommunikativen Absichten und Bedürfnissen beziehen kann. Doch mag die Architektur noch so sehr von »existierenden architektonischen Systemen« ausgehen, so stützt sie sich, Eco zufolge, in Wirklichkeit »auf andere Codes, die nicht die der Architektur sind« (339). Daraus geht hervor, daß die Sprache der Architektur, die ästhetischen Informationen, die von ihr ausgehen, erst aus der gesammelten Kenntnis all der Teilbereiche gesellschaftlicher Praxis erfaßt und sinnvoll verarbeitet werden können, aus denen diese Sprache bzw. diese ästhetischen Informationen zusammengesetzt sind (vgl. Eco, S. 338/43). Wohl vermag beispielsweise die neuerliche Verwendung von Ornamenten, wie wir sie von der Architektur des vergangenen Jahrhunderts kennen, sinnbildlich einen »Code« signalisieren, der manchen von uns vertraut ist und auf den man sich »stützen« kann. Doch bliebe all dies dem Ästhetizismus und der *Mode* verhaftet, wenn nicht die »äußeren Codes« (i. e. die ideologische Funktion, repräsentativer Aussagecharakter usw.) dechiffriert und ihre Botschaften angeeignet werden können (vgl. dazu Pierre Bourdieu, op. cit., S. 159 ff.). Über die Wiederentdeckung des Jugendstils gegen Ende der 60er Jahre schreibt Eco: »Die Jugenstil-Welle [. . .] bedeutet: die Benutzer von Botschaften lernen nach Jahrzehnten, die Lesecodes für außer Gebrauch gekommene Formen wiederzufinden; untergegangene ideologische Hintergründe wiederzuentdecken und sie in dem Moment aufleben zu lassen, in dem sie die Gegenstände, die sich auf ihrem Hintergrund gebildet haben, zu begreifen versuchen. Der moderne Benutzer vergangener Formen lernt so, sie zu verändern, Botschaften, die ihn nicht mehr betreffen, mit freien oder abwegigen Schlüsseln zu lesen, aber er lernt auch, die exakten Schlüssel wiederzufinden« (318). Eco beschreibt, was unter günstigsten Bedingungen bei einem solchen Prozeß vor sich geht. Und wenngleich er von den Möglichkeiten, »antiquarische Gegenständen in andere Kontexte zu setzen«, als einer »atemberaubenden und abenteuerlichen Bewegung der Neuentdeckung von ursprünglichen Kontexten« (319) spricht, räumt er doch ein, all dies garantiere nicht, »daß diese Dynamik von Philologie und gleichzeitig Neuschöpfung an sich positiv ist« (ibid.). Heute entwickele sich nämlich – etwa im Gegensatz zum Humanismus des Quattrocento, wo die Wiederentdeckung von Codes und Ideologien eine globale Neustrukturierung der zeitgenössischen Rhetorik und Ideologien mit sich brachte – »die drängende Dynamik von Wiederentdeckung und Wiederaufleben auf der Oberfläche«, sie berühre nicht »das kulturelle Grundsystem. Im Gegenteil: das Wettrennen um Wiederentdeckung wird zu einer schon konventionalisierten rhetorischen Technik, die in der Tat wie eine feste Ideologie des freien Marktes vergangener und gegenwärtiger Werte anmutet« (ibid.). Auf die heutige Tendenz zur geschichtslosen Aneignung kulturellen Erbes anspielend, heißt es, daß das »Spiel der philologischen Wiederentdeckung von Rhetoriken und Ideologien [. . .] sich als immense rhetorische Maschine [darstelle], die global eine stabile Ideologie konnotiert (und sich auf ihr aufbaut): die Ideologie der ›Modernität‹ als Toleranz gegenüber allem Vergangenen« (320). Damit scheint bei Eco die Reduzierung der Semiotik auf mathematische Gleichungen, deren (Auf)Lösung die Bewältigung von Lebensproblemen garantieren soll, ausgeschlossen zu sein. Die »semantische Information« der architektonischen Formen wird nicht am Grad ihrer formalen Vielfalt gemessen, sondern an der Qualität der außerarchitektonischen Inhalte, die in die »semantische Information« eingebettet sind. Eco mag nicht davon absehen, daß eine beliebige Verwendung ästhetischer Formen (Codes) ohne »philologische Exaktheit« zur »Bagatellisierung« der Formen führt (321). Das nämlich bedeutete, daß eine Form, wie wir zuvor sagten, »verfügbar« gemacht und jederzeit gegen eine andere vertauscht werden könnte. Eco rührt an dieser Stelle an jene vielschichtige Problematik der Aneignungsformen des jeweiligen *kulturellen Erbes,* dessen informatorische Botschaften er (vor allem in der Architektur) nicht auf der immanent ästhetischen Ebene erfüllt sieht. Vielmehr sei der Architekt gezwungen, »Formen für Systeme von Forderungen zu finden, *über die er keine Verfügung hat,* und eine Sprache zu artikulieren, nämlich die Architektur, die immer etwas anderes als sich selbst aussagen muß« (352).

Dadurch unterscheidet sich Umberto Eco ganz wesentlich von Buttlar/Selig/Wetzig. Indem er über die rein positive Beschreibung der architektonischen Semiotik hinausgeht, grenzt er deren Interpretationsmöglichkeiten zugleich erheblich ein. Denn ich sehe keinen Weg, wie mit den Mitteln der Semiotik Fragen der Architektur hinreichend beantwortet werden können, wenn das Problem der zeitgenössischen Architektur »darin liegt, die Grenze zu definieren, jenseits welcher eine Form der Vergangenheit nicht mehr *jede* Art von Leben erlaubt und die Reihe der architektonischen Signifikanten nicht mehr eine Matrix der Freiheit darstellt, sondern ein Abbild der Herrschaftsverhältnisse, einer Ideologie, die durch die rhetorischen Formen, die sie hervorgebracht hat, die Formen der Sklaverei auferlegt hat« (323). Hier nähert sich Eco einem Sachverhalt, der zum Problem all derer geworden ist, die sich um die Erhaltung vergangener Architektur ihrer Formen wegen bemühen. Deutlich wird dieses Problem, wenn die vergangene Form gegen die moderne architektonische Lösung aufgerechnet und zur »besseren« Form erklärt wird.

Abermals stoßen wir hier auf den widerspruchsvollen Tatbestand, daß man zu Beginn dieses Jahrhunderts und verstärkt nach dem Ersten Weltkrieg erkannt zu haben glaubte, die Formen ornamentreicher Architektur des vorigen Jahrhunderts – als Abbilder der *Unfreiheit* (auch der Architektur) – stünden der ersehnten neuen »Art des Lebens« im Wege (vgl. Adolf Behne, *Form und Klassenkampf*, in: *Sozialistische Monatshefte*, 1931, Bd. 73, 37, 2 S. 362-365). Heute indes sind die damals als unterdrückende Formen denunzierten und vielfach in bilderstürmerischer Manier verurteilten Architekturgestalten aufgrund ihres ›Reichtums‹ zu einer Art »Matrix der Freiheit« urbanen Lebens geworden. Es scheint dabei das sich wiederholt zu haben, was Eco am Beispiel der heutigen Verwendung eines Klostertischchens als »Teil einer ausgeklügelten Einrichtung« beschrieben hat: »Man hat den Gegenstand wiederentdeckt, aber man hat die Ideologie des Mahls nicht wiederentdeckt« (321). Dazu ist mit Bloch und Eisler anzumerken, daß, wie sie sagen, die »Wechselbeziehung« entscheidend bleibt: »kritische Beachtung der Gegenwart, dadurch produktiv ermöglichter Erbantritt der Vergangenheit« (Bloch/Eisler, *Die Kunst zu erben*, op. cit., S. 263).

VII. Das Ornament als Luxusware

Wenden wir uns nochmals der oben[408] formulierten Frage zu, in welchem Ausmaß die industrielle Produktion von Gebrauchsgütern seit etwa Mitte des 19. Jahrhunderts den äußeren Schein von Waren und Kunstgegenständen, ihren Tauschwertcharakter, zu prägen begann. Es war eingangs davon die Rede, daß sich sowohl der ideelle als auch der materielle Wert des seinem Charakter nach handwerklich fabrizierten Ornaments angesichts der rapide beschleunigten Massenproduktion vergleichbarer Produkte steigern mußte. Auch hatten wir nach der Zukunft des Ornaments gefragt und angenommen, daß es weiterhin als ästhetischer Sinnesreiz für die Bedürfnisse Privilegierter hergestellt werden könnte. Im massenhaft produzierten Ornament träte dann für die Mehrzahl der Menschen nur noch der Schein, nicht aber das entscheidende materielle Substrat hervor: die handwerkliche Herstellung des Ornaments.

In einem *Handels-Lexicon für Kaufleute und Fabrikanten* aus dem Jahre 1847 nimmt man unter dem Stichwort *Fabriken* Stellung zur Art und Weise der Gestaltung und Ausstattung von Waren unter dem Gesichtspunkt des vom Produzenten herbeigesehnten Absatzes. Man stuft dort das Handwerk, dem die fabrikmäßige Produktion »den Verdienst« schmälert »oder wohl ganz entzieht«[409], als das Überflüssige ein, als das es zu Beginn dieses Jahrhunderts in der Argumentation gegen seine weitere Verwendung in der Architektur auftaucht: »Auch wird dem Handwerk noch immer die Anfertigung derjenigen Gegenstände verbleiben, welche eine besonders sorgfältige und das verschiedenartige Bedürfnis jedes einzelnen Consumenten befriedigende Arbeit erfordern.«[410] Das meint, daß der Handwerker fortan nur noch Produzent teurer Luxusware sein kann, insofern die Massenproduktion als sein ›Konkurrent‹ auftritt. Da die letztere Produktionsform am »verschiedenartigen Bedürfnis jedes einzelnen Consumenten« kaum interessiert sein kann, orientieren sich Qualität und Geltungsanspruch des Handwerks zwangsläufig am Verlangen des »individuellen Auftraggebers«. Dahinter steht der Wunsch, das Handwerk als Ort individueller Produktion für einen scheinbar individuellen und noch nicht anonymen Markt zu erhalten. Thorstein Veblen, von dem Peter Haselberg sagt, er habe irrtümlich angenommen, »die Konkurrenz der Handarbeit mit ihren ungünstigeren Produktionsbedingungen gegenüber der Industrie werde für die ›leisure class‹ ein Motiv sein, den Snobismus der Bevorzugung kunstgewerblicher Handarbeit zu einer Waffe gegen die Ausbreitung der Konsumgüterindustrie zu entwickeln«[411], sah voraus, daß »gewisse Gebrauchsartikel nur deshalb bevorzugt und für tauglich gehalten werden, weil sie verschwenderisch sind und ihren angeblichen Zweck nur schlecht erfüllen. Die Nützlichkeit von Gegenständen, die man ihrer Schönheit wegen hochschätzt, hängt eng mit dem Preis zusammen«.[412]

Die Argumentationsweise Veblens scheint man sich in den zwanziger Jahren auch im Umkreis des Deutschen Werkbunds zu eigen gemacht zu haben. In einem dafür typischen Artikel aus dem Jahr 1925, *Industrie und Ornament*[413], polemisiert Georg Mendelssohn – Veblens Argumentation folgend – gegen jene verschwenderische Besitzgier, die seines Erachtens im Zeitalter der industriellen Massenproduktion vom Ornament nicht getrennt gedacht werden kann. Mendelssohn, für den Handwerk und Ornament »auf immer verknüpft«[414] bleiben, interessiert die *Mehrarbeit,* die dem verzierten und ornamentierten Gegenstand sinnbildlich als ästhetischer Schein anhaftet. Zunächst einmal, so sagt er, müsse sich jemand finden, »der die Mehrarbeit schätzt und bezahlt. Und dieser Jemand findet sich in jeder kapitalistischen Gesellschaft. Ein reich gestickter Schal, eine kostbare Waffe, sind nämlich ein Stück Kapital. Der Träger zeigt und sagt: für *mich* hat jemand monatelang gesessen und gearbeitet«.[415] Der »Träger« zeigt damit, daß er Arbeit verrichten lassen kann, die im Sinne der Kapitalverwertung unproduktiv[416] ist. Der handwerklich arbeitende Künstler, der für den kapitalkräftigen Auftraggeber einen Gegenstand hervorbringt, der sich augenscheinlich und wirklich durch eine hohe Arbeitsleistung auszeichnet, lebt vom Reichtum der Gesellschaft. Mendelssohn denunziert das Ornament als »das absolut Sinnlose«[417], da es aus einer Tätigkeit hervorgeht, die sich nicht gegen Kapital austauscht, sondern unmittelbar gegen Revenue in Form von Arbeitslohn oder Profit.[418] Zugleich hebt Mendelssohn den

Wunsch hervor, sich durch den Besitz von Einzelprodukten von den Massen und dem für sie produzierten Maschinenprodukt zu unterscheiden: »›Wer wird noch Spitzen tragen?‹ sagte eine große Dame, als die Maschine aufkam – ›wenn sie so billig sind, daß jedes kleine Mädchen auch welche trägt.‹ Nicht also der Umstand, daß Maschinenspitzen weniger schön sind als handgearbeitete, war ausschlaggebend, sondern Furcht vor Entwertung. Sehr viele Damen [...] unterscheiden heute mit Sicherheit ›echt‹ und ›unecht‹, d. h. Hand- und Maschinenarbeit, und meinen damit gar nichts anderes, als einen Preisunterschied.«[419] Veblen sagt dazu: »Unsere Liebe zu derartigen Artikeln ist im Grunde eine Liebe zur Überlegenheit und Ehre, die ihnen anhaften, und keineswegs ein Ausdruck der unvoreingenommenen Bewunderung des Schönen.«[420]

Schon dadurch also, daß in den Besitz eines Maschinenprodukts ein vermeintlich egalitäres Moment sich einschleicht, wird das Ornament zum sinnlichen Beweis des Besonderen, das Maschinenprodukt Ausdruck des Allgemeinen und der Vergesellschaftung. Nicht weil die Produkte der Handarbeit »eine absolute Qualität darstellen, sondern«, so Mendelssohn, »als Beweis eines höheren Arbeitsaufwandes und damit größeren Wertes« werden sie bevorzugt. »Das Ornament ist in dieser ganzen Periode [...] Träger des Arbeitsaufwandes.«[421]

Daraus spricht, daß frühere Befürchtungen, bei einem »Überhandnehmen des Massenerzeugnisses« werde die Handarbeit »gänzlich aus [dem] Leben verschwinden«[422], voreilig waren. Bereits 1917 erklärte Hermann Muthesius, daß die Handarbeit nicht untergehen, daß sie sich »als persönliche Leistung des Menschen« behaupten werde. Allerdings rücke sie »der Maschinenarbeit gegenüber in Zukunft auf eine ganz andere Wertstufe. Sie wird als Einzelgegenstand, als ein Ding, an das ein einzelner Mensch seine Zeit, Kraft und Erfindungsgabe gesetzt hat, unendlich viel wertvoller als ein Erzeugnis, das mit tausend andern gleichzeitig aus der Maschine fertig herausgeworfen wird. Sie kostet dann nicht das Doppelte, sie kostet ein Vielfaches der Maschinenarbeit«.[423] Die Produkte der Handarbeit werden daher niemals der Masse zugänglich gemacht werden können und für immer ihren *esoterischen* Charakter behalten, was die Integration von Ornamenten in die Architektur weitgehend ausschließt. Die Funktionen der ornamentalen Muster sind und bleiben die der Luxusware; sie werden »sich daher nur an diejenigen wenden können, die über reiche Mittel verfügen«[424], ja, selbst bei diesen werden sie, wie Muthesius meint, »stets eine Ausnahmestellung einnehmen, und es werden sich Affektionswerte mit ihr verbinden, ähnlich wie sie jetzt auf unseren Kunstwerken ruhen. Die Handarbeit wird sich zum Massenerzeugnis verhalten, wie sich die Originalzeichnung des Künstlers zu einer Druckwiedergabe verhält«.[425]

Es ist aufschlußreich, daß Muthesius – im Gegensatz zu Mendelssohn, der sich vorschnell mit einer rein wirtschaftlichen Erklärung zufriedengibt – in diesem Zusammenhang von »Affektwerten« bzw. »Affektionswerten« spricht. Er verweist damit auf ein irrationales Moment beim Kauf eines solchen Gegenstandes, auf individuelle Erwartungen, die über die Gebrauchswert-Qualitäten weit hinauszielen. Ja, es liegt sogar nahe anzunehmen, daß das *Gebrauchen* im praktischen Sinne hierbei überhaupt nicht von Belang ist, was denn auch der Interpretation Muthesius' entspricht: »Sie [die Handarbeit] wird sich demgemäß beschränken auf Dinge, die einen über den bloßen Gebrauchszweck hinausgehenden Wert haben. Niemand wird auf den Gedanken verfallen, einen Kochtopf statt mit der Maschine in Handarbeit herzustellen. Aber wir stellen die Einbände von Büchern, die wir lieben, in Handarbeit her. [. . .] Die Handarbeit wird zur Liebhaberei im besten Sinne, während die Maschinenarbeit bereits das tägliche Brot des Gegenwartsmenschen geworden ist.«[426] Der über den Gebrauchswert »hinausgehende Wert« jedoch entsteht Muthesius zufolge erst aufgrund gewisser affektiver Bindungen, die der Käufer und spätere Besitzer des Objekts mit ihm eingeht. Dieser entwickelt ein ausgesprochen »privates« Interesse am Besitz des Objekts, wobei der derart fetischisierte »Gebrauch« Triebenergie abführt. Es kann nicht als gesichert gelten, daß Muthesius, als er dies 1917 schrieb, Freuds zwei Jahre zuvor verfaßte Schrift *Die Verdrängung* gekannt hat. Doch seine Verwendung des Begriffs »Affektionswerte« weist Parallelen zu der bei Freud auf. Freud spricht von der Möglichkeit einer »Umsetzung der psychischen Energien der Triebe in Affekte«.[427]

Der Schluß ist wohl erlaubt, daß die Produkte der Handarbeit auf diese Weise zu Objekten der Befriedigung individueller Bedürfnisse wurden. »Einst war das Handwerk die Dekkung des allgemeinen Bedarfs. Heute ist es eine Luxusangelegenheit«, deren »Materialwahrheit [. . .] auf sinnlich-gemütsmäßigen Qualitäten«[428] gründet. Demgegenüber beruhe die »Materialwahrheit, -feinheit und -richtigkeit« der Technik auf »willentlich-konstruktiven« und »generellen« Qualitäten, nicht auf »individuellen« wie im Falle der Handarbeit. Und da die Industrie in zunehmendem Maße »den allgemeinen Bedarf an Geräten usw. deckt«, ist das Handwerk »heute in seiner Gesinnung retardierend«.[429] Auch bei Muthesius tragen das Handwerk und die von ihm hervorgebrachten Gegenstände bereits deutlich die Male des Vergangenen, »retardierender«, regressiver Werte; doch anders als Behne, dem die Handarbeit nur beim »Abräumen« der »gestopfte[n] Kammern«[430] im Wege gestanden zu haben scheint[431], hielt er diese Werte nicht für sinnlos. Für das wissenschaftlich-technische Denken in Anwendung auf die durchrationalisierte Warenproduktion ist die Handarbeit allerdings zur Bedeutungslosigkeit herabgesunken.[432] Die Affektwerte, welche sich mit dem Massenartikel verknüpfen lassen, unterscheiden sich kraß von denen, die Muthesius beschreibt. Das handgearbeitete Produkt schöpft seine sinnlichen Qualitäten aus seiner Einmaligkeit, der Gebrauchsartikel aus seiner Massenhaftigkeit. Ausschlaggebend dafür ist, daß jeder Tauschakt hier im Grunde »unvergleichliche Qualitäten« (Gebrauchswerte) in einer bestimmten »quantitativen Proportion« (Tauschwert) gleichsetzt: »Diese Gleichsetzung *abstrahiert* radikal von der sinnlich qualitativen Mannigfaltigkeit; indem sie alle sinnlichen Qualitäten reduziert auf bloße Quantität, negiert sie die sinnliche Eigenständigkeit objektiv wie subjektiv. Das Wieviel des Tauschwerts muß die Vorstellung eines jeden sinnlichen Dinges, damit es Ware werden kann, nicht nur begleiten, sondern beherrschen können.«[433] Beim Massenartikel beherrscht die Quantität die sinnlichen Qualitäten des Gegenstandes. Dies ist der Angelpunkt der Warenästhetik. Sie nimmt für den äußeren ästhetischen Schein des Massenprodukts Kunst- bzw. Ornamentformen der handwerklichen Produktion in Dienst, um sowohl über den Charakter des Massenprodukts hinwegzutäuschen als auch Erinnerungen an Formen zu wecken, die ehemals aus einem kulturell »höheren« (sprich: auratischen) Zusammenhang hervorgingen. D. h., daß sich hier der Profit des Unternehmers in der Ware, die er herstellt, »unter dem Glanz der Kunst« versteckt. In den mit früheren Stilen entlehnten Ornamenten befrachteten Waren der maschinellen Massenproduktion haben die Massen im 19. Jahrhundert Anteil genommen an der Aneignung des kulturellen Erbes, dessen Vermarktung sich hier ankündigt. Der Gebrauchswert des Massenprodukts wird mit dem Schein einer Sinnlichkeit verkauft, die dem Produkt, von seinem Gebrauchswert aus gesehen, im Grund als etwas Überflüssiges anhängt. Daraus ergibt sich, daß der Produzent an der Sinnnlichkeit des Gebrauchswerts der Ware nicht wirklich interessiert ist, sondern allein am Verkauf des Gebrauchswertes. So vertieft sich die Entfremdung vom eigentlichen Gebrauchswert der Ware, da die ihr »applizierte« Sinnlichkeit vom Tauschwert aus bemessen ist. Eben dies bestätigte Hermann Muthesius, als er 1903 schrieb: »Der heute vielfach sich zeigende Widerwille gegen Ornamente überhaupt, schreibt sich vielleicht mit von dieser Überfütterung mit Maschinenornament her.«[435]

Hier nun wird verständlich, weshalb man zu Beginn dieses Jahrhunderts eine Aufwertung bzw. Wiederherstellung jener Sinnlichkeit durch die neuerliche Fundierung des Ornaments auf eine handwerkliche Produktion herbeizuführen glaubte. Doch muß ein Bemühen, das der Ware Werte beimessen möchte, die »das nicht im Tausch Aufgehende« (Adorno) repräsentieren sollen, überaus fragwürdig erscheinen. Handelt es sich hier doch bereits um die Profanisierung der Formen als der eigentlich sinnbildlichen Träger solcher Werte durch die maschinelle (Re-)Produktion. Daher wäre in diesem Zusammenhang von der Entmythologisierung und »Entzauberung«[436] der im Ornament in seiner Verbindung zur Warenform angelegten Wertbestimmung zu sprechen. Die ohnehin zweifelhaft gewordene Authentizität der Werte ist nun definitiv gebrochen, da sie zu Mustern der Massenproduktion verarbeitet werden, aus welchen das *Massenornament* sich zusammenzusetzen beginnt (vgl. Abb. 36/36 a/37).

Es ist diese sich abzeichnende Entwicklung, die den Schriftsteller Karl Grosz im Jahr 1912 dazu veranlaßte, im *Jahrbuch des Deutschen Werkbundes* auf die Gefahren aufmerksam zu machen, die hinter einer solchen Subsumtion des Ornaments als Einzelform unter das rein wirtschaftliche Kalkül sich verbergen. Grosz geht davon aus, daß »wir uns heute in bezug auf das Ornament in einer sehr schwierigen Lage befinden«.[437] »Ein rücksichtsloser Emporkömmling, der ›Industriestil des 19. Jahrhunderts‹, riß [...] die Herrschaft an sich. Das Erbe der Väter, die ornamentalen Schätze waren ihm gerade recht, um damit Raubbau zu treiben und seine Modelaunen zu befriedigen. ›Erworben‹ hat er diese Schätze nicht, – aber gestohlen und Geschäfte damit gemacht.«[438] Deutlich vernimmt man hier die Empörung dessen, der sich durch die verdinglichte Form des Ornaments in seinem übersteigerten kulturellen Anspruch hintergangen fühlt; den Zorn des »geistig Gutsituierten« und »Gebildeten«, die, wie Kracauer zehn Jahre später sagt, »nicht alle werden, den Einzug der Tillergirls und der Stadionbilder übel« zu vermerken.[439] Ihnen wurden nämlich die formal-ästhetischen Muster ihrer Identität mit der sozialen Umwelt, »die Wunschsymbole des vorigen Jahrhunderts«[440], streitig gemacht. Wohl geht Grosz von der Annahme aus, dafür sei allein der »Industriestil« haftbar zu machen, der sich der »ornamentalen Schätze« willkürlich bedient und sie ihrer ursprünglichen Werte beraubt habe. Dies ist jedoch bereits der Ausdruck der Zertrümmerung des ehemals kultischen Anspruchs solcher Ornamente, das Lebenszeichen des Massenornaments als des wirklichen »ästhetischen Reflexes der von dem herrschenden Wirtschaftssystem erstrebten Rationalität«.[441]

Strenggenommen beruht der Wertverlust des Ornaments demnach nicht auf seiner »Entwertung« durch tausendfache Reproduktion. Schon die Möglichkeit seiner Reproduzierbarkeit hat die Werte abstrakt in ihrer Fragwürdigkeit bloßgestellt. »Die Entwicklung der Produktivkräfte legte die Wunschsymbole des vorigen Jahrhunderts in Trümmer, noch ehe die sie darstellenden Monumente zerfallen waren.«[442] Die Wunschsymbole fallen in Trümmer (vgl. Sempers Prophezeiung von der Zersetzung der Kunsttypen), nicht weil man sie von Anbeginn negierte, sondern weil man sie »übertrieb«, um der sich ankündigenden Nüchternheit kapitalistischer Rationalität zu entkommen. Sobald die Sinnlichkeit des handwerklich hergestellten Ornaments einmal gebrochen ist, gehorcht nach Adorno auch das Gesamtkunstwerk nicht länger »seiner Hegelschen Definition als des sinnlichen Scheinens der Idee, sondern das Sinnliche wird arrangiert, um zu scheinen, als wäre es der Idee mächtig«.[443] Das Sinnliche wird mittels seiner Vermarktung für den Konsumenten »arrangiert«, um diesem noch einmal die Illusion des handwerklichen Produkts zu vermitteln. Wird der »technologische Rausch« bei Richard Wagner »bereitet aus Furcht vor der allzu nahen Nüchternheit«[444], so bereitet der »Industriestil« den sinnlich-formalen Rausch der Stilimitationen, um die Nüchternheit, die den Produktionsprozeß bereits ergriffen hat, in der Gestalt der aus diesem hervorgehenden Produkte zu verdecken. Dabei werden die der Architektur wie den Waren anhaftenden »Affektionswerte« offensichtlich derart »überhöht«, daß die ideologische Täuschung und deren »Entlarvung« durch fortschrittliche Architekten und Kunsttheoretiker zu Beginn dieses Jahrhunderts Forderungen provozierte, sich nunmehr für eine »affektfreie«[445] Architektur einzusetzen.

Gewiß ist es zutreffend, daß die technischen Entwicklungen der physischen bzw. psychischen Entwicklung des bürgerlichen empfindsamen Subjekts vorausgeeilt sind[446]. Karl Markus Michel hat in diesem Zusammenhang von dem Versuch des Bürgertums gesprochen, die technische Entwicklung zu überlisten, indem man ihren Produkten »das Gesicht von gestern« aufzwang: »Seit Goethes Tod etwa besorgen zahllose Maschinen die Massenproduktion von Statuetten, Vasen, Bildern und allerlei Galanteriewaren: es ist imitierte Handarbeit. [. . .]. Atavistische Gefühle suchen Zuschlupf in Fertigfabrikaten, um dort zu überwintern in Form von Ornamenten. [. . .] Alles ist ›sinnvoll‹, aber der Sinn hat keine Beziehung mehr zum Zweck, er bedeutet ostentativen Prunk.«[447] Michel verweist auf den Umschlag von Gebrauchsgütern in Kitschprodukte, deren Weg im 19. Jahrhundert die *Neutralisierung* privater und konventioneller Gefühle zu Gütern gewesen sei, die ohne Zweifel ihren Preis gehabt hatten und im Zuge der fortschreitenden Industrialisierung immer breiteren Schichten zugänglich wurden. Dabei seien die Spannungen ausgetragen worden, die das *cultural lag*, das Zurückbleiben der kulturellen hinter der technisch-ökonomischen Entwicklung zeitigt.[448] Das hieß zugleich, daß diese Gefühlswerte aus ihrer Privatheit herausgerissen wurden. Der Ort der Ornamente, die als bloße Applikationen die Gefühlswerte versinnbildlichen, unterscheidet sich kaum vom Ort des sich später behaupteten Massenornaments: es ist der der *Öffentlichkeit*.[449]

Beide Ornamentformen, das Individualität und handwerkliche Qualität vortäuschende Ornament der Massenprodukte und das »Ornament der Masse«, welches aus einer Masse von Einzelteilchen sich zu einem Ganzen zusammenschließt, beruhen auf der »eigentümlichen Rationalität« einer von Profitinteressen bestimmten Industrie.[450] Versucht die erstere Ornamentform noch den optischen Eindruck der mit ihr verbundenen Ware zu individuieren und damit die Tatsache der Masse zu verharmlosen, so appelliert das Massenornament an ein Bild von gesellschaftlicher Totalität, das die Menschen als das erscheinen läßt, was sie unter den gewandelten Produktionsverhältnissen wirklich sind: »Bruchteile einer Figur«.[451] Dabei ist der individuelle Gefühlswert vom Massenornament insofern ausgeschlossen, als das neue Ornament, wie Kracauer sagt, »von den Massen, die es zustandebringen, nicht mitgedacht«[452] wird. In der massenweisen Reproduktion von Einzelornamenten ist daher die Entwicklung zum Massenornament mitangelegt, nicht zuletzt im ökonomischen Substrat, das durch jene hindurchscheint. Mit der maschinellen Reproduktion des Einzelornaments zum Massenartikel bereitet sich die Zerstörung der Esoterik des Ornaments vor: seine ästhetische Botschaft wird durch die Technik entmythologisiert oder »entauratisiert«. Schließlich wird das Massenornament als »Befreiung« vom »falschen Reichtum« begrüßt. »Wer nicht verzichten kann, bekommt keinen Charakter, keinen Stil. Wir müssen verzichten auf das ewige Liebäugeln mit den Reizen vergangener Formenwelten, verzichten auf das dekorative Spiel, das uns in der Kunst vergangener Zeiten gerade deshalb immer wieder bezaubert, weil es uns versagt ist.«[453]

Noch im Jahre 1903 hatte Muthesius bekannt: das, was »wir brauchen, sind nicht Gefühlsmöbel und eine Luxuskunst für die Reichen, sondern ein anständiges Hausgerät für den gemeinen Mann«.[454] Daraus sprach die Notwendigkeit, für das städtische Proletariat Wohnverhältnisse zu schaffen, die zugleich etwas von der Rationalität aufwiesen, welche im Produktionsprozeß zur Erfahrung werden sollte. Zwar wollte man sich »im Gleise völliger Einfachheit und Sachlichkeit bewegen [und] in bürgerlichen Zimmern leben, deren Wesen und Ziel die Einfachheit und Sachlichkeit« sind; doch man vergaß nicht zu betonen, daß »dem guten Geschmack [. . .] auch innerhalb dieser Sachlichkeitsformen keine Grenzen gesetzt [sind], ja, er [. . .] sich hier echter bestätigen [kann], als innerhalb der protzig schäbigen Anfüllung unserer heutigen Wohnungen«.[455] Die endgültige Absage an bereits entwertete Formen, von deren ursprünglicher handgearbeiteter Gestalt[456] das Massenprodukt »nur die Totenmaske«[457] ist, sollte die »gereinigte« Grundlage für ein neues Verständnis des Ornaments als des Produkts einer Handarbeit schaffen, welche sich zum Massenerzeugnis verhält, »wie sich die Originalzeichnung des Künstlers zu einer Druckwiedergabe verhält«.[458] Die Rehabilitierung des Ornaments, die hier zum Ausdruck kommt, erfolgte – noch ganz unter dem Eindruck seiner historischen Behandlung – mittels seiner ideellen Erhöhung, gegen die vorangegangene ideelle Entwertung. Man glaubte, die Esoterik des Ornaments über die Besonderheit des (künstlerischen) Handwerks zurückgewinnen zu können, ohne dabei die Bedürfnisse der Masse zu berücksichtigen: »Es gibt Dinge, welche in alle Zukunft mit Ornamentik nichts zu tun haben dürfen«[459] (womit die Masse gemeint war). Andererseits sollte der Werkbund »seine besondere Aufmerksamkeit« dem Problem widmen, »eine unserem Fühlen wesensverwandte Ornamentik zu gestalten«: »Soll das Ornament das wieder werden, was es früher war und was es bleiben soll, nämlich eine besondere Auszeichnung, ein Herausheben einer Sache aus der Masse – so muß es Qualitätsarbeit sein.«[460] Daraus folgt, daß »ein ornamentaler Schmuck für die Gegenstände des Massenbedarfes« im eigentlichen Sinne »eine Entwertung von Werten« ist[461], womit Grosz die von Mendelssohn später vorgebrachte Kritik an der »Furcht vor der Entwertung« bestätigt. Grosz wünscht einen vergangenen Zustand wiederherzustellen. Der Prozeß der Vergesellschaftung, wie er sich im Verlust der Esoterik des Ornaments bekundet hat, solle womöglich rückgängig gemacht werden. Dabei werden die Massen vom Vergnügen am »lustvollen ornamentalen Ausschwingen«[462] ausgeschlossen. Die mögliche Neubildung des Ornaments geht nicht, wie Kracauer und, weitaus schärfer,

Brecht (dieser unter dem Eindruck des faschistischen Deutschland[463]) es forderten, von der Masse aus bzw. durch sie hindurch, sondern von ihr aus zurück – die Besonderheit des Objekts korrespondiert dem Anspruch auf individuelle ›Überhöhung‹. Für Kracauer wären die Forderungen, wie sie Grosz formuliert hat, nur ein »Beispiel für viele andere ebenso hoffnungslose Bemühungen« gewesen, »aus dem Massenwesen zum gehobenen Leben zu gelangen. Von ihnen in ihrer Mehrzahl« gelte, »daß sie echt romantisch auf Formen und Gehalte sich besinnen, die der zum Teil berechtigten Kritik der kapitalistischen Ratio längst verfallen sind«.[464] Indem Grosz sich einseitig am Ornament früherer Repräsentanz orientiert, bezeugt er, wie sehr man in der Diskussion um funktional bestimmte Ausdrucksformen in der Architektur und ›Produktgestaltung‹ dort, wo von der Form gesprochen werden mußte, hinter die fortschrittlichen Denkansätze des 19. Jahrhunderts zurückfiel.[465] Zugleich stellen Grosz' Bemerkungen unter Beweis, daß man das Massenornament nicht als Zeichen des herrschenden Wirtschaftssystems begriffen hatte.[466] Grosz will an der »Reinheit« des Ornaments festhalten und denkt, wie wenige Jahre vor ihm Otto Scheffers, an die »Würde des Gegenstandes«[467] als den einzigen Maßstab einer zukünftigen Verwendung des Ornaments. Die »Würde des Gegenstandes« aber schließt die Masse als den möglichen neuen »Träger der Ornamente« von vornherein aus; ihre Existenz – sinnbildlich repräsentiert im Massenprodukt – hatte die »Würde« des Ornaments ja in Frage gestellt und ihrer »Reinheit« beraubt. Die Masse und die aus ihr hervorgehenden Verhaltensmuster werden in solchen Wertschätzungen »als Symptom drohenden Untergangs der bürgerlichen Gesellschaft empfunden, die mit der Kultur überhaupt gleichgesetzt« wird.[468] Würde und Reinheit des Gegenstands entsprechen einem in Reinheit und Würde bewahrten Menschenbild, das in der Masse Züge des »Vor- und Außermenschlichen«[469] anzunehmen droht.

VIII. Adolf Loos und die Widersprüche im Verzicht aufs Ornament. Die gefesselte Antizipation

Eine neugewonnene Reinheit des Ornaments also durch den Ausschluß der Massen von ihrem Gebrauch? Die »Reinheit der bürgerlichen Kunst« betonen Horkheimer und Adorno in der *Dialektik der Aufklärung* gegen Benjamins Vorstellung von einem »versöhnlichen« Verhältnis zwischen der bürgerlichen Kunst und dem Proletariat, der vom auratischen Anspruch abgelösten Kunstproduktion und der Kollektivrezeption: »Die Reinheit der bürgerlichen Kunst, die sich als Reich der Freiheit im Gegensatz zur materiellen Praxis hypostasiert, war von Anbeginn mit dem Ausschluß der Unterklasse erkauft, deren Sache, der richtigen Allgemeinheit, die Kunst gerade durch die Freiheit von den Zwecken der falschen Allgemeinheit die Treue hält.«[470] Das Ornament, nachdem man ihm die Integration in eine ihren »sozialen Verpflichtungen« nachkommende funktionale Gestaltung verstellt hat, könnte in der institutionalisierten Autonomie bürgerlicher Kunst gerettet werden: als ein gegen die zweckrationale Gestaltung der bürgerlichen Gesellschaft opponierendes Motiv ästhetischer Gestaltung. Die Ornamente bezeugen also nicht nur an den Bürgerhäusern des Historismus, daß die Arbeitshölle im 19. Jahrhundert noch nicht universell war.[471] Solange das Ornament dies zu bezeugen vermochte, konnte es als ein der bürgerlichen Ordnung widerstreitendes mimetisches Prinzip nicht in Erscheinung treten; es war ja selbst ein Bestandteil dieser zu wahrenden Ordnung. Erst um die Jahrhundertwende tritt das Ornament unter Hervorhebung seiner Tradition der erotisch-sinnlichen Anspielungen aus dem unmittelbaren bürgerlichen Ordnungsrahmen heraus. Die Diskriminierung der Ornamente fällt in eine Zeit, in der die Ornamentik die Zweckrationalität bürgerlichen Handelns (auch wirkungsästhetisch) in Frage zu stellen beginnt.

1. Ornament als Versöhnung im Jugendstil: Henry van de Velde (Eine Vorbemerkung)

Der Belgier *Henry van de Velde* (1863-1957) hat zu Anfang dieses Jahrhunderts den Versuch unternommen, den Akt individuellen Ausbruchs aus einer zunehmend durchrationalisierten Wirklichkeit mittels einer gleichsam ›kollektiv‹ ausbrechenden Architektur zu harmonisieren. Wie die vom Ornament sich lossagenden Architekten war auch van de Velde ein erbitterter Gegner des historisierenden Formverständnisses. In ihm erblickte er »eine gefährliche und entnervende Erbschaft an Überlieferung und Schmuck«, von der man sich »abstoßen«[472] müsse. Vor dem Hintergrund der Abkehr vom Historismus wurde van de Velde zu einem »genialen Ornamentiker«[473], der sich unter Anerkennung der maschinellen Produktion[474] um eine neue »Form der Ornamentik« bemühte, »welche der Willkür der Künstlerphantasie nicht mehr frei die Zügel schießen läßt, ebensowenig wie dies einem Ingenieur für die äußere Form einer Lokomotive, einer eisernen Brücke oder einer Halle verstattet wäre«.[475] Er suchte nach einer Ornamentik, die »der Zeit, in der wir leben, angepaßter ist«[476] als die die Natur künstlich nachahmenden »ewigen Blumenornamente«[477] des 19. Jahrhunderts. Deshalb sollten »dieselben Gesetze, welche die Arbeit des Ingenieurs leiten, [. . .] auch die Ornamentik«[478] bestimmen. Van de Velde machte, wie er selbst bekannt hat, *hierin* die Ornamentik der Technik gleich: »zur neuen Architektur« gehöre auch »eine neue Ornamentik«.[479] Er ästhetisierte die Maschine; in ihrer Dynamik und ihren Bewegungsabläufen erkannte er wichtige Faktoren zur Vitalisierung der Architektur.[480] Um die in der technischen Konstruktion der Architektur versiegelte Lebendigkeit zu befreien, bedarf es der versinnlichenden Sprache des Ornaments. Dessen Aufgabe in der Architektur »besteht teils darin, die Konstruktion zu unterstützen und ihre Mittel anzudeuten, teils [. . .] durch das Spiel von Licht und Schatten, Leben in einen sonst zu gleichmäßig erhellten Raum zu bringen«.[481]

Für van de Velde ist das Ornament von »abstrakter Natur«.[482] Es holt seine »Kraft« aus der »Energie dessen«, der »die Linien« gezogen hat: »Diese Kraft und diese Energie wirken auf den Mechanismus des Auges in der Weise, daß sie ihm – dem Auge – Richtungen aufzwingen. Diese Richtungen ergänzen sich, verschmelzen miteinander und bilden schließlich bestimmte Formen.«[483] Das Ornament ist die subjektiv suggestive Kraft, die die Architektur und ihre Raumstrukturen beherrscht. »Die Tapete für das Schlafzimmer im Salon ›Arts and Crafts‹ trägt eine Dekoration von in sich hinabsinkenden Formen, deren Ausdruck man vielleicht mit Müdigkeit bezeichnen kann, während die aufstrebenden Linien der Tapete dieses Dekor für einen Arbeitsraum bestimmt sind« (vgl. Abb. 40)[484]. Es sind keine der Natur direkt entlehnten Formen, sondern Formen, die einen Gefühlszustand symbolisieren. Van de Velde trennt deshalb scharf das im Grunde »bewußte«[485] symbolische Ornament, das die Räume – den »Mysterien unserer Psyche«[486] folgend – ausfüllt, von den »naturalistischen« Ornamenten, die der reinen »Willkür«[487] geschuldet sind. Diese naturwüchsige Willkür sucht van de Velde zurückzudrängen, um zur abstrahierenden, sublimierten Ornamentik zu gelangen. So reduziert er die vom »Bach, welcher sich ungestüm auf einen Felsblock stürzt«[488], ausgehenden Bewegungsströme auf »eine Sprache«, die sich »in die reine Welt der Linien und Formen«[489] einfügt.

So sehr van de Velde die eigentätige, die Raumwirkung inspirierende Kraft des Künstlers in den Vordergrund seiner Arbeiten stellte, sowenig konnte er darüber hinwegtäuschen, daß die individuelle Formbildung sich als abstraktes, die Individualität, auf der sie es ja abgesehen hat, aussonderndes Formgebilde verselbständigte. Der Wunsch, »Kunst und Industrie einigen« zu wollen, also »Ideal und Wirklichkeit [zu] verschmelzen«[490], forderte von ihm hohen Tribut. Zwar war er sich darüber im klaren gewesen, daß die »Harmonie« von Ornament und Architektur im Grunde auf einer Synthese zweier antagonistischer Prinzipien beruht: der etablierten Ordnung der Dinge und der möglichen Befreiung von oder der dauerhaften Versöhnung mit ihr. Aber er hat gleichwohl an der Vereinbarkeit des Unvereinbaren festgehalten, um den Preis, daß er vom Ornament fernhielt, »was seinen *geistigen Gehalt* beeinträchtigen könnte«.[491] Loos sprach von der totalen Ornamentlosigkeit als dem Beleg für die *geistige Kraft* der Menschen[492]; van de Velde, Befürworter des Ornaments, mußte zugeben, daß in den von ihm entworfenen »Dingen des materiellen Lebens [...] für die phantastische Willkür kein Platz mehr vorhanden sein wird«[493]. Die »abstrakte oder geistige Ornamentik«[494] umschließt den menschlichen Körper (vgl. Abb. 40 a, 50), wie dieser sich mit ihr vor dem Draußen verschließt. Es entsteht eine ornamentale Welt sublimierter Wunschsymbole.[495]

Die Aussöhnung von Ideal (in »Schönheit« *und* »Moral«) und Wirklichkeit, die Loos vom Ornament behindert sah, wollte van de Velde mit Hilfe einer der Technik angemessenen und harmonisierenden Ornamentik vollziehen. Letzten Endes blieb vom sublimierten Wunschsymbol einer in ihren Triebregungen disziplinierten und funktionalisierten Individualität als Rest ein ornamentales Schema, dessen Nachzeichnung – wie es eine Karikatur aus dem Jahr 1903 veranschaulicht (vgl. Abb. 41) – im Ausfüllen vorfabrizierter Schablonen bestand.

2. Der Angriff auf das Ornament: Adolf Loos

»Ornament ist Verbrechen, die verlogene Vätermoral, bürgerliche Gattin, eine Jungfrau vor dem Altar, in der Synagoge, aber Bordellbesuchsfreuden, Promotionsfeier im Etablissement der Frau Rosa, Paradesäbel um den nackten Bauch, das konnte sich nur hinter staubigen Makartbuketts, zwischen polsterschweren Kanapees, bei Täbrisläufern, vor Vitrinen mit lachenden falschen Chinesen erhalten; Bruno Frischherz ist dagegen. Neukunst und Neumensch, Frauen und Mädchen ohne Korsett, Häuser, Wohnungen, Möbel ohne formfremde Zutaten, Damen reiten im Herrensitz, Stühle einfach, gerade, rückgratgerecht, das ist der Ton dieser Welt, korsettlose Mädchen auf Fahrrädern, die schmucklose rechtwinkelige Kastenkante mit voll Stolz gezeigtem, sogar messinghell poliertem Scharnier.«

Wolfgang Georg Fischer[496]

Der 1870 in Brünn geborene, 1933 in Wien gestorbene Architekt und Kulturkritiker Adolf Loos war, was den Antagonismus zwischen Lust und Rationalität in der funktionalen Gestaltung betrifft, ein Realist. Seine Arbeiten sind vor dem Hintergrund eines Wien zu begreifen, das trotz gravierender politischer und sozialer Spannungen und »vor dem endgültigen Zusammenbruch monarchischer Herrschaft stehend«, zu

Beginn unseres Jahrhunderts »noch immer von einem starken Selbstbewußtsein erfüllt«[497] war, in einer für das 20. Jahrhundert äußerst bedeutsamen Kulturphase, gesättigt mit Tradition und zugleich irritiert von antitraditionalistischem Denken.[498]

Loos war mit Peter Altenberg, Georg Trakl und dem Herausgeber der *Fackel* (deren erstes Heft erschien am 1. April 1899), Karl Kraus, befreundet. So wie Kraus gegen die Phrase im Journalismus wetterte, kämpfte Loos erbittert gegen die Inflation der Ornamentsprache.[499] Was Kraus »sprachlich« versucht hat, wollte Loos »wörtlich«[500] versuchen: die strenge Trennung des Gebrauchszwecks vom Kunstzweck, um den *sozialen Auftrag* der Architektur zu *retten.* Spätere Kritiker hat das dazu bewogen, Loos' Vorstellungen als Beispiele für den »asketischen« Verzicht und die Formen*armut* in der Gestaltung der Architektur dieses Jahrhunderts zu nehmen. Und in der Architekturgeschichte gilt er als einer der Wegbereiter des architektonischen Funktionalismus: »Adolf Loos [...] may be called the first pioneer of what actually became a new architecture. [...] All later functionalists are only repeating Loos' ideas, often with identical words – although widely varying in their architectural language.«[501] Tatsächlich hat Loos mit seiner gestrengen Trennung des Kunstzwecks von der Architektur beträchtlichen Einfluß ausgeübt. Der Schweizer Architekt Hans Schmidt – entschiedener Befürworter des industriellen Bauens und einer sozialistischen Architektur (Schmidt nahm u. a. mit Ernst May seit 1930 für sieben Jahre am Siedlungsbau in Sowjetrußland teil[501a]) – hielt Loos für »eine ganz wesentliche Erscheinung«, ohne deren Wirken die Architektur »vielleicht überhaupt nur ein interessantes und begabtes Spiel geblieben [wäre], eine Spezialität der Künstler, abstrakte Malerei und Plastik«.[502] Eine andere Wertung finden wir in der Sozialpsychologie der sechziger Jahre, wo vor allem der wichtige Aufsatz *Ornament und Verbrechen*[503] Beachtung gefunden hat, und wo man sich vorwiegend mit der Ideologie des funktionalistischen Städtebaus befaßt. Auch hier bekennt man sich zu Loos als »einem der wirklich produktiven Architekten dieses Jahrhunderts«[504], wenngleich (oder gerade weil) man »pathologische« Züge[505] und »Lustfeindlichkeit«[506] in seinen Schriften zu entdecken glaubt. Doch wird Loos keineswegs pauschal und ausschließlich dafür verantwortlich gemacht, daß mit den Ornamenten die Phantasie und das Interesse an identitätsfördernden »affektiven Bindungen« aus der Baugestaltung gewichen seien. Eine solche Unterstellung verzerrte grob die Einflußchancen der Loosschen Programmatik, stilisierte deren Auswirkungen in unzulässiger und überspitzter Weise. Dies vorausgesetzt, sind die Schriften und Bauten von Loos (vgl. Abb. 1) (vor allem die späten Entwürfe von Innenräumen[507] (z. B. für das »Haus Moller«, 1928, Wien, Starkfriedgasse, Abb. 42) von erheblichem Erkenntniswert, aufschlußreich vor allem dafür, ob eine »zweckrationale Architektur« zwangsläufig die Triebentfaltung des Menschen einschränkt und ihn bewußt leistungsorientierten Zivilisationsnormen unterwirft. Hier setzen denn auch sozialpsychologisch und psychoanalytisch orientierte Überlegungen aus dem Umfeld der »Kritischen Theorie« mit der Kritik am zweckrationalen Gestaltungsprinzip an.[508]

Dazu gehört auch, daß der Ton, in dem Loos das Ornament verurteilt – ein Ton, der »etwas von der – vielfach projektiven – Empörung über Sittlichkeitsverbrecher«[509] hat –, immer wieder Anlaß zu der Vermutung (aber auch Hoffnung) gab, hier sei gleichsam unter Anwendung von Gewalt einer Sache ein Ende bereitet worden, deren Wahrheit damit nicht aufgehoben, sondern bloß vertagt wurde. So ist es zu deuten, wenn Adorno sagt, daß Loos' Haß aufs Ornament unverständlich gewesen wäre, arbeitete darin nicht ein der »rationalen Vergegenständlichung konträrer mimetischer Impuls«; fühlte man darin nicht »den Ausdruck noch als Trauer und Klage verwandt dem Lustprinzip, das deren Ausdruck verneint«.[510] Und: »Nur schematisch kann das Ausdrucksmoment in die Kunst religiert und von den Dingen des Gebrauchs abgespalten werden; selbst wo es diesen fehlt, zollen sie ihm Tribut durch die Anstrengung, es zu vermeiden.«[511] Ähnlich hatte sich Benjamin zu Kraus geäußert: »Ein Haß, wie Kraus ihn auf die Journalisten geworfen hat, kann niemals so schlechthin in dem, was sie tun, fundiert sein – es mag so verwerflich sein wie es will; dieser Haß muß Gründe in ihrem Sein haben, mag es nun dem seinen so entgegengesetzt oder so verwandt sein wie immer. In der Tat aber ist beides der Fall.«[512] An der Abwehrrolle der ornamentalen Ausdrucksmomente haben also selbst die Gegner des Ornaments noch Anteil. Die Verneinung des Ornaments steht nicht für die Überwindung dessen ein, was es symbolisiert.

Es kennzeichnet die widerspruchsvolle Entwicklung, daß es in gewisser Weise Loos selbst zu verdanken ist, daß – nachdem Alois Riegl 1893 seine *Grundlegung zu einer Geschichte der Ornamentik*[513] vorgelegt hatte – dem Ornament eine von seiner Funktionsbestimmung im Historismus entlastete und angemessenere Aufmerksamkeit zuteil wurde. Dafür hat nicht zuletzt eine die Zwecke ontologisierende und fetischisierende Ästhetik des Funktionalismus gesorgt. Die Funktionsbestimmung des Ornaments mußte neu begründet werden. Die die Schriften von Loos prägende *Askese* gegenüber »der ornamentalen Zutat«, das Beharren auf der »Reinheit der Funktionalität«[514] bildeten dafür die Voraussetzung. Das heißt, daß Loos, aber auch Gropius, Hannes Meyer, Mies van der Rohe, Le Corbusier mit ihrem Angriff auf die Ornamentik des 19. Jahrhunderts den ästhetischen Vorstellungsbestand ihrer Zeit ›entrümpelt‹ haben. Doch begehen Kommentatoren, die diesen Akt vorurteilsfrei als »revolutionär«[515] anerkennen, in der daraus folgenden »entschlossenen Nüchternheit des revolutionären Bauens« jedoch zugleich zu Recht eine »Festigung des neuen Herrschaftsgefüges«[516] sehen, einen nicht unbedeutenden Fehler. Indem sie allzu bereitwillig Loos' und anderer Polemik gegen den Historismus folgen, unterscheiden sie sich kaum von der damaligen vorherrschenden Einschätzung des 19. Jahrhunderts. So verständlich es ist, daß Loos die Architektur des 19. Jahrhunderts und mit ihr ihre ästhetische Sprache als »Sklaverei« verurteilte, so war diese Abrechnung doch Ausdruck des Glaubens an den Fortschritt der Technologie, wie sie das 19. Jahrhundert revolutioniert hatte. Das heißt, die Abwehr des Ornaments war eng verknüpft sowohl mit dem unverarbeiteten und zurückgewiesenen Geschichtserbe des vorigen Jahrhunderts als auch mit einer – bei Loos messianische Züge annehmenden[517] – Vision glückverheißender Technik. Dieser Zusammenhang und seine Dialektik können nicht dadurch ›aufgehoben‹ werden, daß man die Denunzierung des »seelenlosen Ornaments« durch Loos und andere umstandslos billigt. Denn auch in einer sozialpsychologischen Argumentation kann der »Haß aufs Ornament« – insofern er Tendenzen der Triebunterdrückung und der Lustfeindlichkeit in sich vereint – nicht erst dann problematisch erscheinen, wenn er auf die sinnlich ornamentale Gestaltung insgesamt ausgreift. Es soll nicht verschwiegen werden, daß die Unterdrückung des ornamentalen Gestaltungsanspruches für die Sozialpsychologie erst dort zum brisanten Thema wird, wo er bereits aus der Architektur ausgezogen ist. Daraus aber abzuleiten, der Kampf gegen das Ornament sei »weithin ein Gefecht gegen einen Popanz«[518] gewesen, da ja die Ornamentik des 19. Jahrhunderts in ihrer applizierten Sinnlichkeit »keineswegs mehr die Frucht einer lebendigen Symbolbildung, sondern tote Relikte« (Abb. 43) vorgestellt habe, heißt verkennen, daß diese Ornamentik – ungeachtet ihrer Kritikwürdigkeit – sinnbildlicher Träger affektiver Bindungen war. Und daß sie dies heute wieder ist, kann nicht bestritten werden – auch wenn sich die Bindungen nunmehr in ihrer ideologischen Substanz deutlich von den früheren unterscheiden.

Der Haß von Loos aufs Ornament differiert von den Äußerungen seiner Zeitgenossen darin, daß er das Programm, auf das »Spiel der Phantasie« in der Architektur zu verzichten, nicht auf die Stilimitation des 19. Jahrhunderts einengt. Loos denunziert das Ornament nicht lediglich als das massenhaft produzierte und konsumierte Kitsch-Produkt, dem sein Widerstand selbstverständlich auch galt. Deshalb greifen Erklärungen wie die von der »Überfütterung mit Maschinenornament« und von dem »Widerwillen gegen Ornament überhaupt«[519] zu kurz, um die Reichweite von Loos' Konzept zu erfassen, daß die Evolution der Kultur gleichbedeutend sei »mit dem entfernen des ornaments aus dem gebrauchsgegenstand«.[520] Broch hat den Kitsch als »das Böse im Wertsystem der Kunst«[520a] definiert. Doch Loos' »Wertsystem« ist nicht auf die Kunst beschränkt; er verwirft das Ornament nicht zuletzt aus ethischen Erwägungen. So ist das von ihm angestrebte kulturelle Ziel nicht schon mit der Überwindung der toten Maschinenornamentik, sondern erst mit der »Emanzipation vom Ornament«[521] erreicht. Loos hatte das schon sehr früh in einem Artikel aus dem Jahr 1898, *Das Luxusfuhrwerk*[522], dargelegt. Es ist darin von einem »ziel, dem die ganze menschheit zustrebt«, die Rede; dieses Ziel sei, die »schönheit nur in der form zu suchen und nicht vom ornament abhängig zu machen«.[522a] Zeit seines Lebens hat er an dieser Auffassung festgehalten und sie nach und nach als Grundsatz in den Mittelpunkt seines Denkens gerückt. So vertritt er in einem späteren Aufsatz 1924 – in dem er sich u. a. auch gegen puristische Adaptionen seiner früheren Thesen wendet[523] – die Meinung, daß der »moderne mensch, der mensch mit den modernen nerven«, das Ornament nicht benötigt: »[...] im gegenteil, er verabscheut es. Alle gegenstände, die wir modern nennen, haben kein ornament«.[524] Daraus folgt, daß Loos von einem ganz anderen Ansatz der Kritik ausging als vor ihm z. B. die amerikanischen Architekten Sullivan[525] und Wright[526]. Behauptet Loos vom Ornament, daß es Mehrarbeit bedeute und einem »verbrechen an der volkswirtschaft«[527] gleichkomme, so klingt darin noch etwas nach von Sullivans 1892 in *Ornament in Architecture* formulierten These, wir müßten lernen, daß »das Ornament ein geistiger Luxus und keine Notwendigkeit ist; denn wir werden sowohl die Grenzen als auch den hohen Wert unverzierter Massen« erkennen.[528] Dieses ästhetisch motivierte Urteil, dem die Forderung zugrunde lag, daß es »vom ästhetischen Standpunkt aus uns nur zum Besten gereichen könnte, wenn wir für eine Zeitlang das Ornament beiseite ließen und uns ganz und gar auf die Errichtung von in ihrer Nüchternheit schöngeformten und anmutigen Bauwerken konzentrierten«[529], wird bei Loos zu einem weitgehend von der entwickelten Rationalität bestimmten Urteil. Es bekundet eine technokratische Zuversicht, die mit der Überzeugung einherzugehen scheint, daß die institutionalisierte Vergeudung, wie sie schon Veblen kritisiert hatte, mit den Mitteln einer »vernünftigen Ökonomie«[530] beendet werden könnte. Und sicherlich ist Loos hier von der Argumentation Veblens ausgegangen, daß die Ornamente im Sinne einer »conspicuous waste« zu verstehen seien.[531] Wenn er gegen den künstlerisch-ästhetischen Gesamtanspruch der Architekten seiner Zeit polemisiert und davon spricht, wir hätten gelernt, »die schönheit des nackten steins zu empfinden«[532], so erinnert das an Gedanken Ruskins[533], aber vor allem wieder an Positionen Veblens, der zu den Fassaden des späten 19. Jahrhunderts abfällig bemerkt hatte: »Die endlosen Reihen von Fassaden, welche die besseren Wohn- und Mietshäuser unserer Städte zieren, gleichen endlosen Reihen architektonischer Unglücksfälle, die zeigen, wie man am besten teuer und unbequem wohnen kann. Die seitlichen und rückwärtigen Brandmauern dieser Häuser, welche die Hände des Künstlers unberührt ließen, erscheinen vom ästhetischen Gesichtspunkt aus im allgemeinen am besten gelungen.«[534]

In dem Augenblick freilich, da Loos das Schmücken von Gebäuden und Gebrauchsgegenständen mit den Tätowierungen primitiver Volksstämme, etwa der Papuas, vergleicht und erklärt, daß in einer modernen zivilisierten Gesellschaft die Tätowierung ein »degenerationszeichen und nur mehr bei verbrechern und degenerierten aristokraten im gebrauch«[535] sei, verläßt er ganz entschieden die bis dahin geläufige Argumentation. Das Ornamentieren ist Loos nicht eine Modeerscheinung, erst recht nicht ein Beweis für die »Reife einer Kultur«, wie noch für Wölfflin.[536] Im Gegenteil: »Bedenkt doch, der weg der kultur ist ein weg vom ornament weg zur ornamentlosigkeit!«[537] Die Notwendigkeit, sich zur Ornamentlosigkeit zu bekennen, stellt sich für Loos nicht nur angesichts der »falschen« Ornamentik des vergangenen Jahrhunderts, sondern gerade unter dem Aspekt der »verschiedenen Entwicklungsstadien der Menschheitsgeschichte«.[538] Auch muß man die Absichten von Loos deutlich von damaligen, durchaus fortschrittlich-bürgerlichen Bemühungen unterscheiden, wie sie z. B. in den Schriften des nationalliberalen Politikers Friedrich Naumann zum Ausdruck kommen. Ziele des ein Jahr später gegründeten Werkbundes umschreibend, heißt es in den 1906 in Berlin vorgetragenen Überlegungen *Kunst und Industrie:* »Wir müssen es als Tatsache hinnehmen, daß für die Mehrzahl der Menschen besondere Extraformen nicht mehr hergestellt werden, eine Tatsache, die wir auf allen Handwerksgebieten erleben. Für die Menge von Volk, deren Lebenslage ungefähr die gleiche ist, läßt sich das industrielle System auf keine Weise aus der Welt schaffen. Es kann sich also für die Menge nur darum handeln, die Massenherstellung künstlerisch zu durchgeistigen. In dem Worte ›die Kunst dem Volk‹ liegt hier wie sonst der Gedanke, die Reproduktion der Kunst der Masse zugänglich zu machen. Die Vervielfältigung klar gedachter, guter Formen ist eines der wertvollsten Mittel, die Lebensumgebung aller derer zu steigern, die nicht in der Lage sind, sich ihre besondren Künstler für sich zu halten.«[539]

Loos war es nicht darum gegangen, mit den Mitteln der

technischen Reproduktion die Einzelkunstleistung auf das »industrielle System« zu übertragen, um so im Massenprodukt der »Mehrzahl der Menschen« etwas vom Gedanken der Kunst zu vermitteln. Vielmehr setzte er sich, was die Kunst betraf, dafür ein, daß sie vom Einfluß des in der Reproduzierbarkeit zum Ausdruck kommenden Technik-Begriffs unangetastet bliebe, da das Kunstwerk als »Privatangelegenheit des Künstlers«[540] der Gemeinschaft keinerlei Rechenschaft schulde.[541]

Adolf Loos geht in seiner Kritik am Ornament davon aus, es läge im Sinne des allgemeinen sozialen Fortschritts, wenn auf das ornamentierende Überflüssige verzichtet wird. Daß er dabei schon sehr früh den Gebrauchswert von Waren und Architektur herausgestellt hat, kann jedoch nicht darüber hinwegtäuschen, daß seine Argumentation auf einer Vorstellung von Fortschritt aufbaut, die weit über eine Ästhetik der »sinnvollen Nüchternheit« hinausreicht. Loos hatte begriffen, daß die mittels ornamentreicher Sinnlichkeit beschworene Identität der Menschen mit den Gegenständen ihrer Produktion, die sie, wie wir sahen, zu ›vermenschlichen‹ suchten, eine bloß scheinhafte Identität war. Die Ornamente seien den Menschen im 19. Jahrhundert zum »Fetisch« geworden. Daß die Sehnsucht nach Identität sich auch auf die Waren übertragen hatte, sah Loos in dem Umstand bestätigt, daß man »ein produkt nur an dem verschieden gearteten ornament«[543] glaubte erkennen zu können. Die falsche Identität müßte aufgebrochen, die Menschheit von der »Sklaverei des Ornaments«, unter der sie »keucht«[544], befreit werden. Und so setzte er denn an den Anfang seines Manifests sogleich das Zielprojekt[545]: der utopische Gehalt der Sehnsucht nach Wiedererlangung der Ich-Identität in Gestalt von Architektur sei aus dem »Gestrüpp des Regressiven« zu lösen, indem man die Architektur vom Ornament befreie. Um dem Zerfall der Ich-Identität zu wehren, z. B. im Konzept des »Gesamtkunstwerks«, das eine neue Authentizität auch des Lebens verhieß (aber auch, wie bei van de Velde, die Kunst »gegen die Entwicklung der Technik« abdichtete[546]), bemühte sich Loos, wie nach dem Ersten Weltkrieg insbesondere der »Stijl«, das Bauhaus oder die russischen Konstruktivisten, »Bilder« einer *kollektiven Identität* zu entwickeln.[547] Dafür sollte die funktionale Architektur eine Art Matrix sein.

Damit hat Loos entscheidend dazu beigetragen, den kollektiven Apperzeptionsmechanismus der Architektur vom Anspruch des künstlerischen Scheins freizusetzen, so daß in ihr die vormalige Ungleichzeitigkeit der sinnbildlichen Gleichzeitigkeit mit den rationalen Grundsätzen des herrschenden industriellen Wirtschaftssystems weichen konnte. Die an Architektur sich bildende Apperzeption orientiert sich nun an der Masse und soll zugleich von ihr ausgehen. Selbst wenn Loos in diesem Sinne der Vorwurf zu machen ist, daß seine Baupläne vielfach den Bedürfnissen einzelner Auftraggeber folgten, so gilt doch, daß er Räume (vgl. Abb. 42) geschaffen hat, die nichts mehr mit einer privatmännischen »Loge im Welttheater«[548] gemein haben. Um diesen Eindruck zu bekräftigen, bemühte er sich um die photographische Wiedergabe dieser Räume: »Es ist mein größter stolz, daß die innenräume, die ich geschaffen habe, in der photographie vollständig wirkungslos sind. Daß die bewohner meiner räume im photographischen bilde ihre eigene wohnung nicht erkennen, genau wie der besitzer eines bildes von Monet das werk bei Kastan nicht erkennen würde.«[549] Es ist die Technik – hier zusätzlich die Reproduktionstechnik der Photographie –, die vor Augen führt, daß die Einmaligkeit des Bauens als einer »künstlerischen Produktion, die abgelegte höhere Gefühle vergangener Formen nachzüchtet«[550], nun sowohl einem neuen Konzept als auch veränderten Seh- bzw. Wahrnehmungsgewohnheiten zu weichen beginnt.

Auf das Programm, dem drohenden Zerfall der Ich-Identität Einhalt zu gebieten, indem man den Produkten der Massenproduktion »das Gesicht von gestern« aufzusetzen versuchte, folgte das Bemühen, die diesen Zerfall tragenden Formen abzulegen, um auf einer qualitativ neuen Stufe der menschlichen Entwicklung eine neue und wahrhafte Identität zu finden: in der Versöhnung des Menschen mit der Natur, der ihm äußerlichen Materie. Die ästhetizistische Verklärung des Elends stand der Verwirklichung der »wahrhaftigen« Identität im Wege. Deshalb setzte Loos auf die Anstrengung, mit Hilfe auch der Architektur an einer Synthese (im *materialistischen* Sinn[551]) der objektiven Natur mit der subjektiven Natur der Menschen zu arbeiten. In der Geschichte erscheint Architektur jeweils als Ausdruck der erreichten oder herbeigesehnten (vgl. die ›Villen-Problematik‹[552]) Identität von Mensch und Natur gemäß dem Glücksbegriff der Herrschenden. Das erklärt, weshalb sich mit den Sozialutopien, in denen diese Identität antizipiert wird (in der Villa sogar ›realiter‹), immer ein entsprechendes Bild von Architektur, von der *idealen Stadt*, verband.

Loos' Bekenntnis zum technischen Fortschritt ist aufs engste mit der Einsicht verknüpft, daß, um den neuen gesellschaftlichen Zustand herbeizuführen, Arbeit nötig ist. Arbeit aber, die Assimilierung, Unterwerfung des »äußerlichen Materialblocks«, wie es bei Alfred Schmidt heißt[553], bedeutet zugleich Triebverzicht, wie ihn Marx und nach ihm vor allem Freud als Bedingung einer qualitativen Verbesserung des Austauschs zwischen Mensch und Natur verstanden. Freud war überzeugt, daß die Kultur ganz allgemein auf der Unterdrükkung von Trieben aufgebaut sei.[554] Diese Überzeugung hat Loos geteilt. Wie sonst wäre es zu erklären, daß er in *Ornament und Verbrechen* »Ornamentlosigkeit« als ein »Zeichen geistiger Kraft«[555] deutet und daran den Grad des Entwicklungsstandes der Kultur eines Volkes mißt? Ornamentlosigkeit ist für Loos kein kunsthistorisch zu lösendes Stilproblem.[556] Sie steht vielmehr dafür ein, daß in einer hochentwikkelten Leistungsgesellschaft, wie er sie in Nordamerika glaubte vorgefunden zu haben, das individuelle Glück der Disziplin der Arbeit als »Volltagsbeschäftigung« untergeordnet werden muß. Verzicht aufs Ornament und die damit einhergehende triebökonomische Umwandlung freiwerdender Energien hätten eine Rationalisierung der Arbeit (wie auch der Architekturproduktion) zur Folge, eine »Verkürzung der Arbeitszeit«.[557] Gäbe es kein Ornament mehr, dann, so Loos, brauche »der mensch statt acht stunden nur vier zu arbeiten, denn die hälfte der arbeit entfällt heute noch auf ornamente«.[558] Bringt man diese Hoffnungen auf ihren Kern zurück und stellt sie in den Rahmen der allgemeinen Tauschwertproduktion, so scheint die ersehnte Erfüllung eines »identischen Daseins« in der »heiligen Stadt« Zions mit einer wachsenden Freisetzung des Menschen von (unnötiger) Arbeitszeit verknüpft. Erst der Verzicht auf »überflüssige Reize« lasse eine Produktion von Gegenständen entstehen, deren »wert [...]

die solidität«[559] sein wird: »Wo ich den gebrauchsgegenstand ornamental mißbrauche, kürze ich seine lebensdauer, weil er, als der mode unterworfen, früher sterben muß.«[560] Mag es sich aus heutiger Sicht auch naiv ausnehmen, von der Rationalisierung in der Gebrauchswertproduktion auf eine Einsparung von Arbeitszeit zu schließen (ohne das ökonomische Verhältnis anzutasten, unter dem selbst die rigideste Versachlichung noch zur Ästhetisierung von Waren verwandt wird[561]), so darf gleichwohl ein wesentliches Moment der Vorstellungen von Loos nicht übersehen werden: daß der kulturelle Fortschritt des Menschengeschlechts ohne eine Befreiung der Menschen vom übermäßigen Zwang der Arbeit nicht gedacht werden kann.[562] Ein Mensch, der »keine freie Zeit zur Verfügung hat, dessen ganze Lebenszeit, abgesehen von den bloß physischen Unterbrechungen durch Schlaf, Mahlzeit usw., durch seine Arbeit für den Kapitalisten in Anspruch genommen wird, ist weniger als ein Lasttier«.[563]

An diesem Punkt zeigt sich der emanzipatorische Ansatz bei Loos: er hält an der Entwicklung der Produktivkräfte unter zu verbessernden Produktionsverhältnissen, an der Technik und ihren in seinen Augen befreienden Möglichkeiten fest. Und diese Möglichkeiten will er ausgeschöpft sehen. Daß er dabei Vorstellungen nachgibt, die »Kalkulabilität« des wirtschaftlichen Wachstums einzig nach Grundsätzen der Rentabilität zu bestimmen, kennzeichnet die Widersprüche, in die sich noch so ehrenwerte Bemühungen um eine am Gebrauchszweck orientierte Architektur verstricken können. Wenn Loos davon spricht, daß die »ganze menschheit« sich ein »besseres leben einrichten« könnte, »wenn sie vom ornament, vom überflüssigen lassen würde«[564], so ist er sich wohl bewußt, daß, wie Marx es im Rohentwurf der *Grundrisse der Kritik der Politischen Ökonomie* formuliert hat, »die wirkliche Ökonomie [...] in Ersparung von Arbeitszeit«[565] besteht. Und daß diese Ersparung identisch mit der »Entwicklung der Produktivkraft«[566] ist, muß Loos gegenwärtig gewesen sein. Obschon er der Ethik des Handwerks anhing, spekulierte er nicht auf die handwerkliche Reorganisation des industriellen Produktionsprozesses wie vor ihm in England William Morris, Ashbee u. a.[567] Loos bekannte sich offen zur Fertigbauweise.[568]

Marx ging in seinen Überlegungen von dem Gedanken aus, daß im Verlauf der steigenden Freisetzung des Menschen von unmittelbarer Arbeitszeit diese nicht »in dem abstrakten Gegensatz zu der freien Zeit bleiben« könne.[569] Wohl kann, wie er den »bürgerlichen Ökonomen« seiner Zeit vorhielt, die Arbeit nicht Spiel werden[570]; doch ebensowenig darf das »Spiel« zur »Verlängerung der Arbeit« verkümmern. Um das zu verhindern, bedarf es nach Marx einer sozialistischen Umgestaltung der Produktionsverhältnisse, damit die »freie Zeit – die sowohl Mußezeit als Zeit für höhere Tätigkeit ist –« ihren Besitzer in ein wirklich »andres Subjekt« verwandeln und dieser als »dies andre Subjekt [. . .] dann auch in den unmittelbaren Produktionsprozeß« eintreten kann.[571] An dieser entscheidenden Stelle hält die Loossche Utopie inne. Will Loos den Menschen von der Produktion all der Produkte befreien, die »vergeudetes material« und »vergeudetes kapital«[572] bedeuten, so setzt er sich zugleich, da er einzig die vernünftige Optimierung der ökonomischen Verhältnisse vor Augen hat, der Gefahr aus, daß sein Projekt in eine Ideologie der Arbeits- und Freizeitmoral umgemünzt wird, die den »neuen Menschen« nicht freisetzt, sondern unverhältnismäßig fesselt. Diese Ideologie könnte z. B. lauten, »daß die Vorbedingungen der Freiheit ein immer höherer Lebensstandard sei«.[573] In einem Artikel aus dem Jahr 1921, in dem Loos das Konzept des »Schrebergartens« nachhaltig unterstützt, gibt er klar zu erkennen, wie er die durch die Abschaffung »unnötiger Ornamente« freigewordene »freie Zeit« sinnvoll angewandt sehen möchte: »Es gibt hunderttausende in Wien, millionen in Österreich, die sich zur gärtnerarbeit in ihren mußestunden drängen, deren arbeitslust und arbeitskraft nicht ausgenützt wird. ›Eight hours to work, eight hours to play, eight hours to rest and eight shilling a day‹ lautet der englische gewerkschaftsspruch. Die acht stunden ›spiel‹ wollen von einem teil unserer arbeiter nutzbringend angelegt werden. Der einwand, daß diese acht stunden der facharbeit schaden, weil der arbeiter sich in seinem garten überanstrengt und dadurch kräfte verloren gehen, ist falsch. Die gartenarbeit ist ein tonisches mittel ersten ranges. Es braucht nicht ausgemalt zu werden, wie diese acht stunden ›to play‹ sonst verwendet würden.«[574] Loos folgt hier der gesellschaftlichen Konstruktion, in der das Realitätsprinzip sich gegenüber Wünschen als institutionalisiertes Leistungsprinzip zeigt. Nicht bloß die Arbeit, sondern ebenso die freie Zeit, ja sogar das Spiel werden als Leistung gefaßt. Loos geht dabei so weit, von der Freizeit als der Zeit der Regeneration der kollektiven Leistungsfähigkeit abzusehen. Gemessen an den heute üblichen Freizeitaktivitäten hat sich die Prognose von Loos freilich »bewahrheitet«.

In der bürgerlichen Architekturgeschichte und -theorie gern als Revolutionär bezeichnet, verstand sich Loos selbst als Evolutionist, der »revolutionen vermeiden will«.[575] Sein Programm war das der ständigen Verbesserung bestehender Ordnungen. Die Aufgabe der Architektur sei es, ganz im Sinne der von Le Corbusier 1922 aufgestellten Alternative: »Baukunst oder Revolution«, die Revolution zu verhindern.[576]

Aus dieser ambivalenten Bestimmung des sozialen Fortschritts hat sich der Funktionalismus bis heute nicht lösen können. Schon Alexander Schwab, den man wohl zu Recht in der neu herausgegebenen Fassung seines 1930 unter dem Pseudonym Albert Sigrist erschienenen *Buchs vom Bauen*[577] einen der »klarsichtigsten Architekturschriftsteller«[578] seiner Zeit genannt hat, hat auf das »Doppelgesicht der modernen Architektur«[579] hingewiesen. Sie trete zugleich »großbürgerlich und proletarisch, hochkapitalistisch und sozialistisch«[580] auf. Für Schwab war damals, angesichts einer noch starken proletarischen Massenbewegung, die Grenze des Funktionalismus noch nicht »die von Bürgerlichkeit als praktischem Sinn«[581], als welche sie Adorno Mitte der sechziger Jahre interpretierte. Es sei, so Schwab, gerade das *Kleinbürgerlich-Individuelle,* was die funktionale Architektur hinter sich gelassen habe. Der kleine selbständige Mittelstand, das Kleinbürgertum fühle sich »zwischen den Mühlsteinen der beiden großen Mächte«, »Großkapital und Sozialismus«, eingeklemmt.[582] Was wir andernorts[583] an den sich einander angleichenden Architekturen von Industrie-, Warenhaus- und Siedlungsbauten als Versuch deuteten, durch äußere Vereinheitlichung mit architektonischen Mitteln eine gesamtgesellschaftliche Synthese formal-ästhetisch zu symbolisieren und »Scheinöffentlichkeit«[584] herzustellen, trägt bei Schwab sichtlich Spuren »sehr verschiedener sozialer Wurzeln«.[585] Die Tatsache, daß die Bauten »ästhetisch in hohem Maße einheitlich«[586] sind, weckt in ihm die Hoffnung, daß sie auch »ganz verschiedene gesellschaftliche Ziele und Ausblicke«[587] erlaubten. Schwab ist zu sehr mit der Politischen Ökonomie vertraut gewesen, um verkannt zu haben, daß die von ihm erwähnten Bauten eines Poelzig (I.G.-Farben-Verwaltungsgebäude in Frankfurt/M., 1928 begonnen), eines Erich Mendelsohn (die Kaufhäuser Schocken in Chemnitz und Stuttgart) oder eines Peter Behrens ihrer außerästhetischen und ökonomischen Struktur nach noch keine »sozialistische Bauten« gewesen sind. Daß aber dieselben Architekten mit kaum unterschiedlichen Entwürfen auch sozialistische Aufgaben erfüllten (Schwab selbst führt als Beispiel Mendelssohn an, der für Sowjetrußland Fabriken gebaut hat) und daß Arbeiterorganisationen, Gewerkschaften usw. (vgl. den Ausstellungspavillon der Arbeiterpresse im Rheinpark Köln, 1928, von Hans Schuhmacher, Abb. 44) diese Bauweise übernahmen, ließ ihn annehmen, die moderne funktionale Architektur müsse sich auch für sozialistische Bauaufgaben eignen. Die Arbeiterorganisationen hätten »diesen Stil für ihre Bauten [nicht] gewählt [...], wenn sie befürchten müßten, daß ihnen die Bevorzugung eines hochkapitalistischen Geschmacks zum Vorwurf gemacht würde«.[588]

Ob es derart ambivalente Strukturen in der funktionalen Architektur geben kann und ob es sie gegen Ende der zwanziger Jahre gegeben hat, da die »moderne Architektur«, wie Schwab es sah, mit ihrem Gegenteil, der sozialistischen Variante, »schwanger zu gehen«[589] schien, sei hier nur als Problem notiert.[590] Soviel kann freilich gesagt werden, daß Architektur von einem bestimmten historischen Entwicklungsstand ab den Widerspruch zwischen Produktivkraftentwicklung und den diese Entwicklung fesselnden Produktionsverhältnissen nicht bloß widerspiegelt, sondern die Überwindung der hemmenden Produktionsverhältnisse selbst mit vorantreibt. Von hier aus jedoch auf einen »gegen die vorherrschenden Produktionsverhältnisse«[591] sich behauptenden Charakter von Architektur als ein Modell *demokratischer Technologie* zu schließen, wie das Hans Magnus Enzensberger in seinem *Baukasten zu einer Theorie der Medien* am Beispiel der modernen Massenmedien getan hat, ist zweifellos voreilig. Gewiß ist die funktionale Architektur in »ihrer Struktur [. . .] egalitär«, vor allem dann, wenn man sie mit dem »exklusiven Klassencharakter«[592] des großbürgerlichen Interieurs und der Fassaden des vorigen Jahrhunderts vergleicht. Es hat sich aber auch herausgestellt, daß gerade diese Strukturveränderung in der Architektur im Laufe der zwanziger Jahre sich zur Ideologie vom »Interesse aller« verdünnen läßt. Sehr schnell stößt die Produktivkraftentwicklung auch in diesem Bereich auf eine wesensmäßige Tendenz des Kapitals, die Produktivkräfte »ins Maßlose zu steigern« und sie zugleich in dem Grade, wie das Kapital »die Hauptoroduktivkraft, den Menschen selbst, vereinseitigt, limitiert«[593], zu beschränken.[594] Architektur wird dann zum Abbild geplanter Rückständigkeit.[595]

Wollte man den funktionalen Bau der zwanziger Jahre als das für die damalige Epoche »letzte Kunstwerk« der Architektur betrachten, so fällt es schwer, der Behauptung zu folgen, daß das »jeweils letzte Kunstwerk« – ganz im Gegensatz zur »jeweils letzten Maschine« – »nur immer hoffnungsloser die Fäulnis der untergehenden kapitalistischen Gesellschaft« ausdrücke.[596] Hier wird ignoriert, daß die »letzte« Gestalt von Architektur durchaus ein Bild von veränderten gesellschaftlichen Verhältnissen signalisieren kann. Gerade die funktionale Architektur gab Alexander Schwab Grund zu der Annahme, daß man zu Beginn der dreißiger Jahre »nicht nur in einer Fäulniszeit« lebte, »sondern in einer dialektisch übergehenden, in einer Zeit und Gesellschaft, die von der künftigen schwanger ist«.[597] Infolgedessen enthielten die Bauten des Funktionalismus »auch ein Antizipierendes«; sie waren, nach den Worten von Bloch und Eisler, »von der Welt beschienen, die noch nicht da ist«.[598] Die sozialpsychologisch orientierte Kritik an funktionaler und »affektfreier« Architektur und »Stadtlandschaft« gibt sich indes mit derart latenten Strukturen nicht zufrieden. Sie bezweifelt, daß die Monotonie heutiger Städte ihre deformierende Macht verliert, wenn erst einmal die menschlichen Verhaltensweisen innerhalb der Städte andere (i. e. solidarische) geworden sind. Deshalb ist man den Architekturen sozialistischer Länder gegenüber eher skeptisch. Wenngleich dort u. U. neue Wohnkomplexe ins Zentrum der Städte rücken (vgl. Ostberlin nahe dem Alexanderplatz) und damit eine Funktionsmischung garantiert wird, »wie sie der westliche Sozialwohnungsbaumieter nicht einmal erträumen kann«[598a], ist die äußere Verwandtschaft kapitalistischer und sozialistischer Wohnkomplexe augenfällig. »So weit reicht der Unterschied der gesellschaftlichen Systeme: In Ostberlin eine Sozialbausiedlung im Kern der Stadt, im Westen ein Vorort auf dem Acker! Doch die zweite Bedingung, Fertigungstechnik vorfabrizierter Bauteile unter gänzlicher Mißachtung einer gestalterischen Absicht, macht diesen sozialistischen Wohnungsbau zur Einödlandschaft. [. . .] Integration der Lebensbereiche schafft allein noch keine Stadt und ersetzt nicht den Mangel an Form, der Unwirtlichkeit auch dorthin trägt, wo für alles andere gesorgt scheint« (ibid.). Der unlängst verstorbene schweizer Kunstwissenschaftler Konrad Farner hat den heutigen sozialistischen Ländern den Anspruch streitig gemacht, eine dem Sozialismus adäquate Architektur hervorbringen zu können: »Die Kunst des sozialistischen Zeitalters kann heute noch gar nicht existieren oder eben nur in ideologisch-abstrakten Idealformen als Vorwegnahme (Tatlins Entwurf eines Denkmals der Kommunistischen Internationale), da der Sozialismus noch in keinem Land durchgängig errichtet ist. Man befindet sich, um Lenins Begriff zu verwenden, immer noch im Zeitalter der sogenannten ›Transformationsperiode‹.«[599] Diese Transformationsperiode sei dadurch gekennzeichnet, daß in ihr gleichzeitig verschiedene Formen – bürgerliche und vorweggenommene sozialistische – existierten.[600] Ein derartiges Nebeneinander oder gar dialektisches Ineinander »rückständiger« und in die Zukunft weisender Architektur hatte bereits Schwab erkannt. An der modernen funktionalen Architektur hatte er etwas wahrgenommen, das Farner erst in einer Architektur der »sozialistischen Epoche« erfüllt sieht: *Transparenz* der Baugestaltung und Baugestalt, in der »der individualistisch abgeschlossene Raum des Bourgeois« durchbrochen sein wird. Hinzu komme »das Zurückdrängen des ›privaten Hauses‹ zugunsten gesamtgesellschaftlicher Perspektiven, sei es der Häuserbau oder der Städtebau«.[601] Gegen Farner wäre mit Benjamin einzuwenden, daß, wie dieser 1933 notierte, »Scheerbart mit seinem Glas und das Bauhaus mit seinem Stahl« ja Räume geschaffen hätten, »in denen es schwer ist,

Spuren zu hinterlassen«.[602] Der »abgeschlossene Raum des Bourgeois«, das großbürgerliche Interieur des vorigen Jahrhunderts, von Benjamin als das »Etui des Privatmanns«[603] charakterisiert, war architektonisch schon zu Beginn des 20. Jahrhunderts überwunden. Die gesellschaftlichen Verhältnisse jedoch hatten sich an ihrer ökonomischen Basis nicht in einer Weise verändert, daß eine Umwandlung individualistischen kleinbürgerlichen Lebens in kollektive Wohnformen sich sinnvoll hätte verwirklichen lassen. Wegen dieser Ungleichzeitigkeit forderte Brecht zu Beginn der fünfziger Jahre von den Architekten der DDR eine *Umstellung* (für die die »neue führende Klasse« den Architekten allerdings nicht »allzuviel Zeit« lassen kann, da sie ja »bauen *muß*«[604], »weil das letzte Wort der bürgerlichen Architektur nicht das letzte Wort der proletarischen sein«[605] könne. Soweit nun der im Kapitalismus erreichte Stand der Technik in der bürgerlichen Architektur umfassend zum Ausdruck kommt, bringt diese Architektur gewiß auch die »spätbürgerliche Ideologie zur Geltung«.[606]

»An die stelle der phantasieformen vergangener jahrhunderte«, hat Loos 1917 gesagt, »an die stelle der blühenden ornamentik vergangener zeiten, hatte [...] die reine, pure konstruktion zu treten. Gerade linien, rechtwinkelige kanten: so arbeitet der handwerker, der nichts als den zweck vor augen und material und werkzeug vor sich hat.«[607] Indem man die Architektur vom scheinbar unwesentlichen Detail entlastete, entstand zugleich nach Blochs richtiger Beobachtung ein »freier Raum zur Pointierung des Wesentlichen, was eigentlich los ist«.[608] Je mehr die Architektur Phantasieproduktionen als »Bagatelle« (Scheffler) denunzierte und damit der tendenziellen Phantasieächtung des kapitalistischen Wertbildungsprozesses an ihrer Basis folgte, um so mehr verschärfte sich – abgesehen von Kunstrichtungen wie dem Konstruktivismus – die Hervorhebung unterdrückter Libido (z. B. im Surrealismus).[609] Peter Schneider erblickte 1969 – Herbert Marcuses These vom »affirmativen Charakter der Kultur« aufnehmend – eine der wesentlichen Aufgaben der Kunst in der einleitenden Phase des Spätkapitalismus darin, »das Realitätsprinzip vor der Revolte der Wünsche«[610] zu bewahren. Das Realitätsprinzip werde gegen Ansprüche abgedichtet, die es in Frage stellen könnten. Tatsächlich haben im Laufe dieses

Jahrhunderts ornamentale Phantasieformen in Gestalt exponierter Bauten (wie der Wallfahrtskirche in Ronchamp von Le Corbusier) die irrationalen Momente »phantasievoller Architektur« und deren Zweifelhaftigkeit immer nur bestätigt.[611] Durchaus im Sinne der Vorschläge von Loos schloß man die Phantasie aus *der* Architektur aus, die der Gemeinschaft zu *dienen* hat.[612]

Mußte sich Loos zu seiner Zeit schon von, wie er selbst schrieb, »vertretern des ornaments«[613] vorhalten lassen, daß sein »Drang nach einfachheit einer kasteiung«[614] gleichkomme, so verdichtete sich dieser Vorwurf später zu der Kritik, daß man es bei den Konzepten von Loos mit »wichtigen Äußerungen zur Psychologie der Verdrängung«[615] zu tun habe. Die sozialpsychologischen Überlegungen zur ornamentlosen Architektur berühren sich insoweit mit kunstwissenschaftlichen, als in jenen eine Antwort auf Fragen versucht wird, wie sie – wenngleich mit Einschränkungen – in der Kunstwissenschaft seit Worringers 1908 veröffentlichter Dissertation über *Abstraktion und Einfühlung* erörtert werden. Gegen Worringers Rechtfertigung des *Abstraktionsdranges* zuungunsten des Nachahmungstriebs in der Kunst, »das einzelne Ding der Außenwelt aus seiner Willkürlichkeit und scheinbaren Zufälligkeit herauszunehmen, es durch Annäherung an abstrakte Formen zu verewigen«[616], hatte sich bereits 1910 Richard Hamann mit dem Hinweis gewandt, daß das ursprünglich lebendig-organische Ornament der Theorie vom Kunstwollen anheimgefallen sei. Dieses Kunstwollen sehe »von allem Lebendig-Organische[n], Nachfühlbaren« ab und suche »die starre Schönheit lebloser Gebilde in reinen Formen – mathematischer Art –« auf.[617] »Von Einfühlung war so lange nicht die Rede, als es sich nur um die Erklärung des Genusses von Darstellungen fühlender Menschen handelte. Sie wurde erst aktuell, als es sich um Erklärungen des Eindrucks lebloser Dinge handelte, bei denen das Moment des Gefühls oder menschlich tätigen Erlebens nicht selbstverständlich war. Damit charakterisiert sich die Einfühlung als der Versuch, das Leblose zu beseelen, das Außermenschliche zu vermenschlichen.«[618] Vielleicht absichtslos deutet Hamann damit auf die Kontinuität der Entwicklung vom späten 19. Jahrhundert bis zum Beginn der Abstraktion in unserem Jahrhundert hin. War dort, wie man sehen konnte, das Bestreben, die Nüchternheit der Warenwelt mit applizierter lebendig-organischer Sinnlichkeit zu »vermenschlichen« und mit Gefühlswerten zu behaften, so erkennt Hamann, daß sich in die Abstraktion und die Verneinung organischer Sinnlichkeit eine »Poetisierung des Unpoetischen«[619] eingeschlichen habe: »Es ist doch schließlich nichts weiter als das moderne Bedürfnis, das Abstrakte durch Gefühlstendenzen zu rechtfertigen, genau wie die Einfühlung die geometrischen Gebilde poetisiert«.[620] Bei Worringer heißt es dazu, daß »die einfache Linie und ihre Weiterbildung in rein geometrischer Gesetzmäßigkeit [. . .] für den durch die Unklarheit und Verworrenheit der Erscheinungen beunruhigten Menschen die größte Beglückungsmöglichkeit darbieten [mußten]. Denn hier ist der letzte Rest von Lebenszusammenhang und Lebensabhängigkeit getilgt, hier ist die höchste absolute Form, die reinste Abstraktion erreicht; hier ist Gesetz, ist Notwendigkeit, wo sonst überall die Willkür des Organischen herrscht«.[621] Man hält an der absoluten und gereinigten Form fest. Der Sublimierung folgt nach Hamann notwendig die Ideologisierung oder Rationalisierung des »psychischen Geschehens«, an dessen vergeistigtem vorläufigen Ende die Idee der »Einfühlung« in den nüchternen mathematischen Gegenstand steht.

Die Zurückdrängung des Organisch-Lebendigen ist, wie dem gerade zitierten Beispiel entnommen werden kann, in der kunstwissenschaftlichen Literatur sehr früh in einer Weise erörtert worden, die zu ihrer Erweiterung in den sozialpsychologischen Argumentationsbereich Anlaß gibt. Hier wäre z. B. zu klären, ob der Gedanke der Ornamentlosigkeit wirklich unausweichlich in die gesellschaftlichen Herrschaftsverhältnisse verstrickt ist, weil die geforderte Emanzipation vom Ornament »auf das Bürgertum beschränkt blieb«.[622] Ist es erst der heutige »Planungsfunktionalismus«, der über den Menschen »rücksichtslos hinweggreift«, »seinen Freiheitsraum beschneidet«[623] und dabei in der ihm eigenen Form der Naturbeherrschung nicht einmal vor der »inneren Natur« haltmacht[624]? Haben wir es heute mit einer barbarischen Verunglimpfung und einer Pervertierung der ursprünglichen Absichten der Funktionalisten in einen, wie Selle sagt, »sozial sinnentleerten Funktionalismus«[625] zu tun? Oder war der von

Loos geforderte Funktionalismus nicht doch von Anbeginn darauf aus, auch die »innere Natur« zu normieren?[626] Mißt man die Grundidee des funktionalen Gestaltungsprinzips an ihrer Konkretisierung im Verlauf der letzten drei Jahrzehnte, dann ist in der Tat kaum noch etwas von dem Wunsch auszumachen, den materiellen Gebrauchswert mit einer angemessenen sinnlichen Erscheinung des Gebrauchswerts als unverstelltem Ausdruck der technischen Form und ihres Nutzens für den Menschen zusammenzubringen.[627] Andererseits ist hier erneut daran zu erinnern, daß schon 1906[628] in Deutschland liberale Kulturpolitiker es ausdrücklich begrüßten, »daß das Individuelle und Persönliche sich rückwärts verkriecht und daß gleichmäßige und normale Formen das Leben beherrschen«.[629]

IX. Ornament und Verbrechen

In dem nun folgenden Kapitel will ich versuchen, die an »Grausamkeit« grenzende, »verheerende Strenge«[630], wie sie Robert Scheu in Loos' Haß auf den ornamentalen Gestaltungsanspruch empfand, auf das darin enthaltene Maß an Verdrängung und Unterdrückung zu prüfen.

Wenn wir oben vom Antagonismus zwischen »Lust und Rationalität« in der Alltagswelt sprachen, so war die Trennung der *»technischen Form«* von der *»primitiven Form«* (und umgekehrt) mit gemeint, wie sie Walter Riezler in Anlehnung an Loos 1924 anläßlich der Werkbund-Ausstellung *Form ohne Ornament* nachdrücklich forderte.[631] Doch der Gegensatz von technischer und primitiver Form, das Entweder-Oder von lustfeindlicher Ratio und lustbetonter sinnlicher Phantasieentfaltung, ist konstruiert. Und er enthält ein Moment von Abwehr, das sich gegen Potentiale unentfalteter Wünsche richtet, deren freie Entfaltung man fürchtet, da man glaubt, daß sie »notwendig mit einer Heruntersetzung der bisher höchsten Werte« ende.[632]

Im Hinblick auf die ornamentfeindliche Architektur wäre nun wohl zu überlegen[633], inwieweit in ihr diese Abwehrmomente sich noch potenziert haben und damit eine über bloße ökonomiekritische Bedenken hinausreichende Kritik erforderlich geworden ist. Soweit es so grundlegende Kriterien wie »Entlastung«, »Heimat«, »emotionale, affektive Bindung« usw. betraf, hatten wir vorrangig an die *Wirkungen* gedacht, die von der ornamentlosen und funktionalen Architektur ausgehen. Von diesen Wirkungen schlossen wir auf Wünsche und Hoffnungen, die teils schon zu Ergebnissen einer »irrealen Phantastik« defensiver Phantasietätigkeit verkümmert, teils zu »antizipierendem Bewußtsein« geworden waren. Von den Wirkungen, die von zweckrationaler Architektur ausgehen, haben Autoren wie Alfred Lorenzer[634] gesagt, daß das notwendige Maß an kompensatorischer Phantasie durch sie nicht etwa abgenommen, sondern unverhältnismäßig stark zugenommen habe. Erinnern wir also noch einmal daran, daß die ornamentlose Architektur in ihrer Wirkungsgeschichte stets mit dem Vorwurf belegt war, sie sei phantasiefeindlich und dem zufolge repressiv.

Bevor wir den Eindruck anhand der Schriften von Adolf Loos vertiefen, daß die Trennung von Phantasie und Wirklichkeit in der Struktur der ornamentlosen Architektur und ihrer theoretischen Konzeption mit angelegt war, ist zu betonen, daß nicht eine Psychologisierung gesellschaftlicher Tatbestände beabsichtigt ist. Weder die ökonomie- oder gesellschaftskritische Analyse noch eine rein ästhetische Erörterung der Wandlung der Architektur zur Ornamentverdrängung vermögen, auf sich allein gestellt, Auskunft zu geben über die grundlegenden Veränderungen der Bedürfnisse und Hoffnungen, die durch Architektur mit hervorgerufen werden und sich an Architektur knüpfen. Davon ist im folgenden auszugehen, wenn wir uns klarzumachen versuchen, welche Hoffnungen und kulturelle Erwartungen Loos in die Architektur im besonderen und die industrielle Leistungsgesellschaft im allgemeinen setzte, in der das Ornament für den Menschen »bedeutungslos« geworden ist.

1. Der Weg der Kultur ist ein gradliniger

Loos beginnt seinen Angriff in *Ornament und Verbrechen* mit einem interessanten Vergleich der *ontogenetischen Entwicklung* des Menschen mit seiner *phylogenetischen:* »Der menschliche embryo macht im mutterleib alle entwicklungsphasen des tierreichs durch. Wenn der mensch geboren wird, sind seine sinneseindrücke gleich denen eines neugeborenen hundes. Seine kindheit durchläuft alle wandlungen, die der geschichte der menschheit entsprechen. Mit zwei jahren sieht er wie ein papua, mit vier jahren wie ein germane, mit sechs jahren wie Sokrates, mit acht jahren wie Voltaire.«[635] Loos stellt die individuelle Lebens- und Leidensgeschichte eines Menschen der Geschichte der *gesamten Menschheit* an die Seite, wobei er den an der Gesamtheit der Entwicklungsgeschichte ablesbaren kulturellen und zivilisatorischen Fortschritt der Gattung direkt auf die individuelle Entwicklung des Einzelnen überträgt. Die Entwicklung des Kindes zum Manne ist allemal Fortschritt, in dessen Verlauf die früheren Stufen seines Daseins überwunden werden: »aus höhlen der vorzeit in geordnete wohnsitze« und »aus dumpfem triebleben zu freiem denken«.[636]

Einen ähnlichen Gedanken hat Marx 1857 in der *Einleitung zur Kritik der Politischen Ökonomie* dargelegt. Im Rahmen der Frage, warum die Griechen mit ihrer Kunst uns immer wieder aufs neue Kunstgenuß gewähren und »in gewisser Beziehung als Norm und unerreichbare Muster gelten«, stellt er (nicht ohne ein gewisses Bedauern) fest: »Ein Mann kann nicht wieder zum Kinde werden, oder er wird kindisch.«[637] Damit aber ist für Marx die Kindernatur nicht vollends überwunden und vergessen. »Aber freut ihn [den Mann – M. M.] die Naivität des Kindes nicht, und muß er nicht selbst wieder auf einer höheren Stufe streben, seine Wahrheit zu reproduzieren? Lebt in der Kindernatur nicht in jeder Epoche ihr eigener Charakter in seiner Naturwahrheit auf?«[638] Marx ist bemüht, gewisse Anknüpfungspunkte in der Kindernatur in der Erinnerung zu halten. Dabei stellt sich das eher grundsätzliche Problem, den kulturellen Überschuß als das Unabgegoltene der Geschichte, ihr Noch-Nicht-Eingelöstes zu sehen und anzunehmen. Adolf Loos bricht mit der Vorgeschichte, wo sich in ihr das Unabgegoltene als ein die gegenwärtig herrschenden Wirklichkeitsnormen Störendes anmeldet. Die unterschiedliche Triebhaftigkeit des Mannes und des Kindes und deren freie Entfaltung (bezogen auf den kulturellen Stand) erscheinen ihm unvereinbar. Die von Marx bewunderte Wahrheit kindlicher Naivität bleibt bei Loos sich selbst überlassen. Sie verkümmert und kann daher nicht Ausgangspunkt einer auf anderer Stufe zu reproduzierenden Wahrheit des Erwachsenen werden.

Warum Loos sich von der Kindernatur so nachhaltig distanzierte, wird in folgender Textstelle deutlich:

»*Das kind ist amoralisch.* Der papua ist es für uns auch. Der papua schlachtet seine feinde ab und verzehrt sie. Er ist kein verbrecher. Wenn aber der moderne mensch jemanden abschlachtet und verzehrt, so ist er ein verbrecher oder ein degenerierter. Der papua tätowiert seine haut, sein boot, seine ruder, kurz alles, was ihm erreichbar ist. Er ist kein verbrecher. Der moderne mensch, der sich tätowiert, ist ein verbrecher oder ein degenerierter. Es gibt gefängnisse, in denen achtzig prozent der häftlinge tätowierungen aufweisen. Die tätowierten, die nicht in haft sind, sind latente verbrecher oder degenerierte aristokraten. Wenn ein tätowierter in freiheit stirbt, so ist er eben einige jahre, bevor er einen mord verübt hat, gestorben. Der drang, sein gesicht und alles, was einem erreichbar ist, zu ornamentieren, ist der uranfang der bildenden kunst. Es ist das lallen der malerei. Alle kunst ist *erotisch*.

Das erste ornament, das geboren wurde, das kreuz, war erotischen ursprungs. Das erste kunstwerk, die erste künstlerische tat, die der erste künstler, um seine überschüssigkeiten los zu werden, an die wand schmierte. Ein horizontaler strich: das liegende weib. Ein vertikaler strich: der sie durchdringende mann. Der mann, der es schuf, empfand denselben drang wie Beethoven, er war in demselben himmel, in dem Beethoven die neunte schuf«.[639]

Was an diesen Ausführungen überrascht, ist das für damalige Verhältisse freimütige Bekenntnis sowohl zu einer unverschleierten Psychologie des Kindes als auch zum schöpferischen Prozeß. Es ist die Rede davon, daß – entgegen der damals vorherrschenden idealistischen Kunstauffassung – die Triebkräfte des künstlerischen Schaffens auf einer psychischen Dynamik beruhen, die auf den Sexualtrieb, die Erfüllung des Lustprinzips, zurückzuführen ist. Noch mehr muß verwundern, daß Loos, der erklärte Ornamentgegner, den Drang zum Ornamentieren als den »Uranfang von bildender Kunst« schlechthin behauptet, womit er sich ein weiteres Mal von damaligen kunsthistorischen Vorstellungen abgrenzt.[640] Das Ornament erscheint Loos in den Stadien seiner frühesten Entstehung als sinnlicher Ausdruck einer *erotischen Symbolik*, die er im *Kreuz*, dem symbolischen Zeichen des Geschlechtsaktes von Mann und Frau, sich herausbilden sieht. Er bestätigt damit den von Eduard Fuchs 1930 festgehaltenen Eindruck, daß sich »tausendfach [...] im scheinbar harmlosen, aber heute noch verwendeten Ornament der Phallus, der Kunus und die Kopulation der beiden« verbirgt. Man könne sogar sagen, »daß es überhaupt keine einzige Schmuckform gibt, die sich nicht aus diesen Grund- und Hauptmotiven entwickelt hätte«.[641] Das Ornament erweist sich in dieser Verbindung als Ausdrucksmotiv einer sinnlich-erotischen Phantasiewelt, die auf Wünsche und Triebregungen zurückgreift, welche nach Loos auf eine ungestörte Entfaltung in der Realität drängen. Der Wunsch, Ornamente zu gestalten, geht einher mit der Hoffnung auf einen Zustand menschlicher Entwicklung, in dem die Triebentfaltung des Individuums durch keinerlei zivilisatorische und kulturelle Schranken behindert wird. Es ist dies in den Augen von Loos vor allem ein Zustand, in dem die »dumpfen Triebe« die Möglichkeiten des Menschen zu »freiem Denken« beherrschen, ihn an eine Triebstruktur fesseln, in der nach Freud das »Lust-Ich« des Menschen »nichts anderes kann als wünschen, nach Lustgewinn arbeiten und der Unlust ausweichen«.[642]

Loos ist sich bewußt gewesen, daß die kulturelle Entwicklung nicht gradlinig vom Papua zum »modernen Menschen«[643] verläuft. Sein Ansatz, nämlich »die Kunst vom Standpunkt der künstlerischen Erzeugnisse von Kindern, Primitiven oder Abnormalen zu beurteilen, geht von der Annahme aus, daß es in geistigen Dingen einen Weg vom Einfachen zum Komplexen *und* einen Rückweg vom Komplexen zum Einfachen gibt«.[644] Daher kann auch nicht davon gesprochen werden, daß die auf früheren kulturellen Stufen erscheinenden Bilder erotischer Symbolik und das sich in ihnen spiegelnde Verlangen nach freier und ungehemmter Lustentfaltung ›aufgehoben‹ seien. Hier nun kommt Loos die Konstruktion des Vergleichs der niederen Stufe der Menschheit mit der kindlichen Entwicklungsstufe zu Hilfe. Was sich in den – in seinen Augen unzweideutig – obszönen Bildern bei primitiven Volksstämmen wie den Papuas, in den Tätowierungen von Gerät und Körper der Menschen zeigt, taucht – obschon modifiziert – seines Erachtens wieder in der bildnerischen Sprache des Kindes, seinen Kritzeleien auf: »seine erste kunstäußerung ist das bekritzeln der wände mit erotischen symbolen«.[645] Die *Verdrängung* des ornamentalen Gestaltens muß daher in der Entwicklungsgeschichte einer jeden Generation aufs neue vollzogen werden. Dabei scheinen Loos Goethes Worte aus den *Tag- und Jahresheften* Warnung genug gewesen zu sein: »Was hilft es«, so Goethe 1805, »die Sinnlichkeit zu zähmen, den Verstand zu bilden, der Vernunft ihre Herrschaft zu sichern, die Einbildungskraft lauert als der mächtigste Feind, sie hat von Natur einen unwiderstehlichen Trieb zum Absurden, der selbst in gebildeten Menschen mächtig wirkt und gegen alle Kultur die angestammte Roheit fratzenliebender Wilden mitten in der anständigsten Welt wieder zum Vorschein bringt.«[645a]

2. Loos' und Freuds Kulturbegriff

Loos behauptet, das Kind sei »amoralisch«, weil es in seiner infantilen Sexualität Wünsche äußert, die auf eine offene Befriedigung seiner Lustbedürfnisse gerichtet sind. Es ist jedoch dem Kind nicht vorzuwerfen, daß es die Objekte seiner Wunschwelt in erotisch-symbolhaften Ausdrucksformen zu bannen versucht. Amoralisch werden die Handlungen des Kindes erst in den Augen der Erwachsenen, die, da sie Gebote verinnerlicht haben, diese Handlungen und Ausdrucksformen für sich nicht akzeptieren können (bzw. dürfen). Es ist »natürlich«, daß ein Kind die Wände mit erotischen Symbolen verziert. Ornamente und das Groteske in ihren erotischen Anspielungen sind, wie Rosenkranz in der *Ästhetik des Häßlichen* erkannt hatte, »in vieler Beziehung der Kindergeschmack«.[646] Mit zunehmendem Alter jedoch lernt das Kind, wie Loos meint, in Angleichung an die »große« kulturelle Entwicklung des Menschen im Verlauf der Geschichte die von ihm in der Phase seiner infantilen Sexualität und Wunschwelt erfahrene Lust gegen die »Wirklichkeit des Lebens«[647] einzutauschen und sich dem Realitätsprinzip zu fügen.

Bis zu diesem Punkte der Einsicht in den Gang des kulturellen Fortschritts folgt Loos weitgehend dem Freudschen Kulturbegriff. Wie Freud sieht auch er den Aufbau der Kultur und der Zivilisation nur auf der Grundlage der Unterdrükkung der menschlichen Triebe und deren Umwandlung in gesellschaftlich nutzbringende Tätigkeit gewährleistet. Wie Freud glaubt er nicht, daß eine Gesellschaft sinnvoll neu geregelt werden könnte, indem sie »auf den Zwang und die Triebunterdrückung verzichtet«.[648] Eher gilt es, die Werte und Normen der Kultur »gegen den Einzelnen« zu verteidigen[649], da es den Anschein hat, »daß sich jede Kultur auf Zwang und Triebverzicht aufbauen muß«.[650] Doch die Einschränkung der Wünsche des Einzelnen, die soziale bedingte Relativierung der Individualität, verdichtet Loos zu der Forderung: »Genug der originalgenies! Wiederholen wir uns unaufhörlich selbst. Ein haus gleiche dem anderen!«[651] Die von Kulturpessimismus gefärbte These Freuds, daß sinnvolle Kooperation vieler nur möglich sei, wenn sie bereitwillig ihre individuellen Lustansprüche im Interesse aller einem »Gemeinwohl« unterordnen, gerät Loos zum Postulat der strengen Angleichung der Individuen und ihrer Umgebung – unter Beibehaltung des Privateigentums (vgl. Abb.). In dem Gebot, daß wir uns unaufhörlich selbst wiederholen und einander gleichende Häuser bauen sollten, scheint das Bild jenes homogenen Weltstadtpublikum der ›Weimarer Zeit‹ vorgezeichnet zu sein, das Kracauer später am Beispiel der Angestellten-Kultur beschrieben hat.[652] Und es signalisiert die Unterdrückung der Partialtriebe: die einseitige Strukturierung der physischen Umgebung auf gesellschaftliche Funktionen biete »der libidinösen Energie der Individuen immer weniger Anhaltspunkte für ›emotionale Ausdehnung‹«.[653]

Die Verdrängung der in den Ornamenten auftauchenden erotischen Symbolik (i. e. die von der Form verkörperten verdrängten Inhalte des Unbewußten) hat Loos zufolge ihren Ursprung in der *Triebunterdrückung*, welche in der frühen Kindheitsphase einsetzt. Das, was in der kindlichen Erfahrungswelt an Wünschen und erlebter Lustbefriedigung eine Rolle spielt, wird vom Erwachsenen auf nunmehr neuer Bewußtseins- und Realitätsstufe nacherlebt. Freud hat das 1908 in dem Aufsatz *Der Dichter und das Phantasieren* so beschrieben: »Der Heranwachsende hört [. . .] auf zu spielen, er verzichtet scheinbar auf den Lustgewinn, den er aus dem Spiele [als Kind – M. M.] bezog. Aber wer das Seelenleben des Menschen kennt, der weiß, daß ihm kaum etwas anderes so schwer wird wie der Verzicht auf einmal gekannte Lust. Eigentlich können wir auf nichts verzichten, wir vertauschen nur eines mit dem anderen, was ein Verzicht zu sein scheint, ist in Wirklichkeit eine Ersatz- oder Surrogatbildung. So gibt auch der Heranwachsende, wenn er aufhört zu spielen, nichts anderes auf als die Anlehnung an reale Objekte; anstatt zu *spielen, phantasiert* er jetzt. Er baut sich Luftschlösser, schafft das, was man Tagträume nennt.«[654] Die *Phantasie* ist für den Erwachsenen die Chance, die einmal als Kind im Zustand des Spiels erfahrene Lust zurückzugewinnen. In ihr »genießt [. . .] der Mensch die Freiheit vom äußeren Zwang weiter, auf die er in Wirklichkeit längst verzichtet hat. [. . .] Er findet mit der kargen Befriedigung, die er der Wirklichkeit abringen kann, eben nicht sein Auskommen«.[655] Die Phantasie ist also nach Freuds Konstruktion immer schon eine Entschädigung für in der Realität erfahrene Versagungen: ihre Inhalte bestimmen sich nach Maßgabe der *Realität.* Der Tagtraum bleibt dem Tag verhaftet und weist nicht, wie Ernst Bloch annimmt, »nach vorne«.[656] Und erst recht nicht ist die Phantasie bei Freud Beweis einer »Gesamtproduktivkraft Phantasie«, in der nach Negt/Kluge Restpotentiale unentfalteter Wünsche sich herausbilden.[657] Bei Freud baut sich die Phantasie eine ihrem Schein nach von der Realität abgespaltene ›Wirklichkeit‹ auf[657a]; in Wahrheit freilich ist »diese Phantasie ein spezifisches Produktionsmittel, das für einen Arbeitsvorgang gebraucht wird, den das kapitalistische Verwertungsinteresse nicht ins Auge faßt: die Veränderung der Beziehungen der Menschen untereinander, zur Natur und die Wiederaneignung der in der Geschichte gebundenen toten Arbeit der Menschen«.[658] Phantasie, die von der Produktionsrealität abgespalten ist und in der sich Verbindungsspuren zu dem entfremdeten Produktionsprozeß nachzeichnen lassen, verfügt nicht mehr über die Kraft, aus ihren eigenen Bewegungsgesetzen heraus die Normen des Verwertungsprozesses zu überwinden. Dieser nämlich setzt ein Zeitmaß fest, das – gemäß der Arbeitszeit als einem sehr großen Teil der Lebenszeit – auch die restlichen Zeitspannen (Freizeit und die Zeit, in der biologische Bedürfnisse wie Schlaf und Nahrung gesättigt werden) linear, zweckhaft miteinander verbindet. Dem muß das in der Phantasie begründete Zeitmaß zwangsläufig zuwiderlaufen, da es über die zweckbestimmte Verwertung von Zeit hinweg von gegenwärtigen Erlebnissen und Eindrücken auf zurückliegende und zukünftige Hoffnungen und Wünsche übergreift. Der »Phantasiehaß«, wie er uns in der zweckrational genormten Architektur in der Alltagswelt gegenübertritt, kann deshalb auch als Ausdruck des im Produktionsprozeß festgesetzten Maßes an zu verwertender Zeit entschlüsselt werden.

Das in der Architektur zum Vorschein kommende Zeitmaß ist das Zeitmaß eines Arbeitsprozesses, in dem der Mensch als Instrument der von ihm verlangten entfremdeten Leistung sich bewegt. Dort, im entfremdeten Arbeitsprozeß, konstituieren sich auch die Muster der von den Bewegungsritualen dieses Prozesses herrührenden Massenornamente, deren Bewegung auf die durch die Technik erstrebte Rationalisierung des Lebens hindeutet. Wie die Arbeiter, nach Benjamins Beobachtung, »im Umgang mit der Maschine lernen [...], ›ihre eigene Bewegung der gleichförmig stetigen eines Automaten‹ zu koordinieren«[659], so schrumpft im Massenornament die Raum- und Zeit-Struktur auf ein abstraktes Maß mathematischer Gegebenheiten zusammen. Andererseits steht im Faschismus die kleinbürgerliche Phantasiewelt hoffnungslos vor der mythischen Zeitdimension des »Tausendjährigen Reiches«, vor den Raum- und Zeit-Ansprüchen einer ästhetisierten Gleichschaltungsmaschinerie. Hitler erklärt 1937, daß die Bauwerke des faschistischen Systems nicht »für das Jahr 1940, auch nicht für das Jahr 2000« gedacht seien; sie sollten vielmehr »hineinragen gleich den Domen unserer Vergangenheit in die Jahrtausende der Zukunft. [...] Denn gerade sie werden mithelfen, unser Volk politisch [...] zu einen, [...] sie werden sozial die Lächerlichkeit sonstiger irdischer Differenzen gegenüber diesen gewaltigen gigantischen Zeugen unserer Gemeinschaft beweisen«.[660] Der politische Alltag erscheint »klein«, gemessen an dem ins leere Allgemeine weisenden Mythos der in Architektur versammelten ideellen Wertmaßstäbe.

3. Benjamins »Gesichter« und die »Schnauken« des Manierismus

Halten wir fest, daß in der Phantasie Kräfte enthalten sind, die über ihre Bindung an die sogenannten Reservate »freier Phantasietätigkeit« hinaus Momente unverstandener Natur in sich bergen, deren Inhalte nicht ohne weiteres mit der Zweckrationalität bürgerlichen Ordnungsdenkens übereinstimmen.

Ähnliches kann, wenn auch mit Vorbehalt, von Erfahrungen gesagt werden, die der Mensch im Zustand des bewußt herbeigeführten Rausches macht. In ihnen tauchen zerstörerische Momente der erlebten Wirklichkeit auf, die, da sie tabuiert sind, ins Alltagsbewußtsein keinen Einlaß finden. Eindrucksvoll hat Walter Benjamin in seinen protokollierten Erfahrungen mit Haschisch diesen Vorgang zu verdeutlichen gewußt.[661] Was daran im Zusammenhang mit der Denunzierung und Verdrängung der erotisch-symbolischen Ornamentik interessiert, ist die Beobachtung, daß man im Rausch für Dinge empfindlich wird, die man zuvor entweder nicht wahrgenommen oder aus der Wahrnehmung ›gezielt‹ verdrängt hatte. Man werde »zart« mit den Dingen, weil man »fürchtet, ein Schatten, der aufs Papier fällt, könnte« ihnen »schaden«.[662] Auch schwinde der *Ekel:* »Man liest die Tafeln auf den Pissoirs.«[663] Benjamin berührt in den Protokollen die Entdekkung des ›eigentlich Häßlichen‹, des Abstoßenden, wie es Karl Rosenkranz im Obszönen als das die Scham verletzende Häßliche gesichtet hatte.[664] Wir wissen »nichts vom Häßlichen, wenn wir Haschisch gegessen haben«.[665] Die dem Ich auferlegten Verbote, im Häßlich-Obszönen partial Formen unterdrückter Sinnlichkeit zu erkennen, schwinden im Rauschzustand. Benjamin berichtet, wie er sich »förmlich in die Gesichter [verbiß]«, die er um sich hatte, und die, wie er bekennt, »ich gemeinhin aus dem doppelten Grund gemieden hätte: weder hätte ich gewünscht, ihre Blicke auf mich zu ziehen, noch hätte ich ihre Brutalität ertragen«.[666] »Ich begriff nun auf einmal, wie einem Maler – ist es nicht Leonardo geschehen und vielen anderen? – die Häßlichkeit als das wahre Reservoir der Schönheit, besser als ihr Schatzbehälter, als das zerrissene Gebirge mit dem ganzen inwendigen Gold des Schönen erscheinen konnte, das aus Falten, Blicken, Zügen herausblitzte.«[667] Benjamin bricht mit der idealistisch-klassischen Kunstauffassung, die der bloßen Verschönerung der Wirklichkeit sich verschrieben hat. Das »Reservoir der Schönheit« *ist* die Häßlichkeit. Es ist nicht das schöne Gesicht[668], sondern das »grenzenlos tierische, gemeine Männergesicht«, an das er sich besonders erinnert[669], die *Karikatur,* die der Ästhetik des Häßlichen einer die erotischen Symbole nachzeichnenden Ornamentik (wie sie Loos dem »modernen menschen« verweigert) verwandt ist. Und mit dem Ekel vor den Dingen schwindet »die mit der Verhärtung libidinöser, mimetischer Impulse zur rationalen Ichinstanz teuer erkaufte Idiosynkrasie gegenüber dem Materiellen, dem zu Schmutz und Häßlichkeit Depravierten«.[670]

Benjamin erwähnt Leonardo, den er nun, da er im Häßlichen die ›eigentliche Wahrheit‹ des ästhetischen Empfindens erkannt zu haben meint, besser verstehen könne. Zugleich ist ihm das Ornament die den Rausch begleitende Form schlechthin[671]: die »Wahrheit über den Kern«.[672] Tatsächlich führt von

Benjamins Beschreibungen ein Weg zurück zu den Ornamentformen und -gestalten, wie sie sich im 16. Jahrhundert vor allem in Deutschland, Flandern und den Niederlanden herausgebildet haben. In der Kunstwissenschaft haben sich Alfred Lichtwark (1888) und Max Deri (1905) mit diesen für den nordischen Manierismus typischen Phänomenen befaßt. Die Geschichte des nordischen Ornaments vom *Rollwerk* (hier wirken teilweise noch spätmittelalterliche Formtendenzen nach) bis zu dem tief ins barocke 17. Jahrhundert hineinreichenden *Ohrmuschelstil*[673] ist eng mit der Rezeption der italienischen Renaissance-*Groteske*[674] gekoppelt. Gegen Ende des Quattrocento (1493) in der *domus aurea Neronis* in Rom als antikes Dekorationsmotiv entdeckt, entwickelt sich die Groteske in strenger Anlehnung an mythisch-antikische Inhalte (wie den Dionysos-Kult) in Italien zu einem künstlerisch disziplinierten Äquivalent intimer Innenraumdekoration, zur repräsentativen Fassadengestaltung im Sinne vitruvianischer Säulenordnungen. Die Dekoration bricht nicht aus dem allgemeinen Ordnungsschema aus, sondern ergänzt und ersetzt nach innen, was im Äußeren verloren geht. Gleichwohl ist die antik-groteske Wanddekoration ein Darstellungsprinzip, das der vitruvianischen Ordnung (und Vitruv selbst[675]) widersprochen hat. Erhebt diese den Anspruch auf kalkulierende Rationalität, so inszeniert die Groteske den »schönen Schein eines Traumgebildes«[676]; sie enthält mehr oder weniger eindeutige Anspielungen auf erotisch-rauschhafte Zustände der Sinnlichkeit, die – obschon stofflich eingebunden in kultisch-rituelle Opferszenen, in bacchische Mysterienspiele[677] – in die damalige offizielle Sphäre der hohen Kunst kaum hätten Eingang finden können. In der reich ornamentierten Groteske sind die *Zügellosigkeit* des Ornaments und dessen erotische Symbolik mit angelegt. Auch ist bezeichnend, daß die Groteske als »übersteigertes Ornament«[678] in einer Zeit wiederbelebt wurde, da die Kunst aus dem direkten Verwertungszusammenhang als handwerklich produzierte Kunst entlassen wurde und ihre Autonomie festigen konnte. Piel schreibt dazu, die Groteske sei nicht nur aus der Rezeption antiker Dekorationsformen hervorgegangen, »sondern aus der allgemeinen Tendenz, jede Gattung ihrem Selbst entsprechend auszugestalten«.[679] Und er kommt zu dem Ergebnis, die Groteske in der italienischen Renaissance sei »im Insgesamt der Kunst der Epoche nicht vagant, sondern in bestimmter Beziehung zur großen Kunst«.[680] Genau dies nun unterscheidet die Wirkung der Groteske von jener »Beschmutzung des Schönen«, wie Benjamin sie erfährt und wie sie sich im *Ohrmuschelstil* gegen Ende des 16. Jahrhunderts ausbildet. Nur beiläufig wendet sich die Groteske gegen die Darstellungsweisen des herrschenden Kunststils. Der sinnliche äußere Schein, den sie erzeugt, widerstreitet nicht der Ästhetik der hohen Kunst, obschon sie die Inhalte erotischer Symbolik, die die hohe Kunst im klassischen Schönheitsbild verklärt bzw. idealisiert, relativ offen zum Ausdruck bringt. Dennoch steht die Groteske im Grenzbereich zwischen Schönem und Häßlichem. Sie zeigt die Auflösung des überlieferten ästhetischen Ideals an. Ihre mythologisch zweideutigen Anspielungen öffnen den Blick für *Deformationen.* Unter »Vorwegnahme« der »individuellen Mythologien« (vgl. Abb. 47) markieren die Grotesken, »in denen ein sonderbares Durcheinander unberechenbarer Schnörkel und unerwarteter Sprünge unsere Aufmerksamkeit eben so sehr fesselt als zerstreut«[681], die Selbstdarstellung von Individuen. Ein Beispiel dafür sind die sogenannten *Grotesktänzer:* »Nun wurden auch die Tänzer, die in Verrenkungen wunderlichster Art uns vergessen machen, daß sie, wie wir, Knochen haben, Grotesktänzer genannt. Ihr Beinausspreizen, ihr Wippen, Wiegen, Drehen, Froschhüpfen, Bauchkriechen, ist wahrscheinlich nichts weniger als schön; [. . .] es ist als eine Willkür, die aller Gesetze zu spotten scheint, grotesk.«[682] Rosenkranz versteht hier, in deutlicher Anspielung auf den erotisch-fleischlichen *Ohrmuschelstil* oder die *Schnauken* eines Arend van Bolten (1610) (Abb. 45 a), unter Groteskkomischem »besonders das Niedrigkomische, zumal wie es ins Derbsinnliche, Unzüchtige und Rohe übergeht«.[683] An dieser eigentlich *realistischen,* nicht idealisierenden Darstellungsweise des Sinnlichen beginnen sich die (Miß-)Verständnisse festzumachen, die in der Grotesken-Rezeption im nordischen Ornament sich etwa nach 1540/50 abzeichnen: »Das Unverständnis für den Dionysoskult im eigentlichen Sinn und die Phantasiemäßigkeit des grotesken Stoffes hatten zur Folge, daß man die Groteske in der Art des Bos [vgl. Abb. 45 – M. M.] und Floris allmählich in ihre Bestandteile zerlegte und diese dann einzeln und in neuen Zusammenhängen verwertete, ganz so wie die manieristischen Maler mit den klassischen Formeln zu verfahren pflegten: Satyrn und Nymphen wurden herausgelöst und als tragende Stützen benutzt bzw. in die Säulenlehre eingebaut. [. . .] Das Bollwerk der Bos-Groteske machte sich [. . .] selbständig [. . .] und wurde als Rollwerkskartusche das bevorzugte nonfigurative Ornament des nordischen Manierismus. Und was Bos [. . .] etwa an dionysischer oder ausgelassener Stimmung in [seinen] Grotesken hatte, entgleiste ins Komische oder Monströse, wie es dann um die Jahrhundertwende im Schnauken- und Fratzenwesen begegnet.«[684] Im Rollwerk-Ornament treten die ersten Depravierungen der spielerisch zarten Groteskformen vor uns. Die in der Tektonik des Rollwerks gefangenen Satyrn und Nymphen verraten so gut wie nichts mehr von der verfeinerten Sinnlichkeit der früheren Groteske. Forssman glaubt zu Recht den Bosschen Figuren »die Befangenheit anzusehen, mit der sie sich dem Kult der Nacktheit und der Venus hingeben«.[685] Ganz offensichtlich ist in diesen Figuren die im klassischen Schönheitsideal gebannte harmonische Identität von Natur- und Menschenbild zerbrochen; sie decouvrieren die Anstrengung, im klassischen Kunstwerk eine Synthese von Trieb und Geist herbeizuführen, als illusionär. Von einem gestörten Verhältnis des Menschen zur Architektur bzw. zu dem in ihr gefaßten Begriff von Natur künden die abstrakt geometrisierenden Rollwerk-Ornamentformen der aus elf Tafeln bestehenden *Geometria et Perspectiva* des Lorenz Stöer (datiert Augsburg 1567; vgl. Abb. 46). An diesen manieristischen Gebilden ist abzulesen, wie eine streng geordnete Architektur in Grotesk-Darstellung umschlägt; das Entsetzen über die mathematisierte Natur bringt die sinnlich-mimetische Sprache des Ornaments zum Verstummen. Stöer konfrontiert ruinös verfallene, gleichsam in den Naturzustand zurücksinkende Bauten mit willkürlich montierten geometrisch-kubischen Ornamentteilen: beide bilden eine unwirkliche, sich seltsam fremd ausnehmende Phantasiearchitektur. Stöers Blätter sind Montagen aus architektonischen Versatzstücken einer vergangenen Geschichte und einer Zukunft, die das Erschrecken, das sie einmal auslösen wird, bereits ahnen läßt. Die Sprache des Ornaments ist hier selbst zum Abbild einer in ihrer Bewegung funktionalisierten und nach fremden Gesetzen rationalisierten Ausdruckskraft erstarrt. Aus Stöers Blättern redet der Zweifel an einer Welt, die zum »unverständlichen Draußen«[686] geworden ist; sie ›wiederzugeben‹ lohnt nicht mehr. Zugleich zeigt er sich skeptisch gegenüber einer Utopie der »schönen Bilder«. Seine phantastischen Architekturgebilde sind Spiegel der Naturgesetze, die der Mensch nicht mehr begreift. Der Blick voraus ist hier zum Blick des Melancholikers geworden. Bekundet sich im Rollwerk-Ornament die reglementierte triebbetonte Sinnlichkeit der Individuen als reduzierte sinnlich-mimetische Formensprache (und klingt darin die strenge Tektonik der durch Architektur gesetzten Ordnung noch nach), so sucht das Ornament des *Ohrmuschelstils* zu Beginn des 17. Jahrhunderts von den toten Formen der Architektur loszukommen. Es erinnert mit seinen molluskenhaften, sehnigen Oberflächen an Benjamins »Gesichter aus Falten, Blicken«.[687] »Auf dem Höhepunkt des Stils gibt es Ornamente, die so sinnfällig an Geschlechtliches denken lassen, daß sie obszön wirken müßten, wenn sie nicht gleichzeitig surrealistisch wären und sich daher jeder naturalistischen Deutung wieder entzögen«[688] (vgl. Abb. 46 a). Im *Ohrmuschelstil* verkehrt sich das vormals idealtypisch Schöne ins Häßliche.[689] Denn alle »Darstellung der Scham und der Geschlechtsverhältnisse in Bild und Wort, welche nicht in wissenschaftlicher oder ethischer Beziehung, sondern der Lüsternheit halber gemacht wird«, ist, Rosenkranz zufolge, »obszön und häßlich«: »Alles *Phallische*, obschon in den Religionen heilig, ist doch, ästhetisch genommen, häßlich.«[690]

In diesen Formen[690a] deutet sich die *Bildwürdigkeit* und eine ihrem Material gegenüber relative Selbständigkeit des Ornaments an. Mag auch der Zweck solcher kunsthandwerklichen Ornamentdarstellung unverkennbar sein, so tritt doch auch ihre kompensatorische Bedeutung klar zutage: im Laufe des 16. Jahrhunderts sind zahllose »Alben von Idiosynkrasien« und Entstellungen sowie bildnerische Kataloge von geheimen unterdrückten Wünschen entstanden, die – darin dem Surrealismus der Moderne wahrhaft verwandt – im Grunde Zeugnis davon ablegen, »was das Verbot dem Begehrten antat«.[691] Es handelt sich sowohl um Gebilde deformierter Glücksansprüche (im Rollwerk teilweise überhaupt aufgegebener Ansprüche auf lustbetonte Sinnlichkeit) als auch um ins Bild gesetzte Wunsch- bzw. Trauminhalte, die damals durchaus als »Medium unreglementierter Erfahrung als Quelle von Erkenntnis gegenüber der verkrusteten Oberfläche des Denkens«[692] gewirkt haben mögen.

Nach diesem historischen Exkurs, der nicht nur Benjamins Bemerkungen über die im Rausch erlebten »realen« Phantasiebilder und -gestalten verdeutlichen sollte, sondern auch, daß die in der Ornamentform nach außen sich kehrende Unterdrückung und Tabuisierung das Ornament selbst als *realistische Kunstform* hervortreten läßt[693], wollen wir auf Benjamins Beobachtungen zurückkommen. Bei seinen Versuchen mit Haschisch ist er auf das Phänomen ›zeitloser‹ Phantasie gestoßen: die im Rausch zur Geltung kommenden »Zeit- und Raumansprüche« seien »absolut königlich. Versailles ist dem, der Haschisch gegessen hat, nicht zu groß und die Ewigkeit dauert ihm nicht zu lange«.[694] Es entsteht das Bedürfnis, »mit Räumen zu spielen«.[695] An anderer Stelle bemerkt er dazu: »Es ist bekannt, daß, wenn man die Augen schließt und leicht auf sie drückt, ornamentale Figuren entstehen, auf deren Form man keinen Einfluß hat. Die Architekturen und Raumkonstellationen, die man im Haschisch vor sich sieht, haben im Ursprung etwas damit Verwandtes. Wann und als was sie auftreten, das ist zunächst unwillkürlich, so blitzartig und unangemeldet stellen sie sich ein. Dann, wenn sie einmal da sind, kommt bewußter spielende Phantasie, um sich gewisse Freiheiten mit ihnen zu nehmen.«[696]

Benjamin führt uns vor, wie im Zustand des Rausches Erinnerungen an schon vergessen geglaubte Inhalte der »Kinderjahre« wieder wach und »spielerisch«, »mit tiefem Wohlbehagen«[697] in den Ornamentgestalten erlebt und genossen werden. Im Rausch, in der gesteigerten Phantasietätigkeit, ›lockert‹ sich das Ich – ein Vorgang, der – nach Benjamins eigenen Worten über den Surrealismus – »zugleich [...] fruchtbare, lebendige Erfahrung« bedeutet, die den Einzelnen »aus dem Bannkreis des Rausches heraustreten« läßt.[698] Das heißt, daß die im Rausch gemachten Erfahrungen von so grundsätzlicher Art sind, daß sie weiterwirken und auf Materialisierung dringen. Sie unterscheiden sich darin wesentlich von »Phantasmen«, die als regressive ›Erfahrungen‹ sich lediglich »auf den Traum auf Stunden des Haschischessens oder des Opiumrauchens« beschränken.[699] Benjamin hat also in den im Rausch freiwerdenden Erfahrungen Potentiale gesichtet, die sich kritisch gegen die Deformations- und Entfremdungszwänge der Leistungsgesellschaft wenden lassen. – Zugleich hat er, wie Hermann Schweppenhäuser anhand eines unveröffentlichten Briefes von Benjamin an Max Horkheimer aus dem Jahr 1938 nachweist, sich der Tatsache nicht verschlossen, daß heute, im Zuge des Zerfalls der bürgerlichen Gesellschaft, neben den »geläufigeren Produktivkräfte[n] der Natur [. . .] auch« die »entlegeneren« Kräfte der Phantasietätigkeit »pervertiert und geschändet« werden.[700] Damit verbunden ist, wie er sehr genau erkennt, die Schwierigkeit, die aus dem Zustand des Rausches gewonnene Erfahrung der Freiheit, wie sie die Surrealisten hatten, »mit den anderen revolutionären Erfahrungen zu verschweißen, die wir doch anerkennen müssen, weil wir sie hatten: mit dem Konstruktiven«[701], also die Frage, wie die »Revolte an die Revolution zu binden« sei.[702] Diese Frage zu beantworten ist nur möglich im Rahmen einer Aufarbeitung des Verdrängten schlechthin, bei der die Phantasietätigkeit (und offensichtlich auch der Rausch[703]) eine wichtige und nicht nur eine erinnernde Rolle spielt. Doch bedarf es gerade dazu des *Bewußtseins von der historischen Differenz* zwischen vergangenen und gegenwärtigen Befriedigungsmöglichkeiten. Wie haben wir, so fragt Benjamin, »ein Dasein, das ganz und gar auf den Boulevard-Bonne-Nouvelle sich ausrichtet, in Räumen von Le Corbusier und Oud uns vorzustellen?«[704] (Abb. 48) Die »Räume von Le Corbusier und Oud« stehen für eine Architektur ohne Ornament. Ihnen fehlt die *Aura*, wie Bloch es einmal genannt hat.[705] Die aus der Erinnerung an die langen »düsteren Korridore«, die alten »Ungetüme von Schrank« mit ihren knarrenden Türen hervorgehenden Erfahrungen »glückhaften« Wohnens mögen, »wo es um Empfindungen geht«, ein »unentbehrliches Hilfsmittel« sein.[706] Sie mögen als bewußt und kritisch wahrgenommene Kontrastwerte verdeutlichen helfen, daß die ehemals gekannten und gelebten Bindungen zerrissen sind und daß nichts Vergleichbares an ihre Stelle getreten ist. Aber zum ›Maßstab‹ erklärt, machen sie vergessen, daß sie im Grunde den gleichen gesellschaftlichen Verhältnissen entstammen, deren Rationalität und Selbstentfremdung sie heute bedrohen, ja, vielfach schon zerstört haben. Die »Sehnsucht nach dem Schloß mit langen Zimmerfluchten und seidenen Tapeten« hat Adorno als eine Kindheitserfahrung umrissen, welche in dem »Schauder vor der Gewalt [nachzittert], die eine irrationale Gesellschaft ihren Zwangsmitgliedern antut«.[707] Zugleich spricht er von ihr als der »Utopie des Entronnenseins«[708], in der etwas von dem »Ekel vor der Lauftreppe [der den Ekel vor der akademischen Stilarchitektur verdrängt zu haben scheint – M. M.], vor der von Loos gefeierten Küche, vorm Fabrikschornstein, vor der schäbigen Seite der antagonistischen Gesellschaft«[709] fortlebe. Wollte man dabei stehenbleiben, so verschriebe man sich jenen Phantasmen, in denen der Vergesellschaftungsprozeß nach rückwärts verzerrt wird, Bildern von einer Welt, deren Umwandlung, die Benjamin für unerläßlich hielt[710], stillgestellt ist. Der scheinbare Widerspruch von Subjektivismus und Politik, von Ästhetik und politischer Einbildungskraft, den der Surrealismus benannt hat[711], würde »eingefroren«.

4. *Die Verdrängung*

Berührt sich die »Utopie des Entronnenseins« in ihrer konservativen Tendenz nicht mit der Loosschen »Utopie der Ornamentlosigkeit«, auch wenn das utopische Konzept von Loos heute in der Architektur Wirklichkeit geworden ist? Warum sind die »Schuld, die [Loos] beugte, und die Reinheit, welche er proklamierte«[712], eine Schuld, die er am ganzen Menschengeschlecht empfand, und eine Reinheit, die er durch Reinigung der Erwachsenennatur von der »amoralischen« Kindernatur zu erlangen hoffte? Ist die »Geschichtskonstruktion« von Loos im Grunde nicht von dem Wunsch beseelt, einen Zustand der Gleichheit herbeizuführen, den die bürgerlich-kapitalistische Verfassung der Gesellschaft nur ideologisch verhieß, und der deshalb, da die Gleichheit nur dem Schein nach existierte, immer schon Ideologie war?

Loos schreibt:

»Aber der mensch unserer zeit, der aus innerem drange die wände mit erotischen symbolen beschmiert, ist ein verbrecher oder ein degenerierter. Es ist selbstverständlich, daß dieser drang menschen mit solchen degenerationserscheinungen in den anstandsorten am heftigsten überfällt. Man kann die kultur eines landes an dem grad messen, in dem die abortwände beschmiert sind. Beim kinde ist es eine natürliche erscheinung: seine erste kunstäußerung ist das bekritzeln der wände mit erotischen symbolen. Was aber beim papua und beim kinde natürlich ist, ist beim modernen menschen eine degenerationserscheinung. Ich habe folgende erkenntnis gefunden und der welt geschenkt: evolution der kultur ist gleichbedeutend mit dem entfernen des ornaments aus dem gebrauchsgegenstand.«[713]

Es ist nicht zu übersehen, daß die Heftigkeit, mit der Loos im Zusammenhang mit der Darstellung erotischer Symbole von »Verbrechern« und »Degenerierten« spricht, die Inhalte der Symbole selbst verdrängt. Doch er wußte, »daß das Leben kein Spiel ist, und die Kunst schon gar nicht, daß in ihr vor allem das Muß herrscht«.[714] Das hygienisch reine Gegenbild des »kulturlosen« Zustandes, in dem die erotischen Gebilde der Phantasietätigkeit ungetilgt wirken, hatte Loos zehn Jahre zuvor im Ideal abwaschbarer Toiletten- und Badezimmerwände propagiert. Der »Held« dieser hohen Kulturstufe ist für ihn der »Plumber« (engl. Bleigießer, Bleiarbeiter), der als »pionier der reinlichkeit«[715] die Heizungs- und Wasserleitungsanlagen als Installateur besorgt. Die »erzeugung einer kultur« sei eher durch den Bau von Badeanstalten als durch unnötige Kunstproduktion zu bewerkstelligen.[716] Der Gedanke, »daß es am ende des neunzehnten jahrhunderts ein land von millionen gibt, dessen einwohner nicht alle täglich baden können«[717], war ihm unerträglich. Kultur ist für Loos »Reinigung« der Menschen von ihrer unerfaßten Restnatur, Befreiung von der Schuld, die sich in Wünschen und Phantasien dieser Restnatur stetig anmeldet, Befreiung von der *»archaischen Erbschaft«*.[718] Loos trug schwer an dieser Last, und er glaubte, sie nur abwerfen zu können, indem er der individuellen Freiheit, wie sie in seinen Augen der »primitive Wilde« repräsentierte – anders als Freud – das Siegel des Kulturzustandes verweigerte.[719] Daraus erklärt sich, warum er die Phantasie erotischer Symbole in unmittelbare Nähe zum Perversen, Obszönen und Unsittlichen rückt.[720] Die durchaus fortschrittliche These, daß die unverstellte Phantasie sowie das künstlerisch-mimetische Ausdrucksvermögen des Primitiven und des noch nicht verbildeten Kindes Einblicke in die Kunst jenseits der die Instinkte verschüttenden Zivilisation gewähren[721], macht er damit freilich wieder zunichte. In *Ornament und Erziehung* schreibt er 1924, daß der »sadismus des achtzehnten jahrhunderts, seinen mitmenschen überflüssige arbeit aufzubürden«, dem »modernen menschen fremd« geworden sei.[722] Er übersieht dabei völlig die Entwicklung an der gesellschaftlichen Basis, die nicht zwangsläufig deshalb weniger überflüssige Arbeit vom Einzelnen verlangt, weil die Formen unnötiger Arbeit in der Periode noch maßgeblich handwerklich organisierter Warenproduktion vom Einzelnen konkret-sinnlich erlebt werden konnten. Loos vermengt Ursache und Wirkung, wenn er von der »Ornamentlosigkeit« der Gebrauchsgegenstände auf rationale und vernünftige Produktionsverhältnisse schließt. Das gleiche ist der Fall, wenn er vom Arbeiter behauptet, er sei so »gesund«, »daß er kein ornament erfinden kann«.[723] Loos war das rigide Prinzip der »Einsparung« gerade gut genug, um die verhaßten Ornamente verschwinden zu machen. Die wirtschaftlichen und gesellschaftlichen Verhältnisse seiner Zeit hat er im wesentlichen akzeptiert. Was er an ihnen kritisierte, war ihre partikulare Rückständigkeit, ihre unzulängliche Kraft, den Rationalisierungsprozeß konsequent voranzutreiben. Sein Begriff des Ökonomischen war gesättigt mit Profitabilitätsdenken. Wie diejenige Veblens stimmte seine Redeweise von »ökonomisch« »überein mit der des Geschäftsmanns, der eine unnütze Ausgabe als unökonomisch ablehnt«.[724] So galt sein Kampf auch nicht dem ›Häuserspekulanten‹, sondern dem Architekten, nicht dem Produzenten, sondern den Künstlern, die dem Warenproduzenten ihren Geschmack ›aufzuschwätzen‹ suchten.[725] Der »häuserspekulant [würde] am liebsten die fassade glatt von oben bis unten putzen lassen«, weil das am wenigsten Kosten bereitet.[726] Der Spekulant war Loos willkommen, weil er das ›richtige‹ ökonomische Prinzip durchsetzt und es im Häuserbau zur einzig vernünftigen Anwendung bringt, indem er die Ornamente wegläßt. Nicht gesehen hat Loos die in den die Produktivkräfte fesselnden Produktionsverhältnissen angelegten Tendenzen, die rationalen Methoden der industriellen Güterproduktion irrational in gigantische Zerstörungsmittel umzumünzen. Im wirtschaftlichen System der zwanziger Jahre in Deutschland spürte er nicht den latenten »Sadismus« (um sein Wort zu gebrauchen), der in der Ära des Faschismus nach 1933 die

Massen zwingen sollte, statt in der Konsumgüterindustrie in der Rüstungsindustrie oder in einer auf ›repräsentative Aufgaben‹ sich konzentrierenden Bauindustrie zu arbeiten.[727] Ihm war die Einsicht verschlossen, daß – wie es Walter Benjamin u. a. wußten – nur im Krieg die unnatürliche Verwertung der Produktionskräfte »unter Wahrung der überkommenen Eigentumsverhältnisse«[728] sich ›bewahrheiten‹ konnte.

Erst vor dem Hintergrund einer anarchisch produzierenden Gesellschaftsformation und einer mit ihr verbundenen »denaturierten« Daseinsweise der Massen wird verständlich, warum dem von Loos so bewunderten »modernen menschen«, dem »mann im overall«[729], »das ornament der primitiven Völker, das durchwegs [. . .] erotisch-symbolische bedeutung hat und dank seiner primitivität an kunst grenzt«, »noch fremder« geworden ist als die Ornamentformen der jüngsten Vergangenheit.[730] Wirft man von hier aus einen Blick auf die Kracauersche Charakterisierung des Massenornaments, so wird die ›Entsinnlichung‹ der erotischen Symbolik des Ornaments offenkundig. Gerade an einem solch typischen Produkt »der amerikanischen Zerstreuungsfabriken« wie den *Tillergirls* läßt sich ablesen, daß die erotisch faßbare Sinnlichkeit und Körperlichkeit eines einzelnen Mädchens zu »unauflösliche[n] Mädchenkomplexe[n]« geworden ist, »deren Bewegungen mathematische Demonstrationen sind«.[731] In dieser amerikanischen Tanzgruppe, die in den zwanziger Jahren den europäischen Kontinent bereiste, erscheinen die Körper der Mädchen geschlechtslos[732], ihre Bewegungen maschinenhaft – nichts mehr an ihnen erinnert an die im erotischen Tanz ästhetisch gesteigerte Versöhnung mit der Versagung: »Auch das frühere Ballett ergab Ornamente, die kaleidoskopartig sich regten. Aber sie waren nach der Abstreifung ihres rituellen Sinnes immer noch die plastische Gestalt des erotischen Lebens, das sie aus sich hervortrieb und ihre Züge bestimmte. Die Massenbewegung der Girls dagegen steht im Leeren, ein Liniensystem, das nichts Erotisches mehr meint, sondern allenfalls den Ort des Erotischen bezeichnet.«[733] Ein bezeichnendes Licht auf die zerstörerische Tendenz dieser Entwicklung wirft ein Satz Fritz Gieses, der an den ›Tillergirls‹ begrüßt, daß die Normen des maschinell beherrschten Arbeitsprozesses nun auch die Sphäre der Massenkultur zu prägen beginnen.[734] Und an anderer Stelle gesteht Giese freimütig ein: »Der Körper war unser Feind, das Erotische und die Machtlosigkeit unsere besondere Qual. Nun drillen wir ihn.«[735] Das »Erotische« soll durch die Disziplinierung der Körper ›diszipliniert‹, also verdrängt werden. In diesem Zusammenhang ist eine These von Loos aus dem Jahr 1926 zu sehen, in der er den Gedanken der »modernen Siedlung« mit der ins 19. Jahrhundert hinein fortwirkenden »Schrebergarten-Kultur« zusammenbringt.[736] Die Beherrschung der jenseits der Arbeitszeit frei werdenden Kräfte vollziehe sich in der modernen Siedlung in der nutzbringenden Gartenarbeit. Es gelte, die »acht stunden spiel«[737] zu kontrollieren. Die triebökonomische Umwandlung freier in gebundene Energie ist nach Loos' Kulturbegriff auch in der von Arbeit »freien« Zeit erforderlich, um den Entwicklungsgang von Kultur und Zivilisation zu garantieren. Loos verweigert damit den Massen jene »Sorgenbrecher«, mittels deren man, Freud zufolge, »sich jederzeit dem Druck der Realität entziehen und in einer eigenen Welt mit besseren Empfindungsbedingungen [wie sie Benjamin im Zustand des Rausches erfahren hat – M. M.] Zuflucht finden kann«.[738] Freud freilich warnt nur, daß »gerade diese Eigenschaft der Rauschmittel auch ihre Gefahr und Schädlichkeit bedingt«, da sie »unter Umständen die Schuld daran [tragen], daß große Energiebeträge, die zu Verbesserung des menschlichen Loses verwendet werden können, nutzlos verloren gehen«.[739] Loos hingegen versagt den Menschen diese »Entlastung«, wobei er nicht Rauschmittel, sondern die *Phantasietätigkeit* im Auge hat.

Wir haben festgestellt, daß Loos unter Verengung des Freudschen Kulturbegriffs auf ziemlich willkürliche Formen ökonomischer Nützlichkeit die Ornamentlosigkeit zu rechtfertigen sucht. Er ignoriert dabei die wesentlichen Widersprüche an der materiellen Basis und konzentriert sich ganz auf die Denunzierung ihm rückständig dünkender Phänomene des kulturellen Überbaus. Daraus entwickelt er die Kritik an gesellschaftlichen und ökonomischen Sachverhalten, die er freilich als Resultate »falschen Bewußtseins« seiner Zeitgenossen begreift. Loos sieht die Möglichkeiten einer ›vernünftigeren Ökonomie‹ durch die Unvernunft der Menschen behindert und führt deshalb einen Kampf gegen bürgerliche Vorurteile seiner Zeit, auf die er allerdings vielfach selbst mit eigenen bürgerlichen Vorurteilen antwortet. In dieser Auseinandersetzung tritt bei Loos das »seltsame Wechselspiel« zwischen reaktionärer Theorie und revolutionärer Praxis zutage, welches Walter Benjamin schon an Karl Kraus herausgestellt hat, dem das Privatleben zum Problem seines Kampfes gegen »immer neue Feinde« geworden sei.[740] Loos' an Zucht und Ordnung[741] gemahnender Angriff auf das Ornament ist selber von den Widersprüchen der Gesellschaft seiner Epoche geprägt: einerseits wünscht er mit seinen architektonischen Raum-Entwürfen die Autonomie des bürgerlichen Subjekts als überständig zu entlarven, andererseits hält er am bürgerlichen Subjekt-Begriff und dem Bild der Autonomie fest, indem er dieses Subjekt zum entscheidenden Agenten der Geschichte erklärt – sei es nun der »plumber«, der »mann im overall« oder der »geistige Aristokrat«, der Mensch, der »an der spitze der menschheit steht und doch das tiefste verständnis für das drängen und die not der untenstehenden hat«.[742] Loos hat die ›Verbesserung‹ des menschlichen Subjekts im Auge. Das gilt auch für sein Architektur-Konzept. Er träumt von Städten, deren Straßen »wie weiße mauern glänzen«[743] (was auch als Forderung nach der hygienisch einwandfreien Stadt zu verstehen ist). Und dort, wo er vom großbürgerlichen Individuum seiner Zeit abrückt und sich der Masse zuwendet (jedoch ohne ihren Standpunkt zu teilen), scheut er sich nicht – wie im Falle der »Kultur der Schrebergärten« –, auf Modelle des vorigen Jahrhunderts zurückzugreifen. Es bleibt einer der Hauptwidersprüche im Denken von Loos, daß er im Verein mit psychoanalytischen Erkenntnissen seiner Zeit und Generation an der Entzauberung des bürgerlichen Subjekts gearbeitet und zugleich versucht hat, diese Entzauberung vergessen zu machen, ihre Ursachen zu kaschieren. So proklamierte er den »Verzicht« und die Disziplinierung der individuellen Bedürfnisse, Hoffnungen, Sehnsüchte und Wunschvorstellungen. Er setzte mit der von ihm antizipierten Architektur, vor allem in *Ornament und Verbrechen*, einen gesellschaftlichen Zustand positiv, den die Psychoanalyse sich mit guten Gründen zu differenzieren bemühte: die vorgeblich intakten und rationalistisch bestimmten Wert- und Moralvorstellungen seiner Zeitgenossen.

Erwin Mitsch spricht in seiner *Schiele-Biographie* von einer Atmosphäre in Wien, die, voll von »Verunsicherung und Bedrohung, [. . .] den Blick für die Krankheitssymptome«[743a] menschlicher Existenz geschärft habe. »Mit stärkster Vehemenz wird gegen die rationalistische und positivistische Weltanschauung des Bürgertums und seiner Moralvorstellung revoltiert. [. . .] Die dunklen, jenseits der Bewußtseinsschwelle liegenden Kräfte der Seele, die nicht begriffen, sondern nur erahnt werden, erhalten den absoluten Vorrang gegenüber einem vordergründigen Wissen und verstandesmäßigen Erkennen. Einer positivistisch orientierten Psychologie [. . .] wird mit größtem Mißtrauen begegnet. Vernunft und Wille und ein darauf begründetes Wertsystem treten zurück hinter den Entdeckungen des unkontrollierbaren, unterbewußt Triebhaften im Menschen« (ibid.). Nicht so bei Loos. Ihm erscheint das »unterbewußt Triebhafte im Menschen« als die große Bedrohung der kulturellen Entwicklung des Menschengeschlechts. Daraus entstehen weitere Widersprüche in seinem Denken, wo er von der gesellschaftlichen Rolle der Phantasie handelt.

5. *Phantasie und Ornament bei Loos*

In Freuds Aufsatz *Der Dichter und das Phantasieren* erscheint die Phantasie des erwachsenen Menschen als Resultat der Lustversagung, die ihm von der Gesellschaft auferlegt wird. Loos entziffert in den erotisch-symbolischen Ornamenten den Ausdruck versagter Lust und müht sich, auch ihn zu verdrängen, weil selbst noch der Ausdruck versagter Lust Spuren des Lustversprechens aufweist. Ja, er erweitert diesen Verdacht auch auf die Kunst, die ebenfalls in der Erotik ihren Ursprung habe – er vergleicht die schöpferische Antriebsmotivation dessen, der das erste Kunstwerk »an die wand schmierte« mit dem »Schaffensdrang« Beethovens.[744] Es muß daher überraschen, daß Loos gleichwohl an der Autonomie festhält: »Das kunstwerk ist niemandem verantwortlich«; es ist »das große mißverständnis, daß die kunst etwas ist, was einem zwecke angepaßt werden kann«.[745]

Um diesen augenscheinlichen Widerspruch zwischen der ästhetischen Theorie, die freilich fragmentarisch geblieben ist, keine systematische Entfaltung erfahren hat, und der Praxis bei Loos verstehen zu können, ist es von Nutzen, den von Freud entwickelten Phantasiebegriff heranzuziehen. Von diesem scheint Loos einige Elemente entlehnt zu haben. Er könnte Freuds Überlegungen zur Bedeutung der Phantasie für den künstlerischen Schaffensprozeß in deren Zusammenfassung in der Wiener Tageszeitung *Die Zeit* kennengelernt haben.[746]

Freud geht davon aus, daß das Kind in seiner »liebsten und intensivsten Beschäftigung«, dem *Spiel,* »die Dinge seiner Welt in eine neue, ihm gefällige Ordnung versetzt«.[747] Auf dieses Spiel, das vom Kind überaus ernst genommen wird, verwendet es große Affektbeträge; zugleich lehnt das Kind »seine imaginierten Objekte und Verhältnisse gerne an greifbare und sichtbare Dinge der wirklichen Welt an«.[748] Durch den spielerischen Umgang mit den Dingen der Wirklichkeit lernt das Kind, sich in der Welt der Erwachsenen zu orientieren, ohne sich seiner Wünsche zu schämen[749] – gänzlich anders als der Erwachsene, wenn er die vormals im Spiel gekannten Formen des Lustgewinns in der Phantasietätigkeit zurückzugewinnen versucht. Der Erwachsene, der im Phantasieren die Anlehnung an reale Objekte aufgibt[750], baut sich in den Tagträumen[751] eine besondere Welt auf. Und da er sich bewußt ist, daß diese Welt der Realität der gesetzten Ordnung und Normen nicht entspricht, verbirgt er die Phantasien und behält sie für sich: »Der Erwachsene aber schämt sich seiner Phantasien und versteckt sie vor anderen, er hegt sie als seine eigensten Intimitäten, er würde in der Regel lieber seine Vergehungen eingestehen als seine Phantasien mitteilen. Es mag vorkommen, daß er sich darum für den einzigen hält, der solche Phantasien bildet, und von der allgemeinen Verbreitung ganz ähnlicher Schöpfungen bei anderen nichts ahnt.«[752]

Erinnern wir uns daran, daß Loos von ähnlichen Überlegungen ausgeht: Das Spiel des Kindes und seine erotisch-symbolischen Kritzeleien sind ihm »ein natürlicher Vorgang«, und das Kind braucht sich seiner Kinderspiele nicht zu schämen. Der erwachsene »moderne mensch« hingegen hat sich seiner Phantasien zu schämen, er darf sie nicht vorzeigen. Seine erotischen Ornamentgebilde stoßen Loos ab, er »verabscheut« sie und empfindet bei ihrem Anblick »keine lustgefühle«

mehr.[753] Dies stimmt mit Freuds Beobachtung überein, daß der Tagträumer, wenn er uns seine Phantasien mitteilen würde, »uns durch solche Enthüllungen keine Lust bereiten [könnte]. Wir werden von solchen Phantasien, wenn wir sie erfahren, abgestoßen oder bleiben höchst kühl gegen sie«.[754] Loos fühlt sich in der Tat von ihnen abgestoßen, und bezeichnenderweise fürchtet er sie vor allem dort anzutreffen, wo der Mensch unbeobachtet Zeugnisse seiner erotisch motivierten Tagträume für andere hinterlassen kann: an den *Abortwänden.*

Weist Freud ausdrücklich darauf hin, daß die unerfüllten Wünsche die Triebkräfte der Phantasie sind[755], so reduziert Loos diesen Zusammenhang fälschlich auf die optimistische Vorstellung, daß mit der Abschaffung der an die unerfüllten Wünsche gemahnenden Symbole die Wünsche selbst aus der Gedankenwelt verschwänden. Ornamentlosigkeit sei ein Zeichen »geistiger Kraft«[756], weil sie den Beweis für die Beherrschung der Triebwünsche erbringe und anzeige, daß ein weitaus »lohnenderer« Ersatz in einer die kulturellen und wirtschaftlichen Leistungen der Gesellschaft vorantreibenden Tätigkeit gefunden werden könne. Mag Loos den Weg zu dieser Tätigkeit auch in ihren menschheitsgeschichtlichen Anfängen im Verzicht begründet sehen, so hegt er zugleich die ›technokratische Zuversicht‹, daß die Bestimmung der Arbeit als stete Trieb- und Lustversagung überwunden werden könne. Das allgemeine Unbehagen in der Kultur[757] wird von Loos als ein allgemeines verdrängt, äußert sich bei ihm nur als Unbehagen an einer ganz bestimmten Form von Kultur(losigkeit). Sein hochfahrender Wunsch, die Menschen von den dumpfen Triebregungen, die sie am freien Denken hindern, zu befreien, wird zu einer eindimensionalen Theorie vom Menschenglück. Dabei begeht er den gleichen Fehler, der denen vor ihm unterlaufen ist, die mit den Ornamenten sinnbildlich der Individualität gegenüber der Technik zu ihrem Recht verhelfen wollten. Wie diese, denen er den Kampf angesagt hatte, beharrt auch Loos auf einem Dualismus, der das Subjekt und das Objekt einander unvermittelt gegenübersetzt. Versucht der Jugendstil aufgrund »seiner Innerlichkeit mit der Technik es aufzunehmen«[758], so geht Loos den umgekehrten Weg und stellt den individuellen Phantasien eine Realität gegenüber, die sie verurteilt. Er sieht nicht, daß die leerlaufenden Wünsche des Einzelnen sich nicht allein aus der individuellen Leidensgeschichte erklären lassen, sondern von den sozialen und ökonomischen Verhältnissen mit bestimmt sind. Er verlangt, daß der Mensch sich seiner Phantasie begebe. Und so ist es denn nur konsequent, wenn er den Tagträumer als »pathologische Erscheinung«, als »Verbrecher« und »Degenerierten« denunziert. Anders als Freud[759] stellt Loos einen Zusammenhang zwischen »Krankheit« und »Phantasie« her.[760] Krank seien diejenigen, die die Menschheit mit ihren Ornamentgestalten »tyrannisierten«.[761] Hat Loos nicht zu sehen vermocht, daß es einen gesellschaftlich bedeutsamen Unterschied gibt zwischen wahrhaft überflüssig gewordener Phantasietätigkeit und einer, die nur deshalb so wenig von sich reden macht, weil die Formen ihrer Einschränkung (z. B. im mechanisierten Arbeitsprozeß[762]) universell geworden sind? Zweifellos ist Loos in manchem der Freudschen Theorie gefolgt, wo sie ihm für die eigene Theorie und Praxis hilfreich erschien, so z. B. Freuds Hinweis, daß das »Überwuchern und Übermächtigwerden der Phantasien [...] die Bedingungen für den Verfall in Neurose oder Psychose her [stellt]«.[763] Die für die Anpassung an die Realität prekären Formen der Phantasietätigkeit jedoch wünscht Loos lieber abgeschafft als im Sinne Freuds verarbeitet und erkannt. Was er fordert, ist die permanente Wiederholung des einmal Erreichten, das er in der ornamentlosen Architektur bereits vor sich sieht. In einer Welt, in der ein Haus dem anderen gleichen soll, verliert sich eine Phantasie, die über die von der Realität festgesetzte »Zeitmarke« hinaus zwischen verschiedenen Zeitmomenten sich bewegt: wo also »Vergangenes, Gegenwärtiges, Zukünftiges wie an der Schnur des durchlaufenden Wunsches aneinandergereiht« sind.[764] Wiederholung schließt Veränderung aus. Das Ornament, als gattungsgeschichtlich frühestes Zeichen eines Zustandes der Sinnlichkeit betonter erotischer Symbole und als individualgeschichtliches Mittel zur *primären Wiedererkennung* (i. e. Erinnerung, die sich an eine vorbegriffliche Erfahrung, ein vorbegriffliches Verstehen wendet[765]), enthält in Loos' Konzept Spurenelemente von Veränderungskraft. Das erklärt, warum er so sehr darauf beharrt, daß die Ornamente ihren Zusammenhang mit der Gattungsgeschichte verloren hätten: »Da das ornament nicht mehr organisch mit unserer kultur zusammenhängt, ist es auch nicht mehr der ausdruck unserer kultur. Das ornament, das heute geschaffen wird, hat keinen zusammenhang mit uns, hat überhaupt keine menschlichen zusammenhänge, keinen zusammenhang mit der weltordnung. [. . .] Das moderne ornament hat keine eltern und keine nachkommen, hat keine vergangenheit und keine zukunft.«[766] Mag man auch in Rechnung stellen, daß Loos hier gegen die Ornamente des Jugendstils eines Henry van de Velde, Otto Eckmann und Joseph Maria Olbrich argumentiert, so nimmt dies doch nichts davon zurück, daß er mit den Ornamenten des Jugendstils die Wiedererinnerungssymbolik zu verdrängen sich bemüht hat.[767] Verstand sich doch der Jugendstil – die, nach Adorno, »in Permanenz erklärte Pubertät«[768] – als bewußte Anknüpfung an die Objekte infantiler Wunschsymbolik. Gleichwohl bekundet sich in seiner Sprachform eine Phantasietätigkeit, die verschwiegene, unterschlagene Träume, Erinnerungen, Sehnsüchte, extreme Zustände der bedrohten Sinnlichkeit heraufbeschwört.[769] (Zeichnungen und Aquarelle von Egon Schiele und Blätter von Aubrey Beardsley[770] fallen einem hier ein. Schiele hatte sich rasch von der Klimtschen, die Bedrohung abwehrenden Ornamentik gelöst. Seine Figuren sind nicht mehr, wie die Klimts, Funktionen des Ornaments, sondern selbst zu Gestaltträgern psychischer Spannungen, bis hin zur erlebten Deformation, geworden.)

Wir müssen unterscheiden zwischen einer berechtigten Kritik von Loos an der im Jugendstilornament zum Ausdruck kommenden *Fluchttendenz*[771] und den in seiner Kritik wirksam werdenden Abwehrmomenten gegen die sinnlich-mimetische Bedeutung des Ornaments.[772] Lassen wir es bei der ersten Beobachtung bewenden, dann kann es kaum verwundern, daß die »negative Schönheit« der Architektur von Loos nicht als »Schönheit der Abstinenz« erscheint, sondern – versöhnlich positiv – als eine Schönheit, die sich, »pluralistisch beschaffen, auf verschiedene, koexistierende Realitätsebenen«[773] verteilt. Wie sich Werner Hofmann »pluralistische« Schönheit (wohl gibt es einen antagonistischen Schönheitsbegriff im Sinne von Rosenkranz' ›Ästhetik des Häßlichen‹) und die Koexistenz der verschiedenen Realitätsebenen im Sinne von Loos denkt, zeigt sich in folgendem. So wie Loos das Kunstwerk von der »Promiskuität mit dem Gebrauchsgegenstand« befreit und, im Geiste Ruskins, »eine scharfe Trennung zwischen ›architecture‹ und ›mere building‹ postuliert« habe, so habe er »der künstlerischen Schöpfung wieder die Würde der Selbstzweckhaftigkeit«[774] verliehen. Zugleich entbinde er »die übrigen Bereiche der Wirklichkeit vom ästhetischen Diktat des Gesamtkünstlers und läßt sie wieder zu sich selbst kommen«.[775] Hofmann übergeht stillschweigend, daß sich in der Theorie von Loos einander widersprechende Wirklichkeitsebenen von Kunst und architektonischer Praxis gegenüberstehen: der Gedanke an deren Koexistenz ist daher ein idealistischer, der in der heutigen Gesellschaft zu jenem eingangs beklagten Antagonismus von Lust und Rationalität geführt hat. Einerseits verdrängt Loos die Phantasien aus der Alltagssprache der Architektur[776] und läßt er Architektur als Kunst erst dort wieder zur Geltung kommen, wo sie den Lebenden bereits den Rücken gekehrt hat (i. e. in der Grab- und Denkmalarchitektur[777]), andererseits beläßt er die »hohe Kunst« in ihrer Autonomie. »Wer aber weiß, daß die kunst dazu da ist, um die menschen immer weiter und weiter, immer höher und höher zu führen, sie gottähnlich zu machen, der empfindet die verquickung von materiellem zweck mit kunst als profanation des höchsten.«[778]

Kehren wir noch einmal zur Beurteilung der Phantasie durch Freud zurück. Auf die Frage: »Sollten wir die ersten Spuren dichterischer Betätigung nicht schon beim Kinde suchen?«[779] antwortet er mit einem Vergleich: »Der Dichter tut [...] dasselbe wie das spielende Kind; er erschafft eine Phantasiewelt, die er sehr ernst nimmt, d. h. mit großen Affektbeträgen ausstattet, während er sie von der Wirklichkeit scharf sondert.«[780] Das heißt, daß der Dichter sich in der glücklichen Lage befindet, als Erwachsener ohne Scham zu phantasieren. Was seine Phantasien von den (oftmals als obszön empfundenen) Phantasien »normaler« Erwachsener unterscheidet, ist nichts anderes als die künstlerische Technik, die seine Phantasieprodukte prägt. »Aus der Unwirklichkeit der dichterischen Phantasie ergeben sich [...] sehr wichtige Folgen für die künstlerische Technik, denn vieles, was als real nicht Genuß bereiten könnte, kann dies doch im Spiele der Phantasie, viele an sich peinliche Erregungen können für den Hörer und Zuschauer des Dichters zur Quelle der Lust werden.«[781] Die in die künstlerische Ausdrucksform eingespannte Phantasie – das, was wir im Spiel für die »persönlichen Tagträume des Künstlers zu erklären geneigt sind« – empfinden wir nicht mehr als »abstoßend«, vielmehr erfahren wir darin »hohe, wahrscheinlich aus vielen Quellen zusammenfließende Lust«.[782] Der Künstler verarbeitet Freud zufolge seine Tagträume in einer Weise, daß sie für die anderen »mitgenießbar« werden – womit eine wichtige Voraussetzung dafür erfüllt sei, daß es einen Rückweg für die Phantasie zur Realität gibt.[783] »Wir haben die kunst, die das ornament abgelöst hat«[784]; das heißt, daß der »kultivierte mensch« des 20. Jahrhunderts – so Loos – künstlerische Ausdrucksmittel besitzt, die es ihm erlauben, die Widersprüche der Wirklichkeit disziplinierter darzustellen als im primitiven Ornament.[785] Als Freund von Arnold Schönberg und Oskar Kokoschka[786] hat Loos, die künstlerische ›Avantgarde‹ verteidigend, darauf insistiert, daß die Kunst den Menschen verstöre, da sie ihm neue Wege weise und ihn »aus seiner gewonnenen und gesicherten position reißen will und belästigt«.[787] Es liegt somit nahe anzunehmen, daß Loos in der »hohen Kunst« weiterhin die Momente unterdrückter Triebhaftigkeit gewahrt hat, die ihn in der Alltagssprache so sehr schockierten. Dem entspräche, was Adorno von der Musik Schönbergs sagt: »Sie setzt das bedrohlich Triebhafte frei, das sonst Musik nur filtriert und harmonistisch gefälscht durchläßt; und spannt die geistige Energie aufs äußerste an; das Prinzip eines Ichs, das stark genug wäre, den Trieb nicht zu verleugnen.«[788] Loos indes schränkt diese Bedrohung ein, indem er den Künstler nur auf sich selbst verpflichtet: »Derjenige, der ihm den auftrag erteilt, ist er selbst.«[789] Die in der Kunst geborgene Sinnlichkeit verliert ihren konkreten Zusammenhang mit der Wirklichkeit für Loos gleichsam doppelt: einmal aufgrund der spezifischen künstlerischen Technik, zum anderen wegen der autonomen gesellschaftlichen Stellung des Künstlers, der Kunstwerke in die Welt setzt, »ohne daß ein bedürfnis dafür vorhanden wäre«.[790] Diese Einstellung hat Freud eindringlich am Beispiel des Zuschauers eines Theaterstückes beschrieben:

»Das teilnehmende Zuschauen beim Schau-Spiel leistet dem Erwachsenen dasselbe wie das Spiel dem Kinde, dessen tastende Erwartung, es dem Erwachsenen gleichtun zu können, so befriedigt wird. Der Zuschauer erlebt zu wenig, er fühlt sich als ›Misero, dem nichts Großes passieren kann‹, er hat seinen Ehrgeiz, als Ich im Mittelpunkt des Weltgetriebes zu stehen, längst dämpfen, besser verschieben müssen, er will fühlen, wirken, alles so gestalten, wie er möchte, kurz Held sein, und Dichter-Schauspieler ermöglichen ihm das, indem sie ihm die *Identifizierung* mit einem Helden gestatten. Sie ersparen ihm auch etwas dabei, denn der Zuschauer weiß wohl, daß solches Betätigen seiner Person im Heldentum nicht ohne Schmerzen, Leiden und schwere Befürchtungen, die fast den Genuß aufheben, möglich ist; er weiß auch, daß er nur *ein* Leben hat und vielleicht in *einem* solchen Kampf gegen die Widerstände erliegen wird. Daher hat sein Genuß die Illusion zur Voraussetzung, d. h. die Milderung des Leidens durch die Sicherheit, daß es erstens ein anderer ist, der dort auf der Bühne handelt und leidet, und zweitens doch nur ein Spiel, aus dem seiner persönlichen Sicherheit kein Schaden erwachsen kann. Unter solchen Umständen darf er sich als ›Großen‹ genießen, unterdrückten Regungen wie dem Freiheitsbedürfnis in religiöser, politischer, sozialer und sexueller Hinsicht ungescheut nachgeben und sich in den einzelnen großen Szenen des dargestellten Lebens nach allen Richtungen austoben.«[791]

Dies scheint Loos' Meinung zu sein, wo er die »hohe Kunst« mit der der Wirklichkeit angepaßten ornamentlosen Architektur in Beziehung setzt. Schwerlich kann hier von einer »Linie« die Rede sein, »die vom Ornamentverächter Loos zum Kunstverächter Duchamp führt«.[792] Wohl gibt es, abstrakt gesehen, Verbindungen zwischen einer der Kunst entsagenden Architektur und den Angriffen der Dadaisten auf den bürgerlichen Kunstbegriff; doch Loos verläßt an keiner Stelle das bürgerliche Urteil, auch wenn er (unter dem Eindruck der Psychoanalyse) daran einiges revidiert. Entscheidend bleibt, daß er der Architektur eine von der Phantasieproduktion ausgeklammerte Realität zumißt, die – bewußt konstruiert – von der in der »hohen«, autonomen Kunstform genossenen Phantasie ergänzt wird. So wie er die Architektur vom Anspruch der in der Phantasie aufsteigenden Wünsche befreit, so löst er die Kunst von ihrer Aufgabe, die in ihr vorkommenden Ansprüche auf Wünsche, die sich gegen das in der Realität erfahrene Leid richten, in die Realität zurückzuführen.

X. Die Aufhebung des Ornaments

1. Die Entzauberung bürgerlicher Privatheit

Die *Aktualität* der Thesen von Loos besteht meines Erachtens darin, daß er zu Beginn dieses Jahrhunderts in seinen Schriften und in seiner Tätigkeit als Architekt wie kaum ein anderer das Verhältnis von Architektur und bürgerlicher Gesellschaft vorgezeichnet hat, wie es uns heute beschäftigt. Sieht man einmal ab von vereinzelten utopischen Ansätzen, so ist Loos – nicht zuletzt wegen seines geradezu pedantisch-detektivischen Interesses am Aufspüren alltäglicher kultureller Details, an denen er kritisierte, was ihm an der Architektur insgesamt fragwürdig erschien[793] – von unbeugsamer ›Ehrlichkeit‹ in den Grundsätzen ornamentloser Umweltgestaltung in der bürgerlichen Gesellschaft. An der Fetischisierung der Technik und der Ästhetisierung der Maschine, denen seine Zeitgenossen das Wort redeten, hat er nicht beteiligt, obschon auch er genau beobachtete, wie die Technik vom Leben Besitz ergriff, z. B. in der Bauweise und in den Gebrauchsgegenständen der Alltagswelt. Daß sich daraus Konsequenzen für die gesamte Kunstproduktion hätten ergeben können, wollte Loos nicht wahrhaben. Kunst und Technik hätten miteinander nichts gemein, eine »verquickung der kunst mit dem gebrauchsgegenstande« sei die »stärkste erniedrigung, die man ihr antun« könne.[794] Das erklärt auch, warum Loos den »Ehrgeiz« der im Bauhaus zusammengefaßten Architekten und Künstler nicht guthieß, »den schöpferischen Künstler aus seiner Weltfremdheit aufzurütteln und seine Beziehung zur realen Werkwelt wiederherzustellen, sowie gleichzeitig die starre, fast ausschließlich materielle Einstellung des Geschäftsmannes zu lockern und zu vermenschlichen«.[795] So polemisierte er bereits 1908 gegen den *Werkbund*, der, wie ihm schien, an die Stelle der »gegenwärtigen kultur« lediglich eine andere setzen wollte.[796] Dem Werkbund und dem 1919 in Weimar von Gropius gegründeten Bauhaus ist mit Gründen vorzuhalten, daß sie in ihrer Technikgläubigkeit *und* ihrer romantischen Hoffnung auf einen »humanen Kapitalismus« die Analyse gesellschaftlicher Verhältnisse zugunsten der Entwicklung eines abstrakten »objektiven Systems« von funktionsgerecht gestalteten Gebrauchswerten offen vernachlässigt haben.[797] An Loos hingegen ist zu kritisieren, daß er insgeheim an der bürgerlichen Vorstellung von Technik und Kunst festhielt, in der die Technik, wie Boris Arvatov gesagt hat, »strenge Berechnung, Kalkulation, Zeichnung« bedeutet, die Kunst jedoch den »Höhenflug in den Himmel der Inspiration«.[798] Doch dies ist gerade der Punkt in der Argumentation von Loos, wo er sich – mag es sich auch ironisch ausnehmen – als der Realist unter den Funktionalisten erweist. Mit *Ornament und Verbrechen* hatte er einen Zustand in der Architektur beschrieben und vorausgesagt, an dem die ihm nachfolgenden Architekten Wesentliches zu verändern kaum in der Lage waren.

Als beispielhaft für das Bemühen, in den von der Wirklichkeit gezogenen Grenzen doch noch den Versuch, ›menschliche Heimat herzustellen‹, ins Auge zu fassen, mögen die Äußerungen des Werkbund-Mitglieds Walter Riezler zur Werkbund-Ausstellung 1924, *Form ohne Ornament,* gelten. Riezler gesteht ein, daß die »Zeit für jene Synthese«, die Loos für die Architektur gänzlich in Abrede stellt, noch nicht gekommen sei.[799] Ohne aber Loos zu erwähnen (was dieser verärgert im Vorwort zu *Trotzdem* 1930 bemängelt hat[800]), spricht auch Riezler von der zum »Mathematischen, Stereometrischen, Abstrakten« neigenden ›technischen Form‹; die ›primitive Form‹ hingegen neige zum ›Vegetativen‹.[801] Weiter führt er aus: »Die stereometrische Form: intellektuell, kühl, hell, wach, kristallisch, *bändigt alles Triebhafte durch Vernunft,* unterwirft jedes Ding einer strengen, rationalen Gesetzmäßigkeit.«[802] In der technischen Zweckform lebt allein der Geist, der »hinter der Technik steht«, aus der der »leidenschaftliche Wille zur Macht, zur Beherrschung der Naturkräfte, der Triumph menschlicher Vernunft und Freiheit, das neue Ethos der Sachlichkeit [. . .] des modernen Menschen« sprechen.[803] Allerdings nimmt Riezler einiges von der Loosschen Strenge zurück, da er die primitive Form, die »aus unserer Sehnsucht nach neuer Naturverbundenheit« erwachse[804], nicht »wegdekretieren«[805] zu können glaubt – vor allem deshalb nicht, weil etwas von ihrem »Lebensgefühl« in uns allen am Werk sei: »Mehr noch: sie ist in der technischen Form als polarer Gegensatz notwendig enthalten. Aber sie wird immer Ausdruck einer ganz persönlichen künstlerischen Leistung sein und sie wird immer im strengen Sinne Handwerk sein müssen. Damit rückt sie mehr und mehr hinüber zur freien Kunst.«[806] Dennoch unterscheidet sich Riezlers Position im Grundsatz kaum von derjenigen Loos'. Er bedauert zwar, daß wir die Technik »zugleich fürchten und hassen«, da wir sie nicht beherrschen und sie ein »Dämon« ist, »in dessen Gewalt wir sind, ein Moloch, dem wir furchtbare Opfer an Menschenglück und Menschenwürde bringen«[807], hält aber, anders als Loos, an der Idee einer kosmischen Aussöhnung mit ihr fest. »Nicht darum geht es zuletzt, daß wir die technische oder die primitive Form bejahen, sondern, daß wir alles, was wir tun, ernst nehmen, daß wir auf alles eitle Spiel verzichten, daß wir aus der Zeit, aus dem innersten und tiefsten menschlichen Erleben der Zeit heraus künstlerisch bilden. Dann wird vielleicht entstehen, was man heute nicht denken kann und doch aussprechen muß: eine Synthese von technischer und primitiver Form, eine Synthese in der beides enthalten und beides doch ›aufgehoben‹ und nicht mehr unterschieden ist.«[808]

Erwiesen sich Mitarbeiter des ›Deutschen Werkbundes‹ wie Riezler in ihrer beabsichtigten Einflußnahme auf die realpolitischen Verhältnisse ihrer Zeit in den entscheidenden Fragen als »wirklichkeitsfremd«[809], so kann das von Loos nur mit Einschränkungen gesagt werden. Selbst wenn wir die von ihm in eine vernünftiger organisierte Ökonomie gesetzten Hoffnungen berücksichtigen, hat er doch ziemlich nüchtern das Auseinandertreten künstlerischer Gestaltung und zweckgebundener Konstruktion in der Architektur vorausgesehen.

Loos steht sowohl für den Beginn einer neuen geschichtlichen Phase als auch für den Zerfall der großbürgerlichen Kultur, der er in der Architektur ein Ende bereitete. Das »Neue« wird deutlich an der strenggezogenen Demarkationslinie zwischen Nützlichem und Unnützem, an der rigiden Ächtung der freien Phantasietätigkeit, die freilich von Loos' Ideologie der »Reinheit« nicht völlig gedeckt erscheint. Sowohl in ihrem ökonomischen als auch in ihrem moralisch-ethischen Gebrauch fällt Phantasie mehr und mehr aus dem herrschenden Verwertungsinteresse, das Loos vertritt, heraus. Mit der Denunzierung der Phantasie anhand der Ornamente, in der die Inhalte der Phantasien konkret-sinnliche Gestalt annehmen, zieht Loos in der von ihm konzipierten Architektur das bürgerliche Ich wieder zurück in den Bereich des Privaten. So wie ihm die Kunst eine Privatangelegenheit des Künstlers ist, so sind ihm Gefühle, Wünsche, Phantasien etc. ›Privatsachen‹, die es vor den anderen zu verbergen gilt. Und obschon die von ihm entworfenen Räume (vgl. Abb. 49) in ihrem Innern ›gereinigt‹ sind von den Spuren einer bloß oberflächlich angeeigneten Geschichte, von den Nachzeichnungen vorgefundener Spuren, so ist er doch nicht wirklich fortschrittlich, denn »wirklicher Fortschritt« wäre am *Fortschreiten* (Brecht) und den dafür offengehaltenen gesellschaftlichen Bedingungen zu bestimmen. Der Bruch mit der geschmähten Vergangenheit ist fortschrittlich einzig in bezug auf das Andauern dieser Vergangenheit in der Gegenwart[810], nicht jedoch im Hinblick auf das Zukünftige. Gewiß, das aufklärerische Moment der Loosschen Entzauberung des 19. Jahrhunderts als Mythos drängt zur Befreiung der Menschen; Loos will sie von dem Bann, wofür ihm das Ornament die Symbolform ist, befreit sehen, den die Menschen selbst auf sich ausüben. Aber er beläßt es bei der Verurteilung des Banns und erschöpft sich in der Herstellung brauchbarer Apparaturen, die diesen Bann immer nur niederhalten.

Walter Benjamin hat (nicht immer direkt vermittelt) das im Fortschrittlichen gleichsam befangene fortschreitende Moment in der Architektur von Loos und anderen kritisch weiterzudenken sich bemüht. Er hat die von ihm zunächst nachhaltig begrüßten Möglichkeiten »neuen Wohnens«, die er in den Räumen von Loos und Le Corbusier sowie in den Utopien der Glasarchitektur Paul Scheerbarts und Bruno Tauts[811] entstehen sah, skeptisch als einen »Rausch« und »moralischen Exhibitionismus« beschrieben: »Die Diskretion in Sachen eigener Existenz ist aus einer aristokratischen Tugend mehr und mehr zu einer Angelegenheit arrivierter Kleinbürger geworden.«[812] Benjamin dachte dabei an die Interieurs, in denen der Mensch sich mit verhüllten, abgestorbenen und aus dem Warenverkehr gezogenen Gegenständen der Warenproduktion gegen die Erfahrung der Außenwelt abschirmte. Wohl kann davon ausgegangen werden, daß im Werk von Loos und dem anderer Architekten die vormalige Ungleichzeitigkeit von Architektur und Produktivkraftentwicklung weitgehend aufgehoben war. Benjamin aber fragt nach den Konsequenzen daraus für die Beziehungen der Individuen untereinander und nach dem Verhältnis, unter dem sie einander künftig gegenübertreten werden. Es duldet keinen Zweifel, daß diese Architekturen Verhaltensweisen und Handlungsmuster favorisieren, die – nach dem Urteil Benjamins – der (klein)bürgerlichen Privatheit tief zuwider sind. Die kollektiven Erlebnisstrukturen, wie sie sich dem »homogenen Weltstadtpublikum« in der Scheinöffentlichkeit kultureller Massenveranstaltungen oder in der von Richard Hamann befürworteten scheinhaften »Allsichtbarkeit öffentlichen Getriebes«, in der es keine »Intimitäten« mehr gebe[813], darbieten, signalisieren Veränderungen nicht bloß an der gesellschaftlichen Oberfläche. Gerade die Entwicklung zum Faschismus hat gezeigt, daß die ›Wiedererlangung‹ verlorengegangener Ich-Identität in der kollektiven Identität der homogenen Masse ideologisch vorgetäuscht war, keine Stütze in der materiellen Basis hatte. Im Siedlungsbau des deutschen Faschismus tritt zutage, was Alexander Schwab 1930 vorausgeahnt hat: daß die (auch psychologische) Struktur der Räume von Le Corbusier und Oud in ihren ästhetischen Dimensionen den Empfindungen und Wünschen des damaligen Kleinbürgertums in keiner Weise entsprach.[814] Davon ist auch die Rede in einer 1928 in einem Beitrag (in der damals in Basel erscheinenden Zeitschrift *ABC – Beiträge zum Bauen*) erhobenen Forderung, die Ungleichzeitigkeit von Produktionsweise (aus der die Gestalt der Architektur als Massenprodukt hervorgehe) und herrschender Ideologie zu durchbrechen: »Wir haben den [...] Schritt zu tun: den Übergang aus einer *zwangsläufig* kollektiv produzierenden, in ihren herrschenden Idealen aber stets noch [bürgerlich – M. M.] individualistisch gerichteten Gesellschaft in eine *bewußt* kollektiv denkende und arbeitende Gesellschaft.«[815] Im Grunde hieß das nichts anderes, als den gesellschaftlich kollektiven Charakter der Produktion von einer Aneignungsweise, welche die wahren Produzenten von ihren Produkten trennt, zu befreien.

Loos erhält die »Diskretion in Sachen eigener Existenz« aufrecht; er beharrt auf den bürgerlich-privatisierenden Lebensgewohnheiten, die er zwar »vernünftiger« gestaltet wissen will, aber im Kern nicht antastet. Die Architektur, die er für sie entwickelt, setzt jedoch bereits soziale Maßstäbe für ein kollektives Wohnverhalten, das der bürgerlichen Privatheit äußerlich ist. Aufgrund dieser neuerlich entstandenen Ungleichzeitigkeit, die in den zwanziger Jahren im Mythos einer Architektur als »Symbol der Gemeinsamkeit« ausgeglichen werden sollte, wird das Bauen zu dem von Bloch beschriebenen »kapitalistischen Hohlraum«, worin Architektur nicht wirklich zu »blühen« vermag.[816] Was »mitten unter den standardisierten und verwalteten Menscheneinheiten« als Individuum »fortwest« (Adorno), hat sein architektonisches Äquivalent in den kleinbürgerlich gestalteten Individualzellen innerhalb gänzlich vergesellschafteter und standardisierter Wohnkomplexe. Die Möglichkeiten, die gemeinsame Arbeit in den Fabriken und Büroräumen, in dem »nur durch Glasscheiben, Windschütze, Geräuschfänger unterteilten Einheitsraum« zu ihrem »Ausdruck« kommen zu lassen, sind nichts als Schein in einer Gesellschaft, in der die gemeinsame Arbeit ohne die gemeinsame Planung der gesellschaftlichen Arbeit vonstatten geht. Der Antagonismus von Arbeits- und Wohnsphäre wird festgeschrieben.[817] Ja, er hat sich sogar noch verschärft. Die »Ornamente«, die heute vorkommen, sind keineswegs das Symbol des von Bloch gedachten bildnerischen Überflusses. Die neueren Siedlungskomplexe sind zu dem geworden, was sie nach den Worten Friedrich Naumanns schon 1904 hätten sein sollen: Riesenhäuser von damals »amerikanischer Höhe«, ein gigantisches »Warenhaus für Einzelquartiere«[818]. Von dieser sehr frühen Bestimmung des Wesens der heutigen Wohnarchitektur fällt ein bezeichnendes Licht auf die Ausgestaltung des Warenhauses selbst. In einem Essay aus dem Jahr 1905, *Das neue Geschäftshaus*, betont Naumann, daß das Warenhaus »gar keinen überflüssigen Innenschmuck brauche, da die Waren selbst sein Schmuck sein wollen«.[820] Das Warenhaus müsse übersichtlich (entlastend) wirken, »wenn das Publikum sich zurechtfinden soll. Es muß aus praktischen Gründen alle dunklen Ecken und kleinen Winkel vermeiden, und bekommt damit eine Unberührtheit von falscher Kleindekoration, die sehr wohltuend ist«.[821] Daraus geht hervor, daß die Architektur des Warenhauses den Gesetzen des Warenumsatzes folgt. Die ornamentierend-dekorative

Detailsprache wird überflüssig, sobald die Waren ihren (ästhetischen) Anspruch geltend machen, selbst als Ornamente, die den Blick des Käufers auf sich ziehen, zu fungieren. Architektur, so scheint es, ist dazu verurteilt, den rahmenden Hintergrund des allgemeinen Warenornaments zu bilden. So entstehen wahrhaft Räume vom Geist der großen Geschäfte (Naumann).

2. Adolf Loos und materialistische Architekturtheorie?

Die Architektur ist seit den zwanziger Jahren dem Zugriff technologischer und vorgeblich vernunftbedingter Rationalisierung unterworfen. Und es hat den Anschein, als ließen sich aus ihrer gegenwärtigen Gestalt kaum noch die fortschrittlichen Momente herauslesen, die Kritiker wie Kracauer, insbesondere aber Benjamin neben Architekturschriftstellern, von denen Schwab und Behne genannt werden müssen, in den zwanziger und noch in den dreißiger Jahren an ihr wahrgenommen bzw. bewahrt haben. Die Art und Weise, wie z. B. Benjamin (im Gegensatz zu Lukács, für den das »bejahende Prinzip«, dem Widerspiegelungstheorem zufolge, zum Wesen der Architektur gehörte, die sich deshalb zur Entfaltung emanzipatorischer Impulse nicht eigne[822]) die veränderten und verändernden Tendenzen von Kunst aus ihren veränderten Produktions- und Rezeptionsbedingungen ableitet, läßt erkennen, daß Fortschrittlichkeit in der Architektur nicht schon deshalb unmöglich wird, weil ihr unter Beibehaltung kapitalistischer Produktionsformen nicht wirklich, d. h. umfassend, entsprochen werden kann. Am Beispiel des Massenornaments waren wir auf eine dialektische Konstruktion gestoßen, die – klammert man ihre Dialektik aus – zum ästhetisierenden Ausdruckssymbol einer um ihre sozialen Rechte betrogenen Masse verkommt. Indes kann nicht in Abrede gestellt werden, daß z. B. Loos auf die Entritualisierung und Entmythologisierung der Architektur als einer bürgerlichen Kunstgattung hingearbeitet hat. In der Aufhebung des exklusiven Klassencharakters bürgerlicher Interieurs und ihrer Hausfassaden war die Absage an einen Begriff von Architektur vorgezeichnet, in der die äußere Gestalt den gesellschaftlichen Rang (Reichtum, idealistisch umgekehrt in die Akkumulation *geistigen Reich-*

tums) sowohl des Bauwerks als seiner Bewohner repräsentierte. Es ist dieser Gedankengang, dem das Interesse Benjamins gegolten hat. 1939 schreibt er, daß im Werk von Loos sich ein Bewußtsein von der Problematik der Kunst vorbereitet habe, »das dem ästhetischen Imperialismus des vergangenen Jahrhunderts, dem Goldrausch, an den ›ewigen‹ Werten der Kunst entgegenwirkt«.[823] Es ist dies ein Moment in der von Loos entwickelten architektonischen Praxis, das auf *materialistische Strukturelemente* in der die Ornamente abstreifenden Architektur hinweist. Die Thesen von Loos für eine radikal geänderte Architekturpraxis erscheinen Benjamin als die »wichtigsten Thesen« überhaupt, die die Reaktion auf das überlieferte »Unheil« in der Architektur des Historismus zu Beginn des 20. Jahrhunderts aufgestellt hat. Ja, er geht noch weiter: die politischen Qualitäten dieser Thesen gingen »mit neueren Versuchen einer materialistischen Theorie der Kunst«[824] zusammen.

Wir wollen im folgenden prüfen, ob Benjamins eigene Thesen Rückschlüsse auf materialistische Qualitäten der im Verlauf dieses Jahrhunderts technologisch rationalisierten Architektur erlauben. Es ist in diesem Zusammenhang erneut danach zu fragen, ob die Verdrängung des Ornaments nicht notwendig war, damit die Architektur ihre Versprechung eines *glücklichen Daseins für alle* materiell einlösen konnte. Dabei müssen wir sorgfältig unterscheiden zwischen der Funktionsbestimmung des Ornaments, wie sie in der Kritik an ornamentfeindlicher Architektur über die applizierte Sinnlichkeit hinaus entwickelt wurde, und jener Funktion des Ornaments, die sich im 19. Jahrhundert in aller Regel darin erfüllte, sinnfällig zu beweisen, daß das emporgekommene Besitzbürgertum auch kulturell zum rechtmäßigen Erbverwalter der im »Triumphzug«[825] heimgeführten Kultur der Geschichte geworden war. Es ist also nicht die tendenzielle Phantasiefeindlichkeit im Werk von Loos, die Benjamin auffiel, sondern dessen Entschlossenheit, gegen den Ausverkauf der Kultur und eine von künstlerischen Ansprüchen vergewaltigte Architektursprache zu kämpfen. Daß Loos Kunst und Technik als substantiell voneinander isolierte Bereiche verstand, hat Benjamin entweder nicht gewußt oder für nicht sonderlich wichtig erachtet. Und genau hier liegt das Problem.

3. Erfahrungsarmut und Geschichtserfahrung

Unter den Aufsätzen Benjamins, in denen er sich zur Architektur der Avantgarde seiner Zeit äußert, ist mir das Lesestück *Erfahrung und Armut*[826] aus dem Jahr 1933 wegen des Begriffs der *Erfahrungsarmut* vor allen anderen wichtig. Die begriffliche Analogie zur Theoriebildung der Architekten bzw. Architekturschriftsteller in der Zeit vor und nach dem Ersten Weltkrieg springt hierbei sofort ins Auge. Es ist die *konstruktive Armut*, die Benjamin am Erscheinungsbild der ornamentbefreiten »Haut- und Knochenbauten«[827] seiner Architekten-Zeitgenossen fasziniert hat. Sie bekennen sich dazu, daß die Erfahrungen, wie sie sich in Gestalt der kulturellen Beutegüter anbieten, falsche Erfahrungen sind, in denen die Notwendigkeiten des Neuanfangs auf fatale Weise blockiert werden. Es sind überdies Erfahrungen, die sich als »geheuchelt« und »erschlichen« in einer Zeit erweisen, da Erfahrung schlechthin einer Generation »im Kurse gefallen« ist, »die 1914-1918 eine der ungeheuersten Erfahrungen der Weltgeschichte gemacht hat«[827a]. Was Walter Gropius 1919 rückblickend den »geistigen Höllensturz« der Menschheit nannte, ist nach Benjamin der Grund dafür, daß man sich im Jahr 1933 mehr denn je zu einer *Erfahrungsarmut* bekennen sollte, die – wenngleich von barbarischem Charakter – ehrenwerter ist, als jede erschlichene Erfahrung es sein kann.[827b] Benjamin hat hier die im bürgerlichen Interieur sich mit architektonischen Versatzstükken bekundende Auffassung von Geschichte vor Augen. Im Interieur versammelt der bürgerliche Privatmann Gegenstände historisch bedingter Erfahrungen und Erinnerungen, die er – sie dem Warenverkehr entziehend – in einen Zustand »zeitlosen Äußeren« versetzt.[827c] (Bezeichnenderweise stand das Atelier Makarts zu bestimmten Stunden des Tages zur Besichtigung offen.) Die gesammelten und angehäuften Gebrauchsgegenstände sollen den Abstand des bürgerlichen Subjekts zu tatsächlicher lebendiger Erfahrung mildern und zugleich legitimieren. Doch so wie die Dinge in solchem Interieur sind auch die Erfahrungen darin ohne Sinn und verklärt. Das in diesem Interieur lebende bürgerliche Subjekt ist außerstande, Identität herzustellen; es werde »der Leiche zur Behausung«.[828] Im übrigen ist das, was Benjamin an Kulturgütern in solch abgestorbenen Erfahrungsräumen entdeckt, »samt und sonders von einer Abkunft«, die er nicht ohne Grauen bedenken mag. Es dankt sein Dasein nicht nur der Mühe der großen Genien, die es geschaffen haben, sondern auch der namenlosen Fron ihrer Zeitgenossen. Es ist niemals ein Dokument der Kultur, ohne zugleich ein solches der Barbarei zu sein. »Und wie es selbst nicht frei ist von Barbarei, so ist auch der Prozeß der Überlieferung nicht, in der es von dem einen an den anderen gefallen ist.«[829] Diese Überlieferung des kulturellen Erbes, in der die Geschichtsschreiber sich in die Mentalität der Sieger einfühlen, erschien Benjamin in einer Zeit, da eine Generation »unter freiem Himmel in einer Landschaft« stand, »in der nichts unverändert geblieben war als die Wolken, und in der Mitte, in einem Kraftfeld zerstörender Ströme und Explosionen der winzige gebrechliche Menschenkörper«[830], als krasse Barbarei. Und so hielt er es denn mit denen, die sich nicht am Althergebrachten festkrallten, sondern »das von Grund auf Neue zu ihrer Sache«[831] machten; die sich nicht dem »Fetisch schöpferischen Daseins«[832] verpflichtet fühlten, sondern der Menschheit zu Glück zu verhelfen suchten, indem sie ihr eher nahmen, als daß sie ihr Falsches gaben. Man müsse schon Loos im Kampfe mit dem »Drachen ›Ornament‹« verfolgen, müsse das »stellare Esperanto Scheerbartscher Geschöpfe« vernehmen oder Klees »Angelus Novus«, welcher »die Menschen lieber befreite, indem er ihnen nähme, als beglückte, indem er ihnen gäbe«, erkannt haben, um diese Humanität begreifen zu können.[833] Es ist die Humanität, die sich an der Verneinung des bürgerlichen Kulturprivilegs als fortschrittlich erweist; mithin eine Humanität, die Benjamin auf einem »neuen, positiven Begriff des Barbarentums«[834] glaubte begründen zu können. Es schien dies damals, wie Brecht es Jahre später formulierte, der einzige Ausweg, die Masse »gegen die Entmenschtheit durch den Kapitalismus in seiner faschistischen Phase«[835] zu mobilisieren. Zu diesem Zweck will Brecht – wie Benjamin – nicht an das »gute Alte, sondern an das schlechte Neue« anknüpfen: »von vorn zu beginnen; von Neuem anzufangen; mit Wenigem auszukommen; aus Wenigem herauszukonstruieren und dabei weder rechts noch links zu blicken«.[836] Unter den »großen Schöpfern«, wie Loos einer für Benjamin war, habe es »immer die

Unerbittlichen gegeben, die erst einmal reinen Tisch machten. Sie wollten nämlich einen Zeichentisch haben, sie sind Konstrukteure gewesen«.[837]

Benjamin verdeutlicht Loos' Platz in der Geschichte. Dessen Unerbittlichkeit, die von Robert Scheu empfundene »verheerende Strenge«, versteht er eher unter dem Gesichtspunkt der historischen Notwendigkeit als unter dem einer triebfeindlichen Unterdrückung. Loos ist für Benjamin in dieser Hinsicht noch ganz der »destruktive Charakter«[838], mithin »der Feind des Etui-Menschen«. In einem Vortrag hatte Loos 1926 erklärt, daß die menschliche Arbeit, so sie »nur aus der zerstörung besteht, [. . .] wirklich menschliche, natürliche, edle arbeit« ist.[839] Benjamin greift diese, wie er sagt, »denkwürdige Erklärung« von Loos in dem im März 1931 in der *Frankfurter Zeitung* erschienenen Essay über Karl Kraus auf. In dem späteren, ebenfalls in der *Frankfurter Zeitung* veröffentlichten Lesestück *Der destruktive Charakter* beschreibt er den »Destruktiven« als einen dem »Traditionalisten« verwandten Charakter. Loos überliefere nicht die Dinge, indem er sie unantastbar mache und konserviere, er erweise sich vielmehr destruktiv-fortschrittlich darin, daß er die *Situation* überliefere – indem er »sie handlich macht und liquidiert«. Aus diesem zerstörerischen Verhältnis zum Überlieferten seien Werke (Bauten) hervorgegangen, in deren technischer Konstruktion Benjamin *Figuren* wahrnimmt, die – »wie ein gutes Auto auch in der Karosserie vor allem den Notwendigkeiten des Motors« – nicht der Innerlichkeit, sondern ihrem »Innern« gehorchen. Das kann nur heißen, daß diese *Figuren* (menschlichen Ausdrucks) der aus der Produktivkraftentwicklung hervortretenden Veränderung ihrer eigenen sozialen Wirklichkeit folgen. Deshalb erblickt Benjamin in den »verschiebbaren beweglichen Glashäusern, wie Loos und Le Corbusier sie inzwischen aufführten«, nicht die technische Erneuerung der alten Sprache, »sondern ihre Mobilisierung im Dienste des Kampfes oder der Arbeit; jedenfalls der Veränderung der Wirklichkeit, nicht ihrer Beschreibung«.[840]

Benjamin berührt sich in seiner Ablehnung der Widerspiegelung hier eng mit den Überlegungen Sergej Tretjakovs zu einer *operativen ästhetischen Praxis.* Auch Tretjakov spricht von einer Praxis, in der die Kunst lernt, »das Leben [nicht nur] zu konterfeien, sondern [es] zu verändern«.[840a] Verändernd wirkt die Architektur dort, wo aus ihrer, dem »willkürlich Konstruktiven«[840b] eigenen inneren Notwendigkeit Widersprüche der Gesellschaft, in der Architektur entsteht, zutage gefördert werden, die ihrerseits zur Veränderung der Gesellschaft Anlaß geben.

Brecht hat das damals durch eine Beobachtung in gewisser Weise bestätigt. 1926 hatte er – wohl auch mit dem Blick auf die Architekturprojekte der russischen Avantgarde – vom Bürgertum gesagt, daß es schon jetzt nicht mehr in der Lage sei, *Monumente* hervorzubringen, die das »Gesicht ihrer Klasse« zeigen. »Würde man in 1000 Jahren die Fordschen Fabriken ausgraben, so würden die Leute nicht leicht feststellen können, ob sie vor oder nach der Weltrevolution so gebaut wurden«.[841] Das heißt, daß die Tendenzen zur Monopolisierung und zur Vergesellschaftung im Produktionsbereich die *äußere* Erscheinung der Produktionsanlage so weit bestimmt haben, daß es dem Bürgertum nicht mehr gelingt, dagegen ein Fassadenbild zu setzen, das den Autonomiegeboten des bürgerlichen Subjektivitätsideals und -denkens Rechnung trägt. So kommt Brecht zu dem Schluß, es sei ausgeschlossen, »daß in solchen Bauten ein kapitalistisches System noch möglich war, da es ja für sie nicht geeignet war« (ibid.).

Zu ähnlich illusionslosen Einsichten gelangt wenige Jahre später Alexander Schwab. Die sich verschärfenden Bauwirtschaftskrisen[841a] reißen, nach seiner Meinung, »mit einem Schlage alle wirtschaftlichen und sozialen Gegensätze des Kapitalismus« auf, sobald sie mit den erforderlichen Veränderungen der Lebensbedingungen der Massen in den Städten konfrontiert werden. »Wenn man modernen Städtebau nach Grundsätzen der menschlichen Zweckmäßigkeit, also der Zweckmäßigkeit für die breite Masse des Volkes, betreiben wollte, so konnte man zwar mit harmlosen Einzelheiten wie Verkehrsfragen, Fragen des Hochhausbaues, Grünflächen u. dgl. anfangen, würde aber von der inneren Folgerichtigkeit der Tatsachen dazu genötigt, sehr bald bei den Fragen der sozialen Revolution zu enden.«[842]

4. *Die »inneren Folgerichtigkeiten« einer für Massen gebauten Architektur*

Was Schwab die »inneren Folgerichtigkeiten der Tatsachen« nennt, kann als die eigentlich *materialistischen Elemente* in einer Architektur gelten, in der kenntlich gemacht wird, daß die Wahrnehmung und Befriedigung menschlicher Bedürfnisse mit ihrer Hilfe nur dann einen Sinn hat, wenn sie sich als ein Akt gesellschaftlicher Organisation entsprechend geändert hat. Daraus folgt – gemäß Benjamins Überlegungen –, daß eine für Massen gebaute Architektur, die von Massen rezipiert bzw. benutzt werden soll, zu einem *Apparat* umfunktioniert werden müßte, der nicht, wie Naumann es noch wollte, auf privat-wirtschaftlicher Basis ruht, sondern von Kollektiven, die mit dem Gebauten umgehen bzw. darin leben müssen, angewandt wird. Das heißt, daß sich die materialistischen Elemente des gewandelten Charakters von Architektur da abzuzeichnen beginnen, wo – wie Benjamin es in dem 1936 veröffentlichten Aufsatz *Das Kunstwerk im Zeitalter seiner technischen Reproduzierbarkeit* erklärt – die *Masse* eine Matrix geworden ist, »aus der gegenwärtig alles gewohnte Verhalten Kunstwerken gegenüber neugeboren hervorgeht«.[843] Diesen Funktionswandel leite die Architektur ein.[844] Als »soziale Schöpfung« trage sie unmittelbar der Partizipation der Massen (vor allem der proletarischen Massen in den großstädtischen Mietskasernen der Jahrhundertwende, wenn auch nicht adäquat) Rechnung. Aus diesem Grunde träten die Widersprüche einer Gesellschaft, die, wie wir feststellen konnten[845], bürgerliche Kulturideale noch *gegen* die Ansprüche der Massen zu verteidigen suchte, in der Architektur für alle offen hervor, da sie unmittelbar von der revolutionären Entwicklung der Produktivkräfte abhängig sei.

In diesem Sinn versteht Benjamin das Wesen der im Mittelpunkt seiner kunsttheoretischen Thesen stehenden *proletarischen Massen* als antagonistische Kraft; er verweist auf die Bedeutung der spezifischen Erfahrungen des Proletariats. Dagegen erscheint bei Kracauer – Lethen hat es als den »entscheidenden Fehler« analysiert – die »Nivellierung ungleichzeitiger Überbauten als ein revolutionärer Prozeß, in dessen Verlauf die ›nivellierte Mittelstandsgesellschaft‹ das notwendige transitorische Stadium ist, das dem Sprung in die emanzipierte Gesellschaft vorangeht«.[846] Ist also für Kracauer die Konstruktion des Massenornaments ein »Geschichtszeichen des Fortschritts«, in dem sich nach den Worten Richard Hamanns in der großstädtischen Architektur eine »Umschichtung des Bewußtseins« bereits vollzogen hat, so sind für Benjamin die Zeichen des Fortschritts erst noch herauszuarbeiten in einer Gesellschaft, in der es trotz äußerster Rationalisierung aller Daseinsbereiche nach wie vor Klassenunterschiede gibt. Benjamin läßt sich nicht vom äußeren Schein der »neuen Sachlichkeit« täuschen, die ein Leben in »Hoheits- und Demutsäußerungen, in Repräsentationen und Konventionen« zu entthronen vorgibt und in welcher der »Künstler als Erzieher« fungiert.[847]

Noch weniger berührt sich die von Benjamin geforderte Erfahrungsarmut mit den Verzichtsbeteuerungen, wie wir sie von Muthesius, Grosz oder Walter Riezler kennen, obschon die Übereinstimmung in der Ausdrucksweise zunächst überrascht. Denn auch Riezler fragt angesichts des »ewigen Liebäugelns mit den Reizen vergangener Formenwelten« und der modischen »Übersetzung aus alten Sprachen«, ob nicht eine »ehrliche Armut besser und würdiger« sei als »ein gestohlener Reichtum«.[848] Doch bleibt diese »Armut« vordergründig, da sie – der technologischen Fortschrittsidee folgend – darauf beharrt, »daß wir in der technischen Form etwas geschaffen haben, was wirklich unser eigenstes Eigentum ist, was wir nicht von früheren Zeiten entlehnt, was wir nicht übernommen, nicht nachempfunden haben« (ibid.). Hier ist nicht davon die Rede, daß der Einzelne »ein wenig Menschlichkeit« an die Masse »abgeben« sollte[849], oder, wie Brecht gefordert hat, daß der »entmenschte Mensch« nicht wieder zum Menschen wird, »indem er aus der Masse herausgeht, sondern indem er hineingeht in die Masse«.[850] Bei Riezler fehlt die »heraufkommende Klasse«, die den Weg aus der Erfahrungsarmut weisen könnte. Wohl teilt auch er die Überzeugung, daß es nicht um den Abbau der Technik, »sondern um ihren Ausbau« gehe (ibid.). Da jedoch die Verknüpfung des Gegenwärtigen mit dem Zukünftigen ohne gesellschaftlich verbindliche Perspektive bleibt, lautet die Losung: »Sehe jeder, wie er's treibe!«, obwohl Riezler hinzufügt, »daß es heute gilt, einseitig zu sein, daß es gilt, den anmutigen Weg rückschauender Romantik wie den bequemen der zeitgemäßen Vermittlung zu meiden«.[851]

Benjamin erblickte in der »heraufkommenden Klasse«, dem Proletariat, die »nüchterneren Kinder«, die an der Technik nicht einen »Fetisch des Untergangs, sondern einen Schlüssel zum Glück besitzen«[852], und zugleich den »nackten Zeitgenossen«, der »schreiend wie ein Neugeborenes in den schmutzigen Windeln dieser Epoche liegt«.[853] In diesem Bekenntnis zum »Neugeborenen«[854] ist die Abkehr vom »hergebrachten, feierlichen, edlen, mit allen Opfergaben der Vergangenheit geschmückten Menschenbilde«[855] enthalten. Dem korrespondiert die Abwendung von einer diesem »geschmückten Menschenbilde« im Wortsinn angemessenen Architektur.

In der Hoffnung, mit der Allianz zwischen Proletariat und Technik die revolutionäre Umwälzung der rückständigen Produktionsverhältnisse vorantreiben zu können, teilt Benjamin die auch für die Einschätzung der Entwicklung der Architektur zu beachtende marxistische Auffassung, daß dem Kapitalismus nicht nur die »verschärfte Ausbeutung der Proletarier zuzutrauen« ist, sondern »schließlich auch die Herstellung von Bedingungen, die die Abschaffung seiner selbst möglich machen«.[856] Da die Architektur von allen Kunstgattungen den entwickelten Stand der Produktivkraft Technik am besten versinnbildlicht, kann daraus eher auf ihre bewahrenden oder ihre verändernden Tendenzen geschlossen werden, als es im Bereich der »hohen Kunst« möglich ist – in dem Bereich also, der für das »parasitäre Dasein« des Kunstwerks am Ritual charakteristisch ist.[857]

Die Schwierigkeiten, eine materialistische Theorie der Architektur zu begründen, sind eklatant.[858] Von der ungleichzeitigen Entwicklung von Basis und Überbau sagt Benjamin, es habe ein halbes Jahrhundert gedauert, »um auf allen Kulturgebieten die Veränderungen der Produktionsbedingungen zur Geltung zu bringen«.[859] Auf welchen Ebenen und mit welchen voraussehbaren politischen Folgen sich die Veränderung vollzogen habe, lasse sich erst jetzt angeben, jedenfalls in Form von »Anforderungen«. »Es entsprechen diesen Anforderungen aber weniger Thesen über die Kunst des Proletariats nach der Machtergreifung, geschweige die der klassenlosen Gesellschaft, als Thesen über die Entwicklungstendenzen der Kunst unter den gegenwärtigen Produktionsbedingungen.«[860]

Materialistische Thesen in diesem Sinne hätten für uns heute die Bedeutung, die Architektur von dem ihr bereits in den zwanziger Jahren eingepflanzten *Mythos* des »klassenlosen« Äußeren zu befreien; es wäre daran zu erinnern, daß die heutige totale Verdinglichung der Architektur und die Selbstentfremdung ihrer Bewohner in der zerstörten Kollektivrezeption[861] *nicht* die einzige Form von Architektur angesichts ihrer gewachsenen technisch-konstruktiven Möglichkeiten ist. Sicherlich kann die Technik – und mit ihr die Architektur – »in den Dienst der kruden Reaktion treten, sobald sie sich als Fetisch etabliert und durch ihre Perfektion die versäumte gesellschaftliche als schon geleistete hinstellt«[862], wie sowohl der Jugendstil als auch der Futurismus bezeugen.[863]

5. *Optisch und taktil*

Eines der wichtigsten Motive in den von Benjamin entwickelten Thesen zu einer ›materialistischen Kunsttheorie‹ ist ohne Zweifel das der gesellschaftsverändernden Praxis der *Rezeption.* Es folgt der Kritik an dem auratischen Charakter bürgerlicher Kunst, deren Rezeptionsqualitäten ihm ebenso rückständig wie elitär vorkommen. Es handelt sich dabei um eine Rezeptionsweise, die den individuellen Kunstgenuß privilegiert und die Masse davon ausschließt. Im Zuge ihrer massenhaften Reproduktion büßt die Kunst ihre *Aura* ein, ihre authentische Qualität als Original, die in der Einmaligkeit des Kunstwerks liegt. Mit der »höchst vollendeten Reproduktion fällt [. . .] das Hier und Jetzt des Kunstwerks – sein einmaliges Dasein an dem Orte, an dem es sich befindet«[864] in sich zusammen: »was im Zeitalter der technischen Reproduzierbarkeit des Kunstwerkes verkümmert, das ist seine Aura«.[865] Benjamin beklagt diesen Verlust individuellen Kunstgenusses nicht, sondern erblickt darin die Chance der kritischen Konstruktion der Massenrezeption. Was in der isolierten Kontemplation der »Fundierung der Kunst aufs Ritual« entsprach, entspricht in der Rezeption durch das Kollektiv der »Fundierung der Kunst auf Politik«[866]: »Der Versenkung, die in der

Entartung des Bürgertums eine Schule asozialen Verhaltens wurde, tritt die Ablenkung als eine Spielart sozialen Verhaltens gegenüber.«[867] Damit wendet Benjamin die Skepsis gegenüber den in der Masse entstehenden Bedürfnissen nach einer geläufigeren Wahrnehmung, in der die Struktur früherer individueller Erfahrungsprozesse aufgegeben wird zugunsten kollektiver Erfahrung, in ihr Gegenteil. Nicht diese Bedürfnisse sind ihm Ausdruck sich abzeichnender kultureller Barbarei, Zeichen von Verrohung und Vermassung, sondern vielmehr die bürgerlich-elitären Formen privaten Erlebens.[868] Die von Benjamin ins Auge gefaßte Neubestimmung der gesellschaftlichen Rolle der Kunst schließt die Masse nicht aus, sondern setzt gerade auf die in ihr sichtbar werdenden Erfahrungen – Erfahrungen, »welche sich im genormten, denaturierten Dasein der zivilisierten Massen« niedergeschlagen haben.[869] Für die Architektur heißt das, daß sie es der Masse ermöglichen soll, ihre Erfahrungen zu »organisieren und [zu] kontrollieren«[870], eine Rezeption zu entwickeln, die etwas von den im Verlauf der Industrialisierung verwandelten »Apperzeptionsweisen« wiedergibt und einer Sinneswahrnehmung Rechnung trägt, wie sie, Benjamin zufolge, das Proletariat täglich im kollektiven Verhalten in der Produktionssphäre erlebt. Das dabei auftretende entscheidende Moment der geänderten Wahrnehmung sei der *Schock*, durch den die Betrachter gleichsam von einem Bild zum anderen gerissen und ihnen die Möglichkeiten der kontemplativen Versenkung und des freien Assoziationsablaufs genommen werden. Wie der großstädtische Verkehr etwa seit Mitte des vorigen Jahrhunderts den Einzelnen einer Folge von Schocks und Kollisionen aussetzt, so ist es die Technik, die »das menschliche Sensorium einem Training komplexer Art« unterwirft.[871] Dies wird, nach Benjamins Urteil, im *Film* als einem gänzlich neuen Material augenfällig. In ihm »kommt die schockförmige Wahrnehmung als formales Prinzip zur Geltung. Was am Fließband den Rhythmus der Produktion bestimmt, liegt beim Film dem der Rezeption zugrunde«.[872] Im *Kunstwerk*-Aufsatz heißt es dazu: »Man vergleiche die Leinwand, auf der der Film abrollt, mit der Leinwand, auf der sich das Gemälde befindet. Das letztere lädt den Betrachter zur Kontemplation ein; vor ihm kann er sich seinem Assoziationsablauf überlassen. Vor der

Filmaufnahme kann er das nicht. Kaum hat er sie ins Auge gefaßt, so hat sie sich schon verändert. Sie kann nicht fixiert werden. [. . .] In der Tat wird der Assoziationsablauf dessen, der diese Bilder betrachtet, sofort durch ihre Veränderung unterbrochen.«[873] Darauf beruht die Wirkung des Films, die wie jede Schockwirkung durch gesteigerte Geistesgegenwart aufgefangen sein will. Ist davon die Rede, daß die Rezeption in der Zerstreuung tiefgreifende Folgen für die Apperzeption hat, der der Film in seiner schockhaften Wirkung als künstlerisches Medium entgegenkommt[874], so ist anzunehmen, daß auch bei der Architektur darauf Wert gelegt wird, daß ihre Rezeptionsqualität der verändernden Apperzeption sowohl Rechnung trägt als diese selbst mit verändert. Konkret heißt das, daß die materialistische Tendenz der Architektur erst dort zum Zuge kommt, wo sie zu einem Medium, einem Vehikel für die Bedürfnisse der Massen geworden ist.

Im *Kunstwerk*-Aufsatz unterscheidet Benjamin zwei Möglichkeiten, ein Kunstwerk zu rezipieren: »Zerstreuung und Sammlung stehen in einem Gegensatz, [. . .]: Der vor dem Kunstwerk sich Sammelnde versenkt sich darein. [. . .] Dagegen versenkt die zerstreute Masse ihrerseits das Kunstwerk in sich. Am sinnfälligsten die Bauten. Die Architektur bot von jeher den Prototyp eines Kunstwerks, dessen Rezeption in der Zerstreuung und durch das Kollektivum erfolgt.«[875] Das esoterische und das exoterische Moment der von Architektur repräsentierten Rezeptionsweise sind hier vereint. Das heißt, daß Bauten auf doppelte Art rezipiert werden können: durch *Gebrauch* und durch *Wahrnehmung*.[876] Die scheinbar selbstverständlich klingende Hervorhebung der rezeptiven Eigenschaften von Architektur verliert sich aber, wenn wir Benjamin weiter in der Annahme folgen, daß in der Architektur »auf der taktilen Seite keinerlei Gegenstück zu dem [besteht], was auf der optischen Seite die Kontemplation ist. Die taktile Rezeption erfolgt nicht sowohl auf dem Wege der Aufmerksamkeit als auf dem der Gewohnheit. Der Architektur gegenüber bestimmt diese letztere weitgehend sogar die optische Rezeption«.[877] Daraus schließt Benjamin, daß die Rezeption der Architektur – sofern man von derjenigen absieht, die Reisenden vor berühmten Bauten geläufig ist – eine Rezeption selbstverständlich werdender Wahrnehmung ist, in der das

Individuelle herkömmlicher Art ausgeschlossen wird. Aus diesem Grund seien die Gesetze der Rezeption der Architektur für eine Erarbeitung von Kriterien einer kollektiven Rezeptionsweise die »lehrreichsten«.[878]

6. *Spurenloses Wohnen und solidarisches Wohnverhalten. Die zweifelhafte Aufhebung bürgerlicher Wohnkultur*

Benjamins Einschätzung der Architektur mag erklären, warum er allein wegen der Rezeptionsproblematik das Interesse einer Architektur zuwendet, die als »Massenmedium« vor allem im Wohnbereich die Formensprache bürgerlicher Privatheit und Innerlichkeit strukturell abgestreift hat. Die Kollektivrezeption soll als Mittel zur Verständigung und Solidarisierung der Massen gebraucht werden. Die Architektur bewährt sich »neben und vor ihrem Werkcharakter« darin, daß sie eine »organisierende Funktion«[879] besitzt. Folglich wäre es höchst widersinnig, wenn die an ihr herauszubildende Apperzeption von formalen Geschichtsdetails ausgehen müßte. Eher dachte sich Benjamin die neuen Raumstrukturen als abgehoben von einer Welt bürgerlich-privater Gewohnheiten, in deren vormaliger Raumgestaltung die Erfahrung der Produktionssphäre verdrängt wurde.[880] Es sind dies Räume eines sich die Autonomie bewahrenden bürgerlichen Subjekts: »Schlachtfelder, über die der Ansturm des Warenkapitals siegreich dahingegangen ist«, ja in denen »nichts Menschliches mehr« gedeihen kann.[881] Wohnen, sagt Benjamin, »heißt Spuren hinterlassen«[882]; Spuren aber sind für denjenigen, der die Räume betritt, eine stetige Erinnerung daran, daß immer schon jemand vor ihm dagewesen ist, der Hinweise auf den *Besitz* von Dingen zurückgelassen hat.[883] Andererseits zwingen die angehäuften Dinge den, der sich in diesen Räumen aufhält, Gewohnheiten anzunehmen, die nicht die seinen sind. Es sind, mit anderen Worten, Erfahrungen in den Räumen wirksam, die im wesentlichen im Interieur sich gebildet haben, in der *Beschaulichkeit,* wie sie der Geschichtskonstruktion des Historismus entspricht. Ganz anders verhalte es sich mit dem neuen und klaren Raum, der aus dem Werkstoff Glas gebildet ist. Er wird zum architektonischen Äquivalent für das, was Benjamin die »dialektische Darstellung der Geschichte« genannt hat, in der die »epischen Elemente«[883a] preisgegeben sind. Das Glas, so schreibt er, »ist nicht umsonst ein so hartes und glattes Material, an dem sich nichts festsetzt. Auch ein kaltes und nüchternes. Die Dinge aus Glas haben keine ›Aura‹. Das Glas ist überhaupt der Feind des Geheimnisses. Es ist auch ein Feind des Besitzes.«[884] Häuser aus gläsernen Wänden, deren Terrassen »sich tief in die Stuben hineinziehen, die nun schon keine Stuben mehr sind«[885], erlauben nicht länger, daß man in ihnen Spuren hinterlasse.[886] Es sind in Benjamins Augen Architekturen, in denen der bürgerliche Begriff des autonomen privaten Wohnens abgeschafft ist (vgl. Abb. 50), in denen sich die Entauratisierung der Architektur vollzieht, von der die Ornamente die erstarrten Reststücke einer in ihrem auratischen Charakter verfallenen Architektur sind. Ja, die Ornamente sind zur *Aura über einem Kern von Architektur* geworden, der wegen seiner inneren technischen Beschaffenheit bereits selbst auralos ist. *Die Zertrümmerung der Aura von Architektur kann für den Beginn dieses Jahrhunderts gleichgesetzt werden mit der Verdrängung der applizierten Ornamente.*

Hier ist nun danach zu fragen, was aus der Geschichte in derart auralosen Räumen geworden ist und wo, in welcher Gestalt neuerlich an Geschichte angeknüpft werden kann. Zunächst dürfen wir das Wohnen in einer von Geschichtsspuren äußerlich gereinigten Architektur keineswegs als ein Leben ohne Erinnerung verstehen. Gerade in einem Gehäuse, in dem die von einer falsch angeeigneten Geschichte vorgezeichneten Spuren getilgt sind, glaubt Benjamin nüchterne Besinnung auf das individuelle Erfahrungs- und Phantasiepotential ungestört am Werk. »Wir leben zumeist in geschlossenen Räumen. Diese bilden das Milieu, aus dem unsre Kultur herauswächst. Unsere Kultur ist gewissermaßen ein Produkt unserer Architektur. Wollen wir unsre Kultur auf ein höheres Niveau bringen, so sind wir [...] gezwungen, [...] den Räumen, in denen wir leben, das Geschlossene zu nehmen.«[887] Der Geist der Menschen sollte etwas von den Eigenschaften der Konstruktion und der Materialien (vor allem des Glases) dieser Räume annehmen[888], Räume, in denen sich die »weiterführenden Einfälle der Massen«[889] verwirklichen lassen. Das Bürgerliche erscheint aufgrund des Verlusts der Aura seiner

Architektur, die sowohl im Äußeren als auch in ihrem Innern in den Ornamenten in den letzten Jahrzehnten des 19. Jahrhunderts zur Allegorie wurde, als ein *Unwahres*. (Dies ist eine mögliche Erklärung – keine Rechtfertigung – dafür, weshalb man im Funktionalismus offensichtlich so leicht darüber hinwegsehen konnte, daß man die unterdrückenden Formen erfahrener Vergangenheit selbst in den Zustand *unterdrückter Vergangenheit* versetzt hatte. Hier liegt, wie gesehen, eine der Schwierigkeiten, das vom Funktionalismus hinterlassene Geschichtserbe als ein die Geschichte zurückdrängendes Erbe anzunehmen und aufzudecken.)

So wie Benjamin seine Überlegungen zum bürgerlichen Wohnen (für ihn das *Wohnen* schlechthin) am Interieur des bürgerlichen Individuums entfaltet hat, so sind in seiner historisch-materialistischen Konstruktion einer anderen, sprich: revolutionären und zugleich kollektiven, Wohnform Erfahrungen wirksam, die er aus den Erfahrungen in der Masse ziehen zu können glaubt. Es handelt sich um Erfahrungen, die er u. a. am Großstadtpublikum Berlins und während seines Aufenthaltes in Moskau vom 6. Dezember 1926 bis zum 1. Februar 1927 gesammelt hat und die ihn in Moskau »am tiefsten betroffen haben«.[890] Von diesen Erfahrungen überaus beeindruckt, beschreibt er zwei Jahre später, 1929, in einem Beitrag für die *Literarische Welt* – *Die Wiederkehr des Flaneurs*[891] – die gewandelten Gewohnheiten des Wohnverhaltens der Masse. Von einem Satz aus Franz Hessels Buch *Spazieren in Berlin*[892] ausgehend, schildert Benjamin die Bedeutung der *Straße* für das Wohnen der Masse. Die Straßen »sind ja die Wohnung des ewig unruhigen, ewig bewegten Wesens, das zwischen Hausmauern so viel erlebt, erfährt, erkennt und ersinnt, wie das Individuum im Schutze seiner vier Wände. Der Masse [...] sind die glänzenden, emaillierten Firmenschilder so gut und besser ein Wandschmuck wie im Salon dem Bürger ein Ölgemälde, Brandmauern ihr Schreibpult, Zeitungskioske ihre Bibliotheken, Briefkästen ihre Bronzen, Bänke ihr Boudoir und die Caféterrasse der Erker, von wo sie auf ihr Hauswesen herabsieht. Wo am Gitter Asphaltarbeiter den Rock hängen haben, ist ihr Vestibül und die Toreinfahrt, die aus der Flucht der Höfe ins Freie leitet, der Zugang in die Kammern der Stadt«.[893] Die Straßen sind hier zum Kriterium von Räumen geworden, die den kommunikativen Bedürfnissen der Massen entsprechen sollen.[893a] Im bürgerlichen Interieur kann dieses Bedürfnis nicht länger seine Erfüllung finden. Die Anteilnahme der Massen setzt neue Maßstäbe für das Wohnen und wird zum Feind des Privaten im Schutze der vier Wände. Wichtig sind die von Benjamin vorgenommene ›Umfunktionierung‹ vormals bürgerlicher Verständigungssymbole und ihre Neudefinition durch den Anspruch der Massen. All die warenästhetischen Attribute und fetischisierten Raumdimensionen, die für den Wirkungsbereich des bürgerlichen (autonomen) Subjekts so charakteristisch waren, werden nunmehr überflüssig. An ihrer Stelle treten Räume und Dinge, die deutlich organisierende Verständigungsfunktionen für die Masse erfüllen können. Nicht das hinter dem Schreibpult vereinsamte bürgerliche Individuum teilt sich hier mit, sondern sich solidarisierende Massen, deren politische Parolen das Interieur sprengen und ihren adäquaten Platz an den Mauern der Häuser finden. Brecht spricht 1935 davon, daß die Photographien aus der Zeit der russischen Revolution »eine eigentümliche Literarisierung des Straßenbildes«[894] zeigen. In einem »Tagesbefehl an die Kunstarmee« von Majakowski aus dem Jahr 1918 hatte es geheißen: »Straßen sind unsere Pinsel/Plätze unsere Palette.«[895] Brecht entdeckt, daß die Städte, ja selbst die Dörfer übersät sind »von Sprüchen wie von Symbolen. Die sich die Herrschaft erobernde Klasse schreibt mit breiten Pinseln ihre Meinungen und Losungen auf die eroberten Gebäude. [. . .] In den Demonstrationen werden Schilder mit Beschriftungen getragen, nachts erscheinen Filme auf Hauswänden«.[896] Aus dieser anfänglichen Literarisierung der Architektur sind später in der Sowjetunion vereinzelt Bauten hervorgegangen, bei denen die Information ein elementares Gestaltungsmoment der gesamten architektonischen Anlage ist. 1924 entsteht der Entwurf der Brüder A. A. und W. A. Vesnin für den Bau der Zeitung *Leningrader Prawda* (vgl. Abb. 51). Lissitzky schreibt dazu später: »Die Grundfläche des Baues beträgt nur 6 × 6 Meter. Der Bau ist für die Zeit, die nach Glas, Eisen und Eisenbeton lechzt, eine charakteristische Arbeit. Alles Beiwerk, das die Großstadtstraße dem Bau anklebt, wie Schilder, Reklame, Uhren, Lautsprecher, selbst die Aufzüge im Innern sind als gleichwertige Teile in die Gestaltung einbezogen und zur Einheit gebracht.«[897]

Der transitorische Charakter der Straße ist zum angemessenen Abbild der Anforderungen der Massen an das Wohnen geworden. Die *Transparenz* des städtischen Bewegungsraumes, wie Benjamin ihn interpretiert, ist die neue Matrix des Wohnens. Das Urbild des Wohnens ist »die Matrix oder das Gehäuse« – das also, woran Benjamin die »Figur« dessen abzulesen sucht, der es bewohnt.[898] Anders ausgedrückt: Versteht man, wie Benjamin, das Proletariat als die Klasse, die allein in der Lage ist, das »Werk der Befreiung« im Namen vieler Generationen zu verwirklichen, dann muß auch das Architekturgehäuse dieser Klasse eines werden, das in nichts mehr an den die Figur des bürgerlichen Individuums umkleidenden Raum erinnert.

7. Vom Mythos der »Zeitwende«. Gibt es einen folgerichtigen Weg vom bürgerlichen Privatraum zum sozialistischen Kollektivraum?

Benjamin hat fest angenommen, daß dafür die Zeit reif sei; er spricht davon, »daß dem Wohnen im alten Sinne, dem die Geborgenheit an erstere Stelle stand, die Stunde geschlagen hat«.[899] Gegen die bürgerliche Geborgenheit stehe die *Transparenz* der vom Mythos des 19. Jahrhunderts gereinigten Architektur: »Giedion, Mendelssohn, Corbusier machen den Aufenthaltsort von Menschen vor allem zum Durchgangsraum aller erdenklichen Kräfte und Wellen von Licht und Luft«[900], zu Räumen, deren rezeptive Qualitäten »kanonischen Wert« besitzen in einer »geschichtlichen Wendezeit«, in der dem menschlichen Wahrnehmungsapparat Aufgaben gestellt werden, die im Rahmen der Optik nicht zu lösen sind. Erst vermittels der allmählichen Anleitung der taktilen Rezeption, durch Gewöhnung, könnten diese Aufgaben bewältigt werden.[901]

Ich vermute, daß Benjamin hierin die eigentlich materialistischen Strukturelemente, die revolutionären Tendenzen auch der Bauten von Loos, Gropius und anderen Architekten seiner Generation gesehen hat. Gewiß galt ihm der Film als *das* künstlerische Medium, mit dessen Hilfe man gegenwärtig »Massen mobilisieren« könne.[902] Gleichwohl erkannte er in den neuen, sich in den Bauten von Loos und Le Corbusier abzeichnenden Raum-Zeit-Strukturen den für die Ansprüche der Masse geeigneten architektonischen Kommunikationsapparat. Die Aufgabe der Architektur sei es, die Gesetzlichkeiten der von der Technik durchdrungenen Produktionssphäre »durch das Wohnhaus zu Gesetzlichkeiten des Lebens selbst« werden zu lassen.[903] Dies geschehe in ihr auf eine Weise, daß die technische Konstruktion nicht verdeckt wird, sondern die Erfahrungen, die das Proletariat im Umgang mit den Gesetzlichkeiten der Technik sammelt, zu Erfahrungen auch der Lebenswelt verarbeitet werden: In dieser Verbindung dachte sich Benjamin wohl eine Architektur, die dazu beiträgt, die Wirklichkeit zu verändern und sie nicht bloß zu beschreiben: Architektur nicht allein als Abbild der gesellschaftlichen Verhältnisse, sondern zugleich als ein Medium, das in der dialektischen Verknüpfung mit den Erfahrungen des »proletarischen denaturierten Daseins« antizipatorische Kräfte gebiert, die es hervorzutreiben gilt. Ein entscheidender Faktor bei der Beurteilung der Wohnbedürfnisse ist daher die gesellschaftliche Organisierung des Lebens, weil das »Dasein in jedem mindesten Detail schön und verständlich nur durch Arbeit wird«.[904] Daraus begründet Benjamin die gewandelten Formen des Wohnens, in denen das »Privatleben« weitgehend zurückgenommen ist[905], sofern darin »die Arbeit selber zu Wort« kommt.[906] Und es sind die bedeutenden rezeptiven Qualitäten des »beiläufigen Bemerkens«, die in der Architektur wirksam dazu beitragen, daß die Einflüsse der bürgerlichen Kultur nicht die notwendige Solidarisierung und Organisierung der Massen untergraben. Über die Wohnungen der Moskauer Bevölkerung schreibt er: »Allwöchentlich werden die Möbel in den kahlen Zimmern umgestellt – das ist der einzige Luxus, den man mit ihnen sich gestattet, zugleich ein radikales Mittel, die ›Gemütlichkeit‹ samt der Melancholie, mit der sie bezahlt wird, aus dem Haus zu vertreiben.«[907] Diese Beobachtung ergänzt Leonie Pilewski wenige Jahre später: in den neuen Kommunehäusern (sie spricht vom »proletarischen Boardinghaus«) seien »die Wohnungen mit zweckmäßigen Typenmöbeln ausgestattet und Mitnahme eigener Möbel nicht zugelassen«.[907a] Auf die rezeptiv bedeutsamen Qualitäten des sich wandelnden Wohnens anspielend, stellt sie fest, »daß die neue Wohnform immer mehr zum Mittel in der Erziehung des neuen Menschen [. . .] wird« (ibid.). Der vorrangige Aufenthaltsort der Menschen ist nicht mehr der private Raum, sondern »das Büro, der Klub, die Straße«.[908] Dazu berichtet Ernst Hopmann 1932 in einem für deutsche Leser bestimmten Artikel über den Städtebau in der Sowjet-Union: »Wie die Arbeiter in den Betrieben Arbeits-Kollektive bilden, so soll es analog beim Wohnen sein. Die Bewohner eines Wohnkomplexes haben gewisse Einrichtungen gemeinsam und sollen sich zusammengehörig fühlen. Dieses Zusammengehörigkeitsgefühl soll aber auch raumkünstlerisch zum Ausdruck gebracht werden. Räumliche Gestaltung wächst hier über die dekorative oder ästhetische Bedeutung weit hinaus.«[908a] Die Bauten sollen, der »allgemeinen Gesellschaft [. . .] dienen«.[909] Die in diesem Sinn »interessantesten Bauaufgaben« in der zweiten Hälfte der zwanziger Jahre in der Sowjetunion resultierten »aus der engen Zusammenarbeit der Architekten mit den breitesten Bevölkerungsschichten bei der Errichtung von *Arbeiterklubs*«.[910] In ihnen sollte sich die selbständige kulturelle Arbeit der Bevölkerung vollziehen, die sich in den Klubs nicht wie »von außen zum Amüsement« versammelt, sondern darin »selbsttätig« ist.[911] Im Gegensatz zu den privaten Wohnungen ist der Klub, so Lissitzky, eine »öffentliche Wohnung«, die anzeigt, daß hier Selbstorganisation stattfinden soll. Ist die Privatwohnung darauf angelegt, »möglichst puristisch zu wirken, so soll hier in der öffentlichen Wohnung der größtmögliche Luxus allen zugänglich sein«.[912] Daß es sich dabei um eine in der Geschichte völlig neue Bauaufgabe handelt, erkennt Lissitzky sehr wohl. Er betont, daß der Begriff »Rekonstruieren« auf diese Aufgabe deshalb nicht anwendbar sei, »weil wir in der Vergangenheit keinen Bau aufweisen können, der in seiner sozialen Bedeutung als Vorstufe gelten könnte. Hier ist in der inneren und äußeren Gestalt des neuen Klubs unsere Auffassung von der geistigen Form und Ästhetik des sozialen Menschen zum Ausdruck zu bringen«.[913]

XI. Schluß und Ausblick

Die Dialektik des gewandelten Charakters von Architektur ist zur Antinomie erstarrt. Eine Auflösung dieser Antinomie scheint unmöglich, was entsprechende Diskussionen – etwa unter dem Thema: Kann die Stadt im Kapitalismus noch bewohnbar gemacht werden? – ausreichend belegen. Gegen eine Auflösung spricht auch die Erfahrung, daß eine technisch konsequente, stimmige und von den Elementen des schlechten Scheins oder der monofunktionalen Stadtlandschaft »gereinigte« Massenarchitektur immer in »Kunstarchitektur« umschlägt und dabei ihre »Massenbasis« verliert.[914] Doch stellt sich das Problem von Architektur, an der die Massen ihre Beteiligung an der Planung »unter der Hand« zum Ausdruck bringen, überhaupt noch als eines der »Kunstarchitektur«? Gewiß dort, wo man in der Stadtplanung sich nicht darüber hinwegtäuschen darf, daß »jenes gesellschaftliche Gesamtsubjekt, auf das Städteplanung es absehen müßte«[915], fehlt und darum eine die Humanität schützende und bewahrende Architektur nur noch in der künstlerisch avancierten Gestalt »großer Architektur«[916] möglich wird. Die Alternative, sagt Adorno, die in der Krisis sich (auch für die versachlichte Architektur) öffnet, ist die, »entweder aus der Kunst herauszufallen oder deren eigenen Begriff zu verändern«.[917] Benjamin, der die Entwicklung der Produktivkräfte für die Krise ›verantwortlich‹ machte, drängte auf die Vergesellschaftung der Produktionsmittel.[918] In diesem entscheidenden Schritt sah er die einzige Garantie dafür, den *Funktionscharakter der Technik kenntlich zu machen.*[919] Die Konsequenz, die sich für die Architektur daraus im Laufe dieses Jahrhunderts ergeben hat, ist, daß in ihr die Anknüpfung an bürgerliche Kultur mehr und mehr verlorengeht: »Der Stahl der Wolkenkratzer verlangt nicht kontemplative Versenkung, sondern entschlossene Verwertung im Wohnungsbau.«[920] Zugleich hat Benjamin deutlich gemacht, daß der Prozeß, in dem auch die Architektur einer einschneidenden Wandlung ihrer Funktionen unterworfen wird, generell auf die Veränderung des herrschenden Begriffs von Kunst hinausläuft. An dieser Veränderung hat die Architektur, wie wir sehen konnten, einen Anteil gemäß ihren exponierten und ›lehrreichen‹ rezeptiven Eigenschaften.

In der Angleichung der unverdeckten Architektur an ihrerseits unverdeckte Technik wird eine bestimmte Kategorie zur inhaltlichen Beschreibung von Architektur wirksam und zugänglich: der *Begriff der Technik.* Benjamin sagt vom Technik-Begriff, daß er die künstlerischen Produkte für eine gesellschaftliche und damit für eine »materialistische Analyse« aufschließe.[921] In der vom Begriff der Technik geleiteten materialistischen Analyse ist die Reinigung der Architektur vom Mythos des falsch angeeigneten »Kulturerbes« vorangetrieben worden. Dennoch beweist die historische Entwicklung, daß erst zu dem Zeitpunkt, da die Architektur aus den die Technik in ihrem Innern verdeckenden historisierten Formen herausgelöst wurde, die ihr von Benjamin zugestandene Dialektik zum Vorschein kommen konnte – und damit die konkrete Chance, in der Architektur auf andere, neue Bedürfnisse, auf *gesellschaftliche* Bedürfnisse aufmerksam zu werden. In diesem Sinn hatte Bloch 1935 sehr genau erkannt, daß die mit dieser Architektur zu assoziierenden Begriffe wie *Planwirtschaft, genormte Technik, Kollektive, Stadtgründungen* usw. objektiv im Widerspruch zur Klassengesellschaft stehen und ihr langfristig, »als Rationalisierung ohne Ratio, zur Krise gereichen« müssen.[922] In diesen Begriffen deutet sich an, daß Architektur gesellschaftlich an Wirksamkeit dazugewinnen kann, was sie ästhetisch vorübergehend an »Tiefe« eingebüßt hat.[923] Das heißt, daß der Zerfall der Autonomie des Individuums, der Kontemplation im großbürgerlichen Raum usw. nicht den Untergang, die Vereinzelung und Vereinsamung des Einzelnen in der Masse bedeuten muß. Der Einzelne, indem er im Sinne Brechts durch die Masse hindurch- bzw. in sie hineingeht, kann durchaus eine neue Form von Identität finden. Benjamin hatte dies an der Veränderung der Bedeutung der literarischen Produktion durch die Bedürfnisse von polytechnisch ausgebildeten Arbeiterkollektiven in Sowjetrußland beobachtet. Er kam dabei zu Schlüssen, die sich meines Erachtens – vorsichtig übersetzt – auch für die veränderte Rolle einer für Massen gebauten Architektur sinnvoll weiterentwickeln ließen. Benjamin schreibt, der »Untergang des Schrifttums« in der bürgerlichen Presse erweise »sich als die Formel seiner Wiederherstellung in der sowjetrussischen«. Indem »das Schrifttum an Breite gewinnt, was es an Tiefe verliert«, beginne die »Unterscheidung zwischen Autor und Publikum, die die bürgerliche Presse auf konventionelle Art aufrechterhält«, zu schwinden.[924] Im Hinblick auf die Architektur ließe sich dieser Satz so lesen: In einer Zeit, in der die dringlichste Aufgabe der Architektur und der Architekten darin besteht, für die Massen ein Stück Alltagswirklichkeit und Lebenswelt angemessen zu gestalten, muß es sich merkwürdig ausnehmen, wenn Architektur *isoliert* vom »Publikum« für dessen Bedürfnisse entworfen wird; wenn die im Produktionsprozeß stehenden neuen »Sachverständigen« nicht die Möglichkeit haben, ihre Kenntnisse und Erfahrungen in kollektiv organisierte Planungs- und Arbeitsprozesse einzubinden, damit auf diese Weise gerade der Architekt die Gefühle, Meinungen, Interessen und Bedürfnissen derjenigen kennenlernt, für die er baut, sowie deren Einstellung zu seiner Produktion und seinem Produkt. In der entfremdeten Gestalt der Bauwerke liegt der Appell beschlossen, daß sie *anders gebraucht* werden sollten. Davon bleibt in einer Architektur, die mehr oder weniger als Ware hergestellt, verwertet und benutzt wird, nichts erhalten. Gerade die rollenscharfe Trennung von Architekt und Publikum zeigt an, daß die Erfahrungen aus dem Bereich der Produktion im Wohnbereich weder einen Ausdruck noch einen Anhaltspunkt finden. So entsteht »menschliche Heimat« nicht. Eine Architektur, in der diejenigen, für die sie gebaut wird und ohne deren Beachtung Architektur *zwecklos* ist, sich und ihre Interessen nicht in dem von Benjamin angedeuteten Sinne wiedererkennen können, wird sich schwerlich aus ihrer Antinomie befreien können. Hier also liegen die Aufgaben der nächsten Zukunft.

Festzuhalten ist, daß in einer geschlossenen, blockhaft montierten funktionalistischen Architektur den im ›frühen Funktionalismus‹ angelegten sozialen Forderungen ständig widersprochen wird. Wir sind immer noch weit entfernt von einer Architektur, die »gestaltende Organisation« ist. Hilberseimer, der vor rund fünfzig Jahren auf dieser Vorstellung bestand, glaubte freilich, in der Praxis noch ohne den sozial solidarisierenden Charakter dieser neu zu bestimmenden Funktion von Architektur auskommen zu können.[925]

Doch erst wenn mit dieser »gestaltenden Organisation« Ernst gemacht wird, wenn von *unten* her gestaltet wird, kann Architektur dazu beitragen, ästhetische Probleme und Wahrnehmungsformen mit gesellschaftlichen Problemen und Wahrnehmungsformen wieder in ein Verhältnis und in eine sinnlich-anschauliche Gestalt zu bringen.

Hannes Meyer, der dem Bauhaus in Dessau zwischen 1928 und 1930 als Direktor vorstand, hat sich – wenngleich von biologistischen Vorstellungen geleitet – in diesem Sinn in seinen 1928 in der Zeitschrift *bauhaus* veröffentlichten Thesen zum »bauen« von der Architektur als »Affektleistung des Künstlers« losgesagt, da Bauen »keine Einzelaufgabe des Architekten-Ehrgeizes mehr«[926] sein könne. Bauen sei vielmehr die »Gemeinschaftsarbeit von Werktätigen mit Erfindern«: es »wird so aus einer Einzelangelegenheit von Einzelnen [. . .] zu einer kollektiven Angelegenheit«.[927] Und Alexander Schwab prognostizierte wenige Jahre später, daß es bald »den Städtebauer als Einzelpersönlichkeit, die alle wissenschaftlichen, technischen und künstlerischen Teilgebiete beherrscht, nicht mehr geben« werde.[928]

In den fortschrittlich zu nennenden Thesen des funktionalen Bauens ist also die Erkenntnis enthalten, daß sowohl die sich wandelnde gesellschaftliche Aufgabenstellung der Architektur als auch ihre sich damals ebenso rapide verfeinernden Herstellungsmethoden zu einer wesentlichen Veränderung der künstlerischen Organisation in der Architekturproduktion führen müßten. In diesem Verständnis des Bauens zergeht die Aura des »Einzelkünstlers«. Wo funktional planende und konstruierende Architekten dies nicht wahrhaben wollten, gerieten sie in Widerspruch zu dem von ihnen selbst euphorisch begrüßten neuen und der industriellen Serienproduktion folgenden Bauten. Zugleich liefen sie Gefahr, aufgrund eines subjektiv zu hoch veranschlagten künstlerischen Anspruchs die elementaren Ansprüche der Massen auf menschliche Wohnverhältnisse nicht mehr zu verstehen. Eine der von Schwab 1930 genannten »inneren Folgerichtigkeiten« (vgl. S. 160 ff.) dieser geschichtlichen Beobachtung wäre daher, die Kluft zwischen Architekt und Bewohnern aufzuheben. Es gilt, den Architekten aus der Verpflichtung zu entlassen, in alleiniger Regie (was seiner ökonomischen Abhängigkeit tatsächlich ja gar nicht entspricht) Entscheidungen über Möglichkeiten, Formen und Substanz baulich zu organisierender Lebensbedingungen der Menschen zu fällen.

Es gibt eine von dem russischen Schriftsteller Tretjakov 1931 an die Literaten seines Landes gerichtete Adresse, die für die Architektur und den Architekten heute zu bedenken sinnvoll erscheint. Tretjakov forderte von den Literaten, nicht immer »erst ein Thema zu erfinden und dann Material dafür zu sammeln«, sondern »aus der Wirklichkeit [. . .], aus konkretem Kampf und Arbeit«[929] zu schöpfen. In den Bereich der Architektur übersetzt, hieße das, der Architekt sollte die Wirklichkeit und ihre Veränderungen zum Thema der Architektur machen. Aber dies kann er nur dann, wenn er weiß, wie sich die ihm als Thema anbietende Wirklichkeit im Laufe der *Geschichte* zu dem entwickelt hat, als was sie ihm erscheint. Eine sinnvolle Deutung der Wirklichkeit und der in ihr zum Ausdruck drängenden menschlichen Bedürfnisse ist ohne die Kenntnis historischer Erfahrungen, als welche Bedürfnisse in Erscheinung treten, nicht möglich. Tretjakov zufolge ist es die Aufgabe des Schriftstellers, die »Bücher auszubrüten«, die in den Menschen als »ungeschriebene« stecken und »die sie erlebten, aber nicht niederschreiben können«.[930] Der Architekt müßte ähnlich verfahren und denen, die Architektur *gebrauchen*, gleichsam als »Hebamme« (Tretjakov) beistehen, um die Kenntnisse, die von ihnen aufgrund ihrer eigenen sinnlichen Erfahrung im Umgang mit Architektur gesammelt wurden, *gemeinsam* mit ihnen in die Architektur einzuführen und in ihr wertbildend (auch hinsichtlich der ästhetischen Form) wirksam werden zu lassen.

Eine weitere innere, obschon verdeckte Konsequenz ist, daß es in einer für Massen gebauten Welt sich nur dann sinnvoll leben läßt, wenn diese in den Planungsprozeß Einblick nehmen und aktiv an ihm teilnehmen können. Als der Funktionalismus sich von der Vorrangigkeit der Form vorübergehend lossagte, hat er uns die Augen für den organisierenden Charakter der Architektur geöffnet, dafür, daß die Architektur Organisierung von Handeln, Erlebnis und Verständigung ist, die aus der inneren Gestalt des Gebauten sollen hervorgehen können. Die formale Erfahrungsarmut der ornamentlosen Architektur ist nicht aufzuheben, indem wir uns die von der

Zerstörung bedrohten früheren Formen einfach zurückholen. Erst das solidarische Handeln erzeugt auch neue Erfahrungsinhalte, und erst diese werden ihrerseits die Gestalt der Architektur inhaltlich verändern. Daraus folgt: Wir müssen lernen, daß die sich an Architektur herausbildenden Wahrnehmungsweisen nicht nach der Methode streng und objektiv meßbarer naturwissenschaftlicher Gesetzmäßigkeiten bestimmt werden können. Sinnliche Wahrnehmung ist dem geschichtlichen Wandel unterworfen und dadurch auch von den Veränderungen der materiellen Produktion berührt. Dies ist noch nie zuvor so deutlich geworden wie im Funktionalismus.

Marx hat in den *Ökonomisch-philosophischen Manuskripten* geschrieben, »die Bildung der 5 Sinne [ist] eine Arbeit der ganzen bisherigen Weltgeschichte«, und »die Geschichte der Industrie und das gewordene gegenständliche Dasein der Industrie [bilden] das aufgeschlagene Buch der Psychologie«.[931] Sicherlich hat man im Funktionalismus zu Beginn unseres Jahrhunderts die Impulse der industriellen Produktivkraftentwicklung für den Bereich der Architektur allzu einseitig betont und darüber versäumt, diese Impulse auf das hin zu untersuchen, was sie – als »Rationalisierung ohne Ratio« – nachweislich bislang nicht erbracht haben: konkrete Perspektiven und Antworten, wie ein befreites Leben *in* Architektur voranschreiten soll. Der Funktionalismus verdrängte und verdrängt den geschichtlichen Charakter der industriellen Entwicklung der Technik. Er wähnt sich außerhalb der Geschichte. Und er ignoriert die mit der industriellen Entwicklung einhergehenden Bedürfnisse der Menschen, wenn er meint, »ohne Rücksicht auf Bestehendes«[932] vorgehen zu können.

Unserer Einschätzung der Wahrnehmungsveränderungen liegt eine gedachte Entfaltung der Architektur zugrunde, die zwar von der Konstruktion als ihrem wesensmäßigen Prinzip ausgeht. Im Gegensatz aber zur herkömmlichen rationalistischen Architekturprogrammatik beharren wir auf der Erfahrungssprache der Betroffenen. Erfahrung gilt uns nicht als ein nachträgliches, die Konstruktion bestätigendes Moment des konstruktiven Gesamtaufbaus, nicht als durch diesen bereits präformiert, sondern als ein aktives Element der fortlaufenden Konstruktion. Der menschliche Sinn funktionaler Konstruktion ist der Sinn gestalteter Handlungsräume. Nur eine Architektur, die als organisierende Raumstruktur nicht schon vorher festgelegte Bedürfnisse befriedigt, sondern primär Beziehungsstrukturen schafft, könnte langfristig soziales Handeln befördern, begleiten, aufnehmen.

Wenn Benjamin sich zur funktionalen, kristallinisch klaren Architektur (als Abbild einer Form, die ohne die zu erinnernde unterdrückende Vergangenheit ist) ausdrücklich bekannt hat, so sicherlich nicht bloß deshalb, weil er in ihr die Chance sah, die menschlichen Lebensformen reproduzierend zu verbessern. Sein bewußter Rekurs auf die Glasbauten Paul Scheerbarts, jene »gut ventilierten Utopien«[933], läßt vielmehr darauf schließen, daß er sich ein Leben vorstellte, das über die Reproduktion (im Loosschen Sinn der einander gleichenden Häuser) hinauswies in einen erfüllten Sinn. Doch so wie vor und mit ihm die Avantgarde russischer Architekten unterstellte auch Benjamin tendenziell eine Identität des in den mit Mitteln der Technik errichteten Bauwerken sich herausbildenden Ästhetischen mit dem Gesellschaftlichen. Aber es besteht sehr wohl eine Differenz zwischen realer und antizipierter Lebensform – eine Differenz auch zwischen einer durchrationalisierten Architektur im Sinne praktischer Verbesserung des gesellschaftlichen Lebens der Massen und der Möglichkeit, im Bauen und im Gebauten das festzuhalten, was in der praktischen Verbesserung als Erinnerungsspur mehr und mehr verlorengeht: *Heimat* als umgestaltete und in Solidarität angeeignete Natur eines Lebens, das nicht verfehlt ist.

Diese eigentümlich ambivalente Qualität zeigt alle vom »kulturellen Ballast gereinigte« Architektur: daß sie keine neuen Erinnerungen hervorbringt, wohl aber alte (auch verhängnisvolle) auflöst. Wie die Räume, die sie errichtet, so ist auch die Architektur selbst geschichtslos, spurenlos geworden. Sie erleichtert fast immer und erfüllt nur selten; aber nur die »erinnerte Erleichterung« ist, Habermas zufolge, die »Vorstufe zur Erfüllung«.[934] Benjamins Konzept der Aufhebung einer primär an die ästhetische Form gebundenen Architektur ist nicht frei von der Gefährdung, daß die beabsichtigte Befreiung zur sinnentleerten Erleichterung verkümmert, in der die (Geschichts-)Erfahrung, die es ja gerade zu retten gilt, erlischt. Das scheinen die heutigen Versuche zur Wiedererlangung der totgeglaubten Wert-Bilder der Hinterhöfe, Loggien, Stilfassaden, stuckierten Decken zu bestätigen.

So warten denn die von Schwab und Benjamin gesichteten »inneren Folgerichtigkeiten« bzw. »revolutionären Tendenzen« der Architektur dieses Jahrhunderts nach wie vor auf ihre Überleitung in politische Praxis. Dazu müßte man beispielsweise die Masse, die Benjamin ein wenig voreilig als das Subjekt der Geschichte behauptet hat, zu eben diesem Subjekt werden lassen. Die Aufhebung der ästhetischen Architektur hat im gesellschaftlichen Alltag nicht die Versprechungen eingelöst, die man neuerdings mit der ›Rettung‹ älterer, noch traditionell ästhetisch bestimmter Architektur aufzugreifen sucht. Eine Aufhebung ästhetischer Architektur, der das für eine organisierende Architektur unerläßliche gesellschaftliche Subjekt noch fehlt (Hilberseimers Entwürfe sind dafür Belege), trifft nicht den Sinn einer kritischen und antizipatorischen Denk- und Einbildungskraft: die Konstruktion und Rekonstruktion menschlicher Lebenspraxis; die Verbindung der sinnlich-ästhetischen Erscheinung mit dem gesellschaftlichen Gedächtnis. Die Geschichte und die sie gestaltenden (d. h. die in ihrem Verlauf gestalteten) Hoffnungen und Dinge werden in solcher Verbindung tatsächlich zu den – von mir in der Einleitung zitierten[935] – *utopisch-mahnenden Zeichen.* Sie gemahnen an die in der bürgerlichen Ideologie enthaltenen Verheißungen. Zu deren »Sprengsätzen«[936] werden sie freilich erst dann, wenn eine fortschreitend operationale Praxis sie entziffert. Das gilt auch für die Architektur.

Anmerkungen

1 Hans Heinz Holz faßt in seinem Aufsatz *Die Repristination des Ornaments* (in: H. H. Holz, *Vom Kunstwerk zur Ware,* Neuwied und Berlin, 1972, S. 140-166) folgende formale Bestimmungen des Ornaments zusammen: »1. Ornament ist eine Art der Gattung Dekor. Es wird mithin als eine Schmuckform einem Gegenstand appliziert, es bleibt dem Gegenstand akzidentell (anders als die Struktur, die dessen ›substantielle Form‹ ist). Als Applikation eignet ihm primär reine Flächigkeit oder flach reliefierter Auftrag. Bei körperhaften Gebilden, die etwa die volle Masse des Bauwerks oder der Skulptur erfassen, sprechen wir nur uneigentlich von Ornament.

2. Ornament setzt sich aus Einzelementen zusammen, die in streng geregelter Weise zu einem Ganzen zusammentreten. Im Ganzen sind die Teile nicht summativ aneinandergereiht, sondern gestalthaft-seriell, konzentrisch oder symmetrisch integriert.

3. Prinzipiell ist die Repetition der ornamentalen Elemente im unendlichen Fluß fortsetzbar; es sei in Form einer linearen, extensiven Unendlichkeit innerhalb eines orthogonalen Koordinatensystems (offenes Ornament), sei es in Form einer sphärisch geschlossenen, intensiven Unendlichkeit innerhalb einer zentral organisierten Figur (geschlossenes Ornament). Das geschlossene Ornament ist oft intern symmetrisch gegliedert. Eine Sonderform des geschlossenen Ornaments kann die individuelle symmetrische Figur sein.

4. Sofern sie symmetrisch gebaut sind, können Einzelfigurationen also an sich schon ornamental wirken; sie müssen dann aber vorwiegend oder ausschließlich einem dekorativen Zweck dienen, bzw. unter Abbau semantischer Funktionen auf einen solchen reduziert sein.

5. Bildhafte Elemente, die ins Ornament eingehen, werden zeichenhaft stilisiert, entindividualisiert und ihrer Bedeutungsfunktion entkleidet. Sie können bei Herauslösung aus dem ornamentalen Zusammenhang wieder als ›Einzelhieroglyphe‹, als ›Bild‹ oder als ›Emblem‹ gelesen werden.

6. Ein ornamentales Ganzes kann durch partielle Unterbrechung der Regelmäßigkeit modifiziert und damit bildhaft individualisiert werden, ohne damit insgesamt seinen ornamentalen Charakter zu verlieren. Die Störungen werden dann in die übergreifende Gestalt aufgenommen und als Irregularitäten, als Abweichungen qualifiziert. Das ornamentale Grundmuster muß allerdings so erhalten bleiben, daß es sich gestaltqualitativ gegen die Störung durchsetzt, d. h. seinen Systemcharakter bewahrt.

7. Wegen seines applikativen Charakters erscheint das Ornament immer als eine Figur auf einem Grund. Es wirkt nicht als identisch mit seinem Träger, sondern als eine eigenbürtige Form, die zwar nicht ohne Träger gedacht, aber von diesem abstrahiert und selbständig, für sich genommen werden kann« (S. 163/4).

2 Vgl. Heide Berndt, *Ist der Funktionalismus eine funktionale Architektur? Soziologische Betrachtung einer architektonischen Kategorie,* in: Berndt/Lorenzer/Horn, *Architektur als Ideologie,* Frankfurt/M., 1968, S. 42. Diese Beurteilung hat sich in den letzten Jahren die sozialdemokratische Kultur- und Stadtbaupolitik zueigen gemacht. So erklärte der ehemalige Frankfurter Stadtbaudezernent Adrian in einem Vortrag *(Die Gestalt unserer Stadt)* anläßlich der *1. Römerberggespräche*

1973, Frankfurt/M. (Thema: *Kann die Stadt im Kapitalismus noch bewohnbar gemacht werden?*): »Wenn die Wirkung der Umwelt auf den Betrachter semantisch bestimmt wird, müssen die Zeichen von allen verstanden werden, d. h. es ist kein Weg in die Zukunft, die alten Zeichen vergangener Gesellschaften eklektizistisch neu zu beleben« (Vortragsmanuskript vom 19. Okt. 1973, S. 11). Adrian hofft darauf, daß es auch in einer Klassengesellschaft zur Entwicklung von Zeichen und Symbolen kommen kann, deren Entschlüsselung jedem möglich sein wird. Die »alten Zeichen« sind im Ausdruck der Ästhetik des Großbürgertums, deren Symbolwerte in ästhetischer Gestalt – darin Bourdieu folgend – sich einzig dem erschließen, der die Mittel besitzt, sich diese Zeichen anzueignen, für sich in Dienst zu nehmen (vgl. Pierre Bourdieu, *Zur Soziologie der symbolischen Formen*, Frankfurt/M., 1970, S. 159 ff.). Eine »Dekodierung« der Zeichen bzw. Ornamente in ihrer inhaltlichen Bedeutung scheint aufgrund der Klassenschranken nur denjenigen möglich, die in diesen eine Dimension der Ästhetik ihrer »sozialen Klasse« wiedererkennen (vgl. S. 181).

3 Vgl. Hans Schmidt, *Womit bekämpft man das Neue Bauen?* (1927), in: H. Schmidt, *Beiträge zur Architektur 1924-1964*, Berlin, 1965, S. 23.

4 Ibid., S. 24. Noch 1939 erklärte Walter Gropius, daß es die Aufgabe des Künstlers sei (und er dachte dabei an den Architekten), »neue Ordnung zu schaffen«. Die Aufgabe des Historikers aber sei es, »Ordnungen der Vergangenheit zu entdecken und zu erklären«. Beide Berufe, sagt Gropius weiter, »sind uns unentbehrlich, verfolgen aber völlig verschiedene Ziele«. Geschichte also als Geschichte von Ordnungen, die man wohl erklären, nicht aber in gegenwärtiges »Ordnungsschaffen« einbeziehen sollte. Gropius bleibt dem Historismus, den er ablehnt (»statt das Denken und Tun früherer Zeiten immerzu wiederholt darzustellen«), im Grunde verhaftet, da es ihm nicht gelingt, Geschichte anders, als es der Historismus tat, zu integrieren. Vgl. W. Gropius, *Architektur*, Frankfurt/M.-Hamburg, 1959, S. 43/4.

5 Ernst Bloch, *Das Prinzip Hoffnung*, Bd. 2, Frankfurt/M., 1969 (1959), S. 862/3.

6 Ernst Bloch/Hans Eisler, *Die Kunst zu erben*, in: *Die Neue Weltbühne*, 1938, Nr. 1; zitiert nach: *Die Expressionismusdebatte*, hrsg. v. Hans-Jürgen Schmitt, Frankfurt/M., 1973, S. 263.

7 Gewiß war es voreilig, als Bloch in einem 1935 im Schweizer Exil erstmals publizierten Essay mit dem Titel *Hieroglyphen des XIX. Jahrhunderts* davon sprach, daß »Ekel« und »Lachen« einem Zustand gewichen seien, in dem »das vorige Jahrhundert als *Rätsel* hörbar, lauter, wenngleich noch spukhafter als vorher« auftrete (Bloch, *Erbschaft dieser Zeit*, Frankfurt/M., 1973, S. 385). Spukhaft trat es in der Gestalt nationalsozialistischer ›Vereinnahmung‹ auf, wobei, wie Bloch bemerkt, der Nationalsozialismus gerade die »in die Zukunft weisenden« Elemente des 19. Jahrhunderts (etwa das »Ingenieur-Gesicht«, S. 386) ablehnte und in der Wohnarchitektur den »Plüsch« blühen ließ. – Die Kunstgeschichte tut sich heute noch schwer mit der Darstellung des 19. Jahrhunderts, wenngleich auf ihrer Seite die lange Zeit genährte Überheblichkeit einem neuen Interesse gewichen ist. Ein Beleg dafür ist – gleichsam am Rande, die Sache aber vorbildlich charakterisierend – die inhaltliche Verhandlungsführung des Vorstandes des Verbandes deutscher Kunsthistoriker bei der mit dem ›Ulmer Verein für Kunstwissenschaft‹ gemeinsam geplanten Vorbereitung des XIV. Deutschen Kunsthistorikertags in Hamburg im Oktober 1974. Hatte man sich zu Beginn der Verhandlungen darauf geeinigt, die für den Kongress vorgesehene Darstellung des 19. Jahrhunderts und sein Verhältnis zur Gegenwart unter ein *Generalthema*, »Konsequenzen der industriellen Revolution«,

zu stellen, um wenigstens einen (wenngleich wohl den zentralsten) gemeinsamen »Bedingungszusammenhang« für die Diskussionen zu haben, so verzichtete der Verband nach einiger Zeit auf die Beibehaltung eines solchen Generalthemas. Das signalisiert, daß man »individuelle Wühlleistungen« und »Stoffhuberei« nach wie vor bevorzugt. (So die Stellungnahme des ›Ulmer Vereins‹ in: *Konsequenzen der industriellen Revolution – Begleitheft zum XIV. Deutschen Kunsthistorikertag,* hrsg. v. Ulmer Verein für Kunstwissenschaft, 1974, S. 5/6.)

8 Ibid., S. 387.

9 Ibid., S 381.

10 Ibid., S. 386.

11 Ibid., S. 382.

12 Ibid. Entsprechend wies schon Hermann Muthesius 1907 in einer Eröffnungsrede an der Handelshochschule in Berlin darauf hin, daß »diese Zeit [. . .] mit ihren rasch wechselnden Stilmoden gleichzeitig die Zeit der schlimmsten Verirrungen in sinnwidrigem Aufputz und in Materialvortäuschungen aller Art« war. Vgl. Muthesius, *Die Bedeutung des Kunstgewerbes,* 1907, zitiert nach J. Posener, *Anfänge des Funktionalismus,* Frankfurt/M.-Berlin, 1964, S. 179.

13 Es handelt sich um eine stilgeschichtliche Kategorie, die im Verlauf der zwanziger Jahre in die Architekturkritik und -theorie eingeführt wurde. Allgemein meint Funktionalismus die Priorität der Funktion vor der Form. Man bezieht sich dabei auf eine Forderung des Chicagoer Architekten Louis H. Sullivan. Dieser hatte 1896 in einem Aufsatz die Formel geprägt, daß die Form immer der Funktion folge, das sei gewissermaßen »Gesetz«. Vgl. Sullivan, *The Tall Office Building Artistically Considered,* in: S. Paul, *Louis H. Sullivan. Ein amerikanischer Architekt und Denker,* Berlin 1963, S. 148. Siehe weiter: Alberto Sartoris, *Gli Elementi dell'Architettura funzionale,* Mailand, 1932; R. W. Kennedy, *Form, Function and Expression,* in: *Journal of the A. J. A.,* Nov. 1950, S. 198-203; T. Hamlin, *Forms and Functions of Twentieth Century Architecture,* 4 vols., New York 1952; C. Sfaellos, *Le fonctionalisme dans l'architecture contemporaine,* Paris 1952; A. Bøe, *From Gothic Revival to Functional Form,* Oslo u. Oxford 1957; R. Banham, *Theory and Design in the First Machine Age,* London 1960; P. Collins, *Changing Ideals in Modern Architecture,* London 1965; E. R. de Zurko, *Origins of Functionalist Theory,* New York 1957. Zur zweifelhaften ›Dialektik‹ des Begriffspaars ›form follows function‹ siehe auch Renato de Fusco, *Architektur als Massenmedium,* Berlin 1972, S. 11 ff. Es sei noch erwähnt, daß der Begriff *Funktionalismus* keine reine stilgeschichtliche Kategorie der Architekturgeschichte ist. So wird man (schlägt man im *Historischen Wörterbuch der Philosophie* nach, hrsg. v. J. Ritter, Bd. 2, D-F, Darmstadt 1972, S. 1143 f.) auf eine Begriffserläuterung stoßen, in der sich nichts über Architektur findet. Vielmehr ist es ein Sammelname für eine Reihe psychologischer Positionen, die den ersten selbständigen amerikanischen Beitrag zur Entwicklung der einzelwissenschaftlichen Psychologie darstellen. Zur unterschiedlichen Verwendung dieses Begriffs in verschiedenen Disziplinen siehe auch G. Storck, *Gesellschaftliche Funktionen von Architektur,* in: *Zeitschrift f. Ästhetik u. allgem. Kunstwissenschaft,* Bd. 13, 1968, S. 215/6.

14 In einer ersten und verhältnismäßig frühen zusammenfassenden Beurteilung des funktionalen Bauens schreibt Adolf Behne im Jahre 1923: »Wenn der Rationalist sich auf die Maschine beruft, so sieht er in ihr die schmucke, knappe, moderne und elegante Form. Wenn der Funktionalist sich auf die Maschine beruft, so sieht er in ihr das bewegliche Werkzeug, die vollkommene Annäherung an das Organische. Wenn der Utilitarist sich auf die Maschine beruft, so sieht er in ihr das ökonomische

Prinzip: Arbeits-, Kraft- und Zeitersparnis« (Adolf Behne, *Der moderne Zweckbau*, Neuauflage: Berlin, 1964, S. 51). Sowohl der Funktionalist als auch der Utilitarist sind sich nach Behne darin einig, »die Negation des Bauens als einer Kunst« (S. 56) voranzutreiben.

15 Vgl. S. Freud, *Die Verdrängung* (1915), in: Freud, *Gesammelte Werke*, Bd. X. S. 248-261. Vom »Schicksal« des Ornaments in der funktionalen Architektur, insbesondere in ihrer Theoriebildung, ließe sich das sagen, was Freud vom »Schicksal« einer Triebregung sagte, »daß sie auf Widerstände stößt, welche sie unwirksam machen wollen«. Unter solchen Bedingungen gelange sie dann in »den Zustand der *Verdrängung*. Handelte es sich um die Wirkung eines äußeren Reizes, so wäre offenbar die Flucht das geeignete Mittel. Im Falle des Triebes kann die Flucht nichts nützen, denn das Ich kann sich nicht selbst entfliehen« (S. 248).

16 Siehe dazu Erik Forssman, *Säule und Ornament. Studien zum Problem des Manierismus in den nordischen Säulenbüchern und Vorlageblättern des 16. und 17. Jahrhunderts*, Stockholm 1956, S. 96 ff., insbesondere S. 112-119 und S. 181-191.

17 Der solcherart zur Wirkung kommende Abwehrmechanismus ist als psychische Funktion zu bezeichnen, die unliebsame Vorstellungen, Gefühls- und Triebregungen dem Bewußtsein fernhält, damit die Integrität des Ich gewahrt bleibt. Teil dieser Integrität ist dabei u. a. die Fähigkeiten des Einzelnen, sich den Änderungen im Produktionsprozeß anzugleichen.

18 Vgl. die Schriften von Adolf Loos, *Ins Leere gesprochen* (1897-1900) und *Trotzdem* (1900-1930), erschienen in: Loos, *Sämtliche Schriften 1*, Wien/München, 1962, hrsg. v. Franz Glück. Hier *Ornament und Verbrechen* (1908), S. 282, und *Ornament und Erziehung* (1924), S. 393.

19 Vgl. Adolf Behne, *Architekten*, in: *Frühlicht*, 1. Jg. 1921, Heft 2, zitiert nach: Bruno Taut, *Frühlicht 1920-1922. Eine Folge für die Verwirklichung des neuen Baugedankens*, Berlin/Frankfurt/M./Wien, 1963, S. 129.

20 Hans Sedlmayr entwickelt dieses methodische Vorgehen u. a. in: H. Sedlmayer, *Verlust der Mitte*, Salzburg, 1948, 1965[8]. Vgl. hierzu die für die kunstwissenschaftliche Forschung im Sinne Hans Sedlmayrs charakteristischen Arbeiten von Hermann Bauer, *Rocaille – Zur Herkunft und zum Wesen eines Ornament-Motivs*, Berlin, 1962; und Friedrich Piel, *Die Ornament-Grotteske in der italienischen Renaissance – Zu ihrer kategorialen Struktur und Entstehung*, Berlin, 1962.

21 Sedlmayr, op. cit., S. 9.

22 Ibid.

23 Ibid.

24 Walter Benjamin, *Gesammelte Schriften*, Bd. III, Frankfurt/M., 1972, S. 367/8. Daß Benjamin darüber hinaus nicht gerade unbedeutende Kontakte zur kunstwissenschaftlichen Arbeit der zwanziger Jahre hatte, hat Wolfgang Kemp aufzeigen können: W. Kemp, *Walter Benjamin und die Kunstwissenschaft* (Teil 1: *Benjamins Beziehungen zur Wiener Schule*), in: *Kritische Berichte*, Jg. 1, Heft 3, Marburg, 1973, S. 30-50.

25 Karel Teige, *Liquidierung der ›Kunst‹. Analysen, Manifeste*, Frankfurt/M., 1968, S. 53 ff.

26 Benjamin, op. cit., S. 371.

27 Ders., in einer Variante eines Abschnitts aus der ›Ersten Fassung‹ des *Kunstwerk*-Aufsatzes, in: Benjamin, *Gesammelte Schriften*, Bd. I, 3, Frankfurt/M., 1974, S. 1043.

28 Vgl. die Hochhausbauten der Chicagoer Architekten Henry Hobson Richardson, Daniel H. Burnham, Sullivan, Holabird und Roche u. a. in: *100 Jahre Architek-*

tur in Chicago – Kontinuität von Struktur und Form. Ausstellungskatalog der »Neuen Sammlung«, München, 1973. Vor allem aber das grundlegende Werk von Carl W. Condit, *The Chicago School of Architecture*, Chicago und London 1964.

29 Vgl. W. Riezler in *Form ohne Ornament,* Berlin/Leipzig, 1924, S. VI.

30 Henry van de Velde, *Kunst und Industrie* (1908), in: van de Velde, *Zum Neuen Stil,* München, 1955, S. 106.

31 Wie im Falle des Begriffs *Funktionalismus* ist auch eine Einigung auf die Begriffe *Historismus* und *Gründerzeit* nützlich, doch nicht ganz einfach. Eine Klärung ist in dieser Arbeit nicht möglich, so daß ich die Begriffe als ›Arbeitshypothesen‹ gebrauche. *Historismus,* so meine ich, kann sicherlich nicht auf die Übernahme vergangener Stile im 19. Jahrhundert eingeschränkt werden. Gehen wir davon aus, daß wir es immer dann mit Erscheinungen des Historismus zu tun haben, wenn eine Epoche sich mittels der Indienstnahme der ästhetischen Sprache einer vergangenen Epoche in ihrem Machtanspruch zu behaupten versucht, so fiele jede Anleihe bei früheren Formen unter dieses Verdikt. Anders stellt es sich dar, wenn wir von der im Historismus sich entäußernden besonderen Form des Verhältnisses zur Geschichte allgemein ausgehen. Als spätbürgerliche Geschichtsphilosophie besteht der Kern des Historismus »in der Ersetzung einer von der Gesetzmäßigkeit des historischen Prozesses ausgehenden Betrachtung durch eine *individualisierende* Betrachtung. Diese individualisierende Betrachtungsweise führt zu einer Isolation der einzelnen gesellschaftlichen Phänomene voneinander« (*Philosophisches Wörterbuch,* hrsg. v. G. Klaus u. M. Buhr, Berlin, 1970, S. 478). Die Relativierung und ›Vereinzelung‹ historischer Ereignisse oder ästhetischer Gebilde erlauben es, diese ganz im Interesse des ›individualisierenden‹ Betrachters verfügbar zu machen. Geschichte, so könnte man überspitzt sagen, wird zu einer Art »Zitatenkammer«. Die Verfahrensweise ist im Grunde ahistorisch, da der Historismus idealistisch davon ausgeht, daß die »Freihheit der schöpferischen Entwicklung« (Werner Krauss) imstande sei, den kontinuierlichen Gang des historischen Geschehens zu durchbrechen (vgl. die Entstehung des ›Geniekults‹). So wäre auch Wölfflins Formendualismus vor dem Hintergrund der These zu fassen, daß Geschichte immer nur aufgrund von Polaritäten, der »nie aufhörenden Spannung entgegengesetzter Tendenzen« (Friedrich Meinecke), vorangetrieben werde.

Gründerzeit ist die zeitlich begrenzte Variante des Historismus, die in die Jahre des wirtschaftlichen und nationalen Aufschwunges nach 1871 fällt. (Vgl. dazu R. Hamann/J. Hermand, *Gründerzeit,* 1965, München 1971, insbesondere S. 22 ff., sowie *Aspekte der Gründerzeit,* Katalog der Ausstellung in der Akademie der Künste, Berlin, 1974). Die Ästhetisierung der Geschichte, die in der Gründerzeit ihren zweifelhaften Höhepunkt erlebte, führte zugleich zu einer Materialisierung des Ästhetischen an den Kulturgütern. Dies aber hieß, daß man über die Materialisierung eine ›Entzauberung‹ einleitete. Vgl. neuerdings Hannelore und Heinz Schlaffers *Studien zum ästhetischen Historismus.* Frankfurt/M. 1975.

32 W. C. Behrendt, *Der Sieg des Neuen Baustils,* Stuttgart, 1927, S. 5.

33 Kracauer sagt z. B. von der »Ratio des kapitalistischen Wirtschaftssystems« – was in gleicher Weise von der Ratio funktionaler Architektur gesagt wird – daß sie den Menschen nicht einbegreife (vgl. Kracauer, op. cit., S. 57). Vielmehr sei von den Funktionen in der Architektur zu erwarten, daß sie »nicht einseitig auf das Objekt projiziert werden, sondern es muß vor allem das Subjekt als ihre lebendige Quelle Berücksichtigung finden« (vgl. Jan Mukařovský, *Der Standort der ästhetischen Funktion unter den übrigen Fuktionen* (1942); zitiert nach Mukařovský, *Kapitel aus der Ästhetik*, Frankfurt/M. 1963, S. 122).

34 Die Aktualität der Frage nach neuen Wegen zu einer formalen Gestaltung, welche sich auf der qualitativen Stufe des Ornaments der Forderung widersetzt, bloß kalkulatorischen und wirtschaftlichen Zweckmäßigkeitskriterien zu folgen, ist unzweifelhaft. Nach der Diskussion über die Zweckmäßigkeit der Formen und deren »Funktionieren« setzte in den 60er Jahren eine vermeintlich weniger vorbelastete Diskussion über diesen Themenbereich ein. Als symptomatisch mögen neben der bereits erwähnten Literatur gelten: die Sommerausstellung des Kunstgewerblichen Museums, Zürich, im Jahre 1965 unter dem Titel *Ornament ohne Ornament?* sowie der in Anlehnung an diese Ausstellung geschriebene Aufsatz von Hans Heinz Holz, in: H. H. Holz, *Vom Kunstwerk zur Ware,* op. cit. Weiter zu erwähnen sind Klaus Hofmann, *Neue Ornamentik,* (Köln 1970), Peter Gorsens Bemerkungen zu den gegen das herrschende Leistungsprinzip gerichteten Qualitäten eines »neuen Ornaments« und sein Hinweis auf die »große Bedeutung des Ornaments, nämlich seines Lust- und Spielcharakters« wegen (Peter Gorsen, *Design – Ordnung – Nicht Reglementierung,* in: *design? Umwelt wird in Frage gestellt.* Internationales Design Zentrum (IDZ I), hrsg. vom Themakreis im IDZ Berlin, Berlin, April 1970, 1972^2, S. 50-53).

35 Ernst Bloch, *Geist der Utopie* (1918), Frankfurt/M., 1971, S. 19 ff.

36 Ibid., S. 21.

37 Ernst Bloch, *Erbschaft dieser Zeit,* op. cit., S. 212 ff.

38 Ibid., S. 217 f.

39 Ernst Bloch, *Das Prinzip Hoffnung,* Frankfurt/M., 1959, Bd. 2.

40 Ibid., S. 869.

41 Oswald Spengler, *Untergang des Abendlandes* (1923), 2 Bde., München 1972.

42 Siegfried Kracauer, *Ornament der Masse,* erschienen zuerst in der *Frankfurter Zeitung* vom 9./10. Juni 1927; zitiert nach Kracauer, *Ornament der Masse,* Frankfurt/M., 1963, S. 50-63.

43 Jan Mukařovský, *Der Standort der ästhetischen Funktion unter den übrigen Funktionen* (1942); zitiert nach Mukařovský, op. cit., S. 113-137.

44 Kenneth Clark, *Ornament in Modern Architecture,* in: *Architectural Review,* XCIV, Dez. 1943, S. 147-150.

45 Hans Sedlmayr, *Verlust der Mitte,* Salzburg 1948.

46 Th. W. Adorno, *Funktionalismus heute,* Vortrag auf der Tagung des Deutschen Werkbundes, Berlin, 23. Oktober 1965; in: Adorno, *Ohne Leitbild,* Frankfurt/M., 1967, S. 104-127.

47 H. Berndt / A. Lorenzer / K. Horn, *Architektur als Ideologie,* Frankfurt/M., 1968.

48 Heinrich Wölfflin, *Kleine Schriften,* Basel, 1946, S. 13-47.

49 Ibid., S. 41.

50 Vgl. dazu allgemein H. Mottek / W. Becker / A. Schröter, *Wirtschaftsgeschichte Deutschlands,* Berlin, 1974, S. 254 ff.

51 Vgl.: *Die verborgene Vernunft. Funktionale Gestaltung im 19. Jahrhundert,* Katalog der gleichnamigen Ausstellung in ›Die Neue Sammlung‹, München, 29. 1. bis 28. 3. 1971.

52 Man ist gleichsam selbst ›Betroffener‹ und argumentiert angesichts der Wirklichkeit ornamentloser moderner Architektur mit dem Rücken zur Wand. Diese Subjektivität bzw. Befangenheit dem Gegenstand gegenüber schlägt auch in der wissenschaftlichen Analyse durch; zumal wir bei dem hier vorliegenden Gegenstand auf gar keinen Fall der Empfehlung Fustel de Coulanges an den Historiker folgen können, die da lautet, daß dieser, »wolle er eine Epoche nacherleben, [...] alles, was

er vom späteren Verlauf der Geschichte wisse, sich aus dem Kopf schlagen« solle (vgl. W. Benjamin, *Geschichtsphilosophische Thesen,* in: Benjamin, *Illuminationen,* Frankfurt/M., 1961, S. 271).

53 Helmut Lethen, *Neue Sachlichkeit 1924-1932. Studien zur Literatur des »Weißen Sozialismus«,* Stuttgart 1970.

54 Vgl. z. B. Hans Poelzig, *Gärung in der Architektur* (1906), in: Conrads, *Programme und Manifeste zur Architektur des 20. Jahrhunderts,* Gütersloh, Berlin, München, 1964, S. 11, wo eine »unerbittliche Sachlichkeit« gefordert wird.

55 Loos, *Architektur* (1910), in: Loos, *Sämtliche Schriften,* op. cit., S. 314 f.

56 Hermann Muthesius führt dazu in der 1903 in der zweiten Auflage erschienenen *Stilarchitektur und Baukunst* aus: »Zu solchen Versuchen müssen auch diejenigen allerneusten Leistungen gezählt werden, die das Wesen eines modernen Stils darin suchen, daß sie auf den alten Organismus moderne Pflanzenornamente und Bäumchenmotive leimen [. . .] und den Fensterumrahmungen statt der früheren geraden Umrißlinien solche von geschwungener Form geben. Diese Art modernen Stils ist in den allermeisten Fällen nur eine verschlechterte Auflage der früheren äußerlich gebrauchten historischen Stile, die er ablösen sollte, und gehört durchaus noch in das Gebiet der im Formalismus befangenen Architekturmacherei, von der wir füglich genug haben sollten. Denn nicht in solchen Äußerlichkeiten kann das Neue bestehen. [. . .] Die Architektur hat [. . .] ihre Wesenheit im Inhalt zu suchen, [. . .] wobei die Art der Detailformen [. . .] zunächst eine verschwindend geringe Rolle spielt, wenn nicht ganz gleichgültig bleibt« (H. Muthesius, *Stilarchitektur und Baukunst,* 1902, 1903, 2. erweiterte Auflage, Mülheim a. d. Ruhr, S. 50/1).

57 El Lissitzky, *1929-Rußland: Architektur für eine Weltrevolution,* Berlin, Frankfurt/M., Wien 1965, S. 53.

58 Vgl. W. Pehnt, *Die Architektur des Expressionismus,* Stuttgart 1973, S. 89 f.

59 So hatte es Friedrich Naumann bereits 1908 in dem Artikel *Deutsche Gewerbekunst* gesehen. Zitiert nach F. Neumann, *Werke,* Bd. 6, *Ästhetische Schriften,* hrsg. v. H. Ladendorf, Köln-Opladen 1964, S. 267.

60 A. Behne, *Der moderne Zweckbau,* op. cit., S. 12. Wir erleben, wie an die Stelle einer als irrational denunzierten Formenfülle des mit inhaltsleeren Ornamenten dekorativ überladenen Historismus in der Architektur die *Logik der Funktion* trat. Von ihr erwartete man »in der Erfüllung des Zweckes fast schon eine Garantie für das Entstehen eines guten Baues« (S. 13). In Umkehrung des von Max Raphael 1932 gegen die idealistische Kunstauffassung erhobenen Vorwurfs, daß diese die »Form als solche als ein Apriori« faßt und als ästhetische Forderung an die zu gestaltenden Gehalte heranträgt (vgl. Raphael, *Zur Kunsttheorie des dialektischen Materialismus,* in: *Philosophische Hefte,* III/3-4, Berlin, 1932, S. 129), ist zu sagen, daß man nun die Funktion, die ja erst in ihrem Gegenüber zu den vorhandenen Bedürfnissen der Menschen definiert werden kann, als ein Apriori behandelt. Dem galt die unterschiedlichste Kritik, von der diejenige von Lukács bezeichnend ist: »Der für die Entwicklung der Architektur verhängnisvolle theoretische wie praktische Fehler [. . .] liegt gerade darin, in der objektiv-technologischen Konstruktion eines Bauwerks, wenn sie als solche gelungen ist, etwas selbstverständlich Ästhetisches zu erblicken« (G. Lukács, *Ästhetik,* Teil I, 2 Halbband, Neuwied/Berlin 1963, S. 424). Sehr treffend hat aus sozialpsychologischer Sicht Alfred Lorenzer die Eindimensionalität affirmativen Austausches von Prioritäten (die die radikalen gesellschaftlichen Veränderungen, die sich darin äußern, idealisiert) als einen Rückfall in »ontologisches Bewußtsein« bezeichnet: die Überzeugung mache sich breit, »Zwecke wie Dinge hätten ihre Vollkommenheit, ihre Schönheit in sich selbst« (A.

Lorenzer, *Städtebau: Funktionalismus und Sozialmontage? Zur sozialpsychologischen Funktion der Architektur,* in: *Architektur als Ideologie,* op. cit. 1968, S. 51).

61 Vgl. K. Teige, op. cit. (1925), S. 60. Zu Teige siehe Vitezslav Procházka, *L'attività degli architetti cecoslovacchi in URSS negli anni Trenta,* in: *Socialismo, città, architettura URSS 1917-1937,* Rom, 1972², S. 289-307.

62 H. Sedlmayr, op. cit., S. 90 und S. 93-101.

63 J. Habermas, *Bewußtmachende oder rettende Kritik – die Aktualisierung Walter Benjamins,* in: *Zur Aktualität Walter Benjamins,* hrsg. v. S. Unseld, Frankfurt/M., 1972, S. 216.

64 Bloch, *Das Prinzip Hoffnung,* Bd. 2, op. cit., S. 860.

65 Ibid.

66 Ludwig Hilberseimer, *Bauwirtschaft und Wohnungsbau,* in: *Sozialistische Monatshefte,* 31, 1925, S. 285-291, hier S. 287.

67 Ibid.

68 Ibid.

69 Ibid.

70 Vgl. Renato De Fusco, *Architektur als Massenmedium,* Gütersloh, 1972, S. 25, sowie Günther Kokkelink in einem Diskussionsbeitrag in: *Die Kunst, eine Stadt zu bauen 1.* 3. Kunstkongress 1973, Göttingen. Göttingen 1974, S. 87: »Ich meine, daß heutzutage viele Planungskritiker, Ideologiekritiker in denselben Fehler verfallen wie die Funktionalisten, die ja das Planen von innen nach außen zum Grundsatz gemacht haben und die Funktionalität des Wohnungsgrundrisses in den Vordergrund gestellt haben; das Äußere muß das Innere ausdrücken. Ich finde, wir müssen von diesem Denken überhaupt völlig wegkommen, denn die Probleme liegen heute nicht im Wohnungsgrundriß.«

71 W. Hofmann, *Von der Nachahmung zur Erfindung der Wirklichkeit. Die schöpferische Befreiung der Kunst 1890-1917,* Köln, 1970, S. 59.

72 Loos, op. cit., S. 315.

73 Ibid.

74 Ibid., S. 314.

75 Adorno, op. cit., S. 108.

76 Ibid. Kann doch Kunst einzig kraft ihres autonomen Status, Adorno zufolge, sich dem bestehenden, allgemeinen Schlechten gegenüber als Opposition bewahren. Erst nachdem die Kunstwerke ihre Autonomie erlangten, konnten sie »die Schmach ihrer alten Abhängigkeit von faulem Zauber, Herrendienst und Divertissement als Erbsünde [. . .] rückwirkend vernichte[n]«. (Th. W. Adorno, *Ästhetische Theorie, Ges. Schriften 7,* Frankfurt/M., 1970, S. 12.)

77 Benjamin hat sich verschiedentlich und recht dezidiert über die Architektur des Funktionalismus und über Adolf Loos geäußert. Zunächst mag ein Hinweis genügen auf W. Benjamin, Einleitung zu Carl Gustav Jochmanns *Rückschritten der Poesie,* in: *Zeitschrift für Sozialforschung 8,* 1939, S. 92-103, zitiert nach W. Benjamin, *Angels Novus. Ausgew. Schriften 2,* Frankfurt/M. 1966, S. 352-365.

78 Erik Forssman, *Säule und Ornament,* op. cit., S. 33. Lukács spricht von den »verheerenden Folgen« der »eklektischen Kompromißlösung« im Historismus für die Architektur (Lukács, op. cit., S. 452). Holz sieht sogar eine Denaturierung des Begriffs des Ornamentalen, die soweit fortgeschritten sei, »daß wir ihn [den Begriff] heute erst wieder mühevoll gewinnen müssen« (Holz, op. cit., S. 158).

79 Vgl. W. Benjamin, *Das Kunstwerk im Zeitalter seiner technischen Reproduzierbarkeit* (1936), in: Benjamin, *Illuminationen,* op. cit., S. 148-184, sowie ders., *Erfahrung und Armut* (1933), ibid. S. 313-318.

80 vgl. Habermas, op. cit., S. 196.

81 »Dieses rein ästhetische Qualitätsurteil folgt einer normativen Ästhetik, die ihren Kanon aus den ›eigentlichen‹ Geschichtsepochen bezieht, als solche Formen noch eine ›echte‹ und ›gültige‹ Aussage hatten, als sich politischer und architektonischer Zeitstil noch deckten. Sieht man in der Gründerzeit-Villa nur den Kitsch, so hat man sie in doppeltem Sinne ›aufgehoben‹: man überschätzt ihren künstlerischen Anspruch, indem man sie an einem Kanon von ›Ursprünglichkeit‹ mißt, vor dem sie natürlich nicht bestehen kann; und man unterschätzt ihren gesellschaftlichen Anspruch, wenn man ihre bedrohlichen Ornamentmasken nur ästhetisch betrachtet und ästhetisch wertet« (Bentmann/Müller, *Die Villa als Herrschaftsarchitektur*, Frankfurt/M., 1971[2], S. 123 f.).

82 *Die Form ohne Ornament*, Werkbundausstellung 1924. op. cit., S. 8.

83 Siehe dazu unsere spätere Argumentation.

84 Vgl. Adorno, *Funktionalismus heute*, op. cit., S. 111.

85 Eine wesentliche Voraussetzung dafür war zweifellos die Trennung des Ornaments von der Architektur, womit sich eine Absage an Vorstellungen verband, daß die Ornamentik die »bildende Kunst« voraussetze. Im Sinne dieser Vorstellungen schreibt Schmarsow: »Während die eigentliche Kunst den Wert, den sie verherrlichen will, selber erschafft und ausgestaltet, will und kann die Ornamentik diesen Wert nicht selber darstellen und hervorbringen, sondern vermittelt nur den vorhandenen. Ihre Elemente . . . sind nur relative Werte im Vergleich mit dem Hauptwert, den die darstellende Kunst zum absoluten Wert erhebt« (A. Schmarsow, *Anfangsgründe jeder Ornamentik*, in: *Zeitschrift f. Ästhetik u. allgem. Kunstwissenschaft*, V, 1910, S. 191-215 und S. 321-355, hier S. 214. Vgl. auch Sedlmayr, op. cit., S. 90).

86 Bertolt Brecht hat in einem Aufsatz aus dem Jahr 1939 *Betrachtung der Kunst und Kunst der Betrachtung* auf die Notwendigkeit der aktiven Beteiligung des Rezipienten an der im Kunstwerk vorliegenden ›Phantasieproduktion‹ hingewiesen: »Wenn man zum Kunstgenuß kommen will, genügt es ja nie, lediglich das Resultat einer künstlerischen Produktion bequem und billig konsumieren zu wollen; es ist nötig, sich an der Produktion selbst zu beteiligen, selbst in gewissem Umfang produktiv zu sein, einen gewissen Aufwand an Phantasie zu treiben, seine eigene Erfahrung der des Künstlers zuzugesellen oder entgegenzuhalten und so weiter« (B. Brecht, *Betrachtung der Kunst und Kunst der Betrachtung*, 1939, in: Brecht, *Gesammelte Werke*, Bd. 18, Frankfurt/M., 1973, S. 274).

87 Hundertwasser, *Verschimmelungs-Manifest gegen den Rationalismus in der Architektur* (1958), zitiert nach U. Conrads, *Programme und Manifeste zur Architektur des 20. Jahrhunderts*, Gütersloh/Berlin/München, 1971, S. 149-152, hier S. 151.

88 Ibid., S. 152.

89 Ibid.

90 Ibid., S. 149.

91 Hundertwasser polemisiert gegen Le Corbusiers Anfang der zwanziger Jahre erhobene Forderung, den durch die Gegenstände der industriellen maschinellen Produktion bedingten Formen »modernen Lebens« und den »modernen Einstellungen« entsprechende Wohnverhältnisse zu schaffen. Anrüchig scheint ihm an dieser im Grunde überzeugend wirkenden Forderung Le Corbusiers die Art, in der dieser das »moderne Leben« gegen ›überkommene‹ Lebensformen idealisiert. Tatsächlich drängth sic der Eindruck auf, als sei es Le Corbusier bei der Verbesserung der Wohnverhältnisse um die Garantie von Arbeitskraft gegangen. Von den alten Wohnungen spricht er, als seien es Wohnungen in »Fäulnis und unfruchtbare[r]

Unbrauchbarkeit, deren täglicher Kontakt uns die Luft nimmt«. Dagegen gebe es »Maschinen, die dazu da sind, irgend etwas zu produzieren, und die es glänzend und sauber tun. Die Maschine, die wir bewohnen, ist hingegen ein tuberkulöses altes Nest«. (Le Corbusier, *1922 – Ausblick auf eine Architektur,* Gütersloh / Berlin, 1969, S. 206)

92 Es war wohl Le Corbusier, der diesen Begriff geprägt hat: »Das Haus ist eine Maschine zum Wohnen. [. . .] Ein Sessel ist eine Maschine zum Sitzen. [. . .] Die Waschbecken sind Maschinen zum Waschen« (Le Corbusier, op. cit., S. 80). In einem vom englischen Architekten W. R. Lethaby 1920 in *The London Mercury* veröffentlichten Aufsatz, *Architektur als Form in der Kultur,* ist davon die Rede, daß das »Haus der Zukunft« »wie ein Schiff« sei, »ein Organismus, welcher richtig in allen seinen Teilen zu funktionieren hat« (zitiert nach J. Posener, op. cit., S. 59). Und Frank Lloyd Wright erklärte in einem am 6. März 1901 vor der »Arts and Crafts Society« gehaltenen Vortrag *The Art and Craft of the Machine:* »Das moderne hohe Bürogebäude ist die reine und einfache Maschine« (zitiert nach Wright, *Humane Architektur,* Berlin, 1969, S. 27, hrsg. v. W. Braatz).

93 B. Brecht, *Die Essays von Georg Lukács,* in: Brecht, *Gesammelte Werke* 19, Frankfurt/M. (1967), 1973, S. 298.

94 In der Kunstgeschichte ist es seit einem Beitrag von Hans-Jochen Kunst (*Architektur und Macht. Überlegungen zur NS-Architektur,* in: *Mitteilungen, Kommentare, Berichte der ›philipps universität marburg‹,* Jg. 3, Mai 1971, 9, S. 51/2) üblich, die von Kracauer benutzte Formel vom *Massenornament* ausschließlich auf die faschistischen Bauwerke oder die »Revolutionsarchitektur« eines Etienne Boullée (vgl. dessen *Architecture-Essai sur l'art,* hrsg. v. J.-M. Pérouse de Montclos, Paris, 1968) zu beziehen. Ganz in diesem Sinn taucht der Begriff in einer Bemerkung von Wolfgang Kemp in dessen Aufsatz *Das Bild der Menge* auf. Dort ist, im Zusammenhang mit öffentlichen Festen und Umzügen zur Zeit der Französischen Revolution, von einer »Ornamentierung der Massen« – »im Sinne« Kracauers – die Rede. Vom vorbereitenden »Repertoire« der vorfaschistischen, monopolkapitalistischen Organisation der Massen wird nicht gesprochen. Nur so aber lassen sich die entscheidenden qualitativen Unterschiede der die Massen organisierenden und solidarisierenden Veranstaltungen von solchen, in denen die Massen ästhetisch mythologisiert werden, auch als politisch-ökonomische darstellen. (Vgl. W. Kemp, *Das Bild der Menge, 1789-1830,* in: *Städel-Jahrbuch,* hrsg. v. E. Holzinger u. H. Beck, Neue Folge, Bd. 4, München 1973, S. 249-270, hier S. 260).

95 Kracauer, op. cit., S. 57.

96 Vgl. Lethen, op. cit., S. 44.

97 Beide sehen in der ornamentlosen und transparenten Gestalt der neuen Architektur ein Zeichen des Fortschritts gegenüber dem 19. Jahrhundert. Versteht Kracauer jedoch die »homogene« Masse als schon »klassenloses« Ornament von Angestellten, so beharrt Benjamin in seiner geschichtsphilosophischen Konstruktion darauf, daß das Subjekt historischer Erkenntnis auch weiterhin »die kämpfende, unterdrückte Klasse selbst« ist. Benjamin bleibt, im Gegensatz zu Kracauer, in seiner Einschätzung der materialistischen Theorie einer Aufarbeitung der in den Phänomenen der Massenkultur enthaltenen Erfahrungsgehalte verbunden (Benjamin, *Illuminationen,* op. cit., S. 275).

98 Kracauer, op. cit., S. 54.

99 Ibid., S. 59.

100 Walter Benjamin 1930 in einer Rezension des im selben Jahr erschienenen Buchs von Kracauer *Die Angestellten,* in dem sich dieser mit der ›Angestelltenkul-

tur‹ des damaligen Berlin befaßt. Vgl. Walter Benjamin. *Gesammelte Schriften*, Bd. III, op. cit., S. 227/8, sowie Siegfried Kracauer, *Schriften*, Bd. 1, Frankfurt/M., 1971, S. 205-304.

101 H. Lethen, op. cit., S. 44.

102 Horkheimer/Adorno, *Dialektik der Aufklärung*, op. cit., S. 144-198. Ausgehend von Marx' Feststellung, daß »alle Mittel der Entwicklung der Produktion [. . .] in Beherrschungs- und Exploitationsmittel des Produzenten« umschlagen, sobald sie der Aneignung und Nutzung des Kapitals anheimfallen (vgl. Karl Marx, *Das Kapital*, Bd. I, S. 674), und angesichts der Erfahrungen mit dem Faschismus, gilt Horkheimer und Adorno die technische Rationalität als »die Rationalität der Herrschaft selbst« (S. 145). Sie weigern sich, in den unter dieser Herrschaft entstehenden Wohngebilden auch nur Ansätze einer über den bestehenden Zustand hinausweisenden Perspektive zu sehen. Sie verharren bei der Bestandsaufnahme des bestehenden ›Schlechten‹, wenn sie an der Architektur der Städte einzig – gleichwohl treffend – herausstellen: »Die allenthalben emporschießenden hellen Monumentalbauten repräsentieren die sinnreine Planmäßigkeit der staatenumspannenden Konzerne, auf die bereits das losgelassene Unternehmertum zuschoß, dessen Denkmale die umliegenden düsteren Wohn- und Geschäftshäuser der trostlosen Städte sind. Schon erscheinen die älteren Häuser rings um die Betonzentren als Slums [eine Beobachtung, die die Entwickung der Zerstörung citynaher Wohnbereiche des vorigen Jahrhunderts – vgl. z. B. das Westend in Frankfurt/M. – vorwegnimmt – M. M.]« (S. 144). Von der Praxis des Städtebaues heißt es: »Die städtebaulichen Projekte aber, die in hygienischen Kleinwohnungen das Individuum als gleichsam selbständiges perpetuieren sollen, unterwerfen es seinem Widerpart, der totalen Kapitalmacht, nur um so gründlicher. Wie die Bewohner zwecks Arbeit und Vergnügen [. . .] in die Zentren entboten werden, so kristallisieren sich die Wohnzellen bruchlos zu wohlorganisierten Komplexen. Die augenfällige Einheit von Makrokosmos und Mikrokosmos demonstriert den Menschen das Modell ihrer Kultur: die falschen Identität von Allgemeinem und Besonderem.«

103 Vgl. Benjamin, *Illuminationen*, op. cit., S. 172 f.

104 Adorno, *Minima Moralia* (1951), Frankfurt/M. 1969, S. 176.

105 Im mittelalterlichen Zunftsystem gab es freie und unfreie Arbeiter. Diese waren frei, sofern sie sich als Eigentümer der Produktionsmittel behaupten konnten; unfrei hingegen waren sie dann, wenn sie nicht im Besitz der Produktionsmittel waren und deshalb für eine Entlohnung arbeiten mußten. Die kapitalistische Form der Produktion, in der die Arbeitskraft wie eine Ware ›frei‹ auf dem Markt gehandelt bzw. angeboten wird, setzt den Arbeiter zunächst frei (er hält sich frei zur Verfügung), ohne ihn aber am Besitz an Produktionsmitteln und dem erwirtschafteten Ertrag zu beteiligen. Fühlte sich der im vorkapitalistischen familiär-handwerklichen Betrieb Arbeitende in seiner Unfreiheit noch verhältnismäßig sicher, da er meist sozial versorgt war, so ist die Freiheit des Individuums als lohnabhängiges Subjekt durch vertraglich gesicherte soziale Versorgung weit weniger gewährleistet.

106 Siehe dazu die Bemerkungen von Alexander Schwab, *Das Buch vom Bauen. 1930-Wohnungsnot, Neue Technik, Neue Baukunst, Städtebau aus sozialistischer Sicht*, Düsseldorf, 1973, S. 84-87 und 120/1. Schwab teilte die Überzeugung, daß »in einer sozialistischen Gesellschaft, schon allein durch die Vergesellschaftung der Produktionsmittel, sich allmählich auch eine Umwandlung der Wohnbedürfnisse« (S. 86) durchsetzen müsse. Er stellt eine gewisse Analogie zwischen »privater Sphäre« und der »Geschichtsepoche des Privateigentums« (S. 84) her. Schwab zeigt weiter, daß sich aus der ehemals intakten familialen »Produktionsgemeinschaft« eine

reine »Konsumtionsgemeinschaft« entwickelt habe, die zur Auflösung des privaten familialen Bereichs führte (S. 92 ff.). Gleichwohl unterstreicht Schwab, wie dringend notwendig auch in einer sozialistischen Gesellschaft der private Ruheraum (er nennt es die »Klosterzelle im großen Gemeinschaftshaus«, S. 121) sein wird.

107 Zur Arbeit deutscher Architekten in Sowjetrußland vgl. *Deutsche bauen in der UdSSR*, Sonderausgabe von *Das neue Frankfurt*, 1930, Nr. 3; Kurt Junghanns, *Die Beziehungen zwischen deutschen und sowjetischen Architekten in den Jahren 1917 bis 1933*, und Hans Schmidt, *Die Tätigkeit deutscher Architekten und Spezialisten des Bauwesens in der Sowjetunion in den Jahren 1930 bis 1937* - beide Aufsätze sind erschienen in: *Wissenschaftliche Zeitschrift der Humboldt-Universität*, Berlin, Jg. XVI, 1967, Heft 3, S. 369-381, sowie S. 383-399; Beiträge verschiedener Autoren in: *Socialismo, città, architettura, URSS 1917-1937, Il contributo degli architetti europei*, Officina, Rom, 1972; vgl. auch Martin Wagners Beitrag, *Die UdSSR baut Städte*, in: *Das Tagebuch*, 1931, Nr. 30. Wagner war lange Zeit Stadtbaurat von Berlin und SPD-Mitglied gewesen, als er – von einer Studienreise in die Sowjetunion 1930 zurückgekehrt – unter dem nachhaltigen Eindruck der dort praktizierten Stadtplanung sich zunehmend von der städtebaulichen Praxis seiner eigenen Partei distanzierte. Wagner trat in Jahr später aus der SPD aus (M. Wagner, *Mein Austritt aus der SPD*, in: *Das Tagebuch* 12, 1931, S. 586-570 u. 611-617). Zum Thema »Sozialdemokratie und Stadt in der Weimarer Republik (1923-1933)« siehe auch den gleichnamigen Aufsatz von Manfredo Tafuri in: *Werk* 3, 1974, S. 308-319.

108 Vgl. Junghanns, *Die Beziehungen..*, op. cit., S. 375.

109 Vgl. den Beitrag von Hartmut Frank über »Organisation« der Architekten in: *Architektur und Kapitalverwertung – Veränderungstendenzen in Beruf und Ausbildung von Architekten in der BRD*, hrsg. v. Klaus Brake, Frankfurt/M., 1973, S. 218 ff., hier S. 232.

110 Th. w. Adorno, op. cit., S. 106.

111 Vgl. Ernst Bloch, *Prinzip Hoffnung*, op. cit., Bd. 1, S. 448.

112 Ibid.

113 Siehe dazu die Stellungnahme von Walter Benjamin in einem Brief an Alfred Cohn vom 6. 2. 1935. Benjamin charakterisiert darin die Ansprüche Blochs in dessen *Erbschaft dieser Zeit* als »übertriebene« angesichts des herrschenden Elends. (Vgl. W. Benjamin, *Briefe 2*, Frankfurt/M., 1966, S. 648 ff.)

114 Vgl. Bloch, *Geist der Utopie*, op. cit., S. 22.

115 Ibid.

116 Dies ist ja auch der eigentliche Mangel der Analyse Sedlmayrs; doch ist es nach wie vor (nach mehr als 25 Jahren) bemerkenswert, wie umsichtig er dem Gegenstand seiner Kritik durch Fragestellungen, die weit über das übliche kunsthistorische Interesse hinausweisen, höchst interessante Gesichtspunkte abzugewinnen vermag. Diese helfen auch dem weiter, der von einem völlig gegensätzlichen Standpunkt ausgeht. Vgl. hier auch seine Ende der 50er, Anfang der 60er Jahre erschienenen Aufsätze, in denen er sich mit dem Verhältnis von Technik und Kunst auseinandersetzte; gesammelt erschienen sie in: Hans Sedlmayr, *Der Tod des Lichtes*, Salzburg 1964, Teil III, S. 149-222.

117 Heigelin, *Lehrbuch der höheren Baukunst*, Leipzig, 1832, Bd. III, S. 83.

118 K. Junghans, *Die Maschine in der deutschen Architekturtheorie des 19. und 20. Jahrhunderts*, in: *Anschauungen und Deutung. Festschrift für Willy Kurth*, Berlin, 1964, S. 192.

119 H. Muthesius, *Kunst und Maschine*, in: *Dekorative Kunst*, V. Jg., Nr. 4, Januar 1902, S. 143.

120 Hendrik P. Berlage, *Baukunst und Kleinkunst*, 1907, S. 244.

121 J. Ruskin, *The Seven Lamps of Architecture* (1849), London/New York (1907), 1969, S. 53. Ruskin hatte sich darüber beklagt, daß z. B. die Ornamente rein dekorative Verwendung in der Straßendekoration fänden, »based on the idea that people must be baited to a shop as moths are to the candle« (S. 121). Sollte das »Geschäft vom Wohnhaus« getrennt werden (»of separating the shop from the dwelling-house«, S. 122), um eine der Auffassung vom »true ornament« zuwiderlaufende Vermischung der Ornamentsprache allein schon lokal zu vermeiden, so durfte an Gebäuden, die der neuzeitlichen Entwicklung der Technik ihre Existenz verdankten, das schmückende Ornament (als eigentlicher »architecture« gegenüber der profanen Bedeutung von »building«) erst gar nicht auftreten. Im vierten Kapitel schreibt Ruskin zur damals nicht mehr ganz so neuen Architekturaufgabe des Bahnhofs: »Another of the strange and evil tendencies of the present day is to the decoration of the railroad station. Now, if there be any place in the world in which people are deprived of that portion of temper and discretion which are necessary to the contemplation of beauty, it is there. It is the very temple of discomfort, and the only charity that the builder can extend to us is to show us, plainly as may be, how soonest to escape from it.« (ibid.) Die Bahnhöfe sind Ruskin die Inkarnation eines hastigen und unsteten Lebens, das von der »contemplation«, »to go leisurely over hills and between hedges«, nichts mehr übrig läßt. Ja, er behauptet, daß derjenige, der es vorziehe, durch Tunnel zu rasen, keinesfalls einen so zarten Schönheitssinn haben könne, daß er ihn am Bahnhof ergötzen müßte (»have no sense of beauty so acurate as that we need consult it at the station«, ibid.). Hingegen sei die Eisenbahn »in all its relation a matter of earnest business, to be got through as soon as possible. It transmutes a man from a traveller into a living parcel« (ibid.). Damit bringt Ruskin zum Ausdruck, daß der Einzelne in einem für den Transport von Massen bestimmten ›Bewegungsapparat‹ seine Individualität einbüße, sodaß Schönheitssinn und Kunstgenuß abnähmen und unter Umständen gar nicht mehr entstünden. Da aber die richtige Auffassung der Schönheit (»a right disposition of beauty«, S. 124) von Zeit und Ort abhängig zu machen sind, sind beide für die Verwendung des Ornaments entsprechend zu wählen: »There never was more flagrant nor impertinent folly than the smallest portion of ornament in anything concerned with railroads or near them« (S. 122). Was Ruskin fordert, ist eine eigene Größe und Würde solcher Gebäude, die sie dann haben werden, wenn sie sich selbst überlassen bleiben (»Railroad architecture has, or would have, a dignity of its own if it were only left to its work«, S. 123) – denn: »You would not put rings on the fingers of a smith at his anvil« (sic., ibid.). Der Schmuck an den Händen eines am Amboß arbeitenden Arbeiters ist Ruskin so falsch wie das schmückende Ornament an den Konstruktionen eines der »Erwerbswelt« oder der Welt des Arbeiters zugehörigen Gebäudes.

Es ist wohl nicht zu übersehen, daß Ruskin hier den sich anbahnenden Verlust des auratisch-kontemplativ erlebten Kunstwerts des Ornaments aufzuhalten versuchte (wie ihn die gigantische, zwei Jahre später – 1851 – in London veranstaltete Weltausstellung als riesige Warenschau bestätigen sollte). Auf diesen entscheidenden Verlust der Aura zielt auch Ruskins Frage: »Will a single traveller be willing to pay an increased fare to the South Western, because the columns of the terminus are covered with patterns from Niniveh?« (S. 123). Ruskin antwortet (wobei die Entzauberung des ursprünglichen Kunstwerts zum Vorschein kommt): »[. . .] he will only car less for the Niniveh ivories in the British Museum«. (ibid.)

Durch die für falsch gehaltene Reproduktion von Ornamenten, die auf ein

Original zurückgehen (gußeiserne Ornamente sind barbarisch, durch die Verwendung von gegossenen oder mit Maschinen erzeugten Ornamenten entsteht baukünstlerischer Betrug, S. 34/5), verliert das Original seine – hier bereits – museale Aura bzw. Einmaligkeit, wie Ruskin sie begreift. Als vervielfältigter Gegenstand ist das Ornament zur Massenware geworden und für die Massen bestimmt. In solcher Gefolgschaft aber drohte es seinen mittlerweile übersteigerten esoterischen Charakter (was bei Ruskin zweifellos der Fall ist) zu verlieren.

Es ist eben dieser Verlust der Esoterik des Ornaments, den auch Hermann Muthesius vor Augen hat, als er 1903 seine Verbitterung über die falschen Jugendstil-Ornamente mit den Worten zum Ausdruck bringt: »Die Fabriken stanzen heute [. . .] diese Jugendornamente, [. . .] und hundert Geschäfte, die mit dem nutzlosesten Krimskrams [. . .] angefüllt sind, blühen und gedeihen durch die Verbreitung dieses Unfugs, [. . .] Man hält das für Kunst. Und nach Kunst schreit ja heute die ganze Welt« (H. Muthesius, *Stilarchitektur und Baukunst,*, op. cit., S. 63.) Allerdings schreibt Peter Collins, daß es nicht ganz zutreffe, daß die Entwertung des Ornaments im Laufe des 19. Jahrhunderts maßgeblich an seine maschinelle Herstellung gekoppelt gewesen sei: »It is sometimes assumed today that ornamentation degenerated and became improper only because it was machine-made« (S. 126). Im Gegenteil, so hebt Collins hervor, das Ornament sei im 19. Jahrhundert meist noch Produkt von Handarbeit oder Guß (hand-carved or cast) gewesen. »The fault of nineteenth century ornamentalists was [. . .] that it was applied indiscriminately, and it was this which caused a reaction against all ›applied ornament‹ in the twentieth century«. Dessen ungeachtet wird man selbst ein im Kleinbetrieb mechanisch reproduziertes Ornament noch als »falsches Ornament« ablehnen, wenn es als applizierte Form in Verbindung zu größeren Produkten gebracht wird (und auch nur dafür hergestellt), die ihrerseits umfassend den Bereich der maschinellen Produktion repräsentieren. Der Charakter der Maschine ist der der Massenproduktion; ein in ihrer Verbindung auftretendes Ornament, ob ›machine-made‹ oder nicht, wird sich dem immer unterordnen: die durch die Handarbeit hindurchscheinende Individualität verliert sich gegenüber dem ›gewaltigen Organismus‹ der Maschine. P. Collins, *Changing Ideals in Modern Architecture,* London, 1965.)

122 H. Muthesius, *Handarbeit und Massenerzeugnis,* in: *Technische Abende im Zentralinstitut für Erziehung und Unterricht.* Viertes Heft, Berlin, 1917, S. 8 ff. Lethaby hatte vier Jahre zuvor in der englischen Zeitschrift *The Imprint* geschrieben: »Art is the humanity put into workmanship, the rest is slavery. The difference between a man-made work and a commercially-made work is like the difference between a gem and a paste. [. . .] Still it is highly important that commercial work shall be properly done after ist own kind. Although a machine-made thing can never be a work of art in the proper sense, there is no reason why it should not be good in a secondary order – shaply, smooth strong, well fitting, useful; in fact, like a machine itself. Machine-work should show quite frankly that it is the child of the machine; it is the pretence and subterfuge of most machine-made things which make them disgusting« (W. R. Lethaby, *Art and Workmanship,* in: *The Imprint,* 1913, S. 2). Ein Jahr später umschreibt Lethaby sehr schön die enge Zusammengehörigkeit von Ornamentgestaltung, die über den *Zweck* hinausreicht, und der Freude am Handwerk: »Dann, wenn ein wirklicher Meister die Sache in die Hand nimmt, mag ein wenig Stickerei [sozusagen] auf dem einfachen Gewand gestattet werden, *ein wenig Spaß am Handwerklichen, und das würde dann das Ornament darstellen«* (Lethaby, *Design und Industrie,* 1915, zitiert nach J. Posener, op. cit., S. 46 – Hervorhebung von mir – M. M.).

123 A. Lichtwark, *Der Ornamentstich der deutschen Frührenaissance,* Berlin, 1888.

124 Max Deri, *Das Rollwerk,* Halle a. d. Saale, 1905.

125 W. K. Zülch, *Entstehung des Ohrmuschelstils,* Heidelberg, 1932. Dies ist freilich nur ein Beispiel.

126 Ganz in diesem Sinn sagt der holländische Architekt Oud: »Die Blüte des Handwerks, das Mittelalter, war daher auch die Blüte der Einzelform. Der Niedergang des Handwerks bedeutet auch Niedergang der Einzelform« (zitiert nach A. Behne, *Architekten,* 1921, op. cit., S. 128).

127 Vgl. Lethaby zuvor in Anmerkung 122.

128 Th. Veblen, *Theorie der feinen Leute* (englisch: *The Theory of the Leisure Class*), München, 1971, S. 122. Auf das Ornament übertragen, hatte Sullivan in einem Aufsatz aus dem Jahr 1892 erklärt, »daß das Ornament ein geistiger Luxus und keine Notwendigkeit« sei; denn wir würden »sowohl die Grenzen als auch den hohen Wert unverzierter Massen« erkannt haben. (Vgl. Sullivan, *Ornament in Architecture,* aus: *Engineering Magazine* 3, S. 633-644, zitiert nach S. Paul. L. H. Sullivan, op. cit., S. 130).

129 Hans Schmidt schreibt 1925: »Der Haustein und das Holz, die ursprünglichen Materialien des Bauens, waren in organischem Wachstum entstanden, wir mußten sie für unsere Zwecke aus dem Rohen von Hand bearbeiten, verformen, aushauen und zuschneiden. Die Art dieser Arbeit führte den Menschen von selbst zur bildnerischen Gestaltung, zum Profil, zum Ornament, zur Dekoration, zur Figur [. . .]. Unsere Materialien und vor allem unsere Arbeit sind längst zu etwas anderem geworden. Backstein, Eisen und Glas waren die ersten künstlich entstandenen Materialien des Bauens. [. . .] Sie [die Fabriken – M. M.] zerkleinern die aus der Natur gewonnenen Rohstoffe auf mechanischem Wege und gießen, pressen und walzen die von der Bautechnik geforderten Einheiten: Platten, Tafeln, Stäbe, Blöcke usw.« (Schmidt, *Die neuen Materialien,* 1925, in: Schmidt, *Beiträge . . .,* op. cit., S. 18). Zwei Jahre später gibt es in der »Häuserfabrik« in Frankfurt/M. unter der Leitung von Ernst May den Großblock-Fertigbau, die Herstellung von Bimsbetonteilen etc., die auf der Baustelle zusammengesetzt und in der Fabrik bereits vorfabriziert werden.

130 Karl Marx, *Grundrisse der Kritik der politischen Ökonomie,* Frankfurt/Wien o. J., S. 585. Über die Folgen dieser Entwicklung für den Arbeiter schreibt Marx an anderer Stelle: »In Manufaktur und Handwerk bedient sich der Arbeiter des Werkzeugs, in der Fabrik dient er der Maschine. Dort geht von ihm die Bewegung des Arbeitsmittels aus, dessen Bewegung er hier zu folgen hat. In der Manufaktur bilden die Arbeiter Glieder eines lebendigen Mechanismus. In der Fabrik existiert ein toter Mechanismus unabhängig von ihnen, und sie werden ihm als lebendige Anhängsel einverleibt. [. . .] Während die Maschinenarbeit das Nervensystem aufs äußerste angreift, unterdrückt sie das vielseitige Spiel der Muskeln und konfisziert alle freie körperliche und geistige Tätigkeit« (Karl Marx, *Das Kapital,* Bd. 1, 1968, S. 445).

131 Spengler bezeichnet an einer Stelle in *Untergang des Abendlanes,* wo er sich über das Schicksal des Ornaments ausläßt, die Form der adaptierten Ornamente in der Romantik als »seelenlos«: »Den Übergang bilden, und zwar in irgendeiner Form, in *jeder* Kultur ›*Klassizismus und Romantik*‹. Jener bedeutet die Schwärmerei für ein Ornament – Regeln, Gesetze, Typen –, das längst altertümlich und seelenlos geworden ist, diese eine schwärmerische Imitation – nicht des Lebens, sondern einer *früheren Imitation.* An Stelle des Baustils tritt ein Baugeschmack.« Mit dem

Anbruch der Zivilisation erlischt nach Spenglers Urteil »das echte Ornament und damit die *große* Kunst überhaupt«. Ornament und Kunst sind bei Spengler zwei eng miteinander verbundene Ausdrucksformen; in solcher Verbindung ist das Ornament im Gegensatz zur Imitation »etwas Zeitentrücktes, reine, gefestigte, verharrende Ausdehnung, [. . .] [das] Seiende selbst, unter gänzlichem Absehen von seiner Entstehung«. Das Ornament erscheint bei Spengler als die äußerste Verkörperung des geistig Seienden gegenüber der niedrigen Sphäre der Materialität. (Vgl. Oswald Spengler, *Der Untergang des Abendlandes,* 1917, op. cit., Bd. 1, S. 254 und S. 248 f.).

132 Beispielhaft für das damalige Urteil über das maschinell hergestellte Ornament und sein handwerkliches »Gegenüber« ist Muthesius' Meinung (*Stilarchitektur und Baukunst,* op. cit., S. 66): »Wodurch unterscheidet sich das Maschinensurrogat von der Handarbeit? Dadurch, daß es eine Wiederholung ist, der der Geist fehlt. Ein Ornament, das von Menschenhand gefertigt ist, trägt die Spuren der Herstellung in sich, des künstlerischen Antriebes des Schaffenden, Freud und Leid seines Vollbringens, die Lust an der Arbeit. Die Maschinenarbeit gibt von diesem Leben nur die Totenmaske. Und nicht allein dies, sondern sie macht die frühere Einzelkunstleistung durch ihre Massenproduktion vulgär.« Und die Frage nach der mittels mechanisch reproduzierter Ornamente zerstörten Erfahrung bzw. Aura früherer handwerklich produzierter Ornamente berührend, vermutet er: »Der heute vielfach sich zeigende Widerwille gegen Ornament überhaupt, schreibt sich vielleicht mit von dieser Überfütterung mit Maschinenornament her« (ibid.).

133 Jürgen Ritsert / Claus Rolshausen, *Der Konservativismus der kritischen Theorie,* Frankfurt/M., 1971, S. 45.

134 Schon 1823 betonte der französische Architekt Durand, ein Schüler Boullées, die Notwendigkeit, das Ornament unter dem Aspekt des Profitablen zu beurteilen: »Mit der Notwendigkeit ergibt sich auch die Schlußfolgerung, daß die Ordnungen nicht das Wesen der Architektur ausmachen; daß das Vergnügen, welches man von ihrer Verwendung und der sich daraus ergebenden Ornamentik erwartet; daß eben diese Ornamentik eine Illusion und die dafür aufgewendeten Kosten reine Verschwendung sind« (J. L. N. Durand, Précis des leçons données à l'école royale polytechnigque, Paris 1823, Bd. I, S. 16). Durand bestätigt damit die Klage Schillers, daß der Nutzen das »große Idol« der Zeit geworden sei. Gottfried Semper schließlich erklärt 1851 in *Wissenschaft, Industrie und Kunst,* daß »an Gegenständen, bei denen der Ernst des Gebrauches nichts Unnützes gestattet, [. . .] sich zuweilen mehr Gesundheit in der Ausstattung und Veredlung der durch ihre Bestimmung streng vorgezeichneten Formen [zeige]« (G. Semper, *Wissenschaft, Industrie und Kunst,* Mainz und Berlin 1966, S. 32/33).

135 Semper, op. cit., S. 32. Erinnern wir uns aber daran, daß im weiteren Verlauf noch im 19. Jahrhundert er Handarbeit aus solcher Perfektion der Maschine neue Qualitätsmerkmale zugeschrieben wurden. Hören wir dazu erneut Veblen: »Die ehrenvollen Merkmale der Handarbeit bestehen im allgemeinen aus gewissen Unvollkommenheiten und Unregelmäßigkeiten, die nichts anderes beweisen, als daß der Handwerker seine Arbeit ungeschickt ausgeführt hat. Die Überlegenheit handgearbeiteter Güter besteht also in einem gewissen Mangel an Sorgfalt und Aufmerksamkeit. Natürlich darf dieser Mangel weder in Pfuscherei ausarten, noch so klein sein, daß er den Verdacht der maschinellen Herstellung aufkommen läßt, denn beides ließe auf Billigkeit schließen« (Veblen, op. cit., S. 122). Nichts anderes meint Junghanns, wenn er anmerkt: »Das reine Maschinenprodukt empfängt von der Exaktheit seinen besonderen Charakter, dessen Durchbrechung durch absichtliche Unregelmäßigkeiten als stilwidrig [. . .] empfunden wird. Beschädigung und selbst

die Zeichen des Alterns wirken hier wie eine Unvollkommenheit. Umgekehrt wirkt ein handgearbeiteter Gegenstand leer und tot, wenn er zu regelmäßig, zu exakt geformt ist, wenn die Spuren der Hand verlorengegangen sind, die die Sprödigkeit des Materials überwunden und seine volle Schönheit zur Wirkung gebracht haben. Das Handwerksprodukt ist stets einmalig und gewinnt durch das Altern jene Patina, die ihm oft einen besonderen Wert verleiht« (Junghans, op. cit., S. 189).

136 Vgl. Heinz Quitzsch, *Die ästhetischen Anschauungen Gottfried Sempers*, Berlin, 1962. Wenngleich Semper in der Praxis als Architekt dem Klassizismus verbunden blieb und so die Formensprache der Antike und die der Renaissance nie ganz aufgab, er, wie Quitzsch hervorhebt, mit seiner ›Bekleidungstheorie‹ Richtungen verwarf, »Bauteile als ›nacktes Erscheinen der funktionierenden Teile‹« (S. 80) darzustellen, so betont Quitzsch doch, daß er, »getragen von einer naturwissenschaftlichen Betrachtungsweise«, seine Kunsttheorie »auf den Boden eines mechanischen Materialismus« stellte und von dieser Position aus die spekulative Ästhetik bekämpfte (S. 82). Daß Sempers Anschauungen für die späteren Auseinandersetzungen um das Verhältnis von *Kunst und Technik* in der Architektur von erheblichem Einfluß gewesen sind, mag eine Äußerung von Peter Behrens aus dem Jahr 1909 belegen. Indem er sich gegen den, wie er sagt, »Grundirrtum unserer Zeit« wendet, zu glauben, »die Kunstform sei bedingt durch die Technik oder sie entstehe aus ihr sozusagen von selbst«, führt er aus: »Eine genaue Unterscheidung zwischen [...] Kunst und Technik ist heute um so notwendiger, als eine gewisse Schulrichtung unserer modernen Ästhetik all künstlerischen Formen aus dem Gebrauchzweck und der Technik ableiten möchte«. Wohl ist Behrens bereit, einzuräumen, daß »diese auf Gottfried Semper zurückgehende Anschauung [...] als eine neue, erlösende Wahrheit angesehen, und Begriffe wie ›Zweckform‹ und ›Materialgerechtigkeit‹ als neuentdeckte [...] Gottheiten angebetet werden« mußten. Doch setzt er dagegen die der idealistischen Ästhetik verbundene und auf Riegl zurückgreifende Behauptung, »daß Kunst nur als eine Schöpfung inspirierter, starker Individualitäten entsteht und die freie, durch materielle Bedingungen unbehinderte Erfüllung eines psychischen Dranges ist«. Und er zitiert als Beleg dafür Riegl, der gesagt hatte: »In Gegensatz zu der Semperschen mechanistischen Auffassung vom Wesen des Kunstwerks muß eine teleologische treten, indem im Kunstwerk das Resultat eines bestimmten zweckbewußten Kunstwollens erblickt wird, das sich im Kampf mit Gebrauchszweck, Rohstoff und Technik durchsetzt«. Vgl. P. Behrens, *Kunst und Technik*, in: *Der Zeitgeist. Beiblatt zum ›Berliner Tageblatt‹*, Nr. 4, 25. Januar 1909. Siehe auch Riegls Stellungnahme zu Semper in: A. Riegl, *Spätrömische Kunstindustrie* (1901), 2. Aufl. Wien 1927, hier zitiert nach dem unveränderten fotomechanischen Nachdruck, Darmstadt 1973, S. 8 f.

137 Semper, op. cit., S. 37 (Das ›House of Parliaments‹ wurde 1839 von Sir Charles Barry begonnen und im Jahr 1852 feierlich eröffnet.)

138 Vgl. Ruskin, op. cit.

139 Junghanns unterstreicht, daß es schon zu Anfang der neunziger Jahre Meinungen gegeben habe, »daß alles, aber auch alles in Umbildung begriffen sei, daß man nach neuen Formen für die Architektur suche und daß die Übernahme von Maschinenformen durchaus im Bereich des Möglichen liege« (Junghanns, op. cit., S. 187).

140 Semper, op. cit., S. 34.

141 Ibid., S. 43/44.

142 Marx, *Grundrisse* ..., op. cit., S. 584 f.

143 Ibid., S. 585.

144 Ibid.

145 Ibid.

146 Siehe Semper, ob. cit., S. 37.

147 Vgl. Behne, *Architektur*, 1921, op. cit., S. 133.

148 Zur Anwendung neuer Techniken ging man in dieser Zeit nur dort über, »wo die Bauausführung von großen öffentlichen Gebäuden sowie von Verkehrsbauten einen Einsatz neuer Produktionsmethoden verlangte. Dieser Bereich des Bauwesens entwickelt sich jedoch bis 1900 nur langsam, so daß Spaten, Schaufeln, Kellen und Schubkarren die vorherrschenden Produktionsinstrumente in der Bauwirtschaft blieben« (siehe H. Mottek / W. Becker / A. Schröter, *Wirtschaftsgeschichte Deutschlands. Ein Grundriß*, Berlin 1974, S. 32 f., ebenso *Geschichte der Technik*, Leipzig, 1964, S. 273).

149 Otto Wagner, *Moderne Architektur* (1896), zitiert nach der 2. Aufl., Wien, 1898, S. 35 sowie S. 43/4.

150 Ibid., S. 44.

151 Ibid., S. 50.

152 Ibid., S. 70.

153 Was die Aussagen von Otto Wagner so wichtig erscheinen läßt, ist der Umstand, daß er der materiellen Entwicklung in der ästhetischen Konstruktion Vorrang gibt, ohne einer Ästhetisierung der materiellen Entwicklung, vor allem der Maschine, zu folgen. Vom Kunstwert traditioneller Prägung ist zum Beispiel bei dem amerikanischen Architekten Frank Lloyd Wright wenige Jahre später gleichfalls nicht mehr die Rede, der 1901 betont, daß die Maschine »unbesiegbar triumphierend« weiterschreite: sie »sammelt Kraft und verknüpft die materiellen Bedürfnisse der Menschheit immer enger zu einem allumfassenden automatischen Gewebe: die Maschine, der Motor, das Schlachtschiff, die Kunstwerke des Jahrhunderts« (F. L. Wright. *The Art and Craft of the Machine*, 1901, in: Wright, *Humane Architektur*, op. cit., S. 26). Wright hatte schon 1893 vom »Zeitalter des Stahls und Dampfes« gesprochen, dem »Zeitalter der Maschine, in dem Lokomotiven, Dampfmaschinen, Kriegsmaschinen, Dampfschiffe den Platz einnehmen, der früher von Kunstwerken ausgefüllt war«. Zitiert nach: *Modern Architecture*, Princeton, 1931, S. 8. Wright macht die Maschine zu einem neuen ästhetischen Gebilde, das die »alten« ablöst, und verfälscht damit nicht zuletzt ihre Verwertung unterm Prinzip der Aneignung durch das Kapital.

154 Vgl. W. Benjamin, *Ursprung des deutschen Trauerspiels*, Frankfurt/M. (1963), 1969, S. 182/3.

155 Hilberseimer, *Bauwirtschaft und Wohnungsbau*, 1925, op. cit., S. 287; siehe auch unsere Darstellung. Hilberseimer teilte die unter den Funktionalisten verbreitete Hoffnung, daß mit der »Ökonomisierung der Wohnung« eine »wesentliche Veränderung der Ausstattung eintreten« werde: »Die Stuckdecken, reichgeschnitzte Möbel, kostbaren Wandverkleidungen sind eher ein Armuts- als ein Reichtumszeugnis. Sie dienen zur Kaschierung von räumlichen Ungelöstheiten. Die Gestaltung des Raumes kann nur mit den Mitteln des Raumes selbst erfolgen. Wände, Fußboden, Decke, Türen und Fenster sind seine eigentlichsten Elemente. Ihre konsequente Durchbildung und Gestaltung wird zu jener Vereinheitlichung führen, die allzu streng und sachlich durchgeführten Gegenstände auszeichnet« (ibid.).

156 Ibid., S. 290.

157 Lissitzky, op. cit., S. 52.

158 Vgl. Hermann Bauer, *Architektur als Kunst*, in: *Probleme der Kunstwissenschaft, Kunstgeschichte und Kunsttheorie im 19. Jahrhundert* 1. Bd., Berlin 1963, S.

133 f.

159 Hilberseimer spricht 1925 von »heutigen Verhältnissen«, die »zu einer durchgreifenden Industrialisierung des gesamten Bauwesens« zwingen. Man werde dann »Häuser nicht mehr bauen sondern aus montagefertig angelieferten Stücken in kürzester Zeit montieren und bezugsfertig machen können« (Hilberseimer, op. cit., S. 291). Hilberseimer hatte, als er dies prophezeite, eine Stadtutopie entworfen, die die doktrinären Tendenzen einer derartigen Materialisierung und Ökonomisierung städtischen Lebens – übertragen auf die Verhältnisse in der Architektur nach 1945 – gültig veranschaulicht. Zerlegt in eine untere Arbeits- und eine obere Wohnsphäre, präsentiert sich die Architektur als ein montiertes System von stereotypen Rasterungen, in dem Individualität, Phantasie ausgelöscht sind. Architektur *ist* der gewaltige Organismus, in dem organisierende Eingriffe der Betroffenen unmöglich geworden sind.

160 Bezogen auf die wirtschaftliche Situation nach dem Ersten Weltkrieg führt Schwab aus: »Die Verarmung breiter Schichten infolge des verlorenen Krieges und der Inflation und die Abwendung des Kapitals vom Baumarkt zwingen uns daran zu denken, daß in den alten Baumethoden viel unnütze Kosten stecken, die man lernen muß zu vermeiden. Daher das Bestreben nach billigeren Baustoffen, nach Ausschaltung der teuren Handarbeit [...], nach Fortlassung aller überflüssigen, nur ›schmückenden‹ Zutaten, nach genormten, fabrikmäßig hergestellten Bauteilen.« (Schwab, op. cit., S. 122). Schwab meint, daß das Bauen »viel stärker als irgend eine andere Kunst an den Zweck gebunden« ist: »Oder vielmehr: es ist zunächst einmal gar nicht Kunst, [...] sondern es ist handgreiflich materielle Produktion. Produktion zu wirtschaftlichen Zwecken und unter wirtschaftlichen Bedingungen, an der sich nur eben künstlerische Tätigkeit entfalten *kann.* Nicht einmal: sich entfalten *muß;* denn das meiste, was gebaut wird, wird ohne alle ›Kunst‹ gebaut, [...] nach modernen Ingenieurberechnungen« (S. 141).

161 Vgl. Michael Müller, *Künstlerische und materielle Produktion. Zur Autonomie der Kunst in der italienischen Renaissance,* in: Müller, M., Bredekamp, H., Hinz, B., u. a., *Autonomie der Kunst,* Frankfurt/M. 1972, S. 9-87. Siehe gleichfalls Berthold Hinz, *Zur Dialektik des bürgerlichen Autonomie-Begriffs,* in: *Autonomie der Kunst,* op. cit., S. 173-198.

162 *Arbeitsmittel* sind zunächst »alle Dinge, mit deren Hilfe der Mensch auf den Gegenstand seiner Arbeit einwirkt und ihn seiner Absicht entsprechend verändert. [...] Zu den Arbeitsmitteln gehören die Produktionsinstrumente (Maschinen, Ausrüstungen, Werkzeuge, Vorrichtungen, Geräte, Motoren usw.), das Gefäßsystem der Produktion (Fässer, Körbe, Tanks, Kanister, Rohrleitungen, Bunker, Güterwagen) und andere zur Durchführung der Produktion notwendige Dinge, wie Fabrikgebäude, Straßen, Kanäle, Lagerhäuser, das Nachrichtenwesen« (*Wörterbuch der Ökonomie Sozialismus,* Berlin, 1969, S. 65 f.). Vgl. auch Karl Marx, *Kapital,* Bd. I, op. cit., S. 194 ff., sowie S. 445.

163 Vgl. W. Gropius, *Der stilbildende Wert industrieller Bauformen,* in: *Jahrbuch des Deutschen Werkbundes 1914,* Jena, 1914, S. 29-32. Gropius greift auf Muthesius zurück, der 1903 geraten hatte: »Will man [...] nach einem neuen Stile, dem Stile unserer Zeit suchen, so wäre dessen Kennzeichen viel eher in solchen neuartigen Schöpfungen nachzuspüren, die ganz neu entstandenen Bedürfnissen dienend, zu dem alten Formenkram der Architektur in gar keine Beziehung getreten sind, also etwa in unseren Bahnhöfen, Ausstellungsbauten, Riesenversammlungshäusern, noch mehr vielleicht in solchen Gebilden, die gar nicht in das Bethätigungsfeld des Architekten gefallen, also sozusagen wild aufgeschossen sind, wie unsere

Riesenbrücken, Dampfschiffe, Eisenbahnwagen, Fahrräder. (...) Sachlichkeit, eine Enthaltung von allen äußeren Schmuckformen, eine Gestaltung, die genau nach dem Zweck, dem das Werk dienen soll, getroffen ist« (Muthesius, *Stilarchitektur und Baukunst,* op. cit., S. 51).

164 Ibid., S. 32.

165 Zitiert nach Heinz und Bodo Rasch, *Wie Bauen?* Mit einem Vorwort von Adolf Behne, Stuttgart, 1927. Hier wird zur Praxis, was sich im Verlauf der zweiten Hälfte des 19. Jahrhunderts mit der Entstehung von »Großbetrieben« in der Baumittelindustrie abzeichnete: die Trennung »der Arbeit von ihren handwerklichen Rudimenten. Die Bauproduktion zerfällt hier in zwei raum-zeitlich getrennte Prozesse: *die Arbeit im Betrieb und an der Baustelle,* welche je unterschiedliche Formen von Teilung und Vergesellschaftung der Arbeit charakterisiert. Dem Handwerk verbleibt als Betätigungsfeld lediglich die Baustelle, wo seine Tätigkeit [wie die Äußerung Behnes es unter Beweis stellt – M. M.] sich immer mehr reduziert und sich schließlich nur auf das bloße Zusammensetzen vorgefertigter Bauteile und auf ergänzenden Ausbau beschränkt« (Georg Kohlmaier, *Berufsentwicklung,* in: *Architektur und Kapitalverwertung. Veränderungstendenzen in Beruf und Ausbildung von Architekten in der BRD,* hrsg. v. Klaus Brake, Frankfurt/M., 1973, S. 42 ff.).

166 R. Rosenbrock, *Bauproduktion,* in: *Architektur und Kapitalverwertung,* op. cit., S. 89.

167 Lukács spricht in diesem Zusammenhang von *desanthropomorphosierenden* Tendenzen in der funktionalistischen Architektur. Wohl sei die Tatsache, »daß die Arbeitsinstrumente sich in einem rapiden Tempo von den anthropologischen Gegebenheiten des Arbeitenden loslösen, immer wissenschaftlicher, desanthropomorphisierender, ausschließlich auf die objektive Aufgabe gerichtet werden, daß also der Mensch nicht mehr in seinen Werkzeugen einen Ausgleich zwischen dem objektiven Ziel und seinen höchstgesteigerten Fähigkeiten erstrebt, sondern sich den rein objektiven Bedingungen, die die Maschine ihm vorschreibt, fügen muß«, ein »ungeheurer, umwälzender ›Fortschritt‹ in der Menschheitsentwicklung«. Zugleich aber zerreiße die Maschinenarbeit die organische Verbundenheit zwischen Mensch, Arbeit und Arbeitsprodukt und damit die Verbindung zur Architektur, die nichts anderes ist als Gegenstand der menschlichen Produktion. (Vgl. Lukács, *Ästhetik,* op. cit., S. 452).

167 a Vgl. W. C. Behrendt, *Der Sieg des Neuen Stils* (1927), op. cit., S. 45.

168 Nicht zuletzt deshalb stößt die Beschäftigung mit den Anfängen und Zielsetzungen sozialen Siedlungsbaus auf Schwierigkeiten. Dieser Teil der Architekturgeschichte fiel bislang immer durch die an ästhetischen Kategorien geschulten Bestimmungsmaßstäbe hindurch, so daß man von einer weitgehend »im dunkeln« liegenden Geschichte sprechen muß. Siehe K. W. Forster, *Sozialer Wohnbau: Geschichte und Gegenwart,* in: *Archithese* 8, Niederteufen, 1973, S. 2-8. Zur Literatur über proletarisches Wohnen vgl. Nikolaus Pevsner, *Frühe Arbeiterhäuser,* in: *Architektur und Design,* München, 1971, S. 230-253, und J. N. Tarn, *Working-class Housing in 19th-century Britain,* London, 1971.

169 Siehe dazu Chr. Mohr / M. Müller, *Zur Dokumentation eines großbürgerlichen Wohnviertels,* in: *Kritische Berichte,* Jg. 1, Heft 2, Marburg, 1973, S. 28-52.

170 Ernst Wiß, *Über die Wohnungsfrage in Deutschland,* Berlin, 1872, S. 39.

171 Vgl. Otto Wiedtfeld, *Statistische Studien zur Entwicklungsgeschichte der Berliner Industrie 1720-1890,* Leipzig, 1898, S. 85.

172 L. Hilberseimer, *Bauwirtschaft und Wohnungsbau,* op. cit., S. 286.

173 Ibid., S. 287.

174 Wiedtfeld, op. cit., S. 85: wo es – eher entschuldigend – heißt: »Machen sich bei der Berechnung des Unternehmers schon Mieten nötig, die die Zahlungskraft der in Betracht kommenden Mieter erreichen oder gar schon übersteigen, so ist es dem Unternehmer unmöglich, bei seinen Berechnungen entsprechende Summen für künstlerische, hygienische und soziale Zwecke einzusetzen.«

175 Vgl. M. Brandts, *Die künstlerische Gestaltung des Arbeiterwohnhauses,* Berlin, 1906, S. 23. Dabei schien man in der Vergangenheit vielfach aus Gründen des Gewinnstrebens überhaupt auf den Architekten verzichtet zu haben. In *The Builder* aus dem Jahr 1863 (XXI, S. 198) heißt es zu den ›Langbourne Buildings‹ in der Mark-Street (Finsbury, England): »Die niedrigen Baukosten haben ihren Grund in der Verwendung von Beton oder Kunststein, der aus Schlacke, Grus, Koks und ähnlichen groben und rohen Kalkmaterialien besteht [. . .] und den man für Türrahmen, Bögen, Kamine, Stiegen, Balkons, die Fußböden der Waschhäuser, die Korridore und die Dächer verwendet hat [. . .] Ein weiterer Grund für die niedrigen Baukosten ist, wenn wir richtig verstanden haben, der Verzicht auf Mitwirkung eines Architekten« (zitiert nach Pevsner, *Frühe Arbeiterhäuser,* op. cit.).

176 A. Behne, *Kritik des Werkbundes,* in: *Die Tat. Monatszeitschrift für die Zukunft deutscher Kultur,* 9, 1, 1917.

177 Vgl. Helga Grebing, *Geschichte der deutschen Arbeiterbewegung,* München, 1970, S. 94.

178 Siehe zur Geschichte des Deutschen Werkbundes von 1907 bis 1914 die Arbeit von Sebastian Müller, *Kunst und Industrie,* München, 1974.

179 H. Muthesius, *Stilarchitektur und Baukunst,* op. cit., S. 64 f.

180 Ibid., S. 80.

181 Vgl. eine Aussage von Walter Gropius, *Die Entwicklung moderner Industriebaukunst,* in: *Jahrbuch des Deutschen Werkbundes 1913,* Jena 1913, S. 19. Der im Werkbund u. a. neben Theodor Heuss tätige und einflußreiche Nationalliberale Friedrich Naumann hatte ein Jahr zuvor erklärt: »Deutschland will Weltvolk werden!«. Um dieses Ziel zu erreichen, bedürfe es einer Formensprache, die den »kaufenden Völkern« begreiflich macht, »daß es bei uns etwas grundsätzlich anderes gibt als in Paris«. Im eigenen Lande galt die Losung: »Wenn aber die Maschine arbeiten soll, dann müssen viele Käufer da sein. Eine Handwerkskunst kann von einer kleinen Liebhabergemeinde leben [. . .]. Eine Fabrikation muß auf Menge rechnen.« Vgl. F. Naumann, *Der deutsche Stil,* Hellerau, Dresden, Hannover, Deutsche Werkstätten, 1912, S. 3-24. Siehe auch Chup Friemerts Kritik *Der ›Deutsche Werkbund‹ als Agentur der Warenästhetik in der Aufstiegsphase des deutschen Imperialismus.* In: *Warenästhetik. Beiträge zur Diskussion, Weiterentwicklung und Vermittlung ihrer Kritik.* Hrsg. v. W. F. Haug, Frankfurt/M. 1975, S. 177-230.

182 Lukács, *Ästhetik,* op. cit., S. 453.

183 Fritz Hellwag, *Zur »Kritik des Werkbundes«,* in: *Die Tat. Monatsschrift für die Zukunft deutscher Kultur.* Hrsg. v. Eugen Diedrichs, 9, Bd. 1, 1917. Vgl. auch zur Architektur der Gründerzeit und der von Hellwag kritisierten Prunksucht die 1877 in Berlin erschienene »Sammlung hervorragender Bauten der letzten zehn Jahre«: Hugo Licht, *Die Architektur Berlins.*

184 Ibid.

185 Muthesius, op. cit., S. 74.

186 P. Brückner, *Zur Sozialpsychologie des Kapitalismus.* Veröffentlichung des Psychologischen Seminars der TU Hannover, 1971.

187 Ibid. S. 61 ff. In einem Artikel *Kunst für die Armen* (in: *Dekorative Kunst,* V,

Jg. 2, November 1901, S. 52-57) schreibt Muthesius ganz im Sinne der von Brückner beschriebenen sozialen Integrationstendenzen und partiellen Assimilation: »Es handelt sich um das Unternehmen, jenen Armen [es ist die Rede vom Londoner Eastend, wo in den Jahren 1897/9 von C. H. Townsend das ›Whitechapel-Museum‹ erbaut wurde – M. M.], die täglich den Kampf ums Dasein kämpfen, durch Vorführung von Kunstwerken einen Schimmer der höheren Lebensfreude der besser gestellten Klassen zugänglich machen. Man hofft, dadurch einen veredelnden Einfluß auf Herz und Gemüt, ein Erziehungswerk zur Sitte und Ordnung auszuüben« (S. 52). Muthesius läßt nicht unerwähnt, daß die Gemäldeausstellung mit Arbeiten von Burne-Jones, Ford Maddox Brown, Rossetti, Millais u. a. »täglich etwa 10 000 Besucher« (S. 54) angezogen hätte, was, wie er nicht vergißt zu betonen, »in einem ausschließlich von Arbeitern bewohnten Stadtteil« etwas heißen will. Mag man auch nicht ganz von der hohen Zahl der Besucher überzeugt sein (schließlich handelt es sich um Lohnabhängige, denen der Besuch eines Museums bei einem 10- bis 12-Stundentag nicht ganz leicht gefallen sein dürfte), so spricht doch aus diesem Beispiel die von Brückner beschriebene tendenzielle Neigung zur ›Reputation‹. Ja nicht bloß dies. Geradezu schlagend sind Muthesius' Äußerungen über die Erziehung »zu Sitte und Ordnung«, waren das doch Tugenden des bürgerlichen Gewinnstrebens, die dem Proletariat als Garanten einer Verbesserung des materiellen Lebens vorgehalten wurden. Eine »neue bürgerliche Kunst« durfte folglich von diesen beiden Tugenden sich nicht entfernen. Ohne zu übertreiben, darf man denn auch von den Bestrebungen, die mit der Schaffung einer zeitgenössischen bürgerlichen Kultur sich verknüpften, sagen, daß sie teilhaben an den sozialreformerischen Bemühungen der Bourgeoisie, »Stile, Institutionen, Vermittlungen [zu entwickeln], die den Arbeiter zum ›Verhandlungspartner‹ erziehen sollten. Der Sinn, der sich dahinter versteckt und der in dem Wunsch besteht, die Lebensdauer der bürgerlichen Gesellschaft um jeden Preis zu verlängern, blieb lange verborgen« (Brückner, op. cit., S. 23/3. Das Zitat im Zitat stammt aus Ernst Jünger, *Der Arbeiter. Herrschaft und Gestalt*, Hamburg 1932², S. 21).

188 Ibid., S. 20/21.

189 Ibid., S. 21.

190 Friedrich Tomberg, *Mimesis der Praxis und abstrakte Kunst*, Neuwied und Berlin, 1968, S. 46.

191 Vgl. Peter Behrens, *Über die Beziehung der künstlerischen und technischen Probleme*, in: *Technische Abende im..*, op. cit., Berlin 1917, Fünftes Heft, S. 3 (Hervorhebung von mir – M. M.).

192 Walter Benjamin, *Angelus Novus*, op. cit., S. 360/61. Vgl. auch Collins, *Changing Ideals . . .*, op. cit., S. 124 f. Über das damalige Verlangen, sich mit Ornamentformen zu schmücken, heißt es dort: »[. . .] it was mainly the result of an attitude of mind which saw ornament as what we would now call a ›status symbol‹. In other words, it was not only a symbol of the status which the middle class had actually achieved, but of the status which each citizen wished his neighbours to think he had achieved. ›We want to seem what we are not‹, wrote Gustave Planche in 1857, as he criticized the preference for cheap reproductions rather than for appropriately designed utilitarian objects made by machine«. Beispielhaft für das Verstehen des Ornaments als ›Statussymbol‹ heißt es gegen Mitte des vorigen Jahrhunderts in *The Builder* über die Arbeitersiedlung in Birkenhead: »Die in Birkenhead gebauten Häuser [. . .] sind aus roten Ziegeln. die Fensterumrahmungen und Gesimse aus hellem Sandstein. Ihr äußerer Anblick würde in einem Londoner den Eindruck erwecken, daß es sich um einen Gebäudekomplex handelt, der für

Akademiker, Angehörige freier Berufe errichtet wurde ... und wenn man gewisse Änderungen vornähme und Ornamente anfügte, würden sie so eindrucksvoll.« (Zitiert nach Pevsner, *Frühe Arbeitshäuser* ..., op. cit.)

193 Vgl. Adornos Aufsatz *Veblens Angriff auf die Kultur*, in: Th. W. Adorno, *Prismen*, Frankfurt/M., (1955), 1969, S. 87, wo es zu der Umkehrung des handwerklich Besonderen in »Lüge« angesichts der Massenproduktion heißt: »Je weiter die industrielle Massenproduktion von Gütern, die sich untereinander gleichen, und deren zentral gelenkte Verteilung getrieben wird, je weniger die technisch-ökonomische Ordnung des Lebens die an der handwerklichen Produktionsweise gebildete Individualität des hic et nunc zuläßt, um so mehr wird die Erscheinung des hic et nunc, des nicht durch unzählige andere Gegenstände seinesgleichen Substituierbaren, zur Lüge.«

194 Siehe W. Gropius, *Die Entwicklung moderner Industriebaukunst*, op. cit., S. 19.

195 Brückner (op. cit., S. 27) bemerkt, daß in der Produktion alle Einzel-Vollzüge »in einem von der technischen Anlage vorgegebenen Sinne aufeinander bezogen« werden. Dabei wird die Kooperation der Arbeitenden mehr und mehr »versachlicht«, sie »erfolgt auf dem Wege über die Technologie des Arbeitsprozesses – überall erzwingt Rationalisierung auch neue Reglementierung«.

196 Kracauer, *Die Reise und der Tanz*, 1925, in: ders., *Das Ornament der Masse*, op. cit., S. 45.

197 Teige (1925), op. cit., S. 68.

198 Gropius, op. cit., S. 19/20.

199 Vgl. Lukács, *Deutsche Literatur in zwei Jahrhunderten*, Neuwied/Berlin, 1964, S. 376. Lukács verweist dabei auf Analogien im Bereich des Romans.

200 Siehe auch H. Marcuse, *Der Kampf gegen den Liberalismus in der totalitären Staatsauffassung*, in: *Zeitschrift für Sozialforschung* III/2, Paris, 1934; auch in: ders., *Kultur und Gesellschaft I*, Frankfurt/M., 1965, S. 17-55, hier S. 33 ff. (›Universalismus‹).

201 Gropius, op. cit., S. 20.

202 Ibid.

203 Man kann nicht umhin, an dieser Stelle sich der Frage zu erinnern, die Emil Sax 1869 an seine Zeitgenossen richtete: »Wird nicht *Arbeitslust* die durch gesunde Wohnung und gesunde Lebensweise erhöhte *Arbeitskraft* potenzieren?« (E. Sax, *Die Wohnungszustände der arbeitenden Classen und ihre Reform*, Wien/Pichler, 1869, S. 64). Wie die »gesunde Wohnung« der Erhöhung der Arbeitsleistung dient und nicht der Lust an der Arbeit, so dient auch die Mitwirkung an großen gemeinsamen Werten zunächst dem Machtzuwachs des Betriebs.

204 In ihrer repräsentativen Funktion besaßen die Ornamente für den Bürger des 19. Jahrhunderts etwas von »heroischen Elementen«, die Wesensmerkmale des abhanden gekommenen Heldenepos vergangener Zeiten wiederzugeben scheinen, wie es Heinz Schlaffer an Jean Pauls Roman *Titan* beschreibt (vgl. H. Schlaffer, *Der Bürger als Held. Sozialgeschichtliche Auflösung literarischer Widersprüche*, Frankfurt/M., 1973, insbesondere S. 15-50). Als »heroische Elemente« verweisen die der Geschichte entnommenen Ornamente auf historische Leistungen und Prädikate in der beabsichtigten Anspielung auf denjenigen, der sich ihrer repräsentativen Wirkung zu bemächtigen das Recht herausnehmen kann. »Ironisch ließe sich sagen, daß die Folgen der heroischen Leistungen nun die Helden überflüssig machen, weil die von ihnen geschaffene Ordnung für sich weiterbestehen kann. Als Denkmal hält der Mythos die Taten des Herkules in einer Welt fest, die den Vergöttlichten nicht mehr

braucht und ihn am Sternenhimmel in jener Abstraktheit verehrt, die das geordnete System der nachheroischen Zeit angenommen hat. Und ähnlich ironisch vermittelt das Epos die Taten der Vorfahren den Enkeln als poetische Gegenstände, die dem praktischen Leben der Polis-Bewohner schon ferngerückt sind« (S. 22/3).

205 Es drängt sich auf, »jene Repräsentation aus der Notwendigkeit abzuleiten, als kreditwürdig sich darzustellen. Diese Notwendigkeit könnte auf die Kapitalknappheit während expansiver Phasen zurückweisen« (Adorno, *Prismen*, op. cit., in einer Anmerkung, S. 88).

206 Roland Günter, *Der Fabrikbau in zwei Jahrhunderten*, in: *archithese* 3/4, 1971, S. 34-51, hier S. 45. Günter verweist u. a. auf das ›Lagerhaus der Gutehoffnungshütte Oberhausen‹ (1921) von Peter Behrens.

207 Michael Mauke, *Aufhebung der Kapitalistenklasse auf kapitalistischer Basis*, in: ders., *Die Klassentheorie von Marx und Engels*, Frankfurt/M., 1971², S. 99 ff., hier S. 103.

208 K. Marx, Auszüge aus J. Mills Buch *Elémens d'économie politique* von 1844, in: *MEW*, Ergänzungsband I, S. 451.

209 Vgl. ein dafür typisches Beispiel: die 1877 von Cristoforo Benigno Crespi, Textilfabrikant aus Busto Arsizio, bei Capriate S. Gervasio in der Adda (Italien) gegründete Baumwollspinnerei und Tuchweberei »Cotonificio Benigno Crespi«. Dort findet sich mit Arbeiterhäusern, Angestelltenwohnhäusern, Kirche, Fabrik nebst Verwaltungsgebäude, Friedhof mit einem Mausoleum und schließlich der Villa eine herrschaftliche Fabrikationsanlage, die einzig auf den patriarchalischen Anspruch der Selbstdarstellung des Fabrikherrn samt seiner Familie zugeschnitten ist. Siehe dazu näher Jürgen Zänker, *Non Amor, sed ›Labor Omnia Vincit‹. Crespi d'Adda, eine Industriesiedlung des 19. Jahrhunderts in Oberitalien*, in: *archithese* 8, 1973, S. 27-38.

210 Marx, *Das Kapital*, Bd. III, S. 401. »Soweit die Arbeit des Kapitalisten nicht aus dem Produktionsprozeß als bloß kapitalistischem hervorgeht, also (nicht) mit dem Kapital von selbst aufhört; soweit sie sich nicht auf die Funktion beschränkt, fremde Arbeit zu exploitieren; soweit sie also aus der Form der Arbeit als gesellschaftlicher hervorgeht, aus der Kombination und Kooperation vieler zu einem gemeinsamen Resultat, ist sie ganz ebenso unabhängig vom Kapital, wie diese Form selbst, sobald sie die kapitalistische Hülle gesprengt hat« (ibid., S. 400).

211 Ibid., S. 456.

212 Marx führt an, daß der »industrielle Kapitalist« dem »Geldkapitalisten« gegenüber »Arbeiter als Kapitalist, d. h. als Exploiteur fremder Arbeit« ist. Und er weist darauf hin, daß man nach jeder Krise in den englischen Fabrikbezirken Ex-Fabrikanten sehen könne, »die ihre eignen früheren Fabriken jetzt als Dirigenten der neuen Eigentümer, oft ihrer Gläubiger, für einen billigen Lohn beaufsichtigen« (Marx, op. cit., S. 400/1).

213 Vgl. W. Benjamin, *Zentralpark*, in: Benjamin, *Illuminationen*, op. cit., S. 261.

214 B. Brecht, *Der Dreigroschenprozeß*, in: Brecht, *Gesammelte Werke* 18, Frankfurt/M., 1973, S. 161/2.

215 *Industriebauten*, bearb. v. W. Gropius, Wanderausstellung 18 des Deutschen Museums für Kunst in Handel und Gewerbe, Hagen in Westfalen, Katalog o. J., 1911.

216 Ders., *Der stilbildende Wert industrieller Bauformen*, in: *Jahrbuch des Deutschen Werkbundes* 1914, op. cit., S. 29.

217 Siehe Kracauer, *Die Angestellten* (1929), op. cit., S. 292.

218 Ibid., S. 297.

219 Oskar Negt / Alexander Kluge, *Öffentlichkeit und Erfahrung. Zur Organisationsanalyse von bürgerlicher und proletarischer Öffentlichkeit.* Frankfurt/M., 1972, S. 134. Helmut Plessner verweist auf die harmonisierende Idee des »Volksgedankens« und deren »imaginäre Anziehungskraft« auf die herrschenden »geistigen Schichten« gegen Ende des 19. Jahrhunderts: »Als Volk war man eins. Nur wie sollte diese Einigkeit sich dokumentieren, wenn ihr die politische Realität versagt war? In seinen angestammten Lebensäußerungen war es landschaftlich gebunden. Sie taugten dafür nicht und konnten nur wieder in Vergangenheitsromantik führen. Was die geistigen Schichten wollten, war eher das Gegenteil davon, Zukunftsromantik, Lebensreform für das heraufziehende technische Zeitalter. Vom Leben her und für das Leben verlangten sie eine Erneuerung, geistig und materiell, welche den Anforderungen der industriellen Welt gewachsen war [vgl. dazu Behrens' Äußerungen von 1917, M. M.]. Stand und Kaste, Eigentumsordnung und Klassengegensatz waren nicht aus den Angeln zu heben. So blieb nur der Weg einer Gesellschaftsreform durch Reform der Kultur und ihres sinnlich faßbaren Ausdrucks in Kunstgewerbe und Architektur, eine Erneuerung des Lebens durch die Reform seiner Formen und Gefäße«. (Vgl. Helmuth Plessner, *Die Legende von den zwanziger Jahren,* in: *Merkur,* Jg. XVI, 1962, hier zitiert nach Plessner, *Diesseits der Utopie,* Frankfurt/M., 1974, S. 93).

220 Negt / Kluge, op. cit., S. 135.

221 Peter Behrens, *Über die Beziehungen . .,* op. cit., S. 19.

222 Zitiert nach H. Weber, *Walter Gropius und das Faguswerk,* München, 1961, S. 27.

223 Daß Architektur in diesem Jahrhundert einen zunehmend neutralen Charakter gegenüber aufwendig zur Schau gestellten Repräsentations- und Machtanstrengungen des 19. Jahrhunderts (vornehmlich nach 1871) annimmt, ist für Bloch im weitesten Sinn »Herrschaftsgeheimnis« bürgerlicher Macht: »Die Bourgeoisie insgesamt wollte nie den Klassenkampf wahrhaben, den sie wachsend führt, noch die Klassenunterschiede, noch den Unterdrückungsapparat, den bis zum Faschismus tunlichst versteckten« (Bloch, *Philosophische Aufsätze zur objektiven Phantasie,* Frankfurt/M., 1969, S. 331).

224 Vgl. Koellreutter, *Allgemeine Staatslehre,* 1933, S. 184 f., zitiert nach Herbert Marcuse, *Der Kampf gegen den Liberalismus in der totalitären Staatsauffassung,* op. cit., S. 33 ff.

225 Gropius, *Der stilbildende Wert industrieller Bauformen,* op. cit., S. 31.

226 Kracauer, *Die Angestellten,* op. cit., S. 299. Kracauer zitiert hier aus einem Artikel *Wege zur Arbeitsfreude* in der G.d.A.-Zeitschrift, Nr. 9, 1929.

227 Ibid.

228 Adolf Behne, *Fabrikbau als Reklame,* in: *Das Plakat,* 11. Jg., Heft 6, Berlin, Juni 1920, S. 275 (Sonderheft »Baukunst«).

228 a Behne mußte wohl seine Meinung über die Bauten von Peter Behrens in den folgenden drei Jahren geändert haben. Denn in seinem 1923 geschriebenen und 1926 erschienenen Buch über den *Modernen Zweckbau* (op. cit., S. 31) begeisterte er sich für dessen Turbinenhalle: »Der Körper, der hier für den Arbeitsprozeß errichtet wurde, war ein unteilbares, unzerrissenes Ganzes: vom Sockel bis zum First ging ein Wille, ein Leben durch die Masse, inmitten der kindisch verputzten Miethausfassaden der Gegend steht er wie ein unwahrscheinlicher Riese. Hinweggefegt waren Putz und Ornament und Form. Der Bau war Form, brauchte keine Formen.«

229 Vgl. Muthesius, *Die Bedeutung des Kunstgewerbes,* op. cit., S. 179.

230 Ibid., S. 181.

231 Ibid.

232 ders., *Stilarchitektur und Baukunst*, op. cit., S. 72.

233 ders., *Die Bedeutung des Kunstgewerbes*, op. cit., S. 180.

234 ders., *Stilarchitektur und Baukunst*, op. cit., S. 72. Der wirtschaftliche Aufschwung, vor allem die »seelische Kraft« einer einheitlichen Sprache in einer Zeit, in der es »sich um das Ganze« dreht, lassen sich nach Naumanns Überzeugung nicht allein »mit Gesetzen und Schulen erzwingen«. Nein: »Im Hause fängt es an! Da wird die deutsche Bildung geschaffen, der deutsche Stil«. Vgl. Naumann, *Der deutsche Stil*, 1912, op. cit., S. 24.

235 Adorno, op. cit., S. 87.

236 Ibid., S. 85/6. Adorno zufolge bedeutet Kausaldenken für Veblen »das Übergewicht sachlicher, regelhafter Relationen, deren Begriff am industriellen Arbeitsbegriff gewonnen ist, über personalistische und anthropomorphistische Anschauungsweisen« (S. 86). Diese Art von Kausaldenken hat die Entwicklung der funktionalen und zweckrationalen Architektur bis heute weitgehend bestimmt.

237 Der amerikanische Kulturkritiker Lewis Mumford hatte in einem 1930 erschienenen Artikel die Absicht des Kapitals, beständig die Produktion zur Überproduktion zu steigern, als den »wirklichen Konflikt« bei der Findung einer am Gebrauchswert orientierten Gestalt der Produkte herausgestellt: »Unsere Möbelfabrikanten haben sich das [. . .] Ziel gesetzt, jeder amerikanischen Familie *alle sechs Jahre* eine neue Wohnungseinrichtung zu verkaufen. Der Gedanke ist verrückt, doch er würde eine Basis für raschesten Umsatz des Kapitals und, was ebenso schlimm ist, für raschesten ›modernen‹ Formwechsel schaffen. Offenbar könnte nur auf zwei Wegen dieses Ziel erreicht werden: einerseits durch die Verwendung schlechten Materials und ebenso schlechte Verarbeitung; andererseits durch sehr raschen Wechsel der ›Stile‹. Beide Wege sind für die Entwicklung eines echten, modernen Stils äußerst schädlich«. Von »peinlichen Anstrengungen« der Automobilindustrie weiß Mumford zu berichten, »neue Modelle mit zweifelhaften Verbesserungen« herauszubringen. Mumford schließt daraus, daß die derart vorangetriebene Maschinenproduktion »zu einem ständigen Überangebot von Waren« führen muß, da es dem Kapital nicht darauf ankäme, ein wirkliches Mehr an freier Zeit und Wohlstand zu schaffen (»außer für die Money-maker«), ausgehend von der Produktion nützlicher und dauerhafter Waren. Vgl. L. Mumford, *›Modern‹ als Handelsware*, in: *Die Form*, 8, 15. April 1930, S. 222/3.

238 Kracauer benutzt den Begriff der *Doppelexistenz* (in: *Die Reise und der Tanz*, op. cit.), um auf ein Bedürfnis des Menschen hinzuweisen, sich gleichsam permanent dem Vergesellschaftungsprozeß durch Wunschprojektionen und deren erstrebte Teilverwirklichung (hier: Reise und Tanz als »Befreiung von Erdenschwere, Möglichkeit des ästhetischen Verhaltens zur organisierten Form«, S. 48) zu entziehen. Der Mensch erleide »Tragik, weil er Unbedingtes hier zu verwirklichen strebt, er erfährt die Versöhnung, weil ihm die Vollendung sich vorspiegelt« (S. 44). Was Kracauer hier umschreibt, meint nichts anderes als den Doppelcharakter jener dem Individuum auferlegten Sublimierung, die den gesellschaftlichen Fortschritt stetig begleitet. Die Sublimierung, nach Freud ein Vorgang, der diejenigen Handlungen erklärt, die scheinbar ohne Beziehung zur Sexualität sind, deren treibende Kraft aber der Sexualtrieb ist, setzt Verzicht für eine (kulturelle) Leistung. Dadurch, daß das Verdrängte in den unterschiedlichsten Formen kultureller Anstrengungen (z. B. Kunstwerke) zurückkehrt, bleibt aber die Möglichkeit erhalten, sich nunmehr mittels der durch das Kunstwerk hindurchscheinenden sublimierten Inhalte über die

»Unbedingtheit« des »Hier«, wie es Kracauer nennt, hinwegzutrösten.

239 Adorno, op. cit., S. 97 ff.

240 Gropius, 1913, op. cit., S. 19.

241 Vgl. M. Müller, *Künstlerische und materielle Produktion*, in: *Autonomie der Kunst*, op. cit.

242 Muthesius, *Stilarchitektur und Baukunst*, op. cit., S. 80/81.

243 Karl Scheffler, *Die Architektur der Großstadt*, 1913, S. 99.

244 Vgl. Kurt Hiller, *Philosophie des Ziels*, in: W. Rothe (Hrsg.), *Der Aktivismus 1915-1920*, München, 1969, S. 43.

245 Hermann Schweppenhäuser, *Physiognomie eines Physiognomikers*, in: *Zur Aktualität Walter Benjamins*, op. cit., S. 169.

246 S. Kracauer, *Kult der Zerstreuung* (*Frankfurter Zeitung* vom 4. März 1926), zitiert nach Kracauer, *Ornament der Masse*, op. cit., S. 313.

247 Ibid.

248 Le Corbusier, 1922 – *Anstich auf eine Architektur*, op. cit., S. 204.

249 Vgl. Jürgen Fredel, *Kunst als Produktivkraft. Kritik eines Fetisches am Beispiel der Ästhetischen Theorie Th. W. Adornos*. In: *Autonomie der Kunst*, op. cit., S. 235.

250 Fred Forbat hat 1929 daran erinnert, daß die ersten Anfänge proletarischer Solidarität in dem unwürdigen Elend der Mietskaserne geboren sind«. (Fred Forbat, *Wohnform und Gemeinschaftsidee*, in: *Wohnungswirtschaft*, 1929, S. 141/3.) Mit dem Blick auf die Voraussetzungen, die zur ›Pariser Kommune‹ geführt haben, wies in diesem Sinn Ernst Wiß 1872 darauf hin, daß nur im »Häusermeere hochgethürmter Wohnungskasernen von Paris die Herrschaft der Kommune entstehen« konnte. Und: »Wie vor einem Gorgoantlitz erstarrte das öffentliche Gewissen von Europa, als es beim Schoßkinde der Civilisation eine Wildheit und Grausamkeit ohne Gleichen gewahrte«. (Ernst Wiß, *Über die Wohnungsfrage in Deutschland*, op. cit., S. 22.)

251 Hans Schmidt, *Beiträge zur Architektur 1924-1964*, Berlin, 1965, S. 83.

252 Ibid.

253 Ibid., S. 82.

254 Ibid.

255 F. Engels, *Die Entwicklung des Sozialismus von der Utopie zur Wissenschaft* (1892), in: Marx / Engels, *Ausgewählte Schriften*, Bd. II, Berlin, 1966, S. 133.

256 Ibid.

257 Ibid.

258 Ibid.

259 Lethen, *Neue Sachlichkeit . . .*, op. cit., S. 102 ff.

260 Le Corbusier spricht davon, daß wohl der »Geist der Werkstatt« nicht mehr existiere, dafür »aber ganz gewiß ein Gemeinschaftsgeist«: »Wenn der Arbeiter intelligent ist, wird er den Sinn seiner Arbeit verstehen und daraus einen berechtigten Stolz empfinden. Wenn die Zeitschrift *Auto* einmal veröffentlichen wird, daß dieser oder jener Wagen 260 Stundenkilometer fährt, dann werden die Arbeiter zusammentreten und sich sagen: ›Das ist unser Wagen, der das geschafft hat.‹ Und das ist der *moralische Faktor* [von mir hervorgehoben – M. M.], auf den es ankommt« (vgl. Le Corbusier, op. cit., S. 205).

261 Kracauer, *Die Angestellten*, op. cit., S. 296.

262 Ibid.

263 Ibid. Gleichwohl bezweifelt Kracauer die Wahrheit dieses Vorgangs: »Wäre es so, dann dürfte das Unternehmen nicht als ›Unternehmen an sich‹ verherrlicht

werden, sondern müßte eine Bestimmung enthalten, die seinen Sinn [Funktion – M. M.] kennzeichnet. Werke können gut oder böse sein, die soziale Gesinnung in sich bergen oder sie ausschließen. Das Werk an sich ist ein Begriff ohne Inhalt«.

264 Ibid.

265 Kracauer, *Das Ornament der Masse*, op. cit., S. 51/2.

266 Vgl. W. Benjamin, *Pariser Briefe. André Gide und seine neuen Gegner*, 1936, in: Benjamin, *Angelus Novus*, op. cit., S. 510. Siehe auch den Aufsatz von Hans-Jochen Kunst, *Architektur und Macht. Überlegungen zur NS-Architektur*, in: *Mitteilungen, Kommentare, Berichte der ›philipps universität marburg‹*, jg. 3/mai 1971, 9, S. 51/2.

267 Benjamin, *Illuminationen*, op. cit., S. 175.

268 *Hitler über Architektur und Städtebau* (1926), zitiert nach: Anna Teut, *Architektur im Dritten Reich, 1933-1945*, Frankfurt/M.-Berlin, 1967, S. 181/2.

269 Albert Speer, *Die Aufbauten auf dem Tempelhofer Feld in Berlin zum 1. Mai 1933*, zitiert nach: A. Teut, op. cit., S. 187.

270 Ibid.

271 Ibid., S. 188.

272 Die sich unter dem Deckmantel der aus dem Funktionalismus »erborgten« Zweckrationalität von jeglicher applizierten Ornamentik lossagende faschistische Massenarchitektur erhält ihre »wahre Zweckhaftigkeit« ja erst durch das in ihr und mit ihr zustande gebrachte Massenornament. Die Funktionalität dieser Bauten erfüllt sich darin, Matrix für den ornamentalen Gesamteindruck der Massen zu sein. Diese ist das Äquivalent der Architektur. Für die Kontinuität zweckrationalen Bauens in der Industriearchitektur sprachen sowohl ökonomische als auch handfeste ideologische Gründe. Gleichwohl muß es in der Zeit des »bis dahin nicht bekannten Auftrieb[s] des *dokumentarischen Bauens*, d. h. einer Bautätigkeit, die in starkem Maße zum Ausdruck wirtschaftlicher Entfaltung und politischer Grundsätze diente« (von 1933 bis Kriegsanbruch), auch im Industriebau den »Gedanken des repräsentativen Bauens« gegeben haben (vgl. *Kriegsgemäßer Industriebau*, 1943, zitiert nach Teut, op. cit.). Die Zeit des Krieges mit der Notwendigkeit des sparsamen Umgangs mit Rohstoffen und der äußerst rationalisierten Arbeitsweise in der Bauproduktion schien deshalb willkommener Anlaß, die tatsächlichen ideologischen Unterschiede der »dokumentarischen (Monumental)bauten« von den dem Wandel der technischen Entwicklungen unterworfenen Industriebauten hervorzuheben. Dabei wird sichtbar, daß der Faschismus trennt zwischen künstlerischen Monumentalbauten, die in ihrer Würde »aus der Fülle der alltäglichen Aufgaben herausgehoben werden« (ibid., S. 247), und »Bauten, die ihrer Natur nach einem starken Wandel des wirtschaftlichen und technischen Standes unterliegen und mit deren Änderung, Abbruch oder Verschleiß in etwa einer Generation zu rechnen ist« (S. 248). Im Gegensatz zu repräsentativen Theorien des funktionalen Bauens, in denen eine Aufhebung von »hohen« und »niedrigen« Bauaufgaben gefordert wird, kennt der Faschismus wieder »Gebiete«, die der »hohen Baukunst angehören«, und solche, die »ihrer Natur nach eine eigene Form und Arbeitsweise zu entwickeln genötigt sind« (S. 247). Die üppige Verwendung von Werksteinen und Natursteingewänden bleibt ein »Kunstmittel«, das dem Monumentalbau eigen ist. Eine Übernahme solcher Kunstmittel in den Industriebau täte dem Monumentalbau »selbst nur Abbruch«. »Sobald nämlich einem bestimmten Bezirk des Bauens, der durch seine Würde aus der Fülle der alltäglichen Aufgaben herausgehoben werden muß, seine Einmaligkeit [die der ökonomischen Ungleichzeitigkeit – M. M.] genommen wird, indem die ihm zustehenden und gemäßen Ausdrucksformen beliebig auch bei

den alltäglichsten Bauaufgaben verwendet werden, verliert er seine Besonderheit.« (S. 247/8).

273 Loos, *Architektur*, in: Loos, op. cit., S. 315. Sehr ehrfurchtsvoll beschreibt Loos an anderer Stelle den Eindruck, den »wahre Architektur« hinterlassen könne: »Wenn wir im walde einen hügel finden, sechs schuh lang und drei schuh breit, mit der schaufel pyramidenförmig aufgerichtet, dann werden wir ernst, und es sagt etwas in uns: Hier liegt jemand begraben. *Das ist architektur«* (S. 317).

274 Vgl. H. Schrade, *Bauten des Dritten Reiches*, Leipzig, 1937, S. 19.

275 Ibid.

276 Ibid., S. 188: »Die mit Absicht gewählte *Zeit* der Kundgebung bei hereinbrechender Dämmerung unterstützt die Wirkung der Konzentration auf diesen Mittelpunkt in vollendetster Weise, denn durch die Anstrahlung des Fahnenberges mit ungeheuren Lichtmengen stand dieser in leuchtendem Rot gegen den in dunklem Blau versinkenden Nachthimmel in starkem Kontrast. (Vgl. Speer, op. cit., S. 188; Hervorhebung von mir – M. M.).

277 Vgl. A. Sohn-Rethel, *Ökonomie und Klassenstruktur des deutschen Faschismus*, Frankfurt/M., 1973, S. 52.

278 E. Bloch, *Erbschaft dieser Zeit*, op. cit., S. 217.

279 Ibid., S. 18.

280 Ibid., S. 216.

281 Ibid., S. 220.

282 Benjamin, *Pariser Briefe*, op. cit., S. 509.

283 Siehe das X. Kapitel.

284 Vgl. Marx, *Das Kapital* I, op. cit., S. 392/3.

285 G. Semper, *Der Stil in den technischen und tektonischen Künsten*, 2 Bde., Frankfurt 1860, München 1863, S. 231. Wenngleich Semper das formalästhetische Primat der Technik setzt, fordert er hier ganz im Sinne der traditionellen Ästhetik, daß man das Hervortreten der stofflichen Mittel in der erscheinenden Idee des architektonischen Kunsteindrucks »vergessen machen« sollte.

286 Marx, op. cit., S. 192.

287 A. Schmidt, *Der Begriff der Natur in der Lehre von Marx*, Frankfurt/M. (1962), 1971, S. 76.

288 Marx führt dazu aus: »Eine Spinne verrichtet Operationen, die denen des Webers ähneln, und eine Biene beschämt durch den Bau ihrer Wachsstollen manchen menschlichen Baumeister. Was aber von vornherein den schlechtesten Baumeister vor der besten Biene auszeichnet, ist, daß er die Zelle in seinem Kopf gebaut hat, bevor er sie in Wachs baut. Am Ende des Arbeitsprozesses kommt ein Resultat heraus, das beim Beginn desselben schon in der Vorstellung des Arbeiters, also schon ideell, vorhanden war. Nicht, daß er nur eine Formveränderung des Natürlichen bewirkt; er verwirklicht im Natürlichen zugleich seinen Zweck, den er weiß, der die Art und Weise seines Tuns als Gesetz bestimmt und dem er seinen Willen unterordnen muß« (Marx, op. cit., S. 193).

289 Vgl. Marx in der *Einleitung zur Kritik der Politischen Ökonomie*, in: *MEW*, Bd. 13, Berlin, 1971, S. 622 ff.

290 Ibid., S. 623.

291 Marx, *Das Kapital*, Bd. I, op. cit., S. 193.

292 Marx, *Einleitung..*, op. cit., S. 623.

293 Schmidt, op. cit., S. 64.

294 Arnold Gehlen, *Die Seele im technischen Zeitalter*, Hamburg (1957) 1972, S. 26.

295 Vgl. die angegebene Literatur in: Chr. Mohr / M. Müller, op. cit., S. 48. Die Wohnungsnot, sagt Jörn Janssen, »ist ein Instrument zur Ausrottung proletarischen Klassenbewußtseins« in der zweiten Hälfte des 19. Jahrhunderts gewesen. Mit ihr »erfand die Bourgeoisie das Substitut aller Erscheinungen der Not, des Elends und der Entmündigung; mit ihr schufen sich Staat, Kirche und Industrie ein manipulierbares Spielfeld sozialer Fürsorge, das von der Verpflichtung dispensierte, Ausbeutung und Elend zu sehen und abzuschaffen« (vgl. Janssen, *Sozialismus, Sozialpolitik und Wohnungsnot,* in: Helms / Janssen, *Kapitalistischer Städtebau,* Neuwied und Berlin 1970, S. 49-94, hier S. 50.)

296 H. J. Sandkühler, *Praxis und Geschichtsbewußtsein,* Frankfurt/M., 1973, S. 114. Es ist denkbar, daß man auch erkennen wird, daß die psychische Verelendung des Menschen durch genormte Rasterarchitektur der Reproduktion der Arbeitskraft in einem Maße abträglich ist, daß durchaus formale Verbesserungen in Kauf genommen werden.

297 Marx, *Das Kapital,* Bd. I, op. cit., S. 195.

298 Ibid.

299 Marx, *Texte zu Methode und Praxis II, Pariser Manuskripte* (1844). Hrsg. v. G. Hillmann, Reinbek bei Hamburg, 1970^{3}, S. 126. Die Entfremdung des Menschen von Natur durch nicht-vermittelnde Architektur bewirkt darüber hinaus eine zusätzliche Idealisierung der Natur: »Solang im Erleben der Individuen ›Stadt‹ identisch ist mit totaler Nutzmaschinerie, wird ihr angeblicher Gegenpart ›Natur‹ zum Zeichen für ›organisches Leben‹, d. h. für freie persönliche Entfaltung. Das trifft teilweise zu, kann aber nicht so total gelten, wie die natur-romantische Verklärung das vorgibt. Weder ist Natur an sich besser, befreiender oder erholsamer, noch ist die Stadt unmenschlich. – Das scheint nur so lange, als in der künstlichen Umwelt ›Stadt‹ der Spielraum der zweckfreien Phantasie so verkümmert ist, daß die Welt nur als ›Erscheinung eines Nicht-Ich ohne Korrespondenz zum Selbst‹ aufgenommen wird. ›Menschliche Umwelt‹ scheint dann identifiziert mit einem paar Zierbäumchen oder Blumenkübeln auf einer Asphaltinsel« (Lorenzer, op. cit., S. 95/6). Auch so ist die Natur im Grunde »nichts« für den Menschen, da sie *alles* sein soll.

300 Siehe die wichtigen Ausführungen von Carl Linfert, *Die Grundlagen der Architekturzeichnung,* in: *Kunstwissenschaftliche Forschungen,* Bd. 1, Berlin, 1931, S. 133-246.

301 Friedrich Engels, *Die Lage der arbeitenden Klasse in England,* Leipzig, 1845, in: *MEW,* Bd. 2, Berlin 1957, S. 225-506.

302 Ders., *Zur Wohnungsfrage,* Leipzig, 1872, in: *MEW,* Bd. 18, Berlin, 1969, S. 209-287. Siehe auch das Vorwort zur 2. Aufl. der *Wohnungsfrage* von 1887, op. cit., S. 647-655.

303 Ders., *Die Lage der ..,* op. cit., S. 257.

304 Ders., *Zur Wohnungsfrage,* op. cit., S. 257.

305 Ibid., S. 226.

306 Karl Marx, *Einleitung zur Kritik der Politischen Ökonomie,* in: *MEW,* Bd. 13, Berlin, 1971, S. 615 ff.

307 Eines der ›eindrucksvollsten‹ Beispiele ist ein vom Spekulanten Harry J. Hyams in den sechziger Jahren in London (Ecke Charing Cross/New Oxford Street) errichtetes Bürohochhaus. Siehe dazu Theo Crosby, *How to play the environment game,* Harmondsworth, 1973, S. 112/3.

308 Bloch, *Das Prinzip Hoffnung,* Bd. 2, op. cit., S. 871.

308 a Ibid. Hegel schreibt in der *Ästhetik,* daß es der »Beruf« der Architektur sei,

»dem für sich schon vorhandenen Geist, dem Menschen [. . .] die äußere Natur als eine aus dem Geiste selbst durch die Kunst zur Schönheit gestaltete Umschließung heraufzubilden, die ihre Bedeutung nicht mehr in sich selbst trägt, sondern dieselbe in einem anderen, dem Menschen und dessen Bedürfnissen und Zwecken des Familienlebens, des Staats, Kultus usf. findet und deshalb die Selbständigkeit der Bauwerke aufgibt« (Hegel, *Das System der einzelnen Künste.* Erster Abschnitt: *Die Architetkur,* in: Hegel, *Vorlesungen über die Ästhetik,* in: *Werke in zwanzig Bänden,* Bd. 14, II, Frankfurt/M., 1970, S. 270).

309 Bloch, op. cit., S. 861.

310 Bruno Taut, *Die Stadtkrone.* Mit Beiträgen von Paul Scheerbart, Erich Baron, Adolf Behne. Jena, 1919.

311 Vgl. Leonardo Benevolo, *Die sozialen Ursprünge des modernen Städtebaus,* Gütersloh, 1971, S. 50 ff.

312 Martin Mächler, *Zum deutschen Neubau,* in: *Sozialistische Monatshefte,* 29, 1923, S. 610-615, hier S. 611.

313 Ibid., S. 610.

314 Bruno Taut, *Architektur,* in: *Das Hohe Ufer,* Heft 5, Mai 1919, 1. Jg., S. 125/6.

315 Ibid., S. 125.

316 Gropius, *Der neue Baugedanke,* in: *Das Hohe Ufer,* Heft 4, April 1919, 1. Jg., S. 88.

317 Ibid.

318 Taut, *Architektur,* op. cit., S. 125.

319 Vgl. Immanuel Kant, *Kritik der ästhetischen Urteilskraft,* in: Kant, *Werke in zehn Bänden,* Bd. 8, hrsg. v. W. Weischedel, Darmstadt, 1968, S. 424.

320 Ibid.

321 Ibid.

322 Gropius, op. cit., S. 87.

323 B. Taut, *Die Auflösung der Städte oder Die Erde eine gute Wohnung oder auch der Weg zur Alpinen Architektur,* Hagen, 1920.

324 Ders., *Architektur-Programm.* Zitiert nach ›Mitteilungen des Deutschen Werkbundes‹, 4, 1918, S. 16 ff.

325 Kant, op. cit., S. 414.

326 Gropius, op. cit., S. 88.

327 Bloch, *Das Prinzip Hoffnung,* op. cit., S. 807.

328 Taut, *Die Stadtkrone,* op. cit., S. 59 ff.

329 Ibid. Vgl. auch Gropius, *Baukunst im freien Volksstaat,* in: E. Drahn und E. Freidegg (Hrsg.), *Deutscher Revolutionsalmanach für das Jahr 1919,* Hamburg und Berlin, 1919, S. 134/5. Zu dem damals romantischen Glauben an die wertbildenden Kräfte des den Künstler anleitenden »Volksgemüts« finden sich wichtige Hinweise bei Wolfgang Pehnt, *Gropius the Romantic,* in: *The Art Bulletin,* Sept. 1971, Vol. III, S. 379-392. Die Hoffnungen auf die Gesellschaft entscheidend verändernde vernünftigere Beziehungen der Menschen untereinander hatte auch später bei vielen Bauhaus-Mitgliedern die Bildung konkreter politischer Zielsetzungen und Entscheidungen verhindert. So wußte z. B. Ladislaus Maholy-Nagy, daß die »heutige produktion [. . .] frontarbeit, hetze [ist]; planlosigkeit im sozialen, schärfste erpressung des profits«. Doch verliert sich diese kritische Einsicht in den Produktionsprozeß, wenn man – durchaus an der fortschreitenden Industrialisierung und Technologisierung festhaltend – wie Oskar Schlemmer in einer Tagebucheintragung vom 9. 4. 1927 fragt: »Heißt Sozialismus etwa sozialdemokratische oder kommunistische

Partei? Ist Sozialismus nicht ein Begriff, eine Ethik, die über den Parteien steht?« (Siehe L. Moholy-Nagy, *Vom Material zur Architektur*, München, 1929, S. 11, und O. Schlemmer, *Briefe und Tagebücher*, hrsg. v. Tut Schlemmer, München, 1958, S. 206.).

330 Vgl. die Kritik von Alexander Schwab, *Ist die Genossenschaftsstadt möglich?*, *in: Die Form*, 1929, Heft 11.

331 Bloch, op. cit., S. 872.

332 Ibid., S. 862.

333 Ibid., S. 870/1.

334 Ibid., S. 837.

335 Ibid., S. 871.

336 Ibid., S. 837.

337 Ibid., S. 862/3.

338 Vgl. Alfred Schmidt, op. cit., S. 162.

339 Bloch, op. cit., S. 807.

340 Ibid., S. 809.

341 Ibid., S. 815.

342 Vgl. Marx, *Das Kapital*, Bd. I, op. cit., S. 192.

343 Bloch, op. cit., S. 813.

344 Ibid., S. 807.

345 Schmidt, op. cit., S. 160 ff.

346 Ibid., S. 167.

347 Ibid.

348 Dies tritt besonders da in Erscheinung, wo – wie in der palladianischen Villa – die Architektur in die Natur zurückversetzt wird und sie selbst dem vom städtischen Leben angeschlagenen und von der Natur zugleich entfremdeten Menschen Natur zurückgeben soll. Tatsächlich handelt es sich nicht um unmittelbar in Natur zurückversetzte Architektur. Sie wird Teil einer ›Natur‹, die als Landschaft »im Anblick für einen fühlenden und empfindenden Betrachter ästhetisch gegenwärtig« ist (Joachim Ritter, *Landschaft. Zur Funktion des Ästhetischen in der modernen Gesellschaft*, in: Ritter, *Subjektivität*, Frankfurt/M., 1974, S. 150). Erst ein nicht mehr durch Arbeit in der Natur vermitteltes Verhältnis zu ihr gibt dem sich ihr »ohne praktischen Zweck in ›freier‹ genießender Anschauung« (ibid., S. 151) zugewandten Menschen die Natur als ästhetisch erlebte zurück. Dieser von Arbeit sich »frei« wähnende mimetische Umgang mit der Natur hat das bereits fremde Verhältnis zu ihr zum Inhalt.

349 Der Begriff »Entlastung« taucht 1940 bei Gehlen in *Der Mensch. Seine Natur und seine Stellung in der Welt* (1940, 8. Aufl. 1966, Frankfurt/M.-Bonn) auf. Er besagt, daß der Mensch, um die »Mängelbedingungen seiner Existenz [...] in Chancen seiner Lebensfristung umarbeiten« zu können, sich eigentätig entlasten müsse. Da angenommen wird, daß es sich bei der »Entlastungstendenz« um eine »fundamentale menschliche Gesetzlichkeit« handelt, kann Gehlen den Schluß ziehen, daß aus dem Verhältnis des Menschen zur Technik (aufgrund der ›Tiefenbindung‹ »an rhythmische, periodische, selbstläufige Außenweltprozesse«), die in der Technik liegende »Triebkomponente« verständlich wird (vgl. ders., *Die Seele im technischen Zeitalter*, op. cit., S. 17 ff.). Damit »zeigt die Gesamtentwicklung der Technik eine hintergründige, bewußtlos, aber konsequent verfolgte Logik, die sich allein mit den Begriffen der fortschreitenden Objektivation menschlicher Arbeit und Leistung sowie der zunehmenden Entlastung des Menschen beschreiben läßt« (S. 19). Die »nur rational« und »bloß auf Zwecke abgestellte« Technik erweist sich

demnach dort als irrational, wo die im technischen Geschehen liegende *Objektivation* der Arbeit auf Ergebnissen »eines uns nicht bewußten, von der Gattung getragenen Prozesses« (S. 17) beruht – gleichsam »triebhaft« vollzogen wird. Irrationalität als gesellschaftliches Problem wird verkürzt auf die Wesensbestimmung des Menschen projiziert.

350 Vgl. Niklas Luhmann, *Systemtheoretische Argumentation. Eine Entgegnung auf Jürgen Habermas,* in: Habermas / Luhmann, *Theorie der Gesellschaft oder Sozialtechnologie,* Frankfurt/M., 1971, S. 292 ff. In diesem Sinne äußert auch Walter Gropius die Überzeugung: »Standardisierung praktischer Lebensmaschinerie bedeutet ja keine Robotisierung des Individuums, sondern [. . .] Entlastung seines Daseins von überflüssigem Ballast, damit es sich auf einer höheren Ebene freier entwickeln kann« (Gropius, *Architektur,* (1955), Frankfurt/M., 1959, S. 16).

351 D. Claessens zum Begriff »Entlastung« in: *Historisches Wörterbuch der Philosophie,* hrsg. v. J. Ritter, Bd. 2: D-F, Darmstadt, 1972, S. 538/9.

352 P. Behrens, *Über die Beziehungen ..,* op. cit., S. 12. Behrens hatte schon zuvor (1909) in einem Artikel (*Kunst und Technik,* in: *Der Zeitgeist,* op. cit.,) von der Bewegung im »schnellen Gefährt« gesprochen. Aus ihm heraus könne man »keine Details an Gebäuden erkennen«. Die Architektur verlange deshalb »geschlossene ruhige Flächen«. Was Behrens an städtischen veränderten Bewegungsrhythmen wahrnahm, hatte Naumann 1902 am veränderten Landschaftseindruck unter dem Einfluß schneller Bewegung in der Eisenbahn beobachtet: »Die Eisenbahn hat uns zur Anschauung größerer Objekte erzogen und hat den Bestand vergleichbarer Dinge unendlich erweitert. [. . .]; wir gewannen im Vergleichen den Sinn für das Konstruktive in der Landschaft. Es ist nicht mehr das Beiwerk, das uns fesselt, Baum, Wässerchen, sondern wir suchen die Form in ihrer Kahlheit und Größe; die Horizontlinie des Meeres, die Himmelskante der Hochalpen, die Fläche«. Naumann spricht im weiteren von einer »Umwandlung des Landschaftsgeschmackes« und kommt zu dem Ergebnis: »Wir sind über das Rokoko in der Landschaft hinausgewachsen und zum Genuß des Elementaren und Konstruktiven gelangt. Wir wollen keine landschaftlichen Amoretten, Girlanden und lauschige Nischen, sondern landschaftliche Massenwirkungen mit geometrischen Grundeindrücken«. Vgl. Naumann, *Neue Schönheiten,* 1902. In: Naumann, *Werke,* Bd. 6, op. cit., S. 212/3.

353 Behrens, op. cit., S. 12/3.

354 Gropius, *Der stilbildende Wert der industriellen Bauformen* (1913), op. cit., S. 29.

355 Vgl. H. Wölfflin, *Kunstgeschichtliche Grundbegriffe* (1915), Basel/Stuttgart, 1963, S. 147 ff.

356 Gropius, op. cit., S. 31. Er spricht davon, daß im Gegensatz zu den bekannten Eisenkonstruktionen des 19. Jahrhunderts jetzt beim »Bau von eisernen Brücken und Hallen, von Fahrzeugen und Maschinen [. . .] die geschlossene Form mit allen Mitteln wieder angestrebt« werde.

357 Benjamin, *Die Wiederkehr des Flaneurs* (1929), in: Benjamin, *Angelus Novus,* op. cit., S. 420. Benjamin greift hier ein Wort Baudelaires auf.

357 a Vgl. Behne, *Fabrikbau als Reklame,* op. cit., S. 276.

358 G. Schmölders, *Das Bild vom Menschen in der Wirtschaftstheorie,* in: *Neue Anthropologie,* Bd. 3, *Sozialanthropologie.* Hrsg. v. H.-G. Gadamer und P. Vogler, Stuttgart, 1972, S. 150.

359 In *Melancholie und Gesellschaft* (Frankfurt/M., 1972², S. 183) führt Wolf Lepenies dazu aus: »Langeweile bedeutet den Zustand befohlener Entlastung wider Willen. Melancholie ist Reaktion gegen eine Situation der Entlastung, ohne die

Chance, damit etwas anfangen zu können: Entlastung kann als Hilfsmittel nur wirken, wenn die Kategorie der Zukunft noch offen ist.« Diese aber taucht in der dem kapitalistischen Planungsinteresse unterworfenen und »entlastenden« Architektur nicht mehr auf. Es sei denn, man bemühte sich, die materialistischen Elemente dessen, was funktionales Bauen z. B. im Verlauf der zwanziger und frühen dreißiger Jahre partial verkörperte, trotz aller Widerstände der Wirklichkeit heutigen Baugeschehens, herauszuarbeiten.

360 Vgl. Lukács, *Ästhetik*, Teil I, op. cit., S. 456.

361 Als belastend gilt gemeinhein, daß z. B. eine monotone Stadtlandschaft ihren Bewohnern keine Orientierungshilfen mehr in Gestalt voneinander verschiedener Einzelarchitektur gewährt. Die solcherart behinderten »emotionalen Bindungen« an Architektur finden ihren zweifelhaften »Ersatz« in Informationsflächen (z. B. aus der Waren- und Reklamewelt), die als neue Orientierungsmuster in vielschichtiger Weise die ehemals charakteristische Straßenecke, Häuserfront u.ä.m. verdrängt haben. Ironisch äußert sich Julius Posener zu dieser Veränderung der angebotenen Wahrnehmungsinhalte: »Gestalt ist [wie Guniess – eine englische Brauereifirma] good for you und muß einer mittleren Wahrnehmungsquote zwischen Monotonie und Chaos entsprechen, welche (wie Pappmaché und Hasch) bad for you sind«. (*Ist Stadtbaukunst noch zeitgemäß?*, in: *Stadtbauwelt*, Sept. 1972,). (Abb. 27) In dem als Taschenbuch erschienenen Katalog zur Ausstellung »How to play the environment game« des ›Arts Council of Great Britain‹ (London 1973) schreibt Theo Crosby: »With the change in technology, the work of art as an enrichment to a building has almost disappeared. We have lost a complex language of ornament, a means of communication. An equivalent means of enrichment is badly needed now and depends on the concern and involvement of architects. It has seldom been forthcoming« (S. 234). Crosby versteht das Ornament im Bereich der Städte als ästhetisch sinnliche Instanz zur Vermittlung von Kommunikation. Es vermittelt zwischen dem ›environment‹ und dem Individuum und stellt so etwas wie Identität her: »The identity of a place is a mixture of many factors, but on analysis it depends largely on ›superfluous‹ works of art. Signs, symbold added to the place create memorable images« (S. 233). Um dies wieder zu erreichen, schlägt Crosby als Äquivalent für die verlorene Sprache des Ornaments »sculptors in the city« vor: »The primary role of a sculpture in the environment is to give a scale, to mediate between the building and the spectator; to manifest the human presence« (S. 231) (vgl. Abb. 28). Crosby glaubt, daß die Identität eines Platzes, eines Stadtteils usw. zur Identität des Einzelnen mit seiner Umgebung beiträgt, wenngleich eine Identität, bei der zunächst offen bleibt, wie sie – da formalästhetisch ja verschieden – die Sozialisation des Einzelnen prägt. Darin der Studie von Buttlar/Selig/Wetzig folgend, rekurriert Crosby auf die Mannigfaltigkeit visueller Informationen, wobei ein hoher Grad an »visual information« nicht eine Frage der »Schönheit« (»a matter of ›beauty‹«) sei: »It helfs to establish the individual character and atmosphere of a place as well as our psychological involvement. Both aesthetic and symbolic information are necessary conditions for the identification of the invironment, which is endangerede by the growing uniformity and anonymity of cities« (S. 79).

362 Vgl. Plessner, op cit., S. 94.

363 Siehe dazu unsere Argumente oben.

364 Vgl. J. Habermas, *Strukturwandel der Öffentlichkeit*, Neuwied u. Berlin, 1962, Juni 1971[5], S. 187. Habermas stellt unter anderem heraus, daß die Formen der Entlastung der Familie von ihren ökonomischen Aufgaben (vgl. S. 187/8) faktisch zur Eindämmung der Fähigkeit zur »persönlichen Verinnerlichung« führten. In dem

Maße, wie die »Familie als primäre Agentur der Gesellschaft« an Bedeutung verliert, versachlichen sich auch die »familialen Binnenverhältnisse«: »Die einzelnen Familienmitglieder werden nun in höherem Maße von außerfamilialen Instanzen, von der Gesellschaft unmittelbar, sozialisiert« (S. 189). Siehe auch die zuvor schon erwähnten Beobachtungen (vgl. in Anmerkung 106) von Alexander Schwab in dessen 1930 erschienenem *Buch vom Bauen*, op. cit., S. 92-103.

365 Ibid.

366 Le Corbusier, *Ausblick auf eine Architektur* 1922, op. cit., S. 46.

367 Ibid., S. 179.

368 Ibid., S. 206.

369 Ibid.

370 Ibid., S. 208.

371 Siehe im folgenden das Kapitel X.

372 Brückner, op. cit., S. 113.

373 Ibid.

374 G. Simmel, *Die Großstädte und das Geistesleben*, 1903; zitiert nach G. Simmel, *Brücke und Tor*. Hrsg. v. M. Landmann, Stuttgart, 1957, S. 233.

375 In diesem Sinne beschrieb Le Corbusier die der Produktionssphäre angeglichene Daseinsweise im familiären Bereich als »Ergänzungszone«, in der die Regeneration der Arbeitskraft betrieben wird: »Jeder Mensch weiß heute, daß er Sonne, Wärme, reine Luft und saubere Fußböden braucht; der Mann hat gelernt, einen blitzblanken Kragen zu tragen, und die Frau liebt weiße und feine Wäsche. Der Mensch ist sich heute bewußt, daß er geistige Anregung, körperliche Erholung und eine gewisse Körperkultur braucht, um die von der Arbeit, der ›Schwerarbeit‹, abgenutzte Spannkraft von Muskeln und Geist zu erneuern« (Le Corbusier, op. cit., S. 206/7).

376 Vgl. die Ausführungen von Negt/Kluge, op. cit., S. 137 f. »Der zwieschlächtige Charakter der *Familie*, in der sich einerseits Leben verteidigt gegenüber der Arbeitswelt, andererseits die triebökonomische Struktur vorbereitet wird, durch die die Individuen ausbeutungsfähig werden, führt im Ergebnis dieser Spannungen zu dem Wunsch nach Herstellung von Nähe, familiärer Solidarität und Sicherheit – nach dem Wiedererkennen von Familienverhältnissen in der Wirklichkeit. Diese Sehnsucht überzieht die gesamte Welt mit einem Raster, in dem sich die ursprünglich erlernten Familienbeziehungen, die Liebe und der Haß gegenüber den Urobjekten wiederholen. Diese *Form* der Ideologie wird nicht deshalb schon schwächer, weil die Familie heute gegenüber dem Arbeitsprozeß eine geringere Bedeutung hat; auch die Tatsache, daß die Autorität des Vaters sinkt, führt hier zu keiner Änderung, vielmehr wird diese primäre Sozialisationsebene dadurch nur diffuser. Sie wird außerdem von vielfachen Kompensationsfunktionen, die die Familie heute übernommen hat, überlagert« (ibid.). Vergleichbare Kompensationsfunktionen im Äußeren werden von den in Anm. 361 erwähnten Informationsflächen der Waren- und Reklamewelt getragen, die das in gleicher Weise diffuse Bild informationsversagender Architektur überlagern.

377 Vgl. Habermas, op. cit., S. 190. »Die Abgeschlossenheit des Privathauses, nach außen durch Vorgarten und Zaun deutlich betont, nach innen durch Vereinzelung und vielfältige Gliederung der Räume ermöglicht, ist heute ebenso durchbrochen, wie umgekehrt mit dem Verschwinden des Salons, der Empfangsräume überhaupt, seine Aufgeschlossenheit gegenüber dem geselligen Verkehr der Öffentlichkeit gefährdet ist. Verlust der Privatsphäre und eines gesicherten Zugangs zur Öffentlichkeit ist für die städtische Wohn- und Lebensweise heute charakteristisch,

gleichviel, ob die alten großstädtischen Wohnformen durch die technisch-ökonomische Entwicklung stillschweigend umfunktioniert worden sind, oder ob man aufgrund dieser Erfahrungen neu vorstädtische Siedlungsformen entwickelt hat« (ibid.). Die Grenzen zwischen Privatem und Öffentlichkeit scheinen sich in der Architektur zu verwischen: »Im gleichen Verhältnis, wie sich das Privatleben veröffentlicht, nimmt die Öffentlichkeit selbst Formen der Intimität an« (S. 191).

378 H. Berndt / R. Reiche, *Die geschichtliche Dimension des Realitätsprinzips*, in: *Antworten auf Herbert Marcuse*, hrsg. v. J. Habermas, Frankfurt/M., 1968, S. 105.

379 Ibid., S. 106.

380 Mitscherlich, op. cit., S. 150. Dieses Bemühen entspricht der von Lepenies beschriebenen Melancholie als einer der möglichen Reaktionen auf nicht nachvollziehbare Entlastungstendenzen.

381 Zu einer totalen Angleichung von warenästhetisch präformierter Sehweise und geänderter architektonischer Form ist es bereits in den Architekturentwürfen der amerikanischen Architekten Robert Venturi und Denis Scott-Brown gekommen. In ihrem (gemeinsam mit Steven Izenour) veröffentlichten Buch *Learning from Las Vegas* (1972) geben sie in verschiedentlich subversiv gemeinter Weise zu verstehen, daß der modernen Architektur in einem kapitalistischen System jede Möglichkeit fehle, sich mit eigenen ästhetischen Ausdrucksmitteln gegen die Ästhetik und die an ihr geschulte Wahrnehmungsweise der Warenwelt und -werbung zu behaupten. (Vgl. Abb. 30). Siehe auch M. Müller, *Learning from Las Vegas?* In: *33 ARCH⁺*, Aachen/Westberlin/Stuttgart, Mai 1977, S. 48-54.

382 Vgl. Gorsen, *Design – Ordnung – nicht Reglementierung*, op. cit., S. 50 f.

383 Lorenzer, op. cit., S. 52.

384 Ibid.

385 Ibid.

386 Vgl. Negt/Kluge, op. cit., S. 67.

387 Heinrich Klotz, *Eine hübsche Kirche – aber wir brauchen das Grundstück*, in: *Frankfurter Rundschau* vom 12. Mai 1973, Nr. 110, S. VII.

388 Vgl. *Frankfurter Rundschau* vom 16. Okt. 1973, Nr. 241, S. 4.

389 Ibid.

390 Vgl. als ein typisches Beispiel die Arbeit der ›projektgruppe eisenheim‹, Fachhochschule Bielefeld, *EISENHEIM 1844-1972. Gegen die Zerstörung der ältesten Arbeitersiedlung des Ruhrgebietes*, Bielefeld, 1973. Jedoch sehe ich keine Veranlassung zu behaupten, daß – wie es im Katalog heißt – »der Arbeiterwohnungsbau des Frühkapitalismus [...] humaner [sei] als der soziale Wohnungsbau heute«. Allerdings ist er es geworden.

391 Buttlar/Selig/Wetzig, op. cit., S. 67.

392 Ibid., S. 68.

393 Ibid., S. 66.

394 Ibid.

395 Ibid.

396 Ibid., S. 68.

397 Buttlar/Selig/Wetzig, op. cit., S. 69. Anhand der Gegenüberstellung von Gründerzeit- und Rasterfassade erklären die Autoren, jene bezeichne einen »Informationsabbau in sechs Superierungsstufen«, die Rasterfassade jedoch nur zwei Stufen.

398 Diese »Wahrheit« unterschlägt ganz die Frage nach den sozialpolitischen Voraussetzungen für eine Identifikation mit den errechneten ästhetischen Informationswerten. Auch fehlt in ihr der Hinweis auf die gesellschaftliche Verfassung, in

der die erwünschte Identität mit der Umwelt vormals noch möglich war. Es wäre die Frage an die Autoren zu richten, von welchem historischen Stadtbild und der dazugehörigen gesellschaftlichen und ökonomischen Struktur sie ausgehen. Denn Identität mit dem Gemeinwesen ist zunächst einmal abhängig von gewissen räumlichen Einheiten der verschiedenen Tätigkeitsfelder (Familie, Beruf, Nachbarschaft etc.). Aus solcher Nähe entwickelten sich im Laufe der Zeit Stadtstrukturen, die in ihrer ästhetischen Gestaltung davon Wesentliches wiedergaben. Affektive Bindungen an einen Ort, eine Stadt usw. sind an sozial erlebte Inhalte gebunden, die in der Erinnerung in Verbindung mit optisch einprägsamen Plätzen, Straßenecken, Häusern usw. auftauchen (Abb. 35). Doch berühren sie jeweils einen bestimmten historischen Zustand, ohne dessen Berücksichtigung optisch vermittelte Inhalte eines historisch überkommenen Stadttypus leer erscheinen. Hier entfernen wir uns von der Frage der rein visuellen Wirkung und berühren das Problem der *bewußten Aneignung*.

399 Adorno, *Prismen*, op. cit., S. 99.

400 Ibid.

401 Im ersten Kapitel des ersten Buches seiner *Zehn Bücher über Architektur* (lat.: *De architectura libri decem*) sagt Vitruv zur Ausbildung des Baumeisters, daß er notwendig »mancherlei geschichtliche Ereignisse« kennen müsse, »weil die Architekten oft an ihren Bauten viel Schmuck anbringen, über deren Bedeutung sie denen, die danach fragen, warum sie ihn angebracht haben, Rechenschaft ablegen müssen« (lat.: »Historias autem plures novisse oportet, quod multa ornamenta saepe in operibus architecti designant, de quibus argumentis rationem, cur fecerint, quaerentibus reddere debent«). Zitiert nach der von Curt Fensterbusch übersetzten und mit Anmerkungen versehenen Vitruv-Ausgabe, Darmstadt, 1964, S. 24/5.

402 Buttlar/Selig/Wetzig, op. cit., S. 68.

403 Adolf Loos, *Ornament und Erziehung*, (1924), in: Loos, op. cit., S. 396.

404 Buttlar/Selig/Wetzig, op. cit., S. 70.

405 Vgl. Manfred Sack, *Balance zwischen Gründerzeitbauten*, in: *Die Zeit*, Nr. 39, 20. September 1974, S. 58.

406 Ibid.

407 Ibid. Hervorhebung von mir – M. M.

408 Siehe dazu unsere Argumente oben.

409 Vgl. *Handels-Lexikon oder Encyclopädie der Gesamten Handelswissenschaften f. Kaufleute und Fabrikanten*, hrsg. v. einem Vereine Gelehrter u. praktischer Kaufleute, Dritter Band, Leipzig 1847, (Stichwort: *Fabriken*), S. 1-5, hier S. 3. Zum wirtschaftlichen Erfordernis, den Waren einen äußeren ästhetischen Schein zu geben, um an frühere, kostbare und für die Massen nicht erschwingliche Ware zu erinnern, heißt es an anderer Stelle: Die »Quantität eines Erzeugnisses« sei »außerordentlich« zu steigern, »besonders wenn die Wohlfeilheit einen gewissen Punkt erreicht, wodurch die Benutzung des Fabrikats auch den unteren Klassen der Bevölkerung, denen es früher wegen zu hohen Preisen nicht zugänglich war, möglich wird«. Denn man wußte sehr gut, daß »bei gleicher Güte und gleichem Preis die Ware von besserem Aussehen immer vorgezogen werden« wird (S. 2). Auf den Begriff politisch-ökonomischer Argumentation gebracht, faßt Haug die darin zum Ausdruck kommende Kapitalisierung zusammen: »Die Kapitalisierung der Warenproduktion entfesselt großen Ansporn zur Entwicklung von Techniken der Produktion des relativen Mehrwerts, also Steigerung des Profits auf dem Wege der Steigerung der Produktivität, insbesondere der Bildung von Maschinerie und großer Industrie. Sie schafft also mit der massenhaften Ausweitung der Nachfrage auch

Technologie und Produktivkräfte der Massenproduktion. Nun sind es nicht mehr in erster Linie die teuren Luxuswaren, die das große Geschäft bestimmen, sondern die relativ billigen Massenartikel. Über Realisierung, Masse und Rate von Profit entscheiden jetzt die für das industrielle Kapital charakteristischen Verwertungsfunktionen. Innerhalb der Produktionssphäre sind folgende Rentabilitätsfunktionen in unserem Zusammenhang von Interesse: erstens Einsparung von Arbeitszeit pro Artikel durch Steigerung der Produktivität der Arbeit – hierher gehört die Tendenz zur Ausschaltung der Handarbeit (die dann als besonders hochgeschätzter Bestandteil der Anpreisung bestimmter Luxuswaren wiederkehren wird) und schließlich zur Ausbildung der Technologie massenhafter Produzierbarkeit standardisierter Artikel« (Haug, *Kritik der Warenästhetik*, op. cit., S. 23/4).

410 Vgl. *Handels-Lexicon*, op. cit.

411 Peter v. Haselberg, *Funktionalismus und Irrationalität. Studien über Thorstein Veblens ›Theory of the Leisure Class‹, in: Frankfurter Beiträge zur Soziologie*, Bd. 12, Frankfurt/M., 1962, S. 76. Haselberg geht davon aus, daß sich – gemäß den Veränderungen der ästhetischen Maßstäbe im Gefolge der technischen Entwicklung – »das Gesetz der ostentativen Vergeudung«, wie es Veblen kritisiert, »sich in anderer Weise durchgesetzt« hat (ibid.): »Sie beweist sich nicht mehr an dauerhaften Gegenständen, sondern an ihrer raschen Ablösung. An die Stelle des connoisseurs, der den Seltenheitswert guter Arbeit zu beurteilen vermochte, ist der technisch Versierte getreten, der die Modelle der verschiedenen Jahrgänge auf ihren technisch-ästhetischen Wert abzuschätzen imstande ist. Technische Versiertheit besteht darin, die funktionelle Angemessenheit eines Gegenstandes an den Zweck, den er selbst neu setzt oder aus älteren Bedürfnissen abwandelt, zu erkennen.« Ich glaube nicht, daß Haselberg Veblen hier richtig interpretiert, da Veblen von der Dauerhaftigkeit der Gegenstände gar nicht spricht. Was früher vorrangig das Handgearbeitete als »Trophäe«, ist heute die »Perfektion als Trophäe«: »Der Luxus der unvollkommenen Zweckerfüllung ist dem technischen Komfort gewichen, den die funktionierende, aber in ihren Funktionen nur äußerlich gesteuerte Maschinerie bedient; weist sie im Gebrauch Fehler auf oder stellen sich bei einem Apparat Unregelmäßigkeiten heraus, so beginnt die ostentative Vergeudung mit diesem Zeitpunkt. [. . .] Die Ausstattung mit technisch avancierten und einer zusätzlichen Formgebung unterworfenen Gegenständen hat ihren Maßstab nicht am materiellen Gebrauchswert, sondern am sozialen Standard: sie gilt als Garantie für richtiges Leben« (S. 75). War die »ostentative Vergeudung« eher Privileg und Auszeichnung des Lebensstandards der ›leisure class‹, so ist sie jetzt zu einer der kapitalistischen Produktion immanenten Notwendigkeit geworden. D. h., daß das dieser neuen Variante innewohnende Moment an Vergeudung wirklicher Ausdruck des entwickelten kapitalistischen Wirtschaftssystems geworden ist, wohingegen die »ostentative Vergeudung« der ›leisure class‹ nur ein Aspekt dieser Entwicklung war und ist.

412 Veblen, op. cit., S. 100. Dafür gibt Veblen, wie er selbst sagt, »ein einfaches Beispiel. Ein handgeschmiedeter Silberlöffel, der einen Handelswert von zehn bis zwanzig Dollar besitzt, taugt im allgemeinen nicht mehr – im üblichen Sinne des Wortes, als ein maschinell hergestellter Löffel desselben Materials, ja er taugt wahrscheinlich nicht einmal mehr als ein maschinell hergestellter Löffel aus irgendeinem ›niederen‹ Metall, wie etwa Aluminium, der nicht mehr als zehn bis zwanzig Cents kostet. In Wirklichkeit eignet sich der erste Löffel meist sogar weniger gut für seinen angeblichen Zweck. Der naheliegende Einwand lautet natürlich, daß dieser Gesichtspunkt den wesentlichsten Sinn des teuren Löffels außer acht läßt. Der handgeschmiedete Löffel befriedigt nämlich unseren Geschmack und unseren

Schönheitssinn, während der maschinell und aus ›gemeinem‹ Metall hergestellte keinen anderen als eben einen praktischen Zweck erfüllt. Die Tatsachen sprechen ohne Zweifel zugunsten dieses Einwandes, doch wird sich nach einiger Überlegung zeigen, daß dieser mehr scheinbar als stichhaltig ist. 1. Während beide Metalle, aus denen die zwei Löffel bestehen, für ihren Zweck geeignet und schön sind, so ist das Material des handgeschmiedeten Löffels ungefähr hundertmal mehr wert als das andere, ohne daß es darum das letztere an Schönheit der Körnung und Farben oder an Tauglichkeit übertrifft; 2. wenn sich bei genauerer Prüfung ergeben sollte, daß der angeblich handgeschmiedete Löffel nur eine außerordentlich geschickte Nachahmung darstellt, die allerdings so gut gelungen ist, daß sie nur von einem Experten nach eingehender Untersuchung entdeckt werden kann, so würde der Nutzen des Löffels sogleich um 80 oder 90 % abnehmen – wobei wir unter Nutzen auch die Befriedigung verstehen, die der Konsument bei der Betrachtung eines schönen Gegenstandes empfindet; 3. wenn die beiden Löffel auch für einen aufmerksamen Betrachter nahezu identisch sind und nur das geringere Gewicht den billigen Löffel verrät, so wird trotzdem die Identität von Form und Farbe weder den Wert des maschinell gefertigten Löffels erhöhen noch den Schönheitssinn des Benutzers befriedigen, es sei denn, daß der billige Löffel eine Neuheit darstellt und nicht zum normalen Preis erstanden werden kann« (ibid.).

413 Georg Mendelssohn, *Industrie und Ornament*, in: *Die Form*, 1925, 1. Jg., Heft 2.

414 Ibid., S. 22.

415 Ibid., S. 21.

416 Karl Marx betont in den *Theorien über den Mehrwert* (Marx/Engels, *Werke*, Bd. 26, 1, Berlin 1971, S. 376/7), daß der kapitalistische Produktionsprozeß »nicht bloß die Produktion von Waren« ist: »Es ist ein Prozeß, der unbezahlte Arbeit absorbiert, Material und Arbeitsmittel – die Produktionsmittel – zu Mitteln der Absorption unbezahlter Arbeit macht« (376).

417 G. Mendelssohn, op. cit., S. 21.

418 Vgl. auch F.-J. Verspohl, *Autonomie und Parteilichkeit: ›Ästhetische Praxis‹ in der Phase des Imperialismus*, in: *Autonomie der Kunst*, op. cit., S. 199-230), insbesondere S. 203 ff. Dort heißt es in Ergänzung der berühmten Milton-Passage in den *Theorien über den Mehrwert* (op. cit., S. 377): »Der Architekt, der den Plan für eine Maschinenfabrik liefert, leistet produktive Arbeit; baut derselbe Architekt dem Unternehmer ein Wohnhaus, so leistet er unproduktive Arbeit, denn seine Tätigkeit ist eine Dienstleistung, die aus dem Profit bezahlt wird, nicht aber als wertschaffende Tätigkeit das Kapital verwertet« (S. 203); Produktiv – und damit auch »sinnvoll« im Sinne des Kapitals – wird das Hervorbringen von Ornamenten, wenn ein Fabrikant einen Künstler engagiert, damit dieser ihm Vorlagen für maschinell zu reproduzierende Ornamente herstelle. Der Künstler wäre in diesem Falle produktiv, weil ihn jemand arbeiten läßt, um Geld zu machen. Daraus folgt allgemein, daß als produktiver Arbeiter der Künstler dem Kapital als Substanz anhängt; »als unproduktiver dagegen produziert er persönliche Dienstleistungen und bewahrt sich eine ›relative Unabhängigkeit‹, da seine Isolation ihn vor der Trennung von den Produktionsbedingungen bewahrt« (S. 203/4).

419 G. Mendelssohn, op. cit., S. 22.

420 Th. Veblen, op. cit., S. 101.

421 G. Mendelssohn, op. cit., S. 22.

422 Vgl. H. Muthesius, *Handarbeit und Massenerzeugnis* (1917), op. cit., S. 27.

423 Ibid., S. 27/8.

424 Ibid., S. 28; aus sowjetischer Sicht schrieb damals (1926) der Kunsttheoretiker und Kritiker Boris Arvatov: »Heute ist die handwerkliche Kunst eine Raritätenkunst, nötig nur für Ausländer mit Geschmack an exotischen Gegenständen und sowjetische Liebhaber seltener Einzelstücke.« (Vgl. Arvatov, *Kunst und Produktion*, hrsg. v. H. Günther u. K. Hielscher, München 1972, S. 59.)

425 Ibid.

426 Ibid. Vgl. auch Loos' Aufsatz *Die Baumaterialien* vom 28. 8. 1898, in: Loos, op. cit., S. 100 ff. *(Zum Wert des Handwerks und seinen Imitationen)*

427 Freud, *Die Verdrängung* (1915), in: Freud, *Ges. Werke* X, op. cit., S. 248.

428 Ibid., S. 256.

429 Adolf Behne, *Bauhausresumee*, in: *Sozialistische Monatshefte*, 29, 1923, S. 542-545, hier S. 5543/4.

430 Ibid., S. 543. Zuvor heißt es auf S. 542: »Längst ist dem Handwerk die Führung der Produktion entglitten, längst hat die Industrie die Führung in der Gestaltung unseres Lebens übernommen«.

431 Ibid., S. 544.

432 Vgl. die Aussagen Mumfords zuvor in Anm. 237.

433 Vgl. Haug, op. cit., S. 142/3.

434 Ibid., S. 167, wo das Unternehmen konkret sinnlich in seiner Repräsentation seinen bestimmenden Zweck, den Profit, unterm Glanz »hoher Kunst« versteckt. Dies bezieht sich auf eine unmittelbare Repräsentation durch Kunst, die sich von dem Hintergrund genereller Versachlichung bewußt abhebt, um sich selbst die Möglichkeit zum übergreifend Authentischen zu attestieren. Davon fällt auch etwas für die Gestalt des Massenprodukts im 19. Jahrhundert ab. Die Indienstnahme der Kunst durch das Kapital erfolgt also nicht nur sinnbildlich durch einzelne Kunstwerke und auch nicht nur durch die repräsentative Kraft einer früheren Stilepochen abgelauschten Architektur: sie überzieht in gleichem Maße die Massenproduktion von Gebrauchsgegenständen. (Vgl. allgemein Haug, S. 164 ff.). Vgl. auch N. Pevsner, *Design und Industrie im Laufe der Geschichte*, in: *Architektur und Design*, op. cit., S. 220-229; vgl. auch den Katalog des Kunstgewerbe-Museums, Berlin, Bd. VII, *Historismus*, Berlin 1973.)

435 Munthesius, *Stilarchitektur und Baukunst*, op. cit., S. 66; vgl. auch unsere Argumentation oben.

436 Vgl. Kracauer, *Ornament der Masse*, op. cit., S. 56, wo es von der ›kapitalistischen Epoche‹ heißt, sie sei »eine Etappe auf dem Weg zur Entzauberung«.

437 Karl Grosz, *Das Ornament*, in: *Jahrbuch des Deutschen Werkbundes*, 1912/3, S. 60-64, hier S. 60. Bei diesem Beitrag Grosz' handelt es sich übrigens um die damals einzige Äußerung des Deutschen Werkbundes, die derart explizit auf das Problem der Neubestimmung des Ornaments eingeht.

438 Ibid. Vgl. auch in Anmerkung 183 die gleichlautenden Äußerungen Hellwags aus dem Jahr 1917.

439 Kracauer, op. cit., S. 54 u. S. 61.

440 Benjamin, *Illuminationen*, op. cit., S. 199.

441 Kracauer, op. cit., S. 54.

442 Benjamin, op. cit.: »Balzac hat als erster von den Ruinen der Bourgeoisie gesprochen. Aber erst der Surrealismus hat den Blick auf sie freigegeben. Die Entwicklung der Produktivkräfte legte die Wunschsymbole des vorigen Jahrhunderts in Trümmer, noch ehe die sie darstellenden Monumente zerfallen waren. Diese Entwicklung hat im 19. Jahrhundert die Gestaltungsformen von der Kunst emanzipiert, [. . .]. Den Anfang macht die Architektur als Ingenieurkonstruktion. Es folgt

die Naturwiedergabe als Photographie. Die Phantasieschöpfung bereitet sich vor, als Werbegraphik praktisch zu werden. Die Dichtung unterwirft sich im Feuilleton der Montage. Alle diese Produkte sind im Begriff, sich als Ware auf den Markt zu begeben. [. . .]. Mit der Erschütterung der Warenwirtschaft beginnen wir, die Monumente der Bourgeoisie als Ruinen zu erkennen, noch ehe sie zerfallen sind« (S. 199/200). Grosz versucht, die zur Ware massenweise vermarktete »Phantasieschöpfung« Ornament erneut Phantasieschöpfung werden zu lassen, indem er sie dem »großen Markt« des »Industriestils« entzieht.

443 Th. W. Adorno, *Versuch über Wagner,* in: Adorno, *Ges. Schriften* 13, Frankfurt/M., 1971, S. 102.

444 Ibid.

445 Hannes Meyer, zitiert nach Conrads, *Programme und Manifeste zur Architektur des 20. Jahrhunderts,* Bauwelt Fundamente, Berlin/Frankfurt/Wien, 1964, S. 110.

446 Dies wird etwa deutlich, wenn man sich zeitgenössische Darstellungen der Eröffnung der Londoner Weltausstellung von 1851 ansieht. Der Technik des feingliedrigen symmetrischen Netzwerkes des Kristall-Palastes widerstreiten Kunst- und Kulturgegenstände, die in ihrem ›psychischen Anspruch‹ der Wirklichkeit der technischen Entwicklung nicht entsprechen. So erkannte der deutsche Publizist und Politiker Lothar Bucher angesichts der italienischen Kunstgegenstände, die dort ausgestellt waren: »Aber wieviel Verdienstliches sie auch im Einzelnen haben mögen, ich kann mich nicht überzeugen, daß eine Kunst, die auf untergegangenen Kulturzuständen wächst, die ohne antiquarische Kenntnisse nicht zu verstehen ist, irgendwelchen erheblichen Wert habe. Sie gehört in die Prunkkammer einer blasierten Aristokratie; die wahre Kunst hat ihren Platz auf dem Forum, d. h. da, wo das Volk sich bewegt.« (Bucher, *Kulturhistorische Skizzen aus der Industrieausstellung aller Völker,* Frankfurt/M., 1851, S. 166). An anderer Stelle heißt es zur Architektur des Kristall-Palastes: »Beim Anblick dieses ersten nicht in festem Mauerwerk errichteten Gebäudes wurde den Besuchern alsbald klar, daß die Regeln, nach denen man bisher die Architektur beurteilt hatte, ihre Gültigkeit verloren hatten«. (Vgl. Abb. 38 und Abb. 39.)

447 Karl Markus Michel, *Gefühl als Ware,* in: *Neue Deutsche Hefte,* 1959, S. 31-48, hier S. 40. Benjamin nennt dies den bürgerlichen Versuch, »die Ware auf sentimentale Art zu vermenschlichen: der Ware, wie dem Menschen, ein Haus zu geben. Das versprach man sich damals von den Etuis, den Überzügen und Futteralen, mit denen der bürgerliche Hausrat der Zeit überzogen wurde« (aus: *Zentralpark,* 1939/40, in: Benjamin, *Illuminationen,* op. cit., S. 266).

448 Ibid.

449 Vgl. auch Holz, *Die Repristination des Ornaments,* op. cit., S. 141.

450 Gegen den einseitig erhobenen Vorwurf, es handele sich bei der ersteren Ornamentform um bloße Kitschprodukte, wendet sich Adorno mit dem Hinweis: »Die Verwüstung aber, die man dem stillosen Zeitalter zuschreibt und ästhetisch kritisiert, sind gar nicht Ausdruck eines kitschigen Geistes der Zeit, sondern Produkte eines Außerkünstlerischen, der falschen Rationalität vom Profit gesteuerter Industrie. Indem das Kapital für seine Zwecke mobilisiert, was ihm die irrationalen Momente der Kunst dünken, zerstört es diese« (*Ästhetische Theorie,* op. cit., S. 306).

451 Kracauer, op. cit., S. 51.

452 Ibid., S. 52.

453 Vgl. *Die Form ohne Ornament* (Werkbundausstellung 1924), op. cit., S. 12.

454 H. Muthesius, *Stilarchitektur und Baukunst* (1903), op. cit., S. 74.

455 Ibid., S. 72.

456 Ders., *Handarbeit und Massenerzeugnis* (1917), op. cit., S. 8.

457 Ders., *Stilarchitektur und Baukunst*, op. cit., S. 66, siehe auch in Anm. 84.

458 Ders., *Handarbeit und Massenerzeugnis*, op. cit., S. 28.

459 Grosz, op. cit., S. 61.

460 Ibid., S. 64.

461 Ibid., S. 63.

462 *Die Form ohne Ornament* (Werkbundausstellung 1924), op. cit., S. 8: »Denn die Verzierung, als das lustvolle, behagliche Ausschwingen des Formspiels, ist etwas Kultiviertes, Genießerhaftes – wie denn die klassische Epoche des Genusses und der Verfeinerung, das Rokoko, in der Verzierung das Äußerste wagte. Die Verzierung widerspricht .. dem Lebensgefühl der primitiven Richtung«.

463 Vgl. B. Brecht, *Die Essays von Georg Lukács, in: Brecht, Ges. Werke* 19, op. cit., S. 296/8.

464 Kracauer, op. cit., S. 63.

465 In dem oben erwähnten ›Bauhausresumee‹ von Behne (vgl. in Anmerkung 429), das dieser anläßlich von Gropius' Vortrag zur Eröffnung der Bauhauswoche Mitte August 1923 in Weimar, verfaßt hatte, fordert Behne Gropius auf, sich, da dieser glaubte, das Handwerk für die Ausbildung der Bauhaus-Schüler nicht entbehren zu können, in seinem Denken ganz »von den Resten alter traditioneller Kunstgewerblichkeit« frei zu machen wie auch »von den Äußerlichkeiten einer akademisch aufgefaßten Radikalität« (Behne, op. cit., S. 545).

466 Kracauer, op. cit., S. 61.

467 Vgl. Otto Scheffers, *Zweckform und Ornament*, in: *Deutsche Kunst und Dekoration*, Jg. 13, Bd. XXIV, Apr.-Sept. 1909, S. 234-38. Gleich Grosz weigert sich auch Scheffers, die Liquidierung des Ornaments für den Bereich des Massenbedarfs auf alle Bereiche des Lebens zu übertragen. Über »das Verhältnis des Ornaments zur Würde des Gegenstandes« heißt es: »Man kann ohne weiteres einen Satz Ruskins, der sich auf das Pathos in der Dichtung bezieht, auf das Ornament übertragen: ›In eben dem Maße als die Empfindung edel ist, dort, wo sie durch die Größe ihrer Veranlassung gerechtfertigt erscheint, in eben dem Maße ist sie unvornehm, wo nicht Veranlassung genug für sie vorhanden ist‹. Das heißt, reicher Schmuck ist weniger angebracht, wo es sich um Dinge für die gewöhnlichsten Zwecke handelt als dort, wo ein großer Zweck, ein würdiger Inhalt äußerlich durch eine entsprechende Form zum Ausdruck gebracht werden soll. Ein Tempel verträgt neben edleren Gesamtformen auch einen reicheren ornamentalen Schmuck als ein Güterbahnhof. Mit Recht stattet man einen Thron anders aus als einen Schaukelstuhl« (S. 238).

468 Vgl. Klaus Horn, *Politische Psychologie: Erkenntnisinteresse, Themen und Materialien*, in: *Politikwissenschaft. Eine Einführung in ihre Probleme*, hrsg. v. G. Kress und D. Senghaas, Frankfurt/M., 1969, S. 257.

469 Für Sedlmayer wird die Masse (und mit ihr Inhalte, wie sie in der »Psychologie der Primitiven, der Geisteskranken und Verbrecher, des Rausches und des Traumes, [...] der Affen« gefaßt wird) zu einer »Zone«, in der »das Wesen des Menschen in Frage gestellt erscheint und fremd und fragwürdig in Vor- und Außermenschliches übergeht« (Sedlmayr, *Verlust der Mitte*, op. cit., S. 147).

470 Horkheimer/Adorno, *Dialektik der Aufklärung*, op. cit., S. 161.

471 Vgl. oben.

472 Henry van de Velde, *Die Ausschaltung der Phantasie als ornamentales Mittel*,

1901, zitiert nach: van de Velde, *Zum neuen Stil* (Aus seinen Schriften ausgewählt und eingeleitet von Hans Curjel), München, 1955, S. 108/9.

473 Vgl. Karl Scheffler, *Henry van de Velde,* 1905/06, in: *Kunst und Künstler,* hrsg. v. G. Feist, Mainz, 1971, S. 100/08, hier S. 108.

474 »Ich müßte kein moderner Mensch sein, wenn ich nicht die Herstellung der Gegenstände, die früher durch Menschenhand enstanden sind und von Kunsthandwerkern gefertigt wurden, der neuen maschinellen und industriellen Herstellungsart anzupassen suchte« (van de Velde, *Kunst und Industrie,* 1908, in: van de Velde, op. cit., S. 211).

475 Ders., *Das neue Ornament,* 1901, in: op. cit., S. 94.

476 Ibid., S. 98.

477 Ibid.

478 Ibid., S. 94.

479 Ibid.

480 Adolf Behne hat ihm deshalb vorgehalten, er verkläre den aus der maschinellen Produktion hervorgehenden Gedanken des »Sozialismus«: »Van de Veldes Stellung zur Technik, zur Konstruktion ist [...] eine ästhetische [...]. Auch die Maschine sieht van de Velde formal-ästhetisch an. Denn ihre Konsequenzen lehnt er bitter ab [...]. Maschine: das ist Normierung, Typisierung, Kollektivismus – van de Velde aber ist leidenschaftlicher Individualist! Bei der Kölner Werkbundtagung (1914) war er der Führer der ›Künstler‹-Gruppe gegen Muthesius' Typenvorschläge. Er erklärte: ›Der Künstler ist seiner innersten Essenz nach glühender Individualist – aus freien Stücken wird er niemals einer Disziplin sich unterwerfen, die ihm einen Typ aufzwingt‹« (A. Behne, *Der moderne Zweckbau,* 1923, op. cit., S. 37).

481 Van de Velde, *Kunstgewerbliche Laienpredigt,* 1902, in: op. cit., S. 129.

482 Ibid., S. 128.

483 Ibid., S. 131.

484 Meier-Graefe, *Henry van de Velde,* in: *Dekorative Kunst,* 1899/1900. S. 8.

485 Van de Velde, op. cit., S. 132.

486 Ders., *Die Linie,* 1910, in: op. cit., S. 184.

487 Ibid., S. 132.

488 Ibid., S. 133.

489 Ibid.

490 Ibid., S. 206.

491 Ibid., S. 134.

492 Vgl. Loos, *Ornament und Verbrechen,* 1908, in: Loos, *Sämtl. Schriften,* op. cit., S. 288.

493 Van de Velde, op. cit., S. 133.

494 Ibid., S. 97. »Unsere modernen Bauten haben keine andere Bedeutung als ihren Zweck. Unsere Bahnhöfe, unsere Dampfboote, unsere Brücken, unsere Türme von Eisen haben keineswegs den geheimen Sinn, den Anblick der Welt mit ihrem Erdreich, ihren Bäumen, ihrem Himmel, ihren Sternen und Gestirnen zum Ausdruck zu bringen, wie das die alten Tempel und Kirchen erstrebten, und bei ihnen haben deshalb Blumengewinde an Pfeilern und Wölbungen keinen Daseinsgrund, so wenig wie diese menschlichen Trauben, deren Kraftanstrengung kaum genügte, um die gewaltigen alten Wölbungen zu tragen« (ibid., S. 96/7).

495 Ibid., S. 101.

496 W. G. Fischer, *Wohnungen* (Roman), München, 1969, S. 96.

497 Siehe den Katalog *Jugend in Wien – Literatur um 1900,* hrsg. v. Bernhard Zeller, Stuttgart 1974, S. 5.

498 An der Wiener Avantgarde, insbesondere dem Schönberg-Kreis der zwanziger Jahre, hatte Adorno »die Stärke der Tradition bei den Antitraditionalisten« überrascht. Vgl. Adorno, *Kultur und Verwaltung*, in: Adorno/Horkheimer/Marcuse, *Kritische Theorie der Gesellschaft*, Bd. IV, o. J., S. 13/4.

499 Vgl. Karl Kraus, *Literatur und Lüge*, München, 1962, erstmals 1929 als Sammelband vorgelegt, oder Kraus, *Die demolierte Literatur*, hrsg. v. D. Kimpel, Steinbach, 1972. Die geistige Verwandtschaft mit Kraus veranlaßte Loos 1913 zu schreiben: »Er [Karl Kraus] steht an der schwelle einer neuen zeit und weist der menschheit, die sich von gott und der natur weit, weit entfernt hat, den weg. Den kopf in den sternen, die füße auf der erde, schreitet er, das herz in qual über der menschheit jammer. Er fürchtet den weltuntergang. Aber da er nicht schweigt, weiß ich, daß er die hoffnung nicht aufgegeben hat. Und er wird weiter rufen und seine stimme wird durch die kommenden jahrhunderte dringen, bis sie gehört wird. Und die menschheit wird einmal Karl Kraus ihr leben zu danken haben« (Loos, *Sämtliche Schriften*, I, op. cit., S. 328). In eben diesem Sinn verstand Loos seine eigenen Aufgaben in seiner Zeit. Vgl. auch Benjamins 1931 verfaßten Essay *Karl Kraus*, in: Benjamin, *Illuminationen*, op. cit., S. 374 ff., insbesondere S. 375/6 und S. 388. Siehe ebenso Richard Lanyi, *Adolf Loos zum 60. Geburtstag*, 10. Dezember 1930, Wien 1930, mit einem Beitrag u. a. auch von Kraus, S. 24.

500 Kraus über sich und Adolf Loos, in: *Nachts*, 1918, S. 61, zitiert nach *Jugend in Wien*, op. cit., S. 314.

501 P. Zucker, *The paradox of architectural theories at the beginning of the »modern movement«*, in: *Journal of the society of architectural historians*, vol. X, No. 3, 1951, S. 8-14, hier S. 10. Vgl. weiter: N. Pevsner, *Wegbereiter moderner Formgebung* (1936), Hamburg, 1957, S. 116; H.-R. Hitchcock, *Architecture: Nineteenth and Twentieth Centuries*, Harmondsworth (1958), paperback 1971, S. 472 ff.; Reyner Banham, *Die Revolution der Architektur*, Reinbek bei Hamburg, 1964, S. 69 ff., wo es allerdings einschränkend heißt: »Zu den Männern, die wertvolle Beiträge zum Gedankengut der Moderne lieferten, muß man gewiß Adolf Loos zählen. Allerdings waren seine Beiträge sporadisch, persönlich und nicht immer ernsthafter Natur.« Eine solche Einschätzung mag für viele typisch sein, die die frühen Äußerungen von Loos (nicht zuletzt während seines Amerikaaufenthaltes zwischen den Jahren 1893-96) hervorheben; doch hat Loos nie die Stellung im Bewußtsein der Architektur- und Kunsthistoriker eingenommen wie Gropius, Mies van de Rohe, Le Corbusier, F. L. Wright u. a., Eine in diesem Sinne untypische Behandlung erfährt Loos bei Werner Hofmann (*Von der Nachahmung* . . ., op. cit., S. 59 ff.) In der Anmerkung zur Veröffentlichung von *Ornament und Verbrechen* in der *Frankfurter Zeitung*, 24. Oktober 1929, und im *Prager Tagblatt*, 10. November 1929, heißt es: »Die sogenannte ›neue sachlichkeit‹ ist also gar nicht so neu, wie sie sich gibt, sie stammt aus den neunziger jahren des vorigen jahrhunderts und wurde von Adolf Loos verkündigt. Man hat auf ihn nicht gehört, vielleicht weil er keinerlei lehrstuhl hatte (bis heute hat noch keine hochschule sich mit seiner berufung geehrt), man nannte und nennt seinen namen nicht oder nur, um seine ideen zu bekämpfen und zu beschimpfen. Ideen, die sich kraft ihrer inneren wahrheit durchgesetzt haben und nicht mehr zu bannen sind« (zitiert nach Loos, op. cit., S. 458).

501 a Vgl. Francoise Very, *Hans Schmidt et la construction de la »Ville Socialiste« d'Orsk*, in: VH 101, *L'architecture et l'avant garde* . ., op. cit., S. 147-155.,

502 Vgl. Hans Schmidt, *Adolf Loos* (Manuskript, 1941), in: H. Schmidt, *Beiträge zur Architektur 1924-1964*, op. cit., S. 62/3.

503 Loos, *Ornament und Verbrechen* (1908), op. cit., S. 276-77.

504 Vgl. A. Mitscherlich, *Vom möglichen Nutzen der Sozialpsychologie für die Stadtplanung*. Vortrag vom 10. Juni 1966 im Institut für Städtebau der TH Darmstadt, zitiert nach Mitscherlich, *Thesen zur Stadt der Zukunft*, Frankfurt/M., 1971, S. 26.

505 Ibid., S. 27.

506 Vgl. Klaus Horn, *Zweckrationalität in der modernen Architektur. Zur Ideologiekritik des Funktionalismus*, in: Berndt/Lorenzer/Horn, op. cit., S. 112.

507 Trotz aller ornamentstürmerischen Attitüden im Werk von Loos entbehrt es nicht einer gewissen Berechtigung, wenn Ludwig Münz und Gustav Künstler in ihrem Buch *Der Architekt Adolf Loos* (Wien/München, 1964, S. 9 und S. 33/4) davon sprechen, daß der Aufsatz *Ornament und Verbrechen* »den in solch krasser Form nicht zutreffenden Ruf von Adolf Loos als absolutem Ornamentgegner« hervorgerufen habe. Dabei kennzeichnet es nur Loos' ambivalente Haltung gegenüber den Traditionswerten, daß er vielfach mit der schmückenden Verwendung des Baumaterials überrascht (wie z. B. die Wandverkleidung mit kostbaren Marmorplatten am Portal des Schmuckfederngeschäfts Steiner in der Kärntner Straße (Wien, 1907, nicht mehr vorhanden), in der Wohnung von Rudolf Kraus (Wien, 1907) oder der Wohnung Bellak (Wien, 1909/13). Das ornamentreiche Material ist für Loos die Wandfläche selbst. Vgl. Loos, *Hands Off!* (1917), in Loos, op. cit., S. 346, wo es in Anlehnung an Semper heißt: »Man bedenke, daß edles material und gute arbeit fehlende ornamentik nicht etwa bloß aufwiegen, sondern daß sie ihr an köstlichkeit weit überlegen sind.« Entstand im Barock und Rokoko die Kunstform noch »als ein natürliches Gewächs verfeinerter handwerklicher Übung« und ergab sich dabei »der Zusammenhang zwischen Material und Form auf selbstverständliche Weise«, so versucht Loos, diesen Zusammenhang synthetisch im formalen Reiz des Materials zurückzugewinnen. (Vgl. hier W. C. Behrendt, *Der Kampf um den Stil in Architektur und Kunstgewerbe*, Berlin 1920, S. 23).

508 Vgl. neben den schon erwähnten Schriften von Mitscherlich, Lorenzer, Horn und Adornos *Funktionalismus heute* vor allem Peter Gorsen, *Das Bild Pygmalions*, Reinbek bei Hamburg 1969, S. 66 u. 163 f., sowie ders., *Sexualästhetik*, op. cit., S. 134.

509 Adorno, *Ohne Leitbild*, op. cit., S. 111.

510 Ibid.

511 Ibid.

512 Benjamin, *Illuminationen*, op. cit., S. 374.

513 A. Riegl, *Stilfragen, Grundlegung zu einer Geschichte der Ornamentik*, Berlin 1893.

514 Vgl. Holz, op. cit., S. 158.

515 So z. B. Klaus Horn, op. cit., S. 110.

516 Ibid., S. 111.

517 In *Ornament und Verbrechen* spricht Loos eine Prophezeiung aus, wenn er seine Zeitgenossen über den Zustand der Ornamentlosigkeit hinwegtröstet: »Da sagte ich: Weinet nicht! Seht, das macht ja die größe unserer zeit aus, daß sie nicht imstande ist, ein neues ornament hervorzubringen. Wir haben das ornament überwunden, wir haben uns zur ornamentlosigkeit durchgerungen. Seht, die zeit ist nahe, die erfüllung wartet unser. Bald werden die straßen der städte wie weiße mauern glänzen. Wie Zion, die heilige stadt, die hauptstadt des himmels. Dann ist die erfüllung da.« (Loos, op. cit., S. 278)

518 Lorenzer, op. cit., S. 101.

519 Muthesius, *Stilarchitektur und Baukunst*, op. cit., S. 66.

520 Loos, op. cit., S. 277.

520 a Hermann Broch, *Einige Bemerkungen zum Problem des Kitsches*, in: Gillo Dorfles, *Der Kitsch*, Tübingen, 1969, S. 62.

521 Loos, *Architektur*, 1910, in: ders., op. cit., S. 312.

522 Ibid., S. 65.

522 a Ibid.

523 Ibid., S. 395, *Ornament und Erziehung* (1924), wo es heißt: »Vor sechsundzwanzig jahren habe ich behauptet, daß mit der entwicklung der menschheit das ornament am gebrauchsgegenstande verschwinde, eine entwicklung, die unaufhörlich und konsequent fortschreitet und so natürlich ist wie der vokalschwund in den endsilben der umgangssprache. Ich habe aber damit niemals gemeint, was die puristen ad absurdum getrieben haben, daß das ornament systematisch und konsequent abzuschaffen sei. Nur da, wo es einmal zeitnotwendig verschwunden ist, kann man es nicht wieder anbringen. Wie der mensch niemals zur tätowierung seines gesichts zurückkehren wird.« Lenkt Loos in diesem späten Essay – er befand sich damals schon in Paris, wo er Kontakte mit Anhängern des ›Esprit Nouveau‹ und Mitgliedern der Dada-Gruppe hatte – auch ein, so sehe ich doch keinen Grund anzunehmen, daß sich seine Haltung zum Ornament in der Alltags- bzw. Umgangssprache grundsätzlich gewandelt hatte. Hier übrigens zieht Loos eine Verbindungslinie vom Verschwinden des Ornaments zu der Reduzierung der Sprachmuster. Aus diesem Grund habe ich auch, soweit es Loos-Zitate betraf, die von ihm bevorzugte Kleinschreibung beibehalten.

524 Ibid., S. 392/3.

525 Vgl. Louis H. Sullivans Aufsätze aus den 1890er Jahren in: Sherman Paul, *L. H. Sullivan*, op. cit., S. 127-164. Bei seinem Amerikaaufenthalt wird Loos in Chicago u. a. auch die Bauten Sullivans gesehen haben.

526 Vgl. vor allem Wrights Aufsatz, *The Art and Craft of the Machine*, aus dem Jahr 1901, in: F. L. Wright, *Humane Architecture*, op. cit.

527 Loos, op. cit., S. 280. Dieser volkswirtschaftliche Gesichtspunkt spielte schon bei Muthesius in dessen 1903 in der 2. Auflage erschienenem Buch *Stilarchitektur und Baukunst* (op. cit., S. 67 f.) eine Rolle.

528 Shermann Paul, op. cit., S. 130.

529 Ibid.

530 Vgl. Adornos Vorrede zu Haselberg, *Funktionalismus und Irrationalität*, op. cit., S. 7.

531 Vgl. Veblen, op. cit., S. 257 f. Ebenso: Kenneth Clark, *Ornament in Modern Architecture*, op. cit., und P. v. Haselberg, op. cit., S. 76 ff.

532 Loos, op. cit., S. 305.

533 Ruskin schreibt im 19. Abschnitt des zweiten Kapitels der *Seven Lamps of Architecture* (op. cit., S. 54): »Leave your walls as bare as a planed board, or build them of baked mud and chopped straw, if need be; but do not rough-cast them with faslhood«.

534 Veblen, op. cit., S. 118/9.

535 Loos, op. cit., S. 304.

536 Vgl. Wölfflin, *Kleine Schriften*, op. cit., S. 41 f.

537 Loos, op. cit., S. 304.

538 Mitscherlich, *Thesen zur Stadt der Zukunft*, op. cit., S. 26.

539 Vgl. Friedrich Naumann, *Kunst und Industrie* (1906), in: Fr. Naumann, *Werke* Bd. 6, *Ästhetische Schriften*, hrsg. v. H. Ladendorf, Köln-Opladen, 1964, S. 440/1.

540 Loos, op. cit., S. 314.
541 Ibid., S. 315.
542 Ibid., S. 310.
543 Ibid.
544 Ibid., S. 278.
545 Ibid.
546 Vgl. Benjamin, *Illuminationen*, op. cit., S. 197.
547 Loos entwickelte damit bereits den von Gropius und Bruno Taut (anläßlich der im April 1919 vom »Arbeitsrat für Kunst« in Berlin veranstalteten »Ausstellung für unbekannte Architekten«) gefaßten Gedanken der »schöpferischen Konzeption für Zukunftskathedrale« (vgl. Gropius, *Der Neue Baugedanke*, in: *Das Hohe Ufer*, op. cit., S. 87). Einen weiteren Anknüpfungspunkt sehe ich in der Einschätzung des *Handwerks*. In seinem ersten Bauhaus-Manifest hat Gropius die wichtige Rolle des Handwerks für das »neue Bauen« in den Mittelpunkt gestellt: »Architekten, Bildhauer, Maler, wir alle müssen zum Handwerk zurück! Denn es gibt keine ›Kunst von Beruf‹. Es gibt keinen Wesensunterschied zwischen dem Künstler und dem Handwerker«. Die »Grundlage des Werkmäßigen« sei der »Urquell des schöpferischen Gestaltens« (vgl. Conrads, *Programme und Manifeste*, op. cit., S. 47; ebenso Banham, op. cit., S. 238 f.). Gropius sieht im Handwerk eine moralische Instanz. Gleiches kann man von Loos sagen, der 1917 rückblickend schrieb: »Für mich stand der satz fest: Wollt ihr ein zeitgemäßes handwerk haben, wollt ihr zeitgemäße gebrauchsgegenstände haben, vergiftet die architekten« (Loos, op. cit., S. 343/4). Schon in dem Aufsatz *Glas und Ton* vom 26. Juni 1898 hatte Loos bemerkt, es sei »höchste zeit, daß sich unser handwerk auf sich selbst besinnt und jede unberufene führung von sich abzuschütteln sucht« (ibid., S. 59). Handwerk war ihm Ausdruck und Mittel einer vernünftigen Bearbeitung der Natur. Ehrfurchtsvoll schreibt er 1910: »[. . .] zaghaft wie ein lehrling ging ich an die werkstätten, ehrfürchtig sah ich zu dem mann mit der blauen schürze empor. Und bat: Laß mich deines geheimnisses teilhaftig werden« (S. 311). Die »verquickung von kunst und handwerk« hatte in seinen Augen der Menschheit »unendlichen schaden zugefügt« (S. 315). Kunst war Loos zu der Zeit eine ideelle Beschäftigung, deren »Reich« die Zukunft sei (S. 316): niemandem verpflichtet, keinem »Zwecke angepaßt« (315). Im Jahr 1919 aber, angesichts des Zerfalls des Habsburger-Reiches und der neugebildeten deutschösterreichischen Republik, bekannte er sich im Vorwort zu den *Richtlinien für ein Kunstamt* zu der Pflicht des Staates, »das volk dem künstler möglichst nahezubringen« (ibid., S. 354).
548 Benjamin, op. cit., S. 193.
549 Loos, op. cit., S. 309.
550 Vgl. Kracauer, *Das Ornament der Masse*, op. cit., S. 55.
551 Siehe dazu näher J. Habermas, *Marxens Metakritik an Hegel: Synthesis durch gesellschaftliche Arbeit*, in: Habermas, *Erkenntnis und Interesse*, 1968, Frankfurt/M., 1970, S. 36 ff.
552 Bentmann/Müller, *Die Villa als Herrschaftsarchitektur*, op. cit., S. 51-92.
553 Alfred Schmidt, *Der Begriff der Natur in der Lehre von Marx*, op. cit., S. 140 ff., wo es vom Wesen der Marxschen Utopie heißt, daß sie nicht an der »Ungleichheit von Mensch und anzueignendem Material« vorbeisieht: »Nicht nur bleibt der den Menschen äußerliche Materialblock auch in der klassenlosen Gesellschaft, wenngleich unter günstigeren Bedingungen als in den seitherigen Gesellschaften, das zu Assimilierende und zu Unterjochende; auch die Menschennatur muß weiterhin ihren Tribut zahlen.«

554 Vgl. Freud, *Die Zukunft einer Illusion* (1927), *Ges. Werke* XIV, S. 327/8, sowie ders., *Das Unbehagen in der Kultur* (1930), in: op. cit., S. 455.

555 Loos, op. cit., S. 288.

556 Ibid., S. 278 und S. 310 f. Siehe auch Adorno, *Funktionalismus heute,* op. cit., S. 113.

557 Loos, op. cit., S. 282.

558 Ibid.

559 Ibid., S. 395.

560 Ibid., S. 395 und gleichfalls S. 347: »Material und Arbeit sind beständige Werte, die das Recht haben, nicht alle Jahre durch neue Modeströmungen entwertet zu werden.«

561 Vgl. dazu die Ausführungen von Gert Selle, op. cit., S. 121 ff., der in seiner Gegenüberstellung von ›Warenästhetik und Design‹ von der Haugschen Analyse (Haug, op. cit., S. 15 ff.) des ästhetischen Scheins der Waren ausgeht. Danach ist es nicht das Ziel der Warenproduktion, Gebrauchswerte zu produzieren, sondern in erster Linie für den Verkauf der Ware zu produzieren. Das sich daraus herleitende Interesse der Warenproduzenten richtet sich nur insofern nach dem Gebrauchswert, als Rücksicht genommen wird auf den vom Käufer erwarteten Gebrauchswert der Waren. Daß dies auch für Gebrauchsgegenstände zutrifft, deren »Elemente der Konstruktion nicht mehr durch dekorative Zutaten verdeckt werden«, hat Peter v. Haselberg unterstrichen (Haselberg, op. cit., S. 73 f.). Dieser meint, daß »gerade die Freilegung und die Loslösung von den ornamentalen Ansprüchen an die Form der Gegenstände eine konstruktionstechnische Entwicklung beschleunigt [habe], welche die einzelnen Entwürfe und Ausführungen um so rascher veralten läßt« (ibid.).

562 Auf Loos' Grabstein sollte geschrieben stehen: »Adolf Loos, der die Menschen von überflüssiger Arbeit befreite« (vgl. Münz/Künstler, op. cit., S. 15).

563 *Lohnarbeit und Kapital,* in: Marx, *Ökonomische Aufsätze,* Singen, k. J., S. 87, zitiert nach Schmidt, op. cit., S. 145.

564 Loos, op. cit., S. 371 (1919).

565 Marx, *Grundrisse,* op. cit., S. 599.

566 Ibid.

567 Vgl. Ch. R. Ashbee, *Craftsmanship and Competitive Industry,* London, 1908.

568 Siehe auch Loos, op. cit., S. 388-90.

569 Marx, op. cit.,

570 Ibid.

571 Ibid.

572 Loos, op. cit., S. 283.

573 H. Marcuse, *Triebstruktur und Gesellschaft,* Frankfurt/M., 1968, S. 159.

574 Loos, op. cit., S. 381.

575 Loos erklärte das in einem Vortrag, *Die moderne Siedlung,* im Jahr 1926, in: Loos, op. cit., S. 406.

576 Le Corbusier, *Ausblick auf eine Architektur,* op. cit., S. 201-215, hier S. 215.

577 Alexander Schwab, *Das Buch vom Bauen. 1930 – Wohnungsnot, Neue Technik, Neue Baukunst, Städtebau aus sozialistischer Sicht,* Düsseldorf, 1973.

578 Zu Schwab selbst siehe die einleitenden Ausführungen von Diethart Kerbs *Zum Neudruck dieses Buches,* in: Schwab, op. cit., S. 7-12.

579 Ibid., S. 67 ff.

580 Ibid.

581 Adorno, *Funktionalismus heute,* op. cit., S. 110.

582 Schwab, op. cit., S. 76.

583 Siehe unsere Argumentation oben.

584 Ergänzend dazu die Eindrücke des Kunsthistorikers Richard Hamann, die dieser 1932 im Schlußkapitel seiner 1933 in Berlin erschienenen *Geschichte der Kunst* niederschrieb. Von der »neuen Sachlichkeit« der Architektur heißt es da, daß sich mit ihr bzw. in ihr »ein neuer Begriff von Öffentlichkeit« gebildet habe; »nicht mehr der der geöffneten, gastlichen Portale, die, den Bau allseitig öffnend, über die wirkliche Gebrauchsmöglichkeit und Zugänglichkeit der Räume hinwegtäuschen, sondern der Allsichtbarkeit öffentlichen Getriebes, das auch Gegenstand öffentlichen Interesses sein muß. Keine Intimitäten mehr, keine feierlichen Abschlüsse gegen die Außenwelt, die gleichsam nur Bilanzverschleierungen sind, sondern offenes Zutageliegen der öffentlichen Arbeit zur Kontrolle für die Öffentlichkeit. So entstehen die neuen Schalterräume der Banken und Postämter mit ihren offenen Glaswänden und die neuen Warenhäuser mit ihren alloffenen Warenauslagen. Die gemeinsame Arbeit, die in der Fabrik infolge der durchgehenden Wellen und ›Laufenden Bänder‹ einen einzigen Raum für viele Menschen erfordert, die im Büroraum einen ständigen Verkehr zwischen den Tischen bedingt, überhaupt die gemeinsame Arbeit vieler Menschen in einem Betrieb, findet in den nur durch Glasscheiben, Windschütze, Geräuschfänger unterteilten Einheitsraum ihren Ausdruck« (S. 889). Im Gegensatz zu Schwab, der in der »ästhetischen Einheitlichkeit« der »neuen Sachlichkeit« zunächst Ansätze unterschiedlicher sozialer Zielsetzung begrüßt, entspricht Hamann der Ideologie von der »Scheinöffentlichkeit«. Ja, seine Ausführungen bestätigen geradezu die Absicht, in Phasen wachsender Anonymität gesellschaftlicher Vorgänge (vor allem im wirtschaftlichen Bereich) Formen zu entwickeln, die auf jene gesamtgesellschaftliche Synthese, die scheinbare Durchsichtigkeit aller Vorgänge, verweisen.

585 Schwab, op. cit., S. 74.

586 Ibid.

587 Ibid.

588 Ibid., S. 76.

589 Marx/Engels, *Werke*, Bd. 12, S. 3.

590 Siehe Kapitel VII.

591 H. M. Enzensberger, *Baukasten zu einer Theorie der Medien*, in: *Kursbuch* 20, 1970, S. 163.

592 Ibid., S. 167.

593 K. Marx, *Grundrisse*, op. cit., S. 325.

594 Man vgl. den Karl-Marx-Hof in Wien. Hier zeigt sich, daß mit verhältnismäßig bürgerlichen Kunstformen – der »expressionistische Zeitstil und die Wiener Tradition der Monumentalität waren Voraussetzung dafür, daß solche Projekte der Darstellung des Klassenkampfs von Bürgerlichen entworfen wurden« – aufgrund einer veränderten *inneren Organisation* der Architektur eine »neue Qualität proletarischen Wohnens« gefunden werden könnte. (Vgl. K. Krauss/J. Schlandt, *Der Wiener Gemeindewohnungsbau – Ein sozialdemokratisches Programm*, in: Helms/Janssen, op. cit., S. 113-124, hier S. 121). Dazu auch der Fernsehfilm »Vom Bürgerpalast zum Massenwohnungsbau« (WDR-Fernsehen 1975/76), den ich gemeinsam mit Henning Burk gemacht habe.

595 Die Projektgruppe »Branchenanalyse« (*Kursbuch* 27, Mai 1972, S. 128) kommt zu dem Ergebnis, daß der »Kapitalismus auf dem Gebiet des Bauens seine historische Rolle noch nicht erfüllt« hat, da der Schritt zur Entwicklung der »großen Industrie« noch nicht vollzogen worden sei.

596 Ernst Bloch/Hanns Eisler, *Die Kunst zu erben*, op. cit., S. 258.

597 Ibid., S. 262.

598 Ibid.

598 a Vgl. Heinrich Klotz, *Das Pathos des Funktionalismus*, Berin, 1974, S. 11/12.

599 Vgl. Konrad Farner. *Einige Thesen zum Problem »Architektur der sozialistischen Gesellschaft«*, in: *Archithese* 7, Niederteufen, 1973, S. 9. Zu gegensätzlichen Ergebnissen kommt Fred Staufenbiel in einem Artikel *Zum Verhältnis von soziologischen und ästhetischen Elementen in der Architektur* (zitiert nach: *Ästhetik-Kongress Uppsala*, op. cit., S. 345-350), wo er über die Architektur der DDR sagt, daß an ihr »die Gestalt der sozialistischen Stadt [...] in den kommenden Jahrzehnten« abzulesen sein wird. Doch räumt Staufenbiel ein, daß diese Gestalt der sozialistischen Stadt »noch für uns heute ungewöhnliche Formen annehmen« könne (S. 350).

600 Farner, op. cit.,

601 Ibid., S. 10. Vgl. auch Hamann (op. cit., S. 890 f., zur Entprivatisierung des Wohnens). Auch Schwab wußte sehr wohl, daß der funktionale Raum vor allem eines nicht mehr war: individualistisch (Schwab, op. cit., S. 67).

602 Vgl. Benjamin, *Erfahrung und Armut*, in: Benjamin, *Illuminationen*, op. cit., S. 317.

603 Ibid., S. 194. In der Werkbund-Zeitschrift *Die Form* schreibt J. E. Hammann im März 1930: »Der Innenraum als Behausung hat heute gegenüber der alten Auffassung vom Wohnen eine andere, eine neue Bedeutung bekommen. Er will nicht mehr als geschlossener Raum wie früher Bedeutung haben«. Und: »Der Raum wird leer, gibt Bewegung, macht frei gegenüber einer Zeit, wo nur mit äußerstem Geschick durch mehrfache Tür- und Vorhanggarnituren abgedunkelt, mit Möbelgarnituren aller Stilarten der bekannten Vertikows und Nippes aufgestapelten ›Wohnräumen‹ durchzufinden war« (in: *Die Form*, 5, 1. 3. 1930, S. 122: »Weiss, Alles Weiss«).

604 Brecht, *Wovon unsere Architekten Kenntnis nehmen müssen*. In: Brecht, Ges. Werke 19, op. cit., S. 517.

605 Ibid.

606 Ibid.

607 Loos, op. cit., S. 345.

608 Vgl. Ernst Bloch, *Funken in ein Pulverfaß*, in: *Bauwelt* 44, 26. Nov. 1973, 64. Jg., S. 1899-1901.

609 Aperçuhaft sei an dieser Stelle ein Wort des Malers Friedrich Schröder-Sonnenstern wiedergegeben: »So kann ich nicht genug runde Formen in meinen Bildern machen – keine scharfen Ecken, denn das wäre ja das Leben selbst« (zitiert nach dem Katalog 4/1973, S. 57, der Schröder-Sonnenstern-Ausstellung in der Kestner-Gesellschaft, Hannover, 1973). Was in der Kunst noch mimetisch gegen das »künstlich Verdorrte« opponiert, wird in der sogenannten angewandten Kunst, dem Design, zum zweifelhaften Lustversprechen, das man dem Konsumenten machte. Gibt sich schon der soziale Wohnungsbau spröde, so versucht man wenigstens »die Anschmiegsamkeit der Konsumobjekte« (vgl. Selle, op. cit., S. 127) herauszustellen. Dabei wird die unterdrückte Sensibilität sinnlich mißbraucht. Von ›entlarvenden‹ und das herrschende lustfeindliche Gestaltungsprinzip ›störenden‹ Funktionen der weichen, »geschwungenen Linie«, die, wie Worringer 1908 zugestand, »unserem Einfühlungsbedürfnis viel stärker entgegenkommt als die gerade Linie«, ist in der Ideologie vom »spielerischen, problemlosen Warengenuß« nichts mehr vorhanden. (Vgl. Worringer, *Abstraktion und Einfühlung*, 1908, München, 1959, S. 105).

610 Vgl. Peter Schneider, *Die Phantasie im Spätkapitalismus und die Kulturrevolution,* in: *Kursbuch* 16, März 1969, S. 27.

611 Vgl. dazu die Einschätzung eines russischen Kritikers, der von der Wallfahrtskirche als einer »Niederlage der Ideale« Le Corbusiers spricht. Als eine Art »modernen Barocks« sei diese Architektur ganz und gar irreal in ihrer Zeit (Georgi Borisowski, *Form und Uniform,* Stuttgart, 1967, S. 105).

612 Vgl. Loos, op. cit., S. 315.

613 Loos, op. cit., S. 280.

614 Ibid.

615 Vgl. Gorsen, *Sexualästhetik,* op. cit., S. 189 (in einer Anmerkung).

616 Vgl. Worringer, op. cit., S. 35-60.

617 Vgl. Richard Hamanns Besprechung des Buches von Worringer in: *Zeitschrift für Ästhetik und allgemeine Kunstwissenschaft,* V, 1910, S. 276-281.

618 Ibid., S. 279.

619 Ibid.

620 Ibid., S. 281. Hamann wandte sich gegen Tendenzen, die neuen, sachlichen, geometrischen Körper mit nicht-entsprechenden Gefühlswerten aufzufassen. Wenngleich er hier noch dem »Lebendig-Organischen, Nachfühlbaren« nachtrauerte, so bekannte er sich in seiner 1932 verfaßten *Geschichte der Kunst* ganz zur »Neuen Sachlichkeit« der Architektur der 20er Jahre. Das, was er in Worringers Theorie vom Kunstwollen noch als Verlust betrachtete, galt ihm nunmehr als Garant für eine neue »Umschichtung des Bewußtseins und der Geltung der Menschen«: »Die Freiheit von aller rationallen Tätigkeit, die Sehnsucht nach der Natur und das Leben in Dichtung als Menschlichkeitssurrogaten sollen entthront werden, ebenso aber auch das Leben in Hoheits- und Demutsäußerungen, in Repräsentationen und Konventionen; es muß dafür die Arbeit und der Arbeiter, die Produktion von Sachen und der ganze Sachapparat eine neue Bedeutung gewinnen« (Hamann, *Geschichte der Kunst,* Berlin, 1933, S. 891).

621 Worringer, op. cit., S. 54/5.

622 Vgl. Horn, op. cit., S. 108.

623 Vgl. Selle, op. cit., S. 127.

624 Horn, ibid.

625 Selle, ibid.

626 Horn, ibid., Lorenzer, op. cit., S. 53 ff.

627 Selle, ibid., S. 126.

628 Vgl. Lethen, op. cit., S. 20 ff.

629 Naumann, *Kunst und Industrie,* op. cit., S. 443.

630 Vgl. Robert Scheu in seinem Beitrag zum 60. Geburtstag von Adolf Loos (in: R. Lanyi, op. cit., S. 55). Scheu sah in dieser strengen Haltung von Loos gerade seine Anziehungskraft: »Die eigentliche Eigenart, der bezaubernde Reiz Loos' liegt in der Vereinigung von Charme und Gemütlichkeit und verheerender Strenge, die an Grausamkeit grenzt. Scheinbar der konzilianteste Allversteher [. . .] ist er imstande, ganz unversehens durch ein Wort zu verraten, daß er furchtbar Bescheid weiß, und Abgründe aufzureißen. Er ist imstande, dir mit echter Herzlichkeit wie in Trance den Kopf abzureißen« (ibid.).

631 *Die Form ohne Ornament,* (Werkbundausstellung 1924), op. cit., S. 6.

632 Vgl. C. G. Jung, *Psychologische Typen,* Zürich, 1950, S. 114.

633 Vgl. Die Darstellung oben.

634 Vgl. Lorenzer, op. cit., S. 52. Heide Berndt kommt am Schluß ihres Essays zu dem Resultat: »Der Unterdrückung der Partialtriebe entspricht in der heutigen

Architektur der Verlust des Ornaments« (Berndt, op. cit., S. 42).

635 Loos, op. cit., S. 276. Dies erinnert an Gedanken von Herbert Marcuse zum phylogenetischen Ursprung der unterdrückenden Kultur, wenn er in *Triebstruktur und Gesellschaft* in Anlehnung an Freuds *Der Mann Moses und die monotheistische Religion* (1939) sagt, daß die Kindheitserfahrungen, »die unter dem Andrang der Realität traumatisch wurden, [...] *vor*-individuelle, artgebundene [sind]: die verlängerte Abhängigkeit des Menschenkindes, die Ödipussituation, die prägenitale Sexualität gehören alle, mit individuellen Variationen, dem *Genus* Mensch an« (S. 59). Marcuse folgert daraus: »Die Analyse der seelischen Struktur der Persönlichkeit muß daher über die frühe Kindheit hinaus zurückgreifen, von der Vorgeschichte des Einzelnen auf die der gesamten Art, des Genus Mensch« (S. 60). Genau dies tut Loos, doch unterbleibt bei ihm der kritische Hinweis auf die notwendige Wiederaneignung der individuellen Lebensgeschichte und ihrer Konflikte.

636 Loos, op. cit., S. 351.

637 Vgl. Marx, *Einleitung zur Kritik der Politischen Ökonomie,* in: *MEW*, Bd. 13, Berlin, 1971, S. 641.

638 Ibid., S. 642. Bezogen auf den Reiz der griechischen Kunst heißt es weiter: »Warum sollte die geschichtliche Kindheit der Menschheit, wo sie am schönsten entfaltet, als eine nie wiederkehrende Stufe nicht ewigen Reiz ausüben? Es gibt ungezogene Kinder und altkluge Kinder. Viele der alten Völker gehören in diese Kategorie. Normale Kinder waren die Griechen. Der Reiz ihrer Kunst für uns steht nicht im Widerspruch zu der unentwickelten Gesellschaftsstufe, worauf sie wuchs. Ist vielmehr ihr Resultat und hängt vielmehr unzertrennlich damit zusammen, daß die unreifen gesellschaftlichen Bedingungen. unter denen sie entstand und allein entstehen konnte, nie wiederkehren können« (ibid.). Versucht man den Kern der Marxschen Äußerungen psychoanalytisch vergleichend zu fassen, so wäre zu sagen, daß Marx bei den Griechen, da sie »normale Kinder« gewesen sind (und ein normales Kind besitzt eine »normal« entwickelte infantile Sexualität), deshalb den hohen Reiz ihrer Kunst empfand, weil diese auf einer Ebene scheinbar natürlicher Triebentfaltung ohne die »reifen gesellschaftlichen Bedingungen«, wie wir sie heute haben, entstanden ist. Ihr Reiz geht von einer Qualität aus, die auf einen unentwickelten Stand menschlicher Kultur und Zivilisation zurückweist: die Erfahrungen entfremdeter Realität waren noch verschwindend gering.

639 Loos, op. cit., S. 276/7. Loos ist sicherlich zu dem kulturhistorisch anthropologischen Vergleich mit primitiven Urstämmen von zu jener Zeit vielfach publizierten Berichten und wissenschaftlichen Erörterungen über das Leben solcher primitiver Stämme, wie den Papuas, angeregt worden. Ich bin diesen Verbindungen nicht näher nachgegangen, möchte es aber nicht unterlassen, einige der Bücher zu nennen, die vor Loos' 1908 publiziertem Aufsatz veröffentlicht und bekannt waren: Konrad Lange, *Das Wesen der Kunst,* Berlin, 1901; Carl von den Steinen, *Unter den Naturvölkern Brasiliens,* Berlin, 1894. G. Thilenius, *Ethnographische Ergebnisse aus Melanesien,* Halle, 1903. Richard Semon, *Im australischen Busch und an den Küsten des Korallenmeeres, Reiseerlebnisse und Beobachtungen eines Naturforschers in Australien, Neu-Guinea und den Molukken,* Leipzig, 1896. L. Frobenius, *Der Ursprung der afrikanischen Kulturen,* Berlin 1898. Ernst Grosse, *Die Anfänge der Kunst,* Freiburg und Leipzig, 1894. – In nahezu allen diesen Beschreibungen wird davon berichtet, daß die Eingeborenenstämme ihre Gebrauchsgegenstände, ihr Werkzeug aus Holz, Knochen, Muscheln, ihre Trinkschalen, Kanus, Masken usw. mit ornamentalen Zeichen und Figuren zu überziehen gewohnt sind. So schreibt Carl von den Steinen (op. cit.), daß das »Vergnügen an künstlerischer Betätigung

[...] bei allen Indianern lebhaft« sei. Sie hätten geradezu »eine Sucht, alle Gebrauchsgegenstände zu bemalen« (S. 270 ff.). Ähnliches berichtete man von den Papuas, deren schöpferische Phantasie man wohl ganz besonders schätzte: »Wenn man hunderte von Gebrauchsgegenständen der Papuas durchmustert, so wird man selten oder nie einen einzigen finden, welcher nicht durch irgend eine kleine Verzierung Zeugnis für den Schönheitssinn seiner Verfertiger ablegt« (vgl. Semon, op. cit., S. 425 ff.). Siehe allgemein auch Heinrich Waentig, *Wirtschaft und Kunst,* Jena 1909, S. 298 ff.

640 Vgl. z. B. die polemische Stellungnahme Max Dessoirs zur Lehre Freuds in: *Zeitschrift für Ästhetik,* Bd. X, 2. Heft, 1915, S. 208-213. Dessoir bestreitet u. a., daß die »allgemein-menschliche Bindung an autoerotische Jugenderfahrungen die Besonderheit des Dichters verständlich machen« kann. Der »springende Punkt« sei vielmehr die Begabung des Künstlers, worauf sich Dessoir auf die Positionen idealistischer Ästhetik zurückzieht.

Ebenso ist Loos' Haltung von Worringers im gleichen Zeitraum entwickelten Gedanken zur Bedeutung und allgemeinen Einschätzung der Kinderzeichnung zu unterscheiden. Setzt Loos das Postulat von einer Kunst, deren Ursprung im Erotischen, im Sexualtrieb zu Hause ist, und hebt er so die Grenzen von »hoher« und »niedriger Kunst« im eigentlichen Sinn auf, so trennt Worringer noch deutlich: »[...] die Kritzeleien eines Kindes sind der ästhetischen Würdigung nicht zugänglich; der eigentliche Kunsttrieb setzt vielmehr erst später ein, um allerdings auch die inzwischen entwickelte Nachbildungsfähigkeit zu seinen Zwecken zu verwerten. Die Kritzeleien eines Kindes, mögen sie auf noch so scharfer Beobachtung beruhen, als künstlerische Erzeugnisse anzusehen, widerspricht einer höheren Auffassung, die nur als Kunst anerkennt, was, aus psychischen Bedürfnissen entstanden, psychische Bedürfnisse befriedigt« (Worringer, op. cit., S. 91). Da Worringer auch die Überzeugung vertrat, daß sowohl das lineare als auch das vegetative Ornament »im Grunde eine Abstraktion« darstellten (S. 97), mußte er sich zwangsläufig der Einsicht verschließen, daß es Beziehungen zwischen dem Ornament und dem Symbol gibt (S. 96).

Ähnlich trennt auch Schmarsow in seinen zwei Jahre nach Worringers und Loos' Aussagen veröffentlichten *Anfangsgründen jeder Ornamentik* (op. cit.), das Ornament, sofern es symbolische Ausdruckskraft besitzt, von niedrigen Kunstformen. »Echte symbolische Ornamentik« sei »keine reine Ornamentik mehr, sondern ein Mischprodukt aus Ornament und darstellender Kunst« (S. 322). Indem er die *Symbolik* der »hohen Kunst« zurechnet, umgeht Schmarsow den Sachverhalt, daß die symbolische Ausdruckskraft auf ursprünglichste schöpferische Phantasie und Ausdruckstätigkeit zurückreicht. Die »symbolische Ornamentik« setze die bildende Kunst immer voraus; der Entstehung des Symbols geht nach Schmarsow eine gewisse »intellektuelle Leistung«, eine »konventionelle Geltung« voraus, die erst auf der Grundlage von bereits vorhandener Zivilisation erkennbar werde (vgl. S. 353). Das Symbol ist Schmarsow nicht »Vorkunst«, womit er sich bewußt von der Hegelschen Konzeption der »unbewußten Symbolik« distanziert (vgl. Hegel, *Ästhetik* I, op. cit., S. 393 ff. u. 413 ff.). Es bleibt am Rande zu bemerken, daß weder Worringer noch Schmarsow auf das Problem des Ornaments in der zeitgenössischen Architektur in irgendeiner Weise eingegangen sind.

641 Vgl. Eduard Fuchs, *Die großen Meister der Erotik,* München, 1930, S. 12.

642 Vgl. Freud, *Ges. Werke,* Bd. VIII, S. 232 f.

643 Loos, op. cit., S. 313.

644 Arnold Hauser, *Philosophie der Kunstgeschichte,* München 1958, S. 105.

645 Loos, op. cit., S. 277.

J. W. Goethe, *Tag- und Jahreshefte* (1805), *Gedenkausgabe*, hrsg. v. E. Beutler, Bd. 11, S. 784. Die Angst vor der vermeintlichen Regression, die den behaupteten Fortschritt widerruft, hat die Theoriebildung des funktionalistischen Bauens nie ablegen können. Regression in der Gestaltung heißt Ornament. In diesem Sinn bemüht Adolf Behne noch 1927 den als Warnung gedachten Vergleich mit den »magischen Zeichen der Tätowierung und Maskierung«, durch welche der Primitive sich »entmenschlicht« habe: »Wir haben die weitestgehende Verschließung und Unzugänglichmachung des Menschen, die man ausdenken kann, eine wahre Transformation ins Jenseits, eine magische Rüstung. Der Primitive zaubert sich fort, in eine andere Welt, und um das zu erreichen, braucht er eine beträchtliche Zahl von Formen, ja, seinen ganzen Körper macht er zu einer phantastischreichen Form, deren Bestreben immer von neuem ist, die menschliche Gestalt, das Hier, das Jetzt, zu zerreißen«. Behne interpretiert das Ornament als eine mimetische Ausdrucksform, deren Funktion darin begründet ist, zwischen dem psychischen Zustand des Menschen und seiner als Wirklichkeit erlebten Umwelt eine Schutzzone aufzubauen. Diese verhindere die Entwicklung der sachlichen Form, weshalb Behne, gleich Loos eine Erscheinung mit ihrer Ursache verwechselnd, auf Abschaffung der Ornamentbildung drängt. Er richtet deshalb an seine Zeitgenossen die Warnung: »Seien wir auf der Hut vor jedem Ornament. Es ist eine Waffe, die gegen die Sache gerichtet ist, ein Wall, der zwischen Mensch und Sache gestellt wird, ein Moment der Zwiespältigkeit« (Adolf Behne, *Neues Wohnen – Neues Bauen*, 1927, Leipzig, 1930, S. 66).

646 Vgl. Rosenkranz, *Ästhetik des Häßlichen*, op. cit., S. 222.

647 Freud, *Der Dichter und das Phantasieren* (1908), in: *Ges. Werke* VII, S. 214/5.

648 Freud, *Die Zukunft* . . (1927), op. cit., *Ges. Werke* XIV, S. 328. Vgl. auch Freuds gleichlautende Feststellung in dem 1908 erschienenen Aufsatz *Die ›kulturelle‹ Sexualmoral und die moderne Nervosität* (*G. W.*, VII, S. 149/150). Ausgehend davon, daß unsere Kultur «ganz allgemein auf der Unterdrückung von Trieben aufgebaut« ist (149), heißt es: »Wer kraft seiner unbeugsamen Konstitution diese Triebunterdrückung nicht mitmachen kann, steht der Gesellschaft als ›Verbrecher‹, als *›outlaw‹* gegenüber, insofern nicht seine soziale Position und seine hervorragenden Fähigkeiten ihm (bei Loos ist es ja noch der der Gesellschaft gegenüber nicht verantwortliche Künstler – M. M.) gestattet, sich in ihr als großer Mann, als ›Held‹ durchzusetzen« (150).

649 Ibid., S. 290.

650 Ibid., S. 291.

651 Vgl. Loos, *Heimatkunst* (1914), in: Loos, op. cit., S. 341.

652 Gut fünfzehn Jahre später ist dieser Gedanke von Loos zu einem wesentlichen Bestandteil sozialdemokratisch gesteuerter Siedlungspraxis geworden. Diesbezüglich erklärt Bruno Taut 1929, daß die Wiederholung in der Siedlungsarchitektur »nicht unerwünscht« ist. Sie sei im Gegenteil »das wichtigste Kunstmittel« zur Erzeugung einer »kollektiven Gesinnung« (B. Taut, *Internationale Architektur*, Stuttgart, 1929, S. 6). Taut hatte drei Jahre zuvor von dem »sozialistisch-proletarischen Geist« der in sich wiederholten Wohnbauten gesprochen: jene manifestiere sich in der »Formenwelt« des »Serienbaus« (B. Taut, *Genossenschaftsarchitektur*, in: *Wohnungswirtschaft*, 1926, S. 13; vgl. auch ders., *Von der architektonischen Schönheit des Serienbaues*, in: *Der Aufbau* I, 1926, S. 106).

653 Vgl. H. Berndt, *Ist der Funktionalismus eine funktionale Architektur?*, op.

cit., S. 41/2.

654 Freud, *Der Dichter und . .*, op. cit., S. 215.

655 Freud, *Vorlesungen, Ges. Werke* XI, S. 387.

656 Vgl. Ernst Bloch, *Das Prinzip Hoffnung*, Bd. 1, op. cit., S. 105 f.

657 Negt/Kluge, *Öffentlichkeit und Erfahrung*, op. cit., S. 72/3.

657 a »In der Phantasietätigkeit genießt [. . .] der Mensch die Freiheit vom äußeren Zwang weiter, auf die er in Wirklichkeit längst verzichtet hat. Er hat es zustande gebracht, abwechselnd noch Lusttier zu sein und dann wieder ein verständiges Wesen. Er findet mit der kargen Befriedigung, die er der Wirklichkeit abringen kann, eben nicht sein Auskommen« (Freud, *Vorlesungen*, op. cit., S. 387).

658 Negt/Kluge, op. cit.

659 Vgl. Walter Benjamin, *Über einige Motive bei Baudelaire*, in: Benjamin, *Illuminationen*, op. cit., S. 222.

660 A. Hitler, *Die Bauten des Dritten Reiches*, September 1937, zitiert nach A. Teut, op. cit., S. 189. Hitler hatte zwei Jahre vorher davon gesprochen, daß im Grunde nichts mehr geeignet sei, »den kleinen Nörgler zum Schweigen zu bringen, als die ewige Sprache der großen Kunst« (M. Domarus, *Hitler – Reden und Proklamationen* 1932-1945, Wiesbaden 1973, Bd. 1, 2. Halbband, S. 528 (Hitler in Nürnberg am 11. 9. 1935).

661 W. Benjamin, *Über Haschisch*. Hrsg. v. T. Rexroth und mit einer Einleitung von Hermann Schweppenhäuser, Frankfurt/M., 1972, S. 33-143.

662 Ibid., S. 96.

663 Ibid.

664 K. Rosenkranz, *Ästhetik des Häßlichen*, op. cit., S. 236.

665 Benjamin, op. cit., S. 40.

666 Ibid., S. 41.

667 Ibid., vgl. auch S. 98/9.

668 Vgl. Georges Bataille, *Der heilige Eros*, Neuwied/Berlin-Spandau, 1963, S. 187 f.

669 Benjamin, op. cit., S. 41.

670 H. Schweppenhäuser, *Die Vorschule der profanen Erleuchtung*. Einleitung zu Benjamin, op. cit., S. 14. Vgl. auch P. Gorsen, *Sexualästhetik* (Sonderdruck aus *Beiträge zur Sexualforschung*, 49. Heft/1970, *Tendenzen der Sexualforschung*, Stuttgart, 1970, S. 120-127).

671 Ibid., S. 57 und S. 101 bzw. S. 106 f.

672 Vgl. Schweppenhäuser, *Die Vorschule . . .*, op. cit., S. 19. Bei Benjamin heißt es dazu wie folgt: »Es gibt keine nachhaltigere Legitimation des crocks als das Bewußtsein, mit seiner Hilfe, auf einmal, in jene versteckhafte, im allgemeinen unzugänglichste Oberflächenwelt einzudringen, welche das Ornament darstellt. Fast überall umgibt es uns bekanntlich. Trotzdem versagt vor wenigem unsere Auffassungsgabe derart wie vor ihm. Gewöhnlich sehen wir es eigentlich kaum. Im crock dagegen beschäftigt seine Gegenwart uns intensiv. Das geht so weit, daß wir nun *spielerisch* mit *tiefem Wohlbehagen* jene Erfahrungen am Ornament ausschöpfen, die in den Kinderjahren und im Fieber sich uns vermerkbar machten; sie bauen sich auf zwei verschiedenen Elementen auf, die beide im crock zu ihrer höchsten Wirkung kommen. Es handelt sich da einmal um die Mehrsinnigkeit des Ornaments [. . .]: nämlich als Flächengebilde oder aber als lineare Konfiguration. [. . .]. Der andere Zug, mit dem das Ornament der Phantasie des crock entgegenkommt, besteht in seiner Perseveration. Es ist höchst eigentümlich, daß die Phantasie dem Raucher Objekte – und zumal besonders kleine – gern serienweise vorstellt. Die

endlosen Reihen, in denen da vor ihm immer wieder die gleichen Utensilien, Tierchen oder Pflanzenformen auftauchen, stellen gewissermaßen ungestalte, kaum geformte Entwürfe eines primitiven Ornaments dar« (ibid., S. 57/8). In der von Benjamin beobachteten Perseveration des Ornaments ist zu einem Gutteil jene von Gorsen geforderte »ziellose Sinnlichkeit« des primitiven Ornaments enthalten, die – wieder zeitlos – Verknüpfungen über die Zeitgrenze des gegenwärtig Aktuellen hinaus ermöglicht. Das scheinbar Ungestalte am Ornament macht dabei seine Mehrdeutigkeit aus. (Die Hervorhebungen im Benjamin-Zitat sind von mir).

673 Siehe W. K. Zülch, *Entstehung des Ohrmuschelstils,* Heidelberg, 1932, und E. Forssman, *Säule und Ornament,* op. cit., S. 181-192.

674 Friedrich Piel, *Ornament-Grotteske in der italienischen Renaissance,* Berlin, 1962.

675 Vitruv, *Zehn Bücher . . .,* op. cit., S. 333/4. Vitruv spricht von der Wanddekoration pompeijanischer Art als einem »entarteten Geschmack«.

676 Zülch, op. cit., S. 14; vgl. auch Forssman, op. cit., S. 96 ff.

677 Forssman, op. cit., S. 100.

678 Piel, op. cit., S. 178.

679 Ibid., S. 3.

680 Ibid.

681 Rosenkranz, op. cit., S. 221.

682 Ibid.

683 Ibid., S. 222.

684 Forssman, op. cit., S. 112.

685 Ibid., S. 106.

686 Max Horkheimer, *Montaigne und die Funktion der Skepsis,* in: ders., *Kritische Theorie der Gesellschaft,* Bd. II, Frankfurt/M. 1968, S. 220.

687 Carl Neumann schreibt im Anhang seiner *Rembrandt-Studie:* »[. . .] es gibt keine gerade Linie und regelmäßige Flächen mehr [im Ornament des späten Ohrmuschelstils – M. M.]. Aus diesem Chaos von Formen steigen wie aus dunklen Grüften und Verstecken Monstren und Fratzen hervor, Zwischenwesen zwischen der organischen und unorganischen Schöpfung. In gewissen Tumoren gewahrt man unversehens Augen und Mäuler, die glotzen und sich aufsperren, Nasenknollen und Schnauzen, und dann deutlichere Gebilde, [. . .] Gesichter und Masken, die sich dann wieder in blutegelartige Larven, Kerben und Rüsseln, Wampen, Warzen und Wirbeln mit Fortansätzen verlieren. Ein toller Wechsel von Gesichten.« (Zitiert nach Zülch, op. cit., S. 5.)

688 Forssman, op. cit., S. 182.

689 Ibid.

690 Rosenkranz, op. cit., S. 236.

690 a Vgl. auch Peter Jessen, *Der Ornamentstich,* Berlin, 1920.

691 Adorno, *Rückblickend auf den Surrealismus,* in: *Texte und Zeichen,* 1956, 6. Heft, zitiert nach Adorno, *Noten zur Literatur, Ges. Schriften* 11, Frankfurt/M., 1974, S. 105.

692 Ders., *Benjamins ›Einbahnstraße‹, in: Texte und Zeichen* I (1955), 4. Heft, zitiert nach Adorno, op. cit., S. 681. Darauf, daß diese Formen damals nicht mit Ekel und Entsetzen aufgenommen wurden, weist Max Deri (*das Rollwerk,* op. cit.,) ausdrücklich hin. Vgl. zu Deri im folgenden in Anmerkung 772.

693 Neuerlich tritt das Ornament aufgrund seiner gegenüber zweckrationalen Verwendungszusammenhängen autonomen Bildhaftigkeit wieder im Sinne individueller Einzeldarstellungen auf. Es dient der sinnlichen Identifikation, als »eigensin-

ning-sinnverlassene Könnerschaft von [. . .] Akrobaten und Clowns«, wie es Horkheimer und Adorno von den »Schlupfwinkeln der seelenlosen Artistik, die gegen den gesellschaftlichen Mechanismus das Menschliche vertritt«, gesagt haben (Horkheimer/Adorno, op. cit., S. 170). In die Art der Verwendung und Gestaltung des Ornaments können ehemals verdrängte Triebwünsche mit eingehen. Dabei nimmt sich die Darstellung selbst schon wie ein Ornament neben der Konformität der hohen Kunst aus. Deutlich hat sich das in den »individuellen Mythologien« und »Selbstdarstellungen« (vgl. Abb. 47) manifestiert, wie sie die »documenta 5« 1972 in Kassel vorstellte (vgl. im Katalog 61-1 bis 16-220). Sie sind zugleich Ausdruck des Protestes gegen den Auszug der menschlichen Figur aus der individuellen Gestalthaftigkeit. In ihnen kulminiert auch die Erfahrung, daß dieser Prozeß heute nur noch mittels extrem übersteigerter Selbstdarstellungen im individuellen Bereich an seiner Oberfläche aufgerissen werden kann; wobei – wie im Falle Schwarzkoglers (Vgl. 16-73) oder Brus' – gegen den eigenen Körper gerichtete zerstörerische Aktionen nicht ausbleiben.

Von der erotischen Symbolhaftigkeit der Ornamente, als welche Adolf Loos sie denunzierte, aber auch von dem auf Schönheit verzichtenden, zur direkt gezeigten Häßlichkeit neigenden Menschenbild bei Egon Schiele und der Wiederentdeckung des nackten Menschen als einem »schonungslosen Untersuchungsgegenstand« durch Dada, spannt sich ein Bogen zur gänzlich auf der ornamentalen Gestalt fußenden »Erotic Action«. In ihr wird die Kategorie der Triebhaftigkeit um den Aspekt »lebensfeindlicher Aggression« erweitert. Vgl. den Beitrag von G. F. Schwarzbauer, *Der Mensch als Demonstrationsobjekt*, in: *Magazin KUNST*, 14. Jg., Nr. 1/1974, S. 43-82, sowie P. Gorsen, *Sexualästhetik*, op. cit., S. 159 ff.). Zum Begriff des »manieristischen Ausdruckszwangs« und seiner realistischen Darstellung gegenüber der idealistischen »klassischen Gebärde« siehe auch Leo Navratil, *Schizophrenie und Kunst*, München, 1956, S. 17 ff. und S. 108 ff.

694 Benjamin, op. cit., S. 96/7.

695 Ibid., S. 69. Ernst Joel oder Fritz Fränkel haben in dem Protokoll eines solchen Haschisch-Versuches vom 12. April 1931 folgenden Vergleich festgehalten: »Ornamente sind Geistersiedlungen« (S. 120), was besagt, daß Ornamente die architektonisch-zeitlosen Räume von Wesen sind, die selbst zeitlos die Jahrhunderte durchstreifen und meist nur nachts »wohnen«, wo die Traumwelt die Zeitgrenzen verwischt.

696 Ibid., S. 72.

697 Ibid., S. 57.

698 Vgl. Benjamin, *Der Sürrealismus* (1929), in: Benjamin, *Angelus Novus*, op. cit., S. 202.

699 Ibid.

700 Schweppenhäuser, *Die Vorschule* . ., op. cit., S. 10.

701 Benjamin, *Sürrealismus*, op. cit., S. 212.

702 Ibid.

703 Vgl. A. Bader, *Halluzinogene Drogen und künstlerische Kreativität* (Tonbandaufzeichnung von einem Rundtischgespräch im Schwarzwald), in: *Confinia Psychiatrica*, 16, Basel 1973, S. 159-176. Peter Gorsen betont, daß die Droge keine schöpferische oder produktive Funktion im Phantasiehaushalt des Künstlers erfüllen kann. Zugleich unterstreicht er – in Anlehnung an Benjamins Begriff von der »anthropologischen, materialistischen Inspiration«, die von Drogen ausgelöst wird –, daß mit Hilfe der Drogen »Denken in einer Weise und in eine bestimmte Richtung aktiviert werden [kann], so daß Erfahrungen gemacht werden, die vorher

eben nicht da waren« (S. 164/5).

704 Ibid.

705 Vgl. Bloch, *Das Prinzip Hoffnung* 2, op. cit., S. 869.

706 Mitscherlich, *Die Unwirtlichkeit* . . ., op. cit., S. 123/4.

707 Ibid.

708 Adorno, *Funktionalismus heute,* op. cit., S. 109 f.

709 Ibid. S. 110.

710 Ibid. Vgl. Benjamins Aussagen in der *Einbahnstraße* (in: Benjamin, *Ges. Schriften,* Bd. IV, 1, Frankfurt/M., 1972, S. 146 ff.). Hat er sich in den *Geschichtsphilosophischen Thesen* dazu bekannt, daß das Subjekt historischer Erkenntnis »die kämpfende, unterdrückte Klasse selbst ist«, die »als die rächende Klasse [. . .] das Werk der Befreiung im Namen von Generationen Geschlagener zu Ende führt« (*Illuminationen,* S. 275), so erklärt er in *Theorien des deutschen Faschismus* auch, warum: Im Proletariat nämlich sieht Benjamin die »nüchternen Kinder, die an der Technik nicht einen Fetisch des Untergangs, sondern einen Schlüssel zum Glück besitzen« (*Ges. Schriften,* Bd. III, S. 250). Sowohl in der Existenz des Proletariats vor der Ära des Faschismus als auch in der Technik erkannte Benjamin Kräfte, die auf eine Überwindung der kapitalistischen Produktionsverhältnisse drängen. Daher verurteilte er auch den Versuch, »technisch bedingte Formen [. . .] zu Konstanten zu machen«, als »reaktionär« (*Zentralpark,* in: Benjamin, *Illuminationen,* S. 260).

711 Vgl. Karl Heinz Bohrer, *Die gefährdete Phantasie, oder Surrealismus und Terror,* München, 1970, S. 43 f.

712 Vgl. Benjamin, *Illuminationen,* op. cit., S. 404. Was Benjamin hier über Karl Kraus schreibt, läßt sich ebenso von Loos sagen.

713 Loos, op. cit., S. 277.

714 Als »Warner« davor haben Loos Hermann Bahr und Anna Bahr-Mildenburg gesehen: »Kinder greifen nach allem was glänzt, die Lust an Schmuck ist uns geboren, wir vergessen darüber leicht die Sache selbst: das Leben, das zu bestehen uns jeder Augenblick von neuem nötigt« (in: Richard Lanyi, *Adolf Loos zum 60. Geburtstag,* op. cit., S. 8).

715 Vgl. Loos, *Die Plumber* (17. Juli 1898), in: Loos, op. cit., S. 70 ff.

716 Ibid., S. 74. Ergänzend sei der Eindruck wiedergegeben, den das Badezimmer im »Englischen Haus« auf Hermann Muthesius hinterließ. »Ein solches modernes Badezimmer ist wie ein wissenschaftlicher Apparat, in welchem die geistvolle Technik Triumphe feiert und jede hereingetragene ›Kunst‹ nur störend wirken würde. Die rein aus dem Zweck entwickelte Form ist an sich so geistreich und vielsagend, daß sie ein ästhetisches Behagen hervorruft, das sich in nichts von dem künstlerischen Genuß unterscheidet. Hier haben wir eine wirklich neue Kunst [. . .], die auf tatsächlichen modernen Bedingungen und modernen Errungenschaften beruht« (Muthesius, *Das Englische Haus,* 1904, Bd. III, *Inneneinrichtung: Das Badezimmer.* Zitiert nach: Posener, *Anfänge des Funktionalismus,* op. cit., S. 149). Einen gegenteiligen Eindruck hatte Ernst Bloch von dieser »neuen Kunst«, als er 1918 in *Geist der Utopie,* gegen die Maschine gerichtet, klagte: »Sie verstand es [die Maschine], alles so leblos, technisch und untermenschlich im einzelnen zu machen, wie es die Straßen des Berliner Westens im ganzen sind. Ihr eigentliches Ziel ist das Badezimmer und Klosett, die fraglosesten und originalsten Leistungen dieser Zeit, genau so wie die Möbel im Rokoko und die Architektur in der Gotik die eingeborenen Kunstarten dieser Epoche darstellen. Hier regiert die Abwaschbarkeit, irgendwie fließt überall das Wasser von den Wänden herab, und der Zauber der modernen sanitären Anlagen mischt sich als das Apriori der Maschinenware unmerklich noch

in die entferntesten und kostbarsten Architekturgebilde dieser Zeit« (Bloch, *Geist der Utopie,* op. cit., S. 21).

717 Loos, ibid.

718 Vgl. Herbert Marcuse, *Triebstruktur und Gesellschaft,* op. cit., S. 60: »Die moralischen Prinzipien, die das Kind von den Personen übernimmt, die während der ersten Jahre seines Lebens für seine Erziehung verantwortlich sind, zeigen ›gewisse phylogenetische Reminiszenzen aus der Urgeschichte der Menschheit‹. Die Kultur ist noch immer durch ihre *archaische Erbschaft* bestimmt und diese Herrschaft ›umfaßt nicht nur Dispositionen, sondern auch Inhalte, Erinnerungsspuren an das Erleben früherer Generationen‹«. Diese »Erinnerungsspuren« sind im Denken von Loos wirksam, weshalb er sie zu verdrängen suchte. Doch darf man die darin enthaltene Intention, Spuren der Vergangenheit abzuschütteln, wie sie in den Ornamenten des 19. Jahrhunderts die Technik der Architektur überschatteten, nicht mit jener materialistischen Geschichtskonstruktion verwechseln, wie sie Marx und Engels 1848 im *Manifest der Kommunistischen Partei* entworfen haben: »In der bürgerlichen Gesellschaft herrscht also die Vergangenheit über die Gegenwart, in der kommunistischen die Gegenwart über die Vergangenheit« (*MEW,* Bd. 4, Berlin 1971, S. 476). Die Befreiung vom Mythos des Vergangenen ist bei Marx/Engels eine materialistische, in der im Befreiungskampf als dem Raum der Menschheit, wie es Benjamin ausgedrückt hat (vgl. *Illuminationen,* S. 405), der werdende Mensch Gestalt gewinnt. Loos dagegen sieht diesen Vorgang idealistisch als evolutionären Prozeß (vgl. Loos, op. cit., S. 406).

719 Vgl. Freud, *Das Unbewußte,* op. cit., *G. W.* XIV, S. 455.

720 »Die Phantasie spielt nicht nur eine wesentliche Rolle in den perversen Manifestationen der Sexualität, als künstlerische Vorstellungskraft verknüpft sie die Perversionen mit den Urbildern völliger Freiheit und Erfüllung. In einer verdrängenden Sozialordnung, die die Gleichsetzung von normal, gesellschaftlich nützlich und gut fordert, müssen die Manifestationen der Lust um ihrer selbst willen als ›Blumen des Bösen‹ erscheinen. In Herausforderung einer Gesellschaftsordnung, der die Sexualität als Mittel zu einem nützlichen Zweck dient, verteidigen die Perversionen die Sexualität als Zweck an sich; sie stellen sich damit außerhalb des Herrschaftsgebietes des Leistungsprinzips und bedrohen es in seinen Grundfesten. Sie stiften libidinöse Beziehungen, die die Gesellschaft verdammen muß, da sie eben den Zivilisationsprozeß bedrohen, der den Organismus zu einem Arbeitsinstrument umgebildet hat. Sie sind das Symbol dessen, was unterdrückt werden mußte, damit die Verdrängung siegen und die immer wirksamere Beherrschung von Mensch und Natur durchsetzen konnte – ein Symbol der zerstörerischen Identität von Freiheit und Glück« (Marcuse, *Triebstruktur und Gesellschaft,* op. cit., S. 54/5).

721 Vgl. Gorsen, *Das Bild Pygmalions,* op. cit., S. 191/2.

722 Loos, *Ornament und Erziehung,* in: Loos, op. cit., S. 393.

723 Vgl. Loos, *Ornament und Verbrechen,* in: Loos, op. cit., S. 283.

724 Vgl. Adorno, *Prismen,* op. cit., S. 96.

725 Loos beharrt nicht darauf, daß es nicht die Architekten, die Künstler waren, die »sadistisch« den Menschen ein Mehr an Arbeit aufnötigten. Im Gegensatz zu Loos hatte ein Kritiker wie Kracauer im Wesen des kapitalistischen Produktionsprozesses selbst die Gründe dafür erkannt, daß die Waren, die dieser »aus sich entläßt, [...] nicht eigentlich darum produziert [sind], daß sie besessen werden, sondern des Profits wegen, der sich grenzenlos will« (vgl. Kracauer, *Das Ornament der Masse,* op. cit., S. 53).

726 Loos, *Die Potemkinsche Stadt* (Juli 1898), in: Loos, op. cit., S. 155.

727 Vgl. Jürgen Kuczynski, *Die Geschichte der Lage der Arbeiter unter dem Kapitalismus*, Bd. 6, *Unter dem Faschismus*, Berlin 1964, S. 102 ff. Es fällt auf, daß nach 1933 in Deutschland die Konsumgüterindustrie für die Massen zugunsten der Rüstungsindustrie erheblich eingeschränkt wurde: »In einer Periode, in der die Produktion von Produktionsmitteln sich nahezu verdoppelte, wurde die Produktion von Verbrauchsgütern auf gleichbleibendem Niveau gehalten« (S. 103). Alfred Sohn-Rethel leitet aus der Situation der »nach privatkapitalistischen Maßstäben betrieben« und auf der »strukturellen Vollvergesellschaftung der Arbeit« aufbauenden Industrie zu Beginn der dreißiger Jahre einen *Produktionszwang* ab, der die einzelnen Werke nötigt zu produzieren, »unabhängig davon, ob eine Marktnachfrage nach ihren Erzeugnissen verlangt oder nicht«. Daraus entwickelt Sohn-Rethel die für die Warenproduktion im Faschismus charakteristische Form der Produktion sogenannter »nicht-reproduktiver« Werte, die als Verbrauchsgüter nicht unmittelbar in den alltäglichen Reproduktionsprozeß eingegliedert sind: »Wenn keine Nachfrage echter Art, d. h. nach reproduktiven Werten, vorhanden ist, so muß eine andere Nachfrage, also eine nach nicht-reproduktiven Werten, geschaffen werden, um die Werke in Bewegung zu setzen. Nicht-reproduktive Werte sind Produkte, die weder direkt noch indirekt in die Erhaltung und Erneuerung menschlicher Arbeitskraft oder materieller Produktionsmittel eingehen; dazu gehören in erster Linie Rüstungsgüter, in zweiter Linie Luxusgüter, in dritter Linie Verschwendung wie überwiegend in der modernen Raumfahrt« (A. Sohn-Rethel, *Ökonomie und Klassenstruktur des deutschen Faschismus*, op. cit., S. 50. Siehe auch die treffenden Überlegungen zu diesem Themenkomplex von Berthold Hinz, *Die Malerei im deutschen Faschismus*, München, 1974, S. 47 ff. und – speziell zur Architektur – S. 120 ff. Der »Sadismus«, jemandem »überflüssige arbeit« in Gestalt der Herstellung von Ornament aufzubürden, wird zur Farce angesichts einer Produktion, die darauf hinausläuft, »anstatt Flüsse zu kanalisieren« den »Menschenstrom in das Bett von Schützengräben zu lenken«, »anstatt Saaten aus ihren Aeroplanen zu streuen« Brandbomben über die Städte hinzustreuen (vgl. Benjamin, *Illuminationen*, S. 176).

728 Benjamin, *Illuminationen*, op. cit., S. 175/6.

729 Loos, op. cit., S. 393.

730 Ibid., S. 392.

731 Vgl. Kracauer, *Das Ornament der Masse*, op. cit., S. 50.

732 Ibid., S. 51.

733 Vgl. Kracauer, op. cit., S. 52.

734 Vgl. Fritz Giese, *Girlkultur. Vergleiche zwischen amerikanischem und europäischem Rhythmus und Lebensgefühl*, München 1925.

735 Ders., *Körperseele, Gedanken über persönliche Gestaltung*, München, o. J. Ein ähnliches Bekenntnis legen Theo van Doesburg und van Eesteren im *Kommentar zu Manifest V* der Künstlergruppe »De Stijl« 1922 ab. Auf der Suche nach einer »objektiven Methode«, einem »objektiven System«, in dem nach Maßgabe der aus Wirtschaft, Mathematik, Technik, Hygiene usw. abgeleiteten Gesetzmäßigkeiten die Gestaltung der Umwelt vonstatten gehen soll, sprechen sie von einem »neuen Geist, der schon fast das gesamte moderne Leben regiert« und »sich gegen animalische Spontaneität« und »gegen die Herrschaft der Natur« wendet. Ihr Hinweis, daß dieser Geist sich auch »gegen Schnörkel und übertiebene Kochkunst« richte, erinnert an Loos, der in *Ornament und Verbrechen* erklärt: »Der mann des zwanzigsten jahrhunderts kann seine bedürfnisse mit einem viel geringeren kapital decken und daher ersparnisse machen. Das gemüse, das ihm mundet, ist einfach in wasser gekocht und mit etwas butter übergossen. Dem anderen mann schmeckt es

erst dann gut, wenn honig und nüsse dabei sind und wenn ein mensch stundenlang daran gekocht hat« (Loos, op. cit., S. 281). Die Zitate von Doesburg/Eesteren stammen aus: Conrads, *Programme und Manifeste . . .*, op. cit., S. 63.

736 Vgl. unsere Darstellung oben, ebenso Loos, *Die Moderne Siedlung* (1926), in: Loos, op. cit., S. 402-428. Der erste Schreberverein – benannt nach dem Leipziger Arzt Daniel Schreber (1808-1861) – wurde 1864 in Leipzig gegründet. Die Entstehung des Schrebergartens war eng verknüpft mit der Entwicklung des Proletariats und darf als Versuch interpretiert werden, den in den Städten »entwurzelten« proletarischen Massen das Gefühl für »Grund und Boden« zurückzugeben. Über die damit verbundenen Tendenzen zur ›Verkleinbürgerlichung‹ des Proletariats siehe die Ausführungen von Friedrich Engels, *Zur Wohnungsfrage*, Leipzig, 1872, op. cit.,; auch Engels' Vorwort zur 2. Auflage der *Wohnungsfrage* aus dem Jahr 1887, op. cit.

Es handelt sich hier nur um einen von vielen widersprüchlichen Aspekten im Denken von Loos. Ähnlich widersprüchliche Aussagen machte Loos über die gesellschaftliche Stellung der *Frau* und ihre Beziehung zum Wesen des Ornaments. In einem Artikel, *Damenmode,* aus dem Jahr 1898 stellt Loos Vergleiche an zwischen dem Äußeren der Kleidung der Frau und ihrer gesellschaftlichen Rolle. Er hatte erkannt, daß sich in die schmückende Kleidung der Frau ein Maß an Sinnlichkeit eingeschlichen habe, das als zweifelhaftes Äquivalent zur ›Männerwelt‹ der Frau die Position zurückerobere, die sie in ihrer ökonomischen Abhängigkeit nicht besitze. So kommt er zu dem Schluß: »Das edle am weibe kennt nur die eine sehnsucht, sich neben dem großen, starken manne zu behaupten. Diese sehnsucht kann gegenwärtig nur erfüllt werden, wenn das weib die liebe des mannes erringt. Aber wir gehen einer neuen, größeren zeit entgegen. Nicht mehr die durch den appell an die sinnlichkeit, sondern die durch arbeit erworbene wirtschaftliche unabhängigkeit der frau wird eine gleichstellung mit dem manne hervorrufen«. Und er sieht die Zeiten kommen, in denen »wert und unwert der frau [. . .] nicht im wechsel der sinnlichkeiten fallen oder steigen [wird]. Dann wird die wirkung von samt und seide, blumen und bändern, federn und farben versagen. Sie werden verschwinden« (vgl. Loos, op. cit., S. 157-164, hier S. 163/4). In dem bereits erwähnten Aufsatz über *Ornament und Erziehung* aus dem Jahr 1924 treffen wir aber auf einen ganz anderen Loos. Nunmehr ist ihm die Frau zum Inbegriff einer in der Realität verdrängten Sinnlichkeit geworden. »Diesen mord am material kann nur die laune und ambition der frau verantworten – denn das ornament im dienste der frau wird ewig leben« (op. cit., S. 395). Mögen aus diesen Worten Resignation und Verbitterung darüber sprechen, daß die von ihm 1898 vorausgesagte weibliche Emanzipation nicht eingetreten ist, so sieht er jetzt das Ornament in Verbindung zur Frau doch ganz anders: »Das ornament der frau aber entspricht im grunde dem des wilden, es hat erotische bedeutung« (S. 396). Ist Loos ein noch so großer Feind des Jugendstils gewesen, so klingen an dieser Stelle doch Motive an, die an die »femme fatale« des Jugendstils, das »erotische Weibchen« als »biologisches Urwesen« erinnern. Es muß überraschen, wie sehr Loos gegenüber seinen früheren Äußerungen das Gesellschaftlich-Konkrete, »ob nun in der From des Bürgerlich-Salonhaften oder Proletarisch-Milieubedingten«, weitgehend vom Bild der Frau ablöst (vgl. allgemein: Jost Hermand, *Undinen-Zauber. Zum Frauenbild des Jugendstils,* in: *Jugendstil,* hrsg. v. J. Hermand, aus der Reihe ›Wege der Forschung‹, Bd, CX, Darmstadt, 1971, S. 469 ff.). Das erotische Ornament der Frau als das des primitiven Wilden, welches Loos ja für kulturell minderwertig und dem modernen Menschen nicht angemessen erachtet, entspricht ohne Zweifel den Bildern erotisch weiblicher

Sinnlichkeit eines Klimt oder Munch und nicht den unerotischen Tanzfigurationen der »Tillergirls«. An dieser Stelle bleibt Loos sichtlich dem Geist des ihm verhaßten 19. Jahrhunderts verbunden. Andererseits berührt er sich aufs engste mit Gedanken, wie sie Walter Riezler im Deutschen Werkbund anhand der Konstruktion des ›Entweder-Oder‹ technischer und primitiver Form 1924 entwickelte. Auch dort ist davon die Rede, daß die »Primitiven« unter den Gestaltern »fast alle Frauen« sind, wohingegen »die ausgezeichneten Beispiele für technische Form [. . .] von Männern her[rühren]«. (Riezler, *Die Form ohne Ornament,* op. cit., S. 21.)

737 Loos, *Der Tag der Siedler* (1921), in: Loos, op. cit., S. 381. In einem Aufsatz aus dem Jahr 1919 gibt Loos zu erkennen, weshalb die Zeit des Spiels nicht einfach freie Zeit sein darf und nutzbringend ausgefüllt werden sollte. Er will vermeiden, daß die Menschen in die Gefahr geraten, die im Arbeitsprozeß erfahrene Disziplinierung wieder eintauschen zu müssen gegen Formen der Freiheit, die in seinen Augen Unfreiheit bedeuten, da sie den Menschen unnötig in Konflikte stürzen. »Je freier aber die regierungsform ist, desto beschränkter ist der mensch in seinem tun und lassen. Und je freier die menschen leben, je weniger sie unter polizeiaufsicht leben wollen, um so mehr sind sie verpflichtet, eine polizeiliche kontrolle selbst auf ihre eigene person anzuwenden. [. . .] Unfreie völker haben ihre polizisten außerhalb, freie völker haben sie in sich. Jeder amerikaner ist sein eigener polizist, was er aber von sich selbst verlangt, verlangt er mit der größten strenge und rücksichtslosigkeit auch von seinen mitmenschen« (op. cit., S. 377).

738 Vgl. Sigmund Freud, *Das Unbehagen in der Kultur,* op. cit., S. 436.

739 Ibid.

740 Vgl. Benjamin, *Karl Kraus,* in: Benjamin, *Illuminationen,* op. cit., S. 381.

741 Vgl. Loos, op. cit., S. 397, wo er, erneut konservative Züge in seinem Denken bloßlegend, sich zum Ornament der Epoche der Klassik bekennt, da es »zucht in die formung unserer gebrauchsgegenstände« bringt, uns »züchtet«. In unzweideutiger Anspielung auf die mechanisierten Bewegungen und Gesetze des industriellen Arbeitsprozesses schreibt er: »Und es bringt ordnung in unser leben. Der mäander – das genaue zahnrad! Die rosette – die genaue zentrale bohrung, aber auch der richtig gespitzte bleistift!«

742 Loos, op. cit., S. 286 f. Loos spricht hier in einer Weise von der kulturellen Elite eines Volkes, die an Muthesius' 1903 entworfenes Bild von der im Entstehen begriffenen »Geistesaristokratie« erinnert (vgl. Muthesius, *Stilarchitektur und Baukunst,* op. cit., S. 80/1, zit oben). Neben die unerbittliche Strenge gegen sich und seinesgleichen tritt die tolerierende Überlegenheit des Wissenden gegenüber dem Unwissenden: »Den kaffer, der ornamente nach einem bestimmten rhythmus in die gewebe einwirkt [. . .], den perser, der seinen teppich knüpft, die slowakische bäuerin, die ihre spitze stickt, die alte dame, die wunderbare dinge in glasperlen und seide häkelt, die versteht er [i. e. der geistige Aristokrat – M. M.] sehr wohl. Der aristokrat läßt sie gewähren, er weiß, daß es ihre heiligen stunden sind, in denen sie arbeiten. Der revolutionär würde hingehen und sagen: ›es ist alles unsinn‹. Wie er auch das alte weiblein vom bildstock reißen würde und sagen würde: ›es gibt keinen gott‹. Der atheist unter den aristokraten aber lüfet seinen hut, wenn er bei einer kirche vorbeigeht« (ibid.).

743 Loos, op. cit., S. 278.

743 a Erwin Mitsch, *Egon Schiele 1890-1918,* München, 1975, S. 14.

744 Vgl. Loos, op. cit., S. 277.

745 Ibid., S. 315.

746 Vgl. die editorische Vorbemerkung zu Freuds *Der Dichter und das Phanta-*

sieren, in: ders., *Bildende Kunst und Literatur,* Fischer-Studienausgabe, Bd. X, Frankfurt/M., 1969, S. 170.

747 Ibid., S. 171.

748 Ibid., S. 171/2.

749 Ibid., S. 216: »Das Spielen des Kindes wurde von den Wünschen dirigiert, eigentlich von dem einen Wunsche, der das Kind erziehen hilft, vom Wunsche: groß und erwachsen zu sein. Es spielt immer ›groß sein‹, imitiert im Spiele, was ihm vom Leben der Großen bekannt geworden ist. Es hat nun keinen Grund, diesen Wunsch zu verbergen.«

750 Ibid., S. 215.

751 Vgl. Freud, *Vorlesungen . .,* op. cit., S. 387: »Die bekanntesten Produktionen der Phantasie sind die sogenannten ›Tagträume‹, [. . .] vorgestellte Befriedigungen ehrgeiziger, großsüchtiger, erotischer Wünsche, die um so üppiger gedeihen, je mehr die Wirklichkeit zur Bescheidung oder zur Geduldung mahnt. Das Wesen des Phantasieglücks, die Wiederherstellung der Unabhängigkeit der Lustgewinnung von der Zustimmung der Realität, zeigt sich in ihnen unverkennbar.«

752 Freud, *Der Dichter und . . .,* op. cit., S. 215/6.

753 Loos, op. cit., S. 392/3, und S. 278.

754 Freud, op. cit., S. 223.

755 Ibid., S. 216.

756 Vgl. Loos, op. cit., S. 288.

757 Vgl. Freud, *Das Unbehagen in der Kultur,* op. cit.,

758 Vgl. Benjamin, *Illuminationen,* op. cit., S. 194.

759 Freud, *Der Dichter und . . .,* op. cit., S. 216.

760 Loos, op. cit., S. 283. »Die menschen waren weit genug, daß das ornament ihnen keine lustgefühle mehr erzeugte, weit genug, daß ein tätowiertes antlitz nicht wie bei den papuas das ästhetische empfinden erhöhte, sondern es verminderte« (ibid., S. 278).

761 Ibid., S. 283.

762 Negt/Kluge machen darauf aufmerksam, daß die »Phantasiekraft in der Fließband- und Knochenarbeit [. . .] fast nur noch in der verinnerlichten Vorstellungskraft der Folgen – wirklicher oder eingebildeter –, Liebesverlust, Strafen, Isolierung usf. [besteht], die den Menschen treffen, wenn er dem Zwangsverhältnis einfach davonläuft; Phantasie verwandelt sich hier in Disziplin, ›Realismus‹, Apathie« (op. cit., S. 72/3).

763 Freud, op. cit., S. 217/8. Es hat ganz den Anschein, als benutze Loos die Erkenntnis, daß hinter dem Bewußtsein der Menschen das Unbewußte als der wirkliche Motor ihrer Handlungen steht und das Denken verschlüsselter Ausdruck der Triebe als Inhalt des Unbewußten ist, um das Unbewußte um so heftiger zu attackieren.

764 Ibid.

765 Vgl. H. Marcuse, *Konterrevolution und Revolte,* op. cit., S. 118.

766 Loos, op. cit., S. 283.

767 Ibid., S. 343.

768 Vgl. Adorno, *Ästhetische Theorie,* op. cit., S. 404.

769 Siehe unter meinem Aufsatz *Von der Ästhetisierung der Geschichte zur Ästhetisierung des Lebens,* op. cit.

770 Zu der in Aubrey Beardsleys grafischen Blättern enthaltenen Protesthaltung gegenüber der Bedrohung des Individuums schreibt Gert Mattenklott: »Der Exzeß der Künstlichkeit in diesem Bilde [gemeint ist Beardleys *The Mirror of Love*

– M. M.] protestiert doch gerade gegen die Funktionalisierung der Sexualität im Namen einer Auffassung vom Menschen, die ihn nicht ausschließlich durch seinen Wert im Produktionsprozeß definiert. Der Androgyn verneint die ökonomische Kategorie des Besitzes für den Bereich des Erotischen« (Mattenklott, *Bilderdienst. Ästhetische Opposition bei Beardsley und George,* München 1970, S. 119). Der Widerstand der Phantasie gegen das Realitätsprinzip spätviktorianischer Wirklichkeit, wie sie bei Beardsley mittels des realen Tagtraums im abgedunkelten Atelier verwirklicht wird, opponiert gegen eine Beschränkung der Libido, die den Einzelnen vor der kalten und nach gleichmäßigem Muster nüchtern geordneten Produktionsprozesses unterdrückt und ihn von der Anknüpfung an seine Gattung entfremdet. In den *Vorlesungen* heißt es bei Freud, daß die Sexualität »ja die einzige Funktion des lebendigen Organismus (sei), welche über das Individuum hinausgeht und seine Anknüpfung an die Gattung besorgt« (Freud, *Ges. Werke,* XI, op. cit., S. 428).

771 Diese hat Loos bereits 1903 in einem Aufsatz scharfsichtig charakterisiert. Von dem »heim« des Jugendstils sagt er da: »Möge nie der ernst des lebens an euch herantreten, daß ihr eurer geliehenen fetzen gewahr werdet! Unter dem ehernen schritte des schicksals erstirbt eure prahlerei, die sich den modenamen der ›angewandten künstler‹ brüstet. Heraus mit euren federn, ihr menschen- und seelenschilderer! Schildert einmal, wie sich geburt und tod, wie sich die schmerzensschreie eines verunglückten sohnes, das todesröcheln einer sterbenden mutter, die letzten gedanken einer tochter, die in den tod gehen will, in einem Olbrichschen schlafzimmer abspielen und ausnehmen« (op. cit., S. 240 f.).

772 Max Deri wußte in seiner 1905 gedruckten Dissertation über das *Rollwerk* (M. Deri, *Das Rollwerk,* op. cit.) sehr wohl (S. 75 ff.) bei einer Reihe von ihm zitierten Kritikern des »ausschweifenden«, »rohen« und »häßlichen« Charakters dieses Ornaments zu unterscheiden zwischen inhaltlich begründeter und einer auf Abwehr fußenden Kritik. So hält er Kritikern wie Dohme, Back oder Bezold (vgl. S. 75/6) vor, daß sie in ihrem ablehnenden Urteil aufgrund eigener Ängste gar nicht erst bis zur Bedeutung dieser Ornamente vordrängen: »So kam man auch beim Knorpelwerk [. . .] darauf, reale Objekte heranzuholen, deren Abbilder man in den Formen zu sehen glaubte. Diese Gegenstandsassoziationen führten aber nicht nur auf Ohrmuscheln, sondern recht häufig auch auf ›scheußliche und schreckliche‹, manchesmal sogar auf direkt ekelhafte Gebilde. Man glaubt im besonderen nicht allzuselten die Bilder der geöffneten Leibeshöhle mit ihren durcheinanderlaufenden und sich ineinander verfilzenden Linien der inneren Organe vor sich zu sehen. So werden Attribute wie ›wild, plump, sinnlos, wüst, quellen, quallig, breiartig, widrig, schrecklich und scheußlich‹ erst deutbar: sie treffen die Objekte, die wir assoziieren, nicht die Gefühle, die jene Vorgänger symbolisieren wollten« (S. 82/3).

773 Vgl. Hofmann, *Von der Nachahmung . .,* op. cit., S. 60.

774 Ibid.

775 Benjamin, *Illuminationen,* op. cit., S. 193.

776 Loos, op. cit., S. 314/5, wo es in vollem Wortlaut heißt: »Das haus hat allen zu gefallen. Zum unterschied vom kunstwerk, das niemandem zu gefallen hat. Das kunstwerk ist eine privatangelegenheit des künstlers. Das haus ist es nicht. Das kunstwerk wird in die welt gesetzt, ohne daß ein bedürfnis dafür vorhanden wäre. Das haus deckt ein bedürfnis. Das kunstwerk ist niemandem verantwortlich, das haus einem jeden. Das kunstwerk will die menschen aus ihrer bequemlichkeit reißen. Das haus hat der bequemlichkeit zu dienen. Das kunstwerk ist revolutionär, das haus konservativ. Das kunstwerk weist der menschheit neue wege und denkt an

die zukunft. Das haus denkt an die gegenwart. Der mensch liebt alles, was seiner bequemlichkeit dient. Er haßt alles, was ihn aus seiner gewonnenen und gesicherten position reißen will und belästigt. Und so liebt er das haus und haßt die kunst.«

777 Ibid.: »So hätte also das haus nichts mit kunst zu tun und wäre architektur nicht unter die künste einzureihen?«, fragt Loos im Anschluß an die Gegenüberstellung von Architektur und Kunst. Und er antwortet: »Es ist so. Nur ein ganz kleiner teil der architektur gehört der kunst an: das grabmal und das denkmal. Alles andere, alles, was einem zweck dient, ist aus dem reiche der kunst auszuschließen.«

778 Ibid. Ähnlich empfand Peter Behrens (1909). Gegen den, wie er sich ausdrückte, »Grundirrtum unserer Zeit« gewandt, zu denken, »die beiden Begriffe Kunst und Technik einander verschwistern oder den einen von dem andern ableiten zu können«, versucht er, die Autonomie der Kunst gegenüber der »Pseudoästhetik« des Ingenieurbaus zu retten: »Kunst ist erst Ergebnis einer *Kultur*epoche, das Ergebnis jener Arbeit, die über dem Leben steht, die frei schafft und von der Notdurft des Tages nicht berührt wird«. Kunst sei allein »eine Schöpfung inspirierter, starker Individualitäten [...] und die freie, durch materielle Bedingungen unbehinderte Erfüllung eines psychischen Dranges«. Doch dient die Unterscheidung von Kunst und Technik bei Behrens der Absicht, den Künstler-Architekten vom bloßen Techniker, dem Ingenieur abzuheben: das »künstlerische Schaffen« sei »ein Beruf für sich« und nicht jeder Ingenieur in der Lage, allen künstlerischen Erfordernissen zu genügen. Damit wendet sich die Argumentation von Behrens deutlich gegen Loos, wenn dieser die Kunst ablöst, um die Architektur von ihr ›befreit‹ zu wissen: Loos ist darin zweifellos der fortschrittlichere von beiden, wenngleich sie von demselben Kunsturteil ausgehen. Vgl. P. Behrens, *Kunst und Technik*, 1909, op. cit.

779 Freud, *Der Dichter und ...*, op. cit., S. 214.

780 Ibid.

781 Ibid.

782 Ibid., S. 223.

783 Freud, op. cit., sowie Freud, *Vorlesungen*, op. cit., S. 390/1.

784 Loos, op. cit., S. 287.

785 Loos war darin kein Einzelgänger. So finden wir bei Le Corbusier Äußerungen, die auf Loos zurückzuführen sind: »In einem Lande von hoher Kultur findet die Kunst ihre Ausdrucksmöglichkeiten im wirklichen Kunstwerk, das ganz auf sich selbst gestellt und von aller Zweckbestimmung frei ist: im Bild, im Buch, in der Musik. Jeder Äußerung des Menschen steht [...] ein Grad von Interesse zu, und dies vor allem auf ästhetischem Gebiet. Dieses Interesse ist sinnlicher und geistiger Ordnung. Dekor gehört zu den sinnlichen und primären Dingen, wie auch die Farbe, und so entspricht er einfachen Völkern, Bauern und Wilden. Harmonie und Proportion sprechen den Intellekt an, den kultivierten Menschen. Der Bauer liebt das Ornament und bemalt seine Wände. Der zivilisierte Mensch trägt englische Anzüge und besitzt Bücher und auf der Staffelei gemalte Bilder. Der Dekor ist der dem Bauern notwendige Luxus, und die Proportion ist der dem zivilisierten Menschen notwendige Luxus« (Le Corbusier, op. cit., S. 113/4). Ganz im Sinne von Adolf Loos versucht Le Corbusier, den Anspruch des Sinnlichen als einen gesellschaftlich rückständigen Anspruch zu diskriminieren. Nur war bei Loos die idealisierte Person des Bauern aufgrund seiner »natürlichen« Beziehung zum Haus noch ein gewisses Vorbild. Le Corbusier hingegen – und das kennzeichnet einmal mehr das im Grunde enge Verhältnis von Loos zum 19. Jahrhundert – bricht zu Beginn der zwanziger Jahre mit diesem ländlichen Vorbild. Den Gegensatz von Stadt und

Land, dessen Wirkung sich Loos nie hat entziehen können, entscheidet Le Corbusier ganz zugunsten der Stadt.

786 Ibid., S. 399 ff. und S. 443 f.

787 Ibid., S. 315.

788 Vgl. Adorno, *Arnold Schönberg* (1952), in: Adorno, *Prismen*, op. cit., S. 182. Zuvor spricht Adorno in einer Weise von Schönberg, die der Loosschen Konzeption nicht entspricht (und ihr wieder doch entspricht): »Bei Schönberg hört die Gemütlichkeit auf. Er kündigt einen Konformismus, der die Musik als Naturschutzpark infantiler Verhaltensweisen inmitten einer Gesellschaft beschlagnahmt, die längst erkannte, daß sie sich ertragen läßt nur, wenn sie ihren Gefangenen eine Quote kontrollierter Kinderglücks zukommen läßt. Er versündigt sich gegen die Zweiteilung des Lebens in Arbeit und Freizeit« (S. 181). Von Loos sagt Adorno, daß dessen Idee materialgerechter Konstruktion ein undialektischer Schönheitsbegriff korrespondiere, »der die autonome Kunst als Naturschutzpark einfriedet« (Adorno, *Funktionalismus heute*, op. cit., S. 108).

789 Loos, op. cit., S. 400 (Loos sagt dies im Zusammenhang mit Schönberg).

790 Ibid., S. 314/5.

791 Vgl. Freud, *Psychopathische Personen auf der Bühne* (1905-6), in: Freud, *Bildende Kunst und Literatur*, Studienausgabe Bd. X, op. cit., S. 163/4.

792 Vgl. Hofmann, *Von der Nachahmung . . .*, op. cit., S. 62.

793 Überfliegt man die Inhaltsübersicht von *Ins Leere gesprochen* und *Trotzdem*, so nimmt man zunächst überrascht zur Kenntnis, daß das Interesse dieses Architekten von der »herrenmode« bis zum »schuhmacher«, von der »wäsche« bis zu den »kurze[n] haare[n]« reicht.

794 Loos, op. cit., S. 274.

795 Gropius, *Architektur*, op. cit., S. 16. In einem früheren Aufsatz unterscheidet wohl auch Gropius zwischen der Technik als der »nüchternen Arbeit des rechnenden Verstandes« und dem Kunstwerk, »dem Produkt der Leidenschaft. Jenes die objektive Summe aus der Arbeit zahlloser Individuen; dieses darüber hinaus – auch ein einmaliges Resultat, ein in sich abgeschlossener, subjektiver Mikrokosmos, dessen Weltgeltung mit der Bedeutung seines Schöpfers wächst«. Doch hebt er im gleichen Atemzug im Gegensatz zu Loos hervor, daß das Kunstwerk »immer auch ein Produkt der Technik« sei und es »im geistigen wie im materiellen Sinne genau so zu ›funktionieren‹ [habe] wie das Erzeugnis des Ingenieurs, z. B. wie ein Flugzeug, dessen unerbittliche Bestimmung es ist, zu fliegen« (vgl. Gropius, *Wo berühren sich die Schaffensgebiete des Technikers und Künstlers?*, in: *Die Form*, Heft 6, 1. Jg., 1925/6, zitiert nach: *Die Form. Stimme des Deutschen Werkbundes 1925-1934*, op. cit., S. 293).

796 Loos, op. cit., S. 271. Versucht auch Sebastian Müller (op. cit., S. 23 f.), den Werkbund gegen die Loosschen Vorwürfe in Schutz zu nehmen, indem er Loos seinerseits vorhält, er reduziere den Funktionalismus auf einen reinen Utilitarismus und unterlaufe so die Problematik des Werkbundes, so muß er gleichwohl einräumen, daß der ›puristische Funktionalismus‹ von Loos den Werkbund in seinen Zielen ›überholt‹ habe.

797 Es liegt mir fern, in diesem Zusammenhang diese ehrlich gemeinten Bemühungen herabzusetzen, die vielfach z. B. die Lösung des Wohnungsbaus verknüpft sahen mit der partiellen Aufhebung des Privateigentums an Grund und Boden in den Städten. Doch ging man im Werkbund und ebenso lange Zeit im Bauhaus in der Frage der künstlerischen Bewältigung des Gegenwärtigen zu sehr von dem Auftrag des Intellektuellen, des Künstlers aus, ohne je die Veränderung, die man mittels

Architektur und Gestaltung von Gebrauchsgegenständen herbeisehnte, auf einer breiten Massenbasis in die Wege zu leiten. Man bemühte sich nicht um eine Analyse der unterschiedlichen Klasseninteressen, da man glaubte, mit einer ihrer Gestalt nach ›klassenlosen‹ Architektur die Gegensätze ausgleichen zu können. Man betrieb in der Architektur die Fortsetzung der »Revolution der Produktivkräfte«, ohne sich um eine entsprechende revolutionäre Veränderung der gesellschaftlichen Produktionsverhältnisse zu kümmern.

798 Vgl. Boris Arvatov, *Kunst und Organisation der Umwelt* (1926), in: Arvatov, *Kunst und Produktion,* op. cit., S. 58. Demgegenüber hebt Arvatov hervor: »Das Problem der künstlerischen Organisation der materiellen Umwelt ist ein Problem der Revolution in der Kunst, in der Produktion und in der Lebensweise. Das erste wird erreicht durch die ingenieurmäßige Umorientierung der Künstler, das zweite durch die Vergesellschaftung der Industrie, das dritte durch die wissenschaftliche Beherrschung der Lebensformen« (S. 64).

799 Vgl. Riezler, *Die Form ohne Ornament,* op. cit., S. 21.

800 Loos, op. cit., S. 213, wo Loos im Vorwort vermerkt: »Aus dreißigjährigem kampfe bin ich als sieger hervorgegangen: ich habe die menschheit vom überflüssigen ornament befreit. ›Ornament‹ war einmal das epitheton für ›schön‹. Heute ist es dank meiner lebensarbeit ein epitheton für ›minderwertig‹. Freilich, das echo, das zurücktönt, glaubt die stimme selbst zu sein. Das perfide buch ›die form ohne ornament‹, 1924 in Stuttgart erschienen, verschweigt meinen kampf und verfälscht ihn zugleich.«

801 Riezler, op. cit., S. 9.

802 Ibid. (Hervorhebung von mir – M. M.).

803 Ibid., S. 7.

804 Ibid. Bezogen auf den Expressionismus sagt Riezler: »Unser Leben ist künstlich, mechanisch, geworden. Die Seele erstickt in einem Wust von Wissen und Können. So kommt nun der Rückschlag: der Schrei nach der Natur, nach neuer, gesunder Lebensform, nach Verjüngung. Man gräbt nach neuen Quellen des Lebens. Alles Erdhafte, Primitive, Elementare gewinnt unerhörte Bedeutung: die Naturvölker und ihre Kunst, das Kind und seine Kunst, die elementare Rhythmik des Körpers im Tanz [vgl. den Ausdruckstanz, zu deren Vertretern u. a. Mary Wigman und Harald Kreutzberg gehörten – M. M.]. Und nun bekommt die Kunst [. . .] ein neues Gesicht: die primitive Form entsteht« (ibid.). Riezler sieht – was Loos vielleicht nicht wahrhaben wollte –, daß das mimetische Ausdrucksmoment des primitiven und wilden Ornaments in der Kunst sich weiterentwickelt hat, um dort der abstrakten, kristallischen Klarheit und Reinheit (Riezler) zu widerstreiten. Gegen Loos gewandt heißt es von der ›freien Kunst‹, daß sie »unter dem Fluch ihrer Freiheit« im Grunde leide (S. 11). Aus ihrer Autonomie erklärt sich denn auch für Riezler, daß in ihr die primitive Form vorherrschen könne. Anders dagegen ›Werkkunst‹ und Architektur, die ›dienen‹ müssen und mit der Technik ›verhängt‹ sind; das gebe »ihnen mehr Halt und Stabilität« (ibid.).

805 Ibid., S. 11.

806 Ibid. Dieses Bekenntnis zu notwendiger Kontrasterfahrung in der Alltagswelt, die Loos auf den Bereich »hoher Kunst« einengte, taucht überraschend (wenngleich sehr abgeschwächt) im selben Jahr auch bei Loos auf. In dem 1924 verfaßten Aufsatz *Ornament und Erziehung* ist er bereit, im Interesse »betriebspsychologischer« Erwägungen das Ornament als farbenfrohe Abwechslung zu akzeptieren: »Psychologisch genommen wäre das ornament eigentlich dazu da, um dem arbeiter die eintönigkeit seiner Arbeit zu erleichtern. Die frau, die acht stunden

täglich im ohrenbetäubenden fabrikslärm am webstuhl steht, empfindet es als freude, ja als erlösung, wenn von zeit zu zeit ein bunter faden einschlägt. Der bunte faden bedingt das ornament« (Loos, op. cit., S. 394/5).

807 Riezler, op. cit., S. 14.

808 Ibid. Es ist, als steuere Riezler jene schon verlorene »Mitte« an, von der Sedlmayr später schrieb, daß – wenn sie auch »leer« bleibe – wenigstens das Bewußtsein davon lebendig bleiben [müsse], daß in der verlorenen Mitte der *leergelassene Thron* für den vollkommenen Menschen, den Gottmenschen, steht« (Sedlmayr, *Verlust der Mitte*, op. cit., S. 248).

809 Diesen Vorwurf richtete Wilhelm Wagenfeld in einem Brief aus dem Jahr 1966 an den ›Deutschen Werkbund‹ insgesamt. Wagenfeld rechtfertigte darin seinen elf Jahre zuvor erfolgten Austritt aus dem Werkbund (vgl. *Werk und Zeit.* Hrsg. Deutscher Werkbund, Febr. 1974, 23. Jg., Heft 2, S. 5).

810 Siehe die Auseinandersetzungen um das 1910/11 entstandene »Haus am Michaelerplatz« (vgl. Abb. 49 a) von Loos in Wien. Loos, *Mein erstes haus* (1910), in: Loos. op. cit., S. 293 ff.; Münz/Künstler, op. cit., S. 9/10; Katalog *Jugend in Wien*, op. cit., S. 314/15.

811 Vgl. Benjamins Äußerungen u. a. in: *Die Wiederkehr des Flaneurs* (1929), *Angelus Novus*, op. cit., S. 416-421, insbes. S. 419; *Bücher, die lebendig geblieben sind* (1929), *Gesammelte Schriften*, Bd. III, op. cit., S. 170; *Kurze Schatten*, II (1933), *Gesammelte Schriften*, Bd. IV, 1, op. cit., S. 428; *Erfahrung und Armut* (1933), *Illuminationen*, op. cit., S. 313-318.

812 Vlg. ders., *Angelus Novus*, op. cit., S. 203.

813 Hamann, *Geschichte der Kunst*, op. cit., S. 889.

814 Vgl. Paul Schultze-Naumburg, *Das Gesicht des deutschen Hauses*, München, 1929, S. 122-157. Seine Polemik gegen die »neue Sachlichkeit im Bauen, wo (wie im Fall des Geschäftshauses) »nichts falsch zu machen ist, da es nur noch aus aneinandergereihten Spiegelscheiben und Reklamebändern besteht (S. 124), mündet in der Aufforderung, die »Lebensformen«, wie sie uns die Mittel der Technik in die Hand gegeben hätten, nun endlich zur »Lebenskunst« zu gestalten (S. 191). Wie dies Gestalten auszusehen hatte, beschreibt Schultze-Naumburg sechs Jahre später in seinem in Leipzig erschienenen Buch *Kunst aus Blut und Boden* (1934).

Es spricht für die Ambivalenz, das »Doppelgesicht« des funktionalen Bauens, daß die Faschisten das moderne Bauen, vor allem das des Bauhauses, das man 1933 auflöste, als kommunistisches Bauen denunzierte. Vgl. dazu Paul Renners Ausführungen *Die politische Hetze gegen das Neue Bauen* aus dem Jahr 1932 (zitiert nach A. Taut, *Architektur im Dritten Reich*, op. cit., S. 59-62). Renner erwähnt darin den Schweizer Architekten Alexander von Senger, 1936 ordentlicher Professor an der TH München, der in einem seiner Bücher gesagt hatte: »Le Corbusier ist der Großinquisitor, Loos der Hoch- und Großmeister des Neuen Bauens. Le Corbusier ist der betriebsame Vulgarisator der Doktrinen ... von Adolf Loos, der durch seinen Aufsatz ›Ornament und Verbrechen‹ die Magna Charta des Bau-Bolschewismus erließ« (61). In Albert Speers 1969 veröffentlichten *Erinnerungen* ist an einer Stelle, wo es um die Inneneinrichtung einer NS-Parteivilla geht, davon die Rede, daß man doch nicht ›Bauhaustapeten‹ habe nehmen können, da diese »kommunistische« Tapeten seien. (Vgl. Speer, *Erinnerungen*, Frankfurt/M.-Berlin-Wien, 1969, Taschenbuchausgabe 1974, S. 35).

815 *ABC-Beiträge zum Bauen*, 2. Serie, Basel 1927/8, Nr. 4, S. 1.

816 Vgl. Bloch, *Das Prinzip Hoffnung*, Bd. 2, op. cit., S. 862.

817 Hamann, op. cit., S. 889.

818 Vgl. die Angaben von Dieter Beisel (*Funktionierende Menschen*) und Gerhard Ullmann *(Der unsichtbare Fortschritt)* in: *Werk und Zeit*. Hrsg. Deutscher Werkbund, März 1974, 23. Jg., Heft 3, S. 1 ff.

819 Vgl. Naumann, *Wohnungsideale* (1904), in: Naumann, *Werke*, Bd. 6, op. cit., S. 219, wo es heißt: »Das Riesenhaus muß von amerikanischer Höhe sein, dafür aber nach allen Seiten den entsprechenden freien Raum um sich haben. In ihm gibt es selbstverständlich Zentralheizung, Fahrstuhl, Möglichkeit des Speisebezugs aus einer Zentralküche, Möglichkeit auf Leistung häuslicher Dienste zu abonnieren, Zeitungsraum, Musikraum zur geregelten Benutzung für Entgelt.« Naumann umreißt damit die Vorteile kollektiven Erlebens innerhalb eines derartig organisierten Hochhauses. Doch verstellt er das fortschrittliche Moment der technischen Möglichkeiten mit Verhältnissen, die dies begünstigen sollen, in ihrer Sozialstruktur bis heute aber solches Wohnen zu einem einzigartigen Luxusgut haben werden lassen: »Dieses große Haus darf nichts Genossenschaftliches haben, sondern jeder hat nur mit der Zentralverwaltung zu tun. Es wird ein Warenhaus für Einzelquartiere sein. Erst wenn die Sache privatwirtschaftlich erprobt ist, kann der Versuch mit der weit schwereren Form der Genossenschaftlichkeit gemacht werden. Keinesfalls gehört aber Genossenschaftlichkeit zum Wesen des neuen Hausbetriebes. Es ist nur nötig, daß einmal ein großangelegter Geschäftsmann sich mit allen seinen Sinnen und Denken auf die großstädtische Wohnungsfrage lenkt und daß die Baupolizei ihm etwas Spielraum für einen freien neuen Versuch gewährt.«

820 Naumann, *Das neue Geschäftshaus* (1905), in: op. cit., S. 72/4, hier S. 74.

821 Ibid., vgl. auch gleichlautende Ausführungen zu diesem Thema bei Alfred Wiener, *Das Warenhaus*, in: *Jahrbuch des Deutschen Werkbundes*, 1913, Jena, S. 43-54. Von der Inneneinrichtung des Warenhauses heißt es, sie solle »nur den Rahmen bilden für die ausgestellten Gegenstände, den ruhigen neutralen Hintergrund, von dem sich die Waren so vorteilhafter abheben«. Der Charakter des Warenhauses als »Nutzbau« dürfe weder im Grundriß noch in der Außen- und Innenarchitektur verleugnet werden (S. 49 bzw. 52).

822 Lukács, *Ästhetik*, op. cit., S. 453/4. »Man erhält [. . .] ein außerordentlich ähnliches Bild, wenn man die spätere leidenschaftliche Gegenbewegung auf [den] Eklektizismus in der Architektur vom prinzipiellen Standpunkt betrachtet. So berechtigt jede Kritik der Architektur seit etwa der Mitte des 19. Jahrhunderts gewesen sein mag, sie vermochte nicht bis zum Kern, bis zum Verfall des sozialen Auftrags infolge des menschlichen Daseins im Kapitalismus vorzudringen. Das war schon darum unmöglich, weil das Überbordwerfen des historisierenden Eklektizismus weitgehend vom Standort eines ›reinen‹ Kapitalismus, der in der vorkapitalistischen Vergangenheit keine ideologische Stütze mehr suchen mußte, seinen Anlauf nahm. Natürlich spielten bei den einzelnen Strömungen der neuen Architektur unmittelbar verschiedene Motive eine ausschlaggebende Rolle. Entscheidend bleibt aber, daß beim Zergehen des sozialen Auftrags die fundamentale Aufgabe, einen Raum für den Menschen zu schaffen vermittels der Umsetzung der konstruktiven Potenzen des Bauens in Visualität – mit anderen Begründungen – ebenso abgelehnt oder umgangen werden mußte, wie im verachteten, kommerziell-protzigen Akademismus. So steht hinter dem radikalen Aufräumen mit allen Traditionen, hinter dem Appell an eine ›reine‹ Architektur ebenso der Geist eines ›Konformismus‹ wie in der Zeit der Eklektik, nur dem sozialen Wandel entsprechend mit anderen Inhalten und anderen Formen. Es konnte auch nicht anders kommen, denn das bejahende Prinzip gehört eben . . . zum Wesen der Architektur. Indem die Architektur dieser Periode einen dem Wesen nach unmenschlichen Kapitalismus zu bejahen gezwungen war, mußte

das unmenschliche Prinzip zur Grundlage ihrer Raumkonzeption, besser gesagt, zur Grundlage ihrer architektonischen Vernichtung des ästhetisch-architektonischen Raumes dienen, zu seinem Ersatz durch einen rein desanthromorphisierenden.«

823 Vgl. W. Benjamin, Einleitung zu Carl Gustav Jochmanns *Rückschritten der Poesie* (1939), in: *Angelus Novus,* op. cit., S. 361.

824 Ibid.

825 Benjamin, *Geschichtsphilosophische Thesen,* in: *Illuminationen,* op. cit., S. 271.

826 Benjamin, *Erfahrung und Armut* (zuerst erschienen in: *Die Welt im Wort,* Prag, 7. 12. 1933, Jg. 1, Nr. 10), in: *Illuminationen,* op. cit., S. 313-318.

827 Siehe die Formulierung bei Ludwig Mies van der Rohe. Sie taucht in seinen 1923 verfaßten Thesen zu einem Entwurf für ein Bürogebäude aus Stahlbeton auf. (Zitiert nach: Conrads, *Programme und . . .,* op. cit., S. 70).

827 a Benjamin, *Erfahrung und Armut,* op. cit., S. 313.

827 b Benjamin unterstreicht, daß man die *Erfahrungsarmut* nicht so verstehen dürfe, »als ob die Menschen sich nach neuer Erfahrung sehnten. Nein, sie sehnen sich von Erfahrungen freizukommen, sie sehnen sich nach einer Umwelt, in der sie ihre Armut, die äußere und schließlich auch die innere, so rein und deutlich zur Geltung bringen können, daß etwas Anständiges dabei herauskommt« (Ibid., S. 317).

827 c Vgl. ders., *Paris, die Hauptstadt des XIX. Jahrhunderts,* op. cit., S. 194, wo es heißt: »Das Interieur ist die Zufluchtsstätte der Kunst. Der Sammler ist der wahre Insasse des Interieurs. Er macht die Verklärung der Dinge zu seiner Sache. Ihm fällt die Sisyphosaufgabe zu, durch seinen Besitz an den Dingen den Warencharakter von ihnen abzustreifen. Aber er verleiht ihnen nur den Liebhaberwert statt des Gebrauchswerts. Der Sammler träumt sich nicht nur in eine ferne oder vergangene Welt, sondern zugleich in eine bessere, in der zwar die Menschen ebensowenig mit dem versehen sind, was sie brauchen, wie in der alltäglichen, aber die Dinge von der Fron frei sind, nützlich zu sein.«

828 Benjamin, *Einbahnstraße,* in: *Ges. Schriften,* Bd. IV, 1, Frankfurt/M., 1972, S. 89: »Die Anordnung der Möbel ist zugleich der Lageplan der tödlichen Fallen und die Zimmerflucht schreibt dem Opfer die Fluchtbahn vor. [. . .] Das bürgerliche Interieur der sechziger bis neunziger Jahre mit seinen riesigen, von Schnitzereien überquollenen Büfetts, den sonnenlosen Ecken, wo die Palme steht, dem Erker, den die Balustrade verschanzt und den langen Korridoren mit der singenden Gasflamme wird adäquat allein der Leiche zur Behausung« (S. 88/9).

829 Benjamin, *Geschichtsphilosophische Thesen,* op. cit., S. 271/2.

830 Benjamin, *Erfahrung und Armut,* op. cit., S. 314.

831 Ibid., S. 318.

832 Ders., Karl Kraus, (1931), op. cit., S. 407.

833 Ibid.

834 Ders., *Erfahrung und Armut,* op. cit., S. 314.

835 Vgl. Bertolt Brecht, *Die Essays von Georg Lukács,* in: Ders., *Gesammelte Werke* 19, op. cit., S. 298.

836 Benjamin, op. cit., S. 314.

837 Ibid., S. 314/5.

838 Ders., *Der destruktive Charakter,* (FZ 20. 11. 1931), in: *Illuminationen,* op. cit., S. 310-312.

839 Loos, *Die moderne Siedlung,* op. cit., S. 403.

840 Ibid., S. 316.

840 a Sergej Tretjakov, *Der Schriftsteller und das sozialistische Dorf* (Vortrag, gehalten in Berlin am 21. 1. 1931 in der Gesellschaft der Freunde des Neuen Rußland), in: ders., *Die Arbeit des Schriftstellers,* hrsg. v. Heiner Boehncke, Reinbek bei Hamburg, 1972, S. 121.

840 b Benjamin, ibid.

841 Vgl. Bertolt Brecht, *Keine Monumente mehr,* (etwa 1926), in: ders., *Gesammelte Werke* 20, Frankfurt/M., 1967, S. 24.

841 a Siehe dazu Schwabs monatlich in der Zeitschrift *Die Form* unter dem Titel *Baupolitik und Bauwirtschaft* erschienenen Ausführungen.

842 Vgl. Alexander Schwab, *Das Buch vom Bauen,* op. cit., S. 153. Interessant sind auch in diesem Zusammenhang die Äußerungen von Adolf Behne, die dieser unter dem Titel *Form und Klassenkampf* 1931 in *Sozialistische Monatshefte* (Bd. 73, 37, 2, S. 362-5) veröffentlichte. In gewisser Nähe zu Benjamin schreibt Behne, daß man den »Formenreichtum der Ahnen« zusammen sehen muß »mit dem Schweiß und der Hetze ihrer Diener, Mägde, Burschen, ihres Personals« (363). Form selbst sei immer mit einem Arbeitsaufwand verknüpft gewesen, der von den Herrschenden der unterdrückten Klasse aufgezwungen wurde. Nun haben wir derartige Aussagen ja schon bei Loos gefunden. Doch spricht es für die zugespitzte politische Situation zu Beginn der 30er Jahre, daß Behne nicht allein von der mehr oder weniger personengebundenen Unterdrückung spricht, sondern jetzt von sich gegenüberstehenden Klassen ausgeht. Und wie Schwab behandelt Behne die »innere Folgerichtigkeit« des *Zweckes* als die eigentlich wesensmäßige Sache der Masse, der – wenn auch recht vereinfacht – die Form als »das Interesse des Herrschenden« gegenübersteht (364).

843 Vgl. Benjamin, *Das Kunstwerk im Zeitalter seiner technischen Reproduzierbarkeit* (1936), in: *Illuminationen,* op. cit., S. 172.

844 Ders. *Paris, die Hauptstadt des XIX. Jahrhunderts,* in: *Illuminationen,* op. cit., S. 185/6.

845 Vgl. zum ökonomischen Gesichtspunkt dieses Vorgangs ergänzend Otto Wiedtfeld, *Statistische Studien zur Entwicklungsgeschichte der Berliner Industrie 1720-1890,* Leipzig 1898, S. 85.

846 Vgl. Lethen, *Neue Sachlichkeit,* op. cit., S. 104 f.

847 Vgl. Hamann, *Geschichte der Kunst,* op. cit., S. 891/2.

848 Vgl. Riezler, *Die Form ohne Ornament,* op. cit., S. 12.

849 Benjamin, *Erfahrung und Armut,* op. cit., S. 318.

850 Vgl. Brecht, *Die Essays von Georg Lukács,* in: ders., *Gesammelte Werke* 19, op. cit., S. 289.

851 Riezler, op. cit., S. 22. – Vgl. auch Benjamin, *Der Autor als Produzent,* op. cit., S. 108/9.

852 Vgl. Benjamin, *Gesammelte Schriften,* Bd. III, op. cit., S. 250.

853 Ders., *Erfahrung und Armut* (1933), op. cit., S. 315.

854 Ibid.

855 Ibid. – Vgl. auch Kracauer, *Ornament der Masse,* op. cit., S. 59.

856 Benjamin, *Illuminationen,* op. cit., S. 148. – Vgl. auch ders., *Pariser Briefe...,* in: *Angelus Novus,* op. cit., S. 510/11.

857 Ibid., S. 156. Erst die technische Reproduzierbarkeit des Kunstwerks habe dieses »zum erstenmal in der Weltgeschichte von seinem parasitären Dasein am Ritual« emanzipiert.

858 Die aus diesem Versuch abzuleitenden Thesen sollten, was ihren »Kampfwert« betrifft, nicht unterschätzt werden: »Sie setzen eine Anzahl überkommener

Begriffe – wie Schöpfertum und Genialität, Ewigkeitswert und Geheimnis – beiseite, Begriffe, deren unkontrollierte (und augenscheinlich schwer kontrollierbare) Anwendung zur Verarbeitung des Tatsachenmaterials in faschistischem Sinn führt. Die im folgenden neu in die Kunsttheorie eingeführten Begriffe unterscheiden sich von geläufigeren dadurch, daß sie für die Zwecke des Faschismus vollkommen unbrauchbar sind. Dagegen sind sie zur Formulierung revolutionärer Forderungen in der Kunstpolitik brauchbar« (ibid., S. 149).

859 Ibid., S. 148.

860 Ibid., S. 149.

861 Vgl. Rolf Tiedemann, *Studien zur Philosophie Walter Benjamins,* (1965), Frankfurt/M., 1973, S. 111.

862 Vgl. Adorno, *Dissonanzen,* in: *Ges. Schriften* 14, op. cit., S. 47.

863 Benjamin, *Illuminationen,* op. cit., S. 260.

864 Ibid., S. 151.

865 Ibid., S. 152: »Die Reproduktionstechnik [. . .] löst das Reproduzierte aus dem Bereich der Tradition ab. Indem sie die Reproduktion vervielfältigt, setzt sie an die Stelle seines einmaligen Vorkommens sein massenweises« (S. 152/3).

866 Ibid., S. 156.

867 Ibid., S. 171.

868 In dem 1934 in der *Zeitschrift für Sozialforschung* erschienenen Aufsatz *Zum gegenwärtigen gesellschaftlichen Standort des französischen Schriftstellers* (vgl. Benjamin, *Angelus Novus,* op. cit., S. 264-291) sagt Benjamin am Schluß, daß »der Weg des Intellektuellen zur radikalen Kritik der gesellschaftlichen Ordnung [. . .] der weiteste (ist) wie der des Proletariers der kürzeste« (291).

869 Ders., *Über einige Motive bei Baudelaire,* in: *Illuminationen,* op. cit., S. 202.

870 Ders., *Illuminationen,* op. cit., S. 168.

871 Ibid., S. 221.

872 Ibid.

873 Ibid., S. 172.

874 Ibid., S. 174. Der Schock reduziert sich jedoch in der Architektur (wie ihn Loos noch verursachte, vgl. die Auseinandersetzungen um den ›Michaelerplatz‹) durchs beiläufige Bemerken. Es will scheinen, als wiederhole sich der Schock in der funktionalen Architektur nicht andauernd. Er hat in der Architektur eine historische Funktion: er ist historisch bestimmbar als schockhaft erlebter Verlust der bürgerlichen Autonomie in der Architektur.

875 Ibid., S. 173.

876 Ibid.

877 Ibid., S. 174.

878 Ibid., S. 173.

879 Benjamin, *Der Autor als Produzent,* op. cit., S. 110.

880 Ders., *Illuminationen,* op. cit., S. 193 f.

881 Ders., *Gesammelte Schriften,* Bd. IV, 1. Frankfurt/M., 1972, (Moskau), S. 327.

882 Ders., *Illuminationen,* op. cit., S. 194.

883 Ibid., S. 316; vgl. auch ders., *Gesammelte Schriften,* Bd. IV, 1. op. cit., S. 427/8.

883 a Ders., *Angelus Novus,* op. cit., S. 304.

884 Ibid. Adolf Behne hatte 1921 hervorgehoben: »Eine große Bedeutung für die Befreiung der Baukunst von allen traditionellen Formen und vom Ornamentunfug, ja, darüber hinaus für die positive, neue Form spricht Oud der modernen Technik

zu und den neuen Materialien: Glas, Eisen und Beton« (zitiert nach: Bruno Taut, *Frühlicht 1920-1922*, op. cit., S. 128).

885 Ibid., S. 382.

886 Ibid., S. 317.

887 Vgl. Paul Scheerbart, *Glasutopien* (1914), München, 1971, S. 25. Scheerbart war aber ein Gegner des »ornamentlosen, sogenannten ›Sachstils‹«, den er »in der hitzigsten Weise« bekämpfen möchte, »da er unkünstlerisch« sei. Doch erschien ihm der »Sachstil« als »Übergangsperiode [...] wohl akzeptabel, da er ja »der Nachahmung der älteren Stile den Garaus gemacht« hatte (S. 37).

888 Auch Lissitzky wollte – auf die haptischen Qualitäten der Materialien anspielend – »die Reinheit des Beton, die Glätte des Metalls und das Spiegeln des Glases zur Haut des neuen Lebens« machen (Sophie Lissitzky-Küppers, *El Lissitzky*, Dresden, 1967, S. 371).

889 Oskar Negt und Alexander Kluge sehen eine derartige Rezeptionsweise ermöglicht in Tatlins Projekt für ein Denkmal der Dritten Internationale (1919-1920, vgl. René Fülöp-Miller, *Geist und Gesicht des Bolschewismus*, Wien 1926, S. 140). Es handelt sich bei diesem nie ausgeführten Projekt (vorgesehene Höhe: 390 m) um drei übereinander geschichtete Raumtrommeln aus Glas und Stahl, in denen legislative, administrative und »sonstige exekutive Organe« der Internationale tagen sollten. Der obere Teil des Gebäudes sollte den Zwecken der Information und Propaganda vorbehalten sein. Negt/Kluge schreiben dazu: »Der Entwurf Tatlins überträgt Begriffsmuster des Marxismus auf architektonische und technische Möglichkeiten – Materialität, Öffentlichkeit, komplexe Bewegung, Spiralform als Symbol für die Annäherung von Partei und Massen usf. Ein Bild von dem, was kulturrevolutionär der Bewegung, zu der Tatlin zählte, zugrunde lag, kann man sich nicht aus diesem Projekt allein machen. Man muß sich vorzustellen versuchen, was es für das Bewußtsein von Massen bedeutet, wenn sie zahlreiche Werke wie dieses als gewohnte Öffentlichkeit aufgenommen haben. Erst dort, auf der Ebene der weiterführenden Einfälle der Massen, provozieren Werke wie dieses neuartige Differenzierungsstufen der Geschichtsöffentlichkeit. Man muß sich vorstellen, daß Monumente wie dieses die Massenloyalität binden könnten« (Negt/Kluge, op. cit., S. 452).

890 Benjamin äußert sich diesbezüglich über die »konkreten Lebenserscheinungen« in Moskau in einem Schreiben vom 5. 6. 1927 an Hugo von Hofmannsthal. Zitiert nach den *Anmerkungen* zu Benjamins Aufsatz *Moskau* in: ders., *Gesammelte Schriften*, Band IV, 2, Frankfurt/M., 1972, S. 989. Der Aufsatz *Moskau*, zuerst erschienen in *Die Kreatur* 2 (1927), findet sich in: *Gesammelte Schriften*, Band IV, 1, Frankfurt/M., 1972, S. 316-348.

891 Ders., *Die Wiederkehr des Flaneurs*, in: *Angelus Novus*, op. cit., S. 416-421.

892 Ibid., S. 418.

893 Ibid.

893 a Tatsächlich verschließt sich aber der funktionale Bau in entsprechenden Siedlungen vor der Straße. Die von Tafuri beschriebene Sozialstruktur innerstädtischer Bereiche gegenüber Wohnsiedlungen am Rande der Metropolen machte die Straße eher überflüssig (Vgl. Tafuri, *Sozialdemokratie und Stadt in der Weimarer Republik*, 1923-1933, in: *Werk*, op. cit.). Wie im Falle von Tauts »roter Mauer« an der Fritz-Reuter-Allee in der Berliner Großsiedlung Britz zeigt sich die Straßenfront gegenüber der Straße als Handlungsraum indifferent, ja feindlich-abweisend. Die eigentlichen Handlungen verlagern sich in den Siedlungen »nach hinten«, in den Garten, ins Grüne, wo meist nachbarschaftlicher sozialer Friede herrscht. In der

eigentlichen Stadt verwandeln sich die Straßen zu hektischen Bewegungsräumen, die man mit präformierten Erwartungen (Weg zum Büro, der Einkauf u. a. m.) betritt und verläßt. Ein solches Bild von Straße veranlaßt W. Dexel, einen Verfechter funktionalen Bauens, in seinem Buch *Das Wohnhaus von heute* (Leipzig, 1928, S. 62) zu der Empfehlung: »Für die Zukunft gibt es nur eins, vor der Straße zu fliehen, und wo dies nicht angängig, sich gegen sie zu verbarrikadieren so gut es geht.«

894 Brecht, *Über die Verbindung der Lyrik mit der Architektur,* in: Brecht, *Ges. Werke* 19, op. cit., S. 387.

895 Wladimir Majakowski, *Tagesbefehl an die Kunstarmee* (1918), zitiert aus: *Oktober-Land. Russische Lyrik der Revolution,* hrsg. v. E. Mirowa-Florin u. L. Kossuth, Berlin, 1967, S. 72 f.

896 Brecht, op. cit., S. 388. Peter Cohen sieht in den großen Schriftwänden, die teilweise die Architektur Chinas, vor allem z. Zt. der Kulturrevolution prägten, einen vergleichbaren informativ solidarisierenden Sinn: »Die Sprache auf Anschlageflächen in der chinesischen Straße ist eine fortwährende Begegnung mit Aufklärung und Einsichten in die tägliche Problematik. Hierin liegt der größte Unterschied zwischen der chinesischen Propaganda und der ausgesprochen westlichen Straßensprache: der Reklame. Die Straßentexte liefern auch oft den Stoff für eine der vielen Besprechungen, die die Chinesen in Fabriken, Büros und Bauernhöfen führen. So ist die Straße im wahren Sinn politisches Gelände« (P. Cohen, *Die chinesische Straße als politisches Phänomen,* in: *Die Straße. Form des Zusammenlebens.* Katalog einer holländischen Ausstellung, Düsseldorf, 1973, S. 41/2).

897 Lissitzky, op. cit., S. 14. Die Bewegung des Individuums in der Masse durch die Großstadt, seine in Bewegung erfahrenen Sinneseindrücke verwandeln den distanzierten Flaneur in ein von bürgerlicher Subjektivität abgehobenen kollektiven Stadtbewohner. An die Stelle der das schockhafte Erleben der großstädtischen Sinneseindrücke nicht standhaltenden Ornamentik treten nunmehr die Bildeindrükke der *Reklame,* zu deren Träger in der Stadt die Bauten geworden sind (vgl. Benjamin, *Ges. Schriften,* Bd. I, 3, Frankfurt/M. 1974, S. 1043). Die Anteilnahme, die darin – Umschlag von Qualität in Quantität – »zunächst in verrufener Gestalt in Erscheinung tritt« (ibid.), sollte aber nicht abschrecken. Benjamin glaubte, daß die sich »auf nahezu allen Gebieten bemerkbar« machende beiläufige Wahrnehmungsform in der Reklame »einen ihrer wichtigsten Agenten« gefunden hat: »Von der Werbegraphik über das Inserat zur Rundfunkpublizität kann man die wachsende Amalgamierung wichtiger Elemente der Kunst mit den Interessen des Kapitals verfolgen. Daß es sich dabei keineswegs nur um einen bloßen Zersetzungsprozeß handelt, versteht sich [. . .] von selbst. In der Reklame, welche sich an die Masse der zerstreuten Einzelnen wendet, macht die Kunst die merkantile Probe auf ein Exempel, auf das sie mit der Revolution des Proletariats die menschliche Machen wird: das Exempel ihrer Rezeption durch die Massen« (ibid., S. 1043/4). Tatsächlich wird das Ornament, rezipiert im Erlebnis, zu Beginn dieses Jahrhunderts in der Architektur von der Reklame verdrängt. Arthur Korn notiert 1926: »Wenn man durch die Hauptstraßen einer Großstadt geht so sieht man, in welch außerordentlichem Maße die Schrift- und Leuchtreklame sich entwickelt und ausbreitet. Die Hausflächen sind mit einem Reklamenetz fast ganz überzogen« (A. Korn, *Neuzeitliche Straßenreklame,* in: *Die Form,* Sept. 1926, Heft 12, Jg. 1, S. 278/9). Und Korn weist nach, daß man schon zum damaligen Zeitpunkt ornamental gegliederte Hausfassaden veränderte, um eine entsprechend neutrale Untergrundfläche zu erhalten. Man müsse »die gesamte Wandfläche der Straße, die nach Abzug der Fensterlöcher übrigbleibt, als geschlossene einheitliche Untergrundfläche der Re-

klame zur Verfügung stellen« (ibid., S. 278). Es entstehen so fortlaufende Bildbänder, die sich dabei noch durch den schockhaften Wechsel des Hell-Dunkel in der nächtlichen bzw. abendlichen Beleuchtung einprägen. Mit der Dunkelheit schweigen die alten Ornamente oder tauchen vereinzelt noch im Gaslicht verschwommen auf. Die Reklame (insbesondere die Leuchtreklame) macht die Nacht zu einem Wechsel schockhafter Wahrnehmungsfolgen: es will dabei mitunter scheinen, als *werde* die Architektur erst jetzt, als wache sie auf. Benjamin hat sicherlich die organisierende Funktion der Reklame an der Architektur überschätzt. Was er aber treffend herausstellt, ist die sich auch in der Reklame des Kapitals ankündende veränderte Wahrnehmung durch Architektur. Bleibt die Architektur hier noch bloßer Hintergrund (»neutrale Untergrundfläche«, Korn) für eine der Warenästhetik entstammende und willkürlich angebrachte Schrift- und Bildwelt, so wird – aufgrund des geänderten Funktionszusammenhangs – die Schrift in der sozialistischen Architektur in die ästhetische Raumdimension integriert. Wie das Gebäude der Gebrüder Vesnin zeigt, verändert der neue Funktionszusammenhang auch die ästhetische Gesamtstruktur.

898 Benjamin, *Die Wiederkehr . . .*, op. cit.

899 Ibid., S. 419.

900 Ibid.; vgl. auch Benjamins Äußerungen in dem 1937 erschienenen Aufsatz *Eduard Fuchs, der Sammler und der Historiker* (zitiert nach Benjamin, *Angelus Novus*, op. cit., S. 302-343). Benjamin fragt darin, ob die *Gemütlichkeit*, der sich das Bürgertum des 19. Jahrhunderts (auch in der Geborgenheit und Gewohnheit seiner Interieurs) freute, »nicht aus dem dumpfen Behagen stammt, niemals erfahren zu müssen, wie sich die Produktivkräfte unter seinen Händen entwickeln mußten. Diese Erfahrung blieb denn auch wirklich dem Jahrhundert, das folgte, überlassen« (S. 310). In der Transparenz der Räume aber scheint diese Erfahrung wirksam geworden zu sein, da sie den Blick wendet auf die Möglichkeiten der Produktivkraftentwicklung.

901 Ders., *Illuminationen*, S. 174.

902 Ibid.

903 Benjamin, *Bücher, die lebendig geblieben sind*, zitiert nach Benjamin, *Ges. Schriften*, Bd. III, op. cit., S. 170.

904 Vgl. Benjamin, *Gesammelte Schriften*, Bd. VI, 1, op. cit., S. 327.

905 Ibid.

906 Ders., *Illuminationen*, op. cit., S. 165. Vgl. auch ders., *Der Autor als Produzent*, op. cit., S. 101, und in: *Pariser Briefe* (*Angelus Novus*, op. cit., S. 514/5).

907 Ders., *Ges. Schriften*, Bd. IV, 1, op. cit., S. 328. In diesem Sinn schreibt der russische Architekt M. S. Ginsburg über die »Zeitgenössische Architektur in Rußland« 1928 (zitiert nach El Lissitzky, op. cit., S. 135/9: »Ein Umstand, der die Arbeit des modernen Architekten in Rußland ganz besonders fördernd wird, ist das Auftreten einer neuen Gruppe von Auftraggebern: das ist die Masse der Arbeiter, die frei von geschmacklichen Vorurteilen und an keine Tradition gebunden sind, wie sie das Denken des Kleinbürgertums so ausschlaggebend beherrscht. Die Millionen der Arbeiter sind, schon infolge ihrer wirtschaftlichen Lage, kein Freund von Nippessachen, ornamentalen Schnörkeln und Heiligenbildern, jener tausend Nutzlosigkeiten, die die bürgerliche Wohnung füllen. Diese Arbeitermillionen sind ohne Zweifel Anhänger der modernen Architektur. Ihr Verzicht auf persönliche Wünsche, die einheitlicher Planung Abbruch tun, erleichtert den Übergang zum konstruktiven Bauen.« (S. 137) Ein Jahr später muß Ginzburg aber bekennen: »Wir halten die Dialektik der menschlichen Entwicklung für einen der wichtigsten

Punkte, die man beim Bau von neuen Wohnungen berücksichtigen muß. Wir können nicht länger die Bewohner irgendeines Hauses zwingen, kollektiv zu leben, wie wir es in der Vergangenheit versucht hatten, im allgemeinen mit negativen Ergebnissen. Wir müssen die Möglichkeit eines allmählichen, natürlichen Übergangs zur gemeinschaftlichen Nutzung verschiedener Räume schaffen. Deshalb haben wir versucht, jede Einheit von der nächsten isoliert zu halten, deshalb fanden wir es notwendig, die Küchennische als ein Standardelement von kleinster Größe zu planen, das zu jedem Zeitpunkt bei Übergang zur Kantinenverpflegung aus der Wohnung effektiv entfernt werden kann. Wir betrachten es für unbedingt notwendig, gewisse Eigenschaften mit einzubeziehen, die den Übergang zu einer sozial höheren Lebensweise anregen, die anregen, aber nicht diktieren« (Vgl. Anatol Kopp, *Town and Revolution*, New York, 1970, S. 141).

907 a Leonie Pilewski, *Neuer Wohnungsbau in der Sowjetunion*, in: *Die Form*, 15. 3. 1931, S. 98-106, hier S. 99. »Auf diese Weise«, so führt Pilewski weiter aus, »wird endlich mal die rationelle Möblierung der Arbeiterwohnung, welche im Westen sich bisher nicht durchführen ließ, auf radikale Weise gelöst werden« (ibid.).

908 Benjamin, *Ges. Schriften*, Bd. IV, 1, op. cit., S. 328.

908 a E. Hopmann, *Städtebau in der U.d.S.S.R., in: Die Form*, 1932, S. 152-155, hier S. 154.

909 Lissitzky, op. cit., S. 25.

910 Leonie Pilewski, *Neue Bauaufgaben in der Sowjetunion*, in: *Die Form*, 1. 5. 1930, S. 231-237, hier S. 233: »Hier ging der Leningrader Zentralrat der Gewerkschaften voran, der im Jahr 1926 zwei riesige ›Häuser der Kultur‹ als Mittelpunkt für das geistige und sportliche Leben von zwei neuen Arbeitervorstädten schuf. So enthält das Kulturhaus in Moskau-Narwarayon einen großen Theatersaal, zwei Konzertsäle für je 500 Zuhörer, zwei Kinosäle für je 300 Zuschauer, ferner 30 kleinere Säle für Bildungszwecke, einen Turnsaal mit anschließendem Sportplatz usw. In jüngster Zeit wurde dieser Bau durch ein Sportstadion für die Jugend ergänzt. Im allgemeinen bauen jedoch die Gewerkschaften nicht derartige zentrale in den Wohnbezirken gelegene Klubhäuser, sondern sie errichten in der Nähe der Arbeitsstätten kleinere Klubhäuser für ihre Mitglieder und deren Angehörige. Die russischen Gewerkschaften sind nach dem Industrieprinzip organisiert, so daß sämtliche Arbeiter und Angestellte eines Betriebes der gleichen Gewerkschaft angehören [was sich deckt mit Benjamins Beschreibung des organisierten und garantierten ›Kontakts mit Genossen‹ – M. M.]. Im Sommer 1928 wurde der Bau von elf Klubhäusern von der Gewerkschaft der Textilarbeiter in Angriff genommen, welche zum erstenmal den Versuch gemacht hat, den Klubbau zu typisieren. Es wurden vier Typen, je nach der Zahl der in einer Fabrik beschäftigten Arbeiter, aufgestellt, in der Annahme, daß die Räumlichkeiten jeweils für 25 v. H. der Belegschaft ausreichen müssen. Der Architekt Melnikow hat bei den Klubs der chemischen Arbeiter und Angestellten mehrere kleinere Räume mit verschiebbaren Wänden ausgestattet, um sie im Bedarfsfalle in einen großen Raum zusammenziehen zu können. Arbeiter der einen Fabrik verlangen in ihrem Klubhaus nach einem Versammlungssaal zur Abhaltung von politischen Meetings, andere Fabriken entscheiden sich für einen Theater- und Kinosaal, viele wiederum wünschen sich einen Festraum für Tanzabende und Kostümfeste. Allein im Moskauer Gouvernement wurden im letzten Jahr 23 solche Bauten in Angriff genommen und weitere 16 projektiert. Neuerdings vergeben die Gewerkschaften ihre Aufträge mit Vorliebe an Kollektive junger, größtenteils aus der Arbeiterschaft hervorgegangener Architekten, von denen sie besonderes Verständnis für die proletarischen Bedürfnisse

erwarten. (Und:) Alles, was bis jetzt auf dem Gebiete des Klubhauses geschaffen wurde, darf vorläufig nur als Versuch, nicht als endgültiges Ergebnis gewertet werden« (ibid., S. 233/4).

911 Lissitzky, op. cit., S. 27.

912 Ibid.

913 Ibid. Wie der Klub zum zentralen architektonischen Raum des über die Produktionssphäre hinausreichenden kulturellen Zusammenwirkens der Kollektive gestaltet wird, so sind die ›privaten Wohnungen‹ strukturell von gleichem gemeinschaftlichem Denken und Handeln durchdrungen. Lissitzky berichtet, daß sich zu Beginn der 20er Jahre für den Sowjetarchitekten die Aufgabe stellte, »einen neuen Typ der Wohnzelle, nicht für einzelne, in Konflikt miteinander stehende Individuen (Westen), sondern für die Masse als Wohnstandard zu schaffen« (S. 17). Dabei sollte der »intime Raum« beibehalten werden; doch kommen diesem weitaus weniger der Ideologie nach ›autonome‹ Funktionen zu, da man zugleich darauf den allergrößten Wert legt, daß das »Allgemeine immer freier in Ausmaß und Gestaltung« wird (S. 18). (Ein Gesichtspunkt ist dabei die Auflösung der Einzelküche in sogenannte »Kochlaboratorien«, wobei die Speisen in öffentlichen Speiseanstalten eingenommen werden). Indem Architektur den Bestrebungen nach einer Kollektivierung des Wohnens folgt, wird sie nicht nur zum Ausdruck des jeweiligen sozialen Zustandes, sondern kann darüber hinaus als wichtiger »Wirkungsfaktor im sozialen Leben« angesehen werden. Es sei heute das Ziel, so Lissitzky, »das Haus aus einer Summe von Privatwohnungen in eine Hauskommune zu überführen« (ibid.). Lissitzky hat deutlich das Ziel einer auf der ökonomischen Basis des Sozialismus sich emanzipierenden Gesellschaft vor Augen – eine Emanzipation, die mit dem dafür umfunktionierten Mittel der Architektur organisiert werden kann.

914 Vgl. Adorno, *Dissonanzen,* in: *Ges. Schriften* 14, op. cit., S. 48.

915 Ders., *Funktionalismus heute,* op. cit., S. 125.

916 Ibid., S. 118.

917 Ders., *Ästhetische Theorie,* op. cit., S. 97.

918 Vgl. Benjamin, *Pariser Briefe* (*Angelus Novus,* op cit., S. 510).

919 Ibid., S. 511.

920 Ibid., S. 512. Benjamin greift hier ein Wort Majakowskis auf.

921 Benjamin, *Der Autor als Produzent,* op. cit., S. 98.

922 Vgl. Bloch, *Erbschaft dieser Zeit,* op. cit., S. 217. An anderer Stelle schreibt er über das veränderte Aussehen der versachlichten Architektur unter nichtkapitalistischen Verhältnissen: »Selbstverständlich ist kommunistische Sachlichkeit nicht nur die spätkapitalistische minus Ausbeutung; vielmehr: fällt die Ausbeutung weg, so entfernt der unausdenkbare Unterschied Profit und Anarchie aus dem Hintergrund, den die abstrakte Sachlichkeit nur zugedeckt oder vermieden hatte, so wandelt er noch die leblosen Zweckformen in gesellschaftlich beseelte um, so erhalten die kalkweißen Mietsblöcke, worin heute Arbeitstiere minderer Größe hausen, Farbe und ganz andere Geometrie, nämlich von einem wirklichen Kollektiv« (S. 220). Bloch wendet sich gegen Versuche, die Neutralität der Technik gegenüber der Parteilichkeit im politischen Sinn zu überschätzen. Er lehnt jene »falsche Mittelbarkeit« ab, die »in jedem Schiebefenster schon ein Stück Zukunftsstaat« zu sehen glaubt. Sie überschätze »die neutrale Sauberkeit, Bequemlichkeit des neuen Bauens, die Herkunft aus der Fabrik, aus technischer Zweckmäßigkeit und genormter Maschinenware. Und sie unterschätze, »daß dies ›gleichmäßige hyghienische Wohnen‹ noch keineswegs auf eine klassenlose Gesellschaft ausgerichtet ist oder nur potentiell ausgerichtet sein kann, sondern auf jungen, modern fühlenden, ge-

schmackvoll klugen Mittelstand, auf seine sehr spezifischen, keineswegs klassenlosen oder gar ewigen Bedürfnissen« (219). Benjamin ist sich dessen bewußt gewesen; ihm ging es darum, an dem Wenigen, das geblieben war und zur Antizipation taugte, anzuknüpfen. Was er vor sich sah, war ein »Elendsgebiet«, in dem sich Blochs Ansprüche (in *Erbschaft dieser Zeit* als »übertriebene« ausnehmen mußten (vgl. Benjamin in einem Brief an Alfred Cohn vom 6. 2. 1935, in: Benjamin, *Briefe* 2, Ffm., 1966, S. 648 ff.). Ähnlich sah auch Brecht gegen Ende der zwanziger Jahre »ringsherum« sich Städte erheben (z. B. die Großsiedlung *Britz* in Berlin), die »einer völlig erschöpften, [. . .] verbrauchten Bourgeoisie zweifellos überraschend gekommen« seien. Doch warnte er vor der »ungeheuren Überschätzung aller Dinge und Einrichtungen, in denen ›Möglichkeiten‹ stecken«. Nicht an die *Möglichkeiten,* sondern an die *Resultate* dieser Einrichtungen sollte man sich halten. Und ein solches Resultat war Brecht die Gewißheit, daß diese Städte »unbewohnbar sein« werden, solange »diese Bourgeoisie sie noch in der Hand hat« (Vgl. Brecht, *Radiotheorie,* 1927 bis 1932, in Brecht, *Gesammelte Werke* 18, op. cit., S. 120).

923 Benjamin, *Der Autor als Produzent,* op. cit., S. 101.

924 Ibid., S. 100/101.

925 Vgl. Hilberseimers *Vorschlag zur City-Bebauung* (in: *Die Form,* 23/24, 15. 12. 1930, S. 608-611.

926 Hannes Meyer, *Bauen* (1928), zitiert nach Conrads, *Programme . . .,* op. cit., S. 111.

927 Ibid.

928 A. Schwab, *Typen der Theorie des Städtebaus,* in: *Die Form,* 19/20, 15. 10. 1930, S. 523.

929 Sergei Tretjakov, *Der Schriftsteller und das sozialistische Dorf* (1931), in: ders., *Die Arbeit des Schriftstellers,* op. cit., S. 120.

930 Ibid.

931 Vgl. Karl Marx, *Texte zur Methode und Praxis II,* op. cit., S. 81/2.

932 Noch 1966 las sich das Resümee einer Tagung des Deutschen Werkbundes Baden-Württemberg so: »Niemand würde verstehen, wenn etwa neue Erkenntnis der Technik mit Rücksicht auf traditionelle Ergebnisse in ihrer Entfaltung und Auswertung eingeschränkt würden. Unsere Zeit gibt uns einen Auftrag mit bestimmtem geistigen Gehalt. Zu ihm müssen wir durchstoßen. Ihn müssen wir erfüllen ohne Rücksicht auf Bestehendes« (aus: *Architekt,* Heft 8, 1966, S. 270).

933 Benjamin, *Der Surrealismus,* in: *Angelus Novus,* op. cit., S. 95.

934 Vgl. Habermas, *Bewußtmachende oder rettende Kritik – zur Aktualität Walter Benjamins,* op. cit., S. 216 ff.

935 Siehe oben.

936 Vgl. J. Habermas, *Legitimationsprobleme im Spätkapitalismus,* Frankfurt/M., 1973, S. 110 f.

Literaturverzeichnis

»ABC«, Beiträge zum Bauen, 2. Serie, Basel, 1927/8, Nr. 4.

Adorno, Th. W.: *Funktionalismus heute*. In: *Ohne Leitbild*, Frankfurt/M., 1967, S. 104-127.

– *Veblens Angriff auf die Kultur*. In: *Prismen*, Frankfurt/M., 1969, S. 82-111.

– *Negative Dialektik*, Frankfurt/M., 1966.

– *Ästhetische Theorie. Ges. Schriften 7*, Frankfurt/M., 1970.

– *Versuche über Wagner*. In: *Ges. Schriften 13*, Frankfurt/M., 1971, S. 7-148.

– *Dissonanzen*. In: *Ges. Schriften 14*, Frankfurt/M., 1973, S. 7-167.

– *Minima Moralia* 1951, Frankfurt/M., 1969.

– *Kultur und Verwaltung*, in: Adorno/Horkheimer/Marcuse, *Kritische Theorie der Gesellschaft*, Bd. IV, o. J.

– *Rückblickend auf den Surrealismus*, in: ders., *Noten zur Literatur, Ges. Schriften 11*, Frankfurt/M., 1974.

– *Benjamins ›Einbahnstraße‹* – siehe: *ders., Noten ...*

Adrian, Hanns: *Die Gestalt unserer Stadt* (Vortragsmanuskript). *1. Römerberggespräche 1973*, Frankfurt/M., 19. Okt. 1973.

Arvatov, Boris: *Kunst und Produktion. Entwurf einer proletarisch-avantgardistischen Ästhetik (1921-1930)*. Hrsg. v. H. Günther und K. Hielscher, München, 1972.

Architektur und Kapitalverwertung – Veränderungstendenzen in Beruf und Ausbildung von Architekten in der BRD, hrsg. v. K. Brake, Frankfurt/M. 1973.

Ashbee, Ch. R.: *Craftsmanship and Cometitive Industry*, London, 1908.

Aspekte der Gründerzeit. Katalog der Ausstellung in der Akademie der Künste, Berlin, 1974.

Balász, Béla: *Sachlichkeit und Sozialismus*. In: *Die Weltbühne*, 24. Jg., Nr. 51, 18. Dez. 1928, S. 916-918.

Banham, Reyner: *Die Revolution der Architektur*, Reinbek bei Hamburg, 1964. Engl. Originalausgabe: *Theory and Desgin in the First Machine Age*, London, 1960.

– *Ornament and Crime. The decisive Contribution of Adolf Loos*. In: *Architectural Review*, Okt. 1957, S. 227-229.

Bauer, Hermann: *Architektur als Kunst*, in: *Probleme der Kunstwissenschaft, Kunstgeschichte und Kunsttheorie im 19. Jahrhundert*, 1. Bd., Berlin, 1963.

– *Rocaille – Zur Herkunft und zum Wesen eines Ornament-Motivs*, Berlin, 1962.

Behne, Adolf: *Bauhausresumee*, in: *Sozialistische Monatshefte*, 29, 1923, S. 542-545.

– *Fabrikbau als Reklame*, in: *Plakat*, Berlin, 1920.

– *Der moderne Zweckbau*, 1923. Neuausgabe: Berlin, 1964.

– *Form und Klassenkampf*. In: *Sozialistische Monatshefte*, Bd. 73, 37, 1931, S. 362-365.

– *Kritik des Werkbundes*. In: *Die Tat, Monatszeitschrift für die Zukunft deutscher Kultur*. 9, 1917, S. 430-438.

– *Architekten* (1921). In: Bruno Taut, *Frühlicht 1920-1922*, Frankfurt/M., Berlin, 1963, S. 133-135.

Behrendt, W. C.: *Der Kampf um den Stil in Architektur und Kunstgewerbe*, Berlin, 1920.

Behrens, Peter: *Kunst und Technik*. In: *Der Zeitgeist. Beiblatt zum »Berliner*

Tageblatt«, 25. Jan. 1909, Nr. 4
– *Über die Beziehung der künstlerischen und technischen Probleme*. In: *Technische Abende im Zentralinstitut für Erziehung und Unterricht* 5, Berlin, 1917.
Benevolo, Leonardo: *Die sozialen Ursprünge des modernen Städtebaus*, Gütersloh, 1971.
Benjamin, Walter: *Ges. Schriften*, Bd. I, 3, Frankfurt/M., 1974
– *Ursprung des deutschen Trauerspiels*, Frankfurt/M., (1963), 1969.
– *Briefe 2*, Frankfurt/M., 1966.
– *Karl Kraus* (*Frankfurter Zeitung* – FZ-, 1931). In: Benjamin: *Illuminationen. Ausgewählte Schriften*, Frankfurt/M., 1961, S. 374-408.
– *Erfahrung und Armut* (1933). In: *Illuminationen*, S. 313-318.
– *Das Kunstwerk im Zeitalter seiner technischen Reproduzierbarkeit* (1936). In: *Illuminationen*, S. 148-184.
– *Paris, die Hauptstadt des XIX. Jahrhunderts*. In: *Illuminationen*, S. 148-184.
– *Zentralpark*. In: *Illuminationen*, S. 246-267.
– *Geschichtsphilosophische Thesen*. In: *Illuminationen*, S. 268-279.
– *Der Sürrealismus* (1929). In: Benjamin, *Angelus Novus. Ausgewählte Schriften 2*, Frankfurt/M., 1966, S. 200-215.
– *Kleine Geschichte der Photographie* (1931). In: *Angelus Novus*, S. 229-247.
– *Einleitung zu Carl Gustav Jochmanns Rückschritten der Poesie* (1939/40). In: *Angelus Novus*, S. 352-365.
– *Pariser Briefe* (1963). In: *Angelus Novus*, S. 503-516.
– *Bücher, die lebendig geblieben sind* (1929). In: Benjamin, *Ges. Schriften*, Bd. III, *Kritiken und Rezensionen*, Frankfurt/M., 1972, S. 169-171.
– *Strenge Kunstwissenschaft* (erste u. zweite Fassung, 1932/3). In: *Ges. Schriften*, Bd. III, S. 363-374 u. S. 652-660.
– *Einbahnstraße* (1927/8). In: *Ges. Schriften*, Bd. IV, 1, Frankfurt/M. 1972, S. 83-148.
– *Denkbilder: ›Moskau‹* (1926/7). In: *Ges. Schriften*, Bd. IV, 1. S. 316-348; und *›Kurze Schatten II‹*, S. 427/8.
– *Über einige Motive bei Baudelaire*. In: *Illuminationen*, S. 201-244.
– *Über Haschisch*, hrsg. v. Tillmann Rexroth, Frankfurt/M., 1972.
Bentmann, R. / Müller, M.: *Die Villa als Herrschaftsarchitektur. Versuch einer kunst- und sozialgeschichtlichen Analyse*. Frankfurt/M., 1971².
Berndt, Heide: *Ist der Funktionalismus eine funktionale Architektur? Soziologische Betrachtung einer architektonischen Kategorie*. In: Berndt/Lorenzer/Horn, *Architektur als Ideologie*, Frankfurt/M., 1968, S. 9-50.
Berndt, H. / Reiche, R.: *Die geschichtliche Dimension des Realitätsprinzips*. In: *Antworten auf Herbert Marcuse*, hrsg. v. J. Habermas, Frankfurt/M., 1968, S. 104-131.
Beylin, Pawel: *Der Kitsch als ästhetische und außerästhetische Erscheinung*. In: *Die nicht mehr schönen Künste*, 1969, S. 393-406.
Bloch, Ernst: *Erbschaft dieser Zeit* (1935), Frankfurt/M., 1973.
– *Das Prinzip Hoffnung*, Bde. 1, 2, 3, Frankfurt/M., 1969.
– *Funken in ein Pulverfaß*. In: *Bauwelt* 44, 26. Nov. 1973, 64. Jg., S. 1899-1901.
– *Die Erzeugung des Ornaments*. In: *Geist der Utopie* (1917), Frankfurt/M., 1971, S. 18-52.
– *Philosophische Aufsätze zur objektiven Phantasie*, Frankfurt/M., 1969.
Bloch, Ernst / Eisler, Hanns: *Die Kunst zu erben*, in: *Die Neue Weltbühne*, 1938, Nr. 1, zitiert nach: *Die Expressionismusdebatte*, hrsg. v. H.-J. Schmitt, Frankfurt/

M., 1973, S. 258-263.
Bøe, A.: *From Gothic Revival to Functional Form*, Oslo und Oxford, 1957.
Bohrer, Karl Heinz: *Die gefährdete Phantasie, oder Surrealismus und Terror*, München, 1970.
Borisowski, Georgi: *Form und Uniform*, Stuttgart, 1967.
Bourdieu, Pierre: *Zur Soziologie der symbolischen Formen*, Frankfurt/M., 1970.
Brandts, M.: *Die künstlerische Gestaltung des Arbeiterwohnhauses*, Berlin, 1906.
Brecht, Bertolt: *Schriften zur Literatur und Kunst* Bd. 1. In: Brecht, *Gesammelte Werke in 20 Bdn.*, Frankfurt/M., 1967, Bd. 18.
– *Schriften zur Literatur und Kunst* Bd. 2. In: Brecht, *Ges. Werke in 20 Bdn.*, Frankfurt/M., 1967, Bd. 19.
– *Schriften zur Politik und Gesellschaft.* In: Brecht, *Ges. Werke in 20 Bdn.*, Frankfurt/M., 1967, Bd. 20.
Brückner, Peter: *Zur Sozialpsychologie des Kapitalismus*, Veröffentlichung des Psychologischen Seminars der TU Hannover, 1971.
Bucher, Lothar: *Kulturhistorische Skizzen aus der Industrieausstellung aller Völker*, Frankfurt/M., 1851.
Buttlar/Selig/Wetzig: *Erhaltenswerte Stadtbildelemente des Münchner Cityrandgebietes Lehel.* In: *Deutsche Kunst und Denkmalpflege*, Jg. 30, Heft 1, 1972, S. 65-71.
Claessens, D.: *Zum Begriff »Entlastung«.* In: *Historisches Wörterbuch der Philosophie*, hrsg. v. J. Ritter, Bd. 2 (D-F), Darmstadt, 1972, S. 538 f.
Clark, Kenneth: *Ornament in Modern Architecture.* In: *Architectural Review*, XCIV, Dez. 1943, S. 147-150.
Cohen, P.: *Die chinesische Straße als politisches Phänomen*, in: *Die Straße. Form des Zusammenlebens.* Katalog einer holländischen Ausstellung, Düsseldorf, 1973.
Collins, Peter: *Changing Ideals in Modern Architecture*, London, 1965.
Conrads, Ulrich: *Programme und Manifeste zur Architektur des 20. Jahrhunderts*, Gütersloh, Berlin, München, 1971².
Crosby, Theo: *How to play the environment game* (Penguin Books) Harmondsworth, 1973.
Deri, Max: *Das Rollwerk*, Halle a. d. Saale, 1905.
Dessoir, Max: *Rezension Psychoanalytischer Literatur aus den Jahren 1910-1913.* In: *Zeitschrift für Ästhetik*, Bd. X, 1919, 2. Heft.
»Die Form«. Stimme des Deutschen Werkbundes 1925-1934, Gütersloh, 1969.
Die Kunst eine Stadt zu bauen. 3. Kunstkongreß 1973, Göttingen. Göttingen, 1974.
Die verborgene Vernunft. Funktionale Gestaltung im 19. Jahrhundert, Katalog der Ausstellung in ›Die Neue Sammlung‹, München, 19. 1. bis 28. 3. 1971.
documenta 5 1972, Katalog der Ausstellung in Kassel.
Domarus, M.: *Hitler – Reden und Proklamationen 1932-1945*, Wiesbaden, 1973, Bd. 1, 2. Halbbd.
Durand, J. L. N.: *Précis des leçons données à l'école royale polytechnique*, Paris 1823, Bd. I.
Eco, Umberto: *Einführung in die Semiotik*, München, 1972.
Eisenheim 1844-1972, Gegen die Zerstörung der ältesten Arbeitersiedlung des Ruhrgebietes, Bielefeld, 1973.
Engels, Friedrich: *Die Entwicklung des Sozialismus von der Utopie zur Wissenschaft*, 1892, in: Marx/Engels, *Ausgewählte Schriften*, Bd. II, Berlin, 1966.
Enzensberger, H. M: *Baukasten zu einer Theorie der Medien*, in: *Kursbuch* 20, 1970.

Farner, Konrad: *Einige Thesen zum Problem »Architektur der sozialistischen Gesellschaft«*. In: *archithese 7*, Niederteufen, 1973, S. 8-11.
Fischer, W. G.: *Wohnungen* (Roman), München, 1969.
Forbat, Fred: *Wohnform und Gemeinschaftsidee*, in: *Wohnungswirtschaft*, 1929.
Forssman, Erik: *Säule und Ornament. Studien zum Problem des Manierismus in den nordischen Säulenbüchern und Vorlageblättern des 16. und 17. Jahrhunderts.* Stockholm, 1956.
Forster, K. W.: *Sozialer Wohnbau: Geschichte und Gegenwart*, in: *archithese 8*, 1973, S. 2-8.
Fredel, Jürgen: *Kunst als Produktivkraft. Kritik eines Fetischs am Beispiel der Ästhetischen Theorie Th. W. Adornos.* Siehe: *Autonomie der Kunst*
Freud, Sigmund: *Gesammelte Werke in Einzelbänden* (nach der Imago-Ausgabe, London, 1940), Frankfurt/M. (Fischer-Verlag)
– *Der Dichter und das Phantasieren* (Band VII)
– *Die Verdrängung* (Band X)
– *Das Unbewußte* (Band X)
– *Vorlesungen zur Einführung in die Psychoanalyse* (Band XI)
– *Die Zukunft einer Illusion* (Band XIV)
– *Das Unbehagen in der Kultur* (Band XIV).
Fülöp-Miller, René: *Geist und Gesicht des Bolschewismus*, Wien, 1926.
Fuchs, Eduard: *Die großen Meister der Erotik*, München 1930.
– *Geschichte der erotischen Kunst*, Bd. I, München, 1908.
Fusco, Renato de: *Architektur als Massenmedium*, Berlin, 1972.
Gehlen, Arnold: *Der Mensch. Seine Natur und seine Stellung in der Welt*, Frankfurt/M.-Bonn, 1966[8].
– *Die Seele im technischen Zeitalter*, Hamburg (1957), 1972.
Giedion, S.: *Architektur und Gemeinschaft*, München 1963.
– *Bauen in Frankreich*, Leipzig, 1928.
Giese, Fritz: *Girlkultur. Vergleiche zwischen amerikanischem und europäischem Rhythmus und Lebensgefühl*, München, 1925.
– *Körperseele. Gedanken über persönliche Gestaltung*, München, o. J.
Goethe, J. W.: *Tag- und Jahreshefte* (1805), *Gedenkausgabe*, hrsg. v. E. Beutler, Bd. 11.
Gorsen, Peter: *Sexualästhetik*, Reinbek bei Hamburg, 1972.
– *Das Bild Pygmalions*, Reinbek bei Hamburg, 1969.
– *Design – Ordnung – Nicht Reglementierung.* In: *design? Umwelt wird in Frage gestellt.* Internationales Desgin Zentrum (IDZ 1), hrsg. vom Themenkreis im IDZ Berlin, Berlin, Apr. 1970, 1972[2], S. 50/3.
– *Kunst, Literatur und Psychopathologie heute.* In: *Neue Anthropologie*, Bd. 4, ›Kulturanthropologie‹, hrsg. v. H.-G. Gadamer und P. Vogler, Stuttgart, 1973, S. 359-445.
Gradow, G. A.: *Stadt und Lebensweise*, Berlin, 1971.
Grebing, Helga: *Geschichte der deutschen Arbeiterbewegung*, München 1970.
Gropius, Walter: *Die Entwicklung moderner Industriebaukunst.* In: *Jahrbuch des Deutschen Werkbundes*, 1913, Jena, 1913, S. 17-22.
– *Der Stilbildende Wert industrieller Bauformen.* In: *Jahrbuch des Deutschen Werkbundes*, 1914, Jena 1914, S. 29-32.
– *Der Neue Baugedanke.* In: *Das Hohe Ufer*, Heft 3, Apr. 1919, 1. Jg., S. 87/8.
– *Programm des Staatlichen Bauhauses in Weimar* (1919). Siehe: *Conrads.*
– *Toward a Living Architecture;* Part I, *Ornament and Modern Architecture.* In:

American Architect and Architecture, Jan. 1938, Vol. 152, S. 21-22, Febr., S. 23-24.
- *Architektur*, Frankfurt/M. u. Hamburg, 1959.
- *Baukunst im freien Volksstaat*, in: E. Drahn und E. Freidegg (Hrsg.), *Deutscher Revolutionsalmanach für das Jahr 1919*. Hamburg u. Berlin, 1919.

Grosz, Karl: *Das Ornament*. In: *Jahrbuch des Deutschen Werkbundes*, 1912/13, S. 60-64.

Günter, Roland: *Der Fabrikbau in zwei Jahrhunderten*. In: *archithese* 3/4, 1971, S. 34-51.

Günter, Roland / Weisser, Michael: *Eisenheim in Oberhausen. Die Untersuchung der ältesten Arbeitersiedlung Westdeutschlands (1844-1901) – eine Herausforderung an Kunstwissenschaft und Baugeschichte*. In: *archithese* 8, 1973, S. 45-54.

Habermas, Jürgen: *Theorie und Praxis*, 1963, Frankfurt/M., 1971.
- *Erkenntnis und Interesse*, 1968, Frankfurt/M., 1970.
- *Strukturwandel der Öffentlichkeit*, Neuwied und Berlin, 1971⁵.
- *Bewußtmachende oder rettende Kritik – Die Aktualität Walter Benjamins*. In: *Zur Aktualität Walter Benjamins*, hrsg. v. S. Unseld, Frankfurt/M., 1972, S. 173-223.
- *Herbert Marcuses defensive Botschaft vom Schönen*. In: *Frankfurter Allgemeine Zeitung* vom 16. Juni 1973, Nr. 138 (Literaturblatt).

Hamann, Richard: *Rezension von Worringers »Abstraktion und Einführung«*, In: *Zeitschrift für Ästhetik und allgemeine Kunstwissenschaft*, V, 1910, S. 276-281.
- *Geschichte der Kunst*, Berlin, 1933.

Hamann, R. / Hermand, J.: *Gründerzeit* (1965), München, 1971.

Hamman, J. E.: *Weiss, alles Weiss*, in: *Die Form*, 5, 1. 3. 1930.

Handels-Lexicon oder Encyklopädie der Gesamten Handelswissenschaften f. Kaufleute und Fabrikanten, hrsg. v. einem Vereine Gelehrter u. praktischer Kaufleute, Dritter Band, Leipzig, 1847.

Haselberg, Peter v.: *Funktionalismus und Irrationalität. Frankfurter Beiträge zur Soziologie*, hrsg. v. Th. W. Adorno und W. Dirks, Bd. 12, Frankfurt/M., 1962.

Haug, W. F.: *Kritik der Warenästhetik*, Frankfurt/M., 1971.

Hauser, Arnold: *Philosophie der Kunstgeschichte*, München, 1958.
- *Manierismus*, München, 1964.

Hegel, G. W. F.: *Werke in 20 Bänden*, Bd. 13 u. 14., Frankfurt/M., 1970 (*Vorlesungen über Ästhetik* I/II).

Heigelin: *Lehrbuch der höheren Baukunst*, Leipzig, 1832, Bd. III.

Hellwag, Fritz: *Zur ›Kritik des Werkbundes‹*. In: *Die Tat. Monatszeitschrift für die Zukunft deutscher Kultur*, 9, Bd. 1, 1917.

Hilberseimer, Ludwig: *Bauwirtschaft und Wohnungsbau*, in: *Sozialistische Monatshefte*, 31, 1925, S. 285-291.

Hinz, Berthold: *Zur Dialektik des bürgerlichen Autonomie-Begriffs*. In: *Autonomie der Kunst. Zur Genese und Kritik einer bürgerlichen Kategorie*, Frankfurt/M., 1972, S. 173-198.

Historismus: Katalog des Kunstgewerbe-Museums, Berlin, Bd. VII, Berlin, 1973.

Hitchock, H.-R.: *Architecutre: Nineteenth and Twentieth Centuries*, Harmondsworth (1958), paperback 1971.

Hoermann, Franz: *Ein Hauptgeheimnis der Formvollendung und Harmonie in der alten Kunst*. In: *Die Raumkunst*, Heft 5, 1909, S. 73-80.

Hofmann, Klaus: *Neue Ornamentik*, Köln, 1970.

Hofmann, Werner: *Von der Nchahmung zur Erfindung der Wirklichkeit. Die*

schöpferische Befreiung der Kunst 1890-1917, Köln, 1970.
Holz, H. H.: *Die Repristination des Ornaments.* In: Holz, *Vom Kunstwerk zur Ware*, Neuwied und Berlin, 1972.
Horkheimer, Max: *Montaigne und die Funktion der Skepsis*, in: ders., *Kritische Theorie der Gesellschaft*, Bd. II, Frankfurt/M., 1968.
Horkheimer/Adorno: *Dialektik der Aufklärung*, Amsterdam, 1955.
Horn, Klaus: *Zweckrationalität in der modernen Architektur. Zur Ideologiekritik des Funktionalismus.* In: Berndt/Lorenzer/Horn, *Architektur als Ideologie*, Frankfurt/M., 1968, S. 105-153.
– *Politische Psychologie: Erkenntnisinteresse, Themen und Materialien.* In: *Politikwissenschaft. Eine Einführung in ihre Probleme*, hrsg. v. G. Kress und D. Senghaas, Frankfurt/M., 1969.
Hübsch, Heinrich: *In welchem Style sollen wir bauen?*, Karlsruhe, 1828.
Huizinga, Johan: *Homo Ludens. Vom Ursprung der Kultur im Spiel*, Hamburg, (1956), 1972.
100 Jahre Architektur in Chicago – Kontinuität von Struktur und Form. Ausstellungskatalog der ›Neuen Sammlung‹, München 1973.
Hundertwasser: *Verschimmelungsmanifest gegen den Rationalismus in der Architektur*, 1958 – siehe: *Conrads.*
Janssen, Jörn: *Sozialismus, Sozialpolitik und Wohnungsnot.* In: H. G. Helms/J. Janssen, *Kapitalistischer Städtebau*, Neuwied und Berlin, 1970, S. 49-94.
Jugend in Wien – Literatur um 1900, hrsg. v. Bernhard Zeller, Stuttgart, 1974.
Jung, C. G.: *Psychologische Typen*, Zürich, 1950.
Jünger, Ernst: *Der Arbeiter. Herrschaft und Gestalt*, Hamburg, 1932².
Junghanns, Kurt: *Die Maschine in der deutschen Architekturtheorie des 19. und 20. Jahrhunderts.* In: *Anschauung und Deutung. Festschrift Willy Kurth*, Berlin, 1964, S. 182-198.
Kant, Immanuel: *Kritik der ästhetischen Urteilskraft*, in: Kant, *Werke in zehn Bänden*, Bd. 8, hrsg. v. W. Weischedel, Darmstadt, 1968.
Kemp, Wolfgang: *Walter Benjamin und die Kunstwissenschaft* (Teil 1: *Benjamins Beziehungen zur Wiener Schule*), in: *Kritische Berichte*, Jg. 1, Heft 3, Marburg, 1973, S. 30-50.
– *Das Bild der Menge, 1789-1830.* In: *Städel-Jahrbuch*, hrsg. v. E. Holzinger u. H. Beck, Neue Folge, Bd. 4, München, 1973. S. 249-270.
Kennedy, R. W.: *Form, Function and Expression.* In: *Journal of the A. J. A.*, Nov. 1950, S. 198-203.
Klaus, G. / Buhr, M. (Hrsg.): *Philosophisches Wörterbuch*, Bd. 1 und 2, Berlin 1970.
Klotz, Heinrich: *Eine hübsche Kirche – aber wir brauchen das Grundstück.* In: *Frankfurter Rundschau*, 12. Mai 1973, Nr. 110, S. VII.
Kohlmaier, Georg: *Berufsentwicklung.* In: *Architektur und Kapitalverwertung. Veränderungstendenzen in Beruf und Ausbildung von Architekten in der BRD*, hrsg. v. Klaus Brake, Frankfurt/M., 1973, S. 20-50.
Kopp, Anatol: *Town and Revolution*, New York, 1970.
Korn, A.: *Neuzeitliche Straßenreklame*, in: *Die Form*, Sept. 1926, Heft 12, Jg. 1, S. 278/9.
Kracauer, Siegfried: *Die Angestellten* (1930). In: Kracauer, *Schriften*, Bd. 1, Frankfurt/M., 1971, S. 205-304.
– *Das Ornament der Masse. Essays*, Frankfurt/M., 1963.
– *Die Reise und der Tanz* (1925). In: Kracauer, *Das Ornament der Masse*, S. 40-49.
– *Kult der Zerstreuung* (1926). In: Kracauer, *Das Ornament der Masse*, S. 311-317.

Kraus, Karl: *Literatur und Lüge*, München, 1962.
– *Die demolierte Literatur*, hrsg. v. D. Kimpel, Steinbach, 1972.
– *Die Welt der Plakate* (Juni 1909). In: Kraus, *Die chinesische Mauer*, Frankfurt/M. und Hamburg, 1967, S. 120-125.
Krauss, K. / Schlandt, J.: *Der Wiener Gemeindewohnungsbau – Ein sozialdemokratisches Programm*. Siehe: Janssen.
Kunst, Hans-Jochen: *Architektur und Macht, Überlegungen zur NS-Architektur*, In: *Mitteilungen, Kommentare, Berichte der ›philipps universität marburg‹*, jg. 3/mai 1971, 9, S. 51/2.
Lanyi, Richard: *Adolf Loos zum 60. Geburtstag*, Wien 1930.
Laplanche/Pontalis: *Das Vokabular der Psychoanalyse*, Frankfurt/M., 1972.
Le Corbusier: *1922 Ausblick auf eine Architektur* (BF 2), Gütersloh/Berlin, 1969.
Lepenies, Wolf: *Melancholie und Gesellschaft*, Frankfurt/M. 1972².
Lethen, Helmut: *Neue Sachlichkeit 1924-1932. Studien zur Literatur des »Weißen Sozialismus«, Stuttgart, 1970.*
Lichtwark, Alfred: Der Ornamentstich der deutschen Frührenaissance, Berlin, 1888.
Linfert, Carl: *Die Grundlagen der Architekturzeichnungen*, in: *Kunstwissenschaftliche Forschungen*, Bd. 1, 1931, S. 133-246.
Lissitzky, El: *Rußland: Architektur für eine Weltrevolution*, Berlin/Frankfurt/M./ Wien, 1965.
Lissitzky-Küppers, Sophie: *El Lissitzky*, Dresden, 1967.
Loos, Adolf: *Sämtliche Schriften 1, ›Ins Leere Gesprochen‹* (1897-1900) und *›Trotzdem‹* (1900-1930). Hrsg. v. Franz Glück, Wien/München, 1962.
Lorenzer, Alfred: *Städtebau: Funktionalismus und Sozialmontage? Zur sozialpsychologischen Funktion der Architektur*. In: Berndt/Lorenzer/Horn, *Architektur als Ideologie*, Frankfurt/M., 1968, S. 51-104.
Luhmann, Niklas: *Systemtheoretische Argumentation. Eine Entgegnung auf Jürgen Habermas*. In: Habermas/Luhmann, *Theorie der Gesellschaft oder Sozialtechnologie?* Frankfurt/M., 1971.
Lukács, Georg: *Ästhetik*, Bd. 2, Neuwied und Berlin, 1963.
– *Deutsche Literatur in zwei Jahrhunderten*, Neuwied u. Berlin, 1964.
Lynch, Kevin: *Das Bild der Stadt* (engl.: *The Image of the City*), Gütersloh/Berlin/ München, 1968.
Mächler, Martin: *Zum deutschen Neubau*, in: *Sozialistische Monatshefte*, 29, 1923, S. 610-615.
Majakowski, Wladimir: *Tagesbefehl an die Kunstarmee* (1918), in: *Oktober-Land. Russische Lyrik der Revolution*, hrsg. v. E. Mirowa-Florin und L. Kossuth, Berlin, 1967.
Marcuse, Herbert: *Der Kampf gegen den Liberalismus in der totalitären Staatsauffassung*, in: ders.: *Kultur und Gesellschaft I*, Frankfurt/M., 1965, S. 17-55.
– *Triebstruktur und Gesellschaft*, Frankfurt/M., 1968, *Konterrevolution und Revolte*, Frankfurt/M., 1973.
Marx, Karl: *Theorien über den Mehrwert*. In: *MEW*, Bd. 26, 1, Berlin, 1971.
– *Einleitung zur Kritik der Politischen Ökonomie*. In: *MEW*, Bd. 13, Berlin, 1971.
– *Grundrisse der Kritik der politischen Ökonomie*. EVA-Ausgabe, Frankfurt/M./ Wien, o. J.
– *Das Kapital*, Bd. 1, EVA-Ausgabe, 1968.
– *Texte zu Methode und Praxis II, Pariser Manuskripte 1844*, hrsg. v. G. Hillmann, Reinbek bei Hamburg 1970.
– *Lohnarbeit und Kapital*. In: Marx, *Ökonomische Aufsätze*, Singen, o. J.

Mattenklott, Gert: *Bilderdienst. Ästhetische Opposition bei Beardsley und George*, München, 1970.
Mauke, Michael: *Aufhebung der Kapitalistenklasse auf kapitalistischer Basis*, in: ders., *Die Klassentheorie von Marx und Engels*, Frankfurt/M., 1971[2], S. 99 ff.
Meier-Graefe, Julius: *Henry Van de Velde*. In: *Dekorative Kunst* 1899/1900, S. 2-8.
Meyer, Hannes: *Bauen*. In: *bauhaus. Zeitschrift für Gestaltung*, 2. Jg., Dessau, 1928, Nr. 4.
Mendelssohn, Georg: *Industrie und Ornament*. In: *Die Form*, 1925, 1. Jg., Heft 2, S. 21-23.
Mendelsohn, Erich: *Briefe eines Architekten*, hrsg. v. O. Beyer, München, 1961.
Michel, K. M.: *Gefühle als Ware*. In: *Neue Deutsche Hefte*, 1959, S. 31-48.
Mitscherlich, Alexander: *Die Unwirtlichkeit unserer Städte*, Frankfurt/M., 1965.
– *Thesen zur Stadt der Zukunft*, Frankfurt/M., 1971.
Moholy-Nagy, L.: *Vom Material zur Architektur*, München, 1929.
Mohr, Chr. / Müller, M.: *Zur Dokumentation eines großbürgerlichen Wohnviertels*. In: *Kritische Berichte*, Jg. 1, Heft 2, Marburg, 1973, S. 28-52.
Müller, Micheal: *Zu den Voraussetzungen künstlerischer Qualität*. In: Bentmann/Müller, *Die Villa als Herrschaftsarchitektur*, Frankfurt/M., 1971, S. 191-205 (Nachwort).
– *Villa Rotonda als Negation. Zur Praxis autonomer Kunst an einem Beispiel aus der Architektur. Autonomie der Kunstgeschichte*. In: *Autonomie der Kunst*, Frankfurt/M., 1972, S. 66-82.
– *Bericht über eine Tagung zur ›Industriearchitektur‹*, in: *Kritische Berichte*, Jg. 1, Heft 2, Marburg, 1973.
Müller, Sebastian: *Kunst und Industrie*, München, 1974.
Mukarovský, Jan: *Kapitel aus der Ästhetik*, Frankfurt/M., 1970.
Mumford, Lewis: *›Modern‹ als Handelsware*, in: *Die Form*, 8, 15. April 1930, S. 222/3.
Münz, L. / Künstler, G.: *Der Architekt Adolf Loos*, Wien/München, 1964.
Muthesius, Hermann: *Das Formproblem im Ingenieurbau*. In: *Jahrbuch des deutschen Werkbundes*, 1913, S. 23-32.
– *Handarbeit und Massenerzeugnis*. In: *Technische Abende im Zentralinstitut für Erziehung und Unterricht 4*, Berlin, 1917.
– *Kunst und Maschine*. In: *Dekorative Kunst*, Nr. 4, Jan. 1902, S. 141-147.
– *Stilarchitektur und Baukunst. Wandlungen der Architektur und der gewerblichen Künste im 19. Jahrhundert und ihr heutiger Standpunkt*, 2. erweiterte Auflage, Mülheim a. d. Ruhr, 1903.
– *Kunst für die Armen*. In: *Dekorative Kunst*, V, Jg. 2, Nov. 1901.
– *Die Bedeutung des Kunstgewerbes*, 1907, in: Posener, *Die Anfänge . . .*, op. cit.
Naumann, Friedrich: *Werke* Bd. 6, *Ästhetische Schriften*, hrsg. v. H. Ladendorf, Köln-Opladen 1964.
Navratil, Leo: *Schizophrenie und Kunst*, München, 1956.
Negt, O. / Kluge, A.: *Öffentlichkeit und Erfahrung. Zur Organisationsanalyse von bürgerlicher und proletarischer Öffentlichkeit*, Frankfurt/M. 1972.
Paul, Sherman: *Louis H. Sullivan. Ein amerikanischer Architekt und Denker*, Berlin/Frankfurt/M., Wien, 1963.
Pehnt, W.: *Die Herrschaft der Zwecke*. In: *Merkur*, Heft 2, 25. Jg., Febr. 1971, S. 133-144.
– *Die Architektur des Expressionismus*, Stuttgart, 1973.
– *Gropius the Romantic*, in: *The Art Bulletin*, Sept. 1971, Vol. III, S. 379-392.

Pevsner, Nikolaus: *Wegbereiter moderner Formgebung,* Hamburg, 1957.
– Nachwort zu: *Historismus und Bildende Kunst,* hrsg. v. L. Grote, München 1968².
– *Frühe Arbeiterhäuser,* In: Pevsner, *Architektur und Design,* München, 1971, S. 230-253.
– *Design und Industrie im Laufe der Geschichte.* In: Pevsner, *Architektur und Design,* München, 1971, S. 220-229.
Pfeifer, Hermann: *Die Formenlehre des Ornaments. Handbuch der Architektur,* Dritter Band (1905), Leipzig, 1926. (Darin befindet sich auf S. 278-80 ein recht ausführliches »Quellenverzeichnis über Ornamentik«, das die Literatur – ca. 120 Titel – vom frühen 19. Jahrhundert bis ins Jahr 1925 umfaßt. Doch vermißt man einen gegen das Ornament gerichteten Aufsatz wie *Ornament und Verbrechen* von Adolf Loos.)
Piel, Friedrich: *Die Ornament-Grotteske in der italienischen Renaissance – Zu ihrer kategorialen Struktur und Entstehung,* Berlin, 1962.
Plessner, Helmuth: *Die Legende von den zwanziger Jahren,* in: ders., *Diesseits der Utopie,* Frankfurt/M., 1974.
Poelzig, Hans: *Gärung in der Architektur* (1906). Zitiert nach: Conrads, *Programme und Manifeste* ...
Posener, Julius: *Anfänge des Funktionalismus. Von Arts and Crafts zum Deutschen Werkbund,* Berlin/Frankfurt/M./Wien, 1964.
– *Ist Stadtbaukunst noch zeitgemäß?* In: *Stadtbauwelt,* Sept. 1972.
Praz, Mario: *The Meaning and Diffusion of the Empire Style,* in: *The Age of Neo-Classicism,* ed. The Arts Council of Great Britain, London, 1972.
Projektgruppe »Branchenanalyse«, in: *Kursbuch 27,* Mai 1972.
Procházka, Viteszlav: *L'attività degli architetti cecoslavicchi in URSS negli anni Trenta.* – siehe: *Socialismo, città* ...
Raphael, Max: *Zur Kunsttheorie des dialektischen Materialismus.* In: *Philosophische Hefte,* III, 3-4, Berlin, 1932, S. 125-150.
Rasch, Heinz u. Bodo: *Wie Bauen?* Mit einem Vorwort von Adolf Behne, Stuttgart, 1927.
Riegl, Alois: *Stilfragen, Grundlegung zu einer Geschichte der Ornamentik,* Berlin, 1893.
Rieser, Max: *The meaning of architecture.* In: *Ästhetik-Kongress Uppsala 1968,* 1972, S. 337-342.
Riezler, Walter: *Form ohne Ornament.* Werkbundausstellung 1924, Berlin/Leipzig, 1924.
Ritsert, J. / Rolshausen, C.: *Der Konservativismus der kritischen Theorie* (basis arbeitsergebnisse), Frankfurt/M., 1971.
Ritter, Joachim (Hrsg.): *Historisches Wörterbuch der Philosophie,* Bd. 2, Darmstadt, 1972.
– *Landschaft. Zur Funktion des Ästhetischen in der modernen Gesellschaft,* in: Ritter, *Subjektivität,* Frankfurt/M., 1974.
Rosenkranz, Karl: *Ästhetik des Häßlichen,* Königsberg, 1853, zitiert nach dem unveränderten reprografischen Nachdruck derselben Ausgabe, Darmstadt, 1973.
Rowe, Colin: *Mannerism and Modern Architecture,* in: *The Architectural Review,* Mai 1950, S. 289-299.
Ruskin, John: *The Seven Lamps of Architecture,* London/New York (1907), 1969.
Sack, Manfred: *Balance zwischen Gründerzeitbauten,* in: *Die Zeit,* Nr. 39, 20. September 1974.

Sandkühler, Hans Jörg: *Praxis und Geschichtsbewußtsein*, Frankfurt/M., 1973.
Sartoris, Alberto: *Gli Elementi dell'Architettura funzionale*, Mailand, 1941.
Sax, Emil: *Die Wohnungszustände der arbeitenden Classen und ihre Reform*, Wien/Pichler, 1869.
Scheerbart, Paul: *Glasarchitektur* (1914), München, 1971.
Scheffers, Otto: *Zweckform und Ornament*. In: *Deutsche Kunst und Dekoration*, Jg. 13, Bd. XXIV, Apr.-Sept., 1909, S. 234-38.
Scheffler, Karl: *Die Architektur der Großstadt*, 1913.
– *Henry van de Velde* (1905/06). In: *Kunst und Künstler*, hrsg. v. G. Feist, Mainz, 1971, S. 100-108.
Schlaffer, Heinz: *Der Bürger als Held. Sozialgeschichtliche Auflösung literarischer Widersprüche*, Frankfurt/M., 1973.
Schlemmer, O.: *Briefe und Tagebücher*, hrsg. v. Tut Schlemmer, München, 1958.
Schiller, Friedrich: *Über die ästhetische Erziehung des Menschen* (1795), zitiert nach der Reclam-Ausgabe, Stuttgart, 1970.
Schmarsow, A.: *Anfangsgründe jeder Ornamentik*. In: *Zeitschrift für Ästhetik und allgem. Kunstwissenschaft*, hrsg. v. Max Dessoir, 1910, S. 191-215 und S. 321-353.
Schmidt, Alfred: *Der Begriff der Natur in der Lehre von Marx*. Überarbeitete, ergänzte und mit einem Postscriptum versehene Neuausgabe (1962), Frankfurt/M., 1971.
Schmölders, G.: *Das Bild vom Menschen in der Wirtschaftstheorie*. In: *Neue Anthropologie*, Bd. 3, *Sozialanthropologie*, hrsg. v. H.-G. Gadamer und P. Vogler, Stuttgart, 1972.
Schneider, Peter: *Die Phantasie im Spätkapitalismus und die Kulturrevolution*. In: *Kursbuch* 16, März 1969, S. 1-36.
Schrade, H.: *Bauten des Dritten Reiches*, Leipzig, 1937.
Schröder-Sonnenstern, F.: *Katalog 4 der Schröder-Sonnenstern-Ausstellung in der Kestner-Gesellschaft*, Hannover, vom 8. 6. bis 1. 7. 1973.
Schultze-Naumburg, Paul: *Das Gesicht des deutschen Hauses*, München, 1929.
Schulz, Otto: *Schönheit und Zweckmäßigkeit*. In: *Zeitschrift für Architektur und Ingenieurwesen*, 1909, S. 16-44.
Schwab, Alexander: *Ist die Genossenschaftsstadt möglich?*, in: *Die Form*, 1929, Heft 11.
– *Das Buch vom Bauen* (1930), Düsseldorf, 1973.
Schweppenhäuser, H.: *Physiognomie eines Physiognomikers*, In: *Zur Aktualität Walter Benjamins*, hrsg. v. S. Unseld, Frankfurt/M., 1972, S. 139-171.
– *Die Vorschule der profanen Erleuchtung*. In: *Benjamin, Über Haschisch*, hrsg. v. T. Rexroth, Frankfurt/M., 1972 (Einleitung), S. 9-30.
Sedlmayr, Hans: *Verlust der Mitte*, Salzburg, 1947.
– *Tod des Lichtes*, Salzburg, 1964.
Selle, Gert: *Ideologie und Utopie des Design*, Köln, 1973.
Semper, G.: *Wissenschaft, Industrie und Kunst*, Mainz u. Berlin, 1966.
Sfaellos, C.: *Le fonctionalisme dans l'architecture contemporaine, Paris, 1952.*
Simmel, G.: Die Großstädte und das Geistesleben (1903), zitiert nach G. Simmel, *Brücke und Tor*, hrsg. v. M. Landmann, Stuttgart, 1957.
Socialismo, città, architettura. URSS 1917-1937. Il contributo degli architetti europei, Officina, Rom, 1972².
Sohn-Rethel, Alfred: *Ökonomie und Klassenstruktur des deutschen Faschismus*, Frankfurt/M., 1973.
Spector, Jack J.: *Freud und die Ästhetik*, München, 1972.

Spengler, Oswald: *Untergang des Abendlandes* (1923), Ausgabe in 2 Bänden. München, 1972.
Staufenbiel, Fred: *Zum Verhältnis von soziologischen und ästhetischen Elementen in der Architektur.* In: *Ästhetik-Kongress Uppsala* (1968), 1972, S. 345-350.
Storck, Gerhard: *Gesellschaftliche Funktionen von Architektur.* In: *Zeitschrift für Ästhetik und allgemeine Kunstwissenschaft,* Bd. 13, 1968, S. 178-239.
Sullivan, L. H.: *Ornament in Architecture.* In: *Engineering Magazine 3,* 1892, S. 633-644.
Tafuri, Manfredo: *Sozialdemokratie und Stadt in der Weimarer Republik (1923-1933),* in: *Werk,* 3, 1974, S. 308-319.
Tarn, J. N.: *Working-class Housing in 19th Century Britain,* London 1971 (Architectural Association, Paper Number 7).
Taut, Bruno: *Architektur.* In: *Das Hohe Ufer,* Heft 5, Mai 1919, 1. Jg., S. 125/6.
– *Frühlicht 1920-1922. Eine Folge für die Verwirklichung des neuen Baugedankens,* Berlin/Frankfurt/M./Wien, 1963.
– *Die Auflösung der Städte oder Die Erde eine gute Wohnung oder auch der Weg zur Alpinen Architektur,* Hagen, 1920.
– *Architektur-Programm,* zitiert nach: *Mitteilungen des Deutschen Werkbundes,* 4, 1918, S. 16 ff.
– *Internationale Architektur,* Stuttgart, 1929.
– *Genossenschaftsarchitektur,* in: *Wohnungswirtschaft,* 1926.
– *Ein Wohnhaus,* Stuttgart, 1927[7].
– *Die Stadtkrone. Mit Beiträgen von Paul Scheerbart, Erich Baron, Adolf Behne.* Jena, 1919.
Teige, Karel: *Liquidierung der ›Kunst‹. Analysen, Manifeste.* Frankfurt/M., 1968.
Teut, Anna: *Architektur im Dritten Reich, 1933-1945,* Frankfurt/M.- Berlin, 1967.
Tiedemann, Rolf: *Studien zur Philosophie Walter Benjamins,* Frankfurt/M., 1973.
Tomberg, Friedrich: *Mimesis der Praxis und abstrakte Kunst,* Neuwied u. Berlin, 1968.
Veblen, Thorstein: *Theorie der feinen Leute,* München, 1971 (engl. Ausgabe: *The Theory of the Leisure Class,* 1899).
Velde, Henry van de: *Zum neuen Stil,* München, 1955.
– *Die Renaissance im modernen Kunstgewerbe,* Berlin, 1901.
Venturi, R. / Scott-Brown, D.: *Learning from Las Vegas,* MIT-Press, Massachusetts, 1972.
Vitruv: *Zehn Bücher über Architektur* (übersetzt und mit Anmerkungen versehen von Curt Fensterbusch), Darmstadt, 1964.
Waelder, Robert: *Psychoanalytische Wege zur Kunst.* In: Deutsch/Greenacre/Waelder, *Dionysos und Apollo. Die Suche nach dem Vater. Psychoanalyse und Kunst.* (Die Sigmund Freud-Vorlesungen), Frankfurt/M., 1973.
Waentig, Heinrich: *Wirtschaft und Kunst,* Jena, 1909.
Wagner, Martin: *Mein Austritt aus der SPD,* in: *Das Tagebuch* 12, 1931, S. 568-570 und S. 611-617.
Wagner, Otto: *Moderne Architektur* (1896), zitiert nach der 2. Aufl., Wien, 1898.
Weber, H.: *Walter Gropius und das Faguswerk,* München, 1961.
Werckmeister, O. K.: *Ideologie und Kunst bei Marx,* Frankfurt/M., 1974.
Werkbundarchiv 1: hrsg. v. J. Frecot und D. Kerbs, Berlin 1972.
Wiedemann, Josef: *Ornament – heute,* München, 1972.
Wiedtfeld, Otto: *Statistische Studien zur Entwicklungsgeschichte der Berliner Industrie 1720-1890,* Leipzig, 1898.

Wiß, Ernst: *Über die Wohnungsfrage in Deutschland*, Berlin, 1872.
Wölfflin, Heinrich: *Kleine Schriften*, Basel, 1946.
Worringer, Wilhelm: *Abstraktion und Einfühlung* (1908), München, 1959.
Wörterbuch der Ökonomie Sozialismus, Berlin, 1969.
Wright, F. L.: *Humane Architecture*, Gütersloh/Berlin, 1969.
– *Modern Architecture*, Princeton, 1931.
– *On Architecture (Selected Writings 1894-1940)*, New York, 1941.
Zänker, Jürgen: *Non Amor, sed ›Labor Omnia Vincit‹. Crespi d'Adda, eine Industriesiedlung des 19. Jahrhunderts in Oberitalien.* In: *archithese* 8, 1973, S. 27-38.
Zucker, Paul: *The paradox of architectural theories at the beginning of the »modern movement«*. In: *Journal of the Society of Architectural Historians*, Vol. X, No. 3, 1951, S. 8-14.
Zülch, W. K.: *Entstehung des Ohrmuschelstils*, Heidelberg, 1932.

Abbildungen

Abb. 1: Adolf Loos: *Haus Steiner,* Wien (1910), Rück- bzw. Gartenseite

Eines der ersten und zugleich eindrucksvollsten Beispiele ist das vom Wiener Architekten Adolf Loos entworfene und 1910 fertiggestellte *Haus Steiner* in Wien. Loos verzichtet hier auf jede ornamentale Applikation. Von einer Fassade im Sinne der Ästhetik des späten 19. Jahrhunderts ist nichts übriggeblieben. Einzig die abgetreppte Zurücknahme des dreiachsigen Mitteltraktes und die einachsigen, schmal nach vorn gezogenen Seitentrakte erlauben es, von einer rhythmisierten, fassadenhaften Wirkung des Äußeren zu sprechen. Doch allzu deutlich ist das Äußere durch die kubische Raumgestaltung des Innern geprägt, als daß von einer dem Innern gegenüber selbständigen Fassade noch die Rede sein könnte. Die Fenster erscheinen als herausgeschnittene rechteckige Öffnungen, die gegenüber der Wandfläche keine abgrenzenden Rahmenprofile besitzen. Nichts erinnert an individuell gebundene Formen; der Bau zeigt sich in seiner Stereometrie völlig nackt und abgelöst von tradierten personengebundenen Darstellungsweisen.

Abb. 2: *Newtons Zenotaph* von Etienne-Louis Boullée (1728-1799)

Abb. 3: *Pontiac Building* von Holabird + Roche, 1891

Abb. 4: Etienne-Louis Boullée: ›*Tour tronc-conique*‹. *Entwurf eines spiralförmigen Turms*

Das Motiv des Massenornaments taucht bereits hier auf. Die elementaren Gesetze der Geometrie bestimmen die Architektur als eigengesetzlichen Baukörper. Die menschliche Figur hat darin als Einzelfigur keinen Platz. Wie hier, wo der Zylinder allein durch ein spiralförmiges Band von aneinandergereihten, sich wiederholenden Menschenfiguren ornamentiert wird, scheinen die Menschen in solch einer Architektur nur noch in ihrer massenhaften Gestalt den von der Architektur beschriebenen Di-

Abb. 5: Adolf Loos: *Wettbewerbsprojekt für den Zeitungspalast der ›Chicago Tribune‹* (1923)

mensionen gerecht werden zu können. Das Einzelornament verliert sich vor dieser Architektur.

Ist die Massengesellschaft dem *Tour tronc-conique* auch sinnbildlich noch eine äußere, so ist sie in Loos' dorischer »Büroturmsäule« bereits zum Inhalt der Architektur geworden. Das Ornament der Masse ist der Architektur nicht mehr appliziert, sondern die Masse selbst findet in der für Massen gebauten Architektur ihren Ausdruck.

Abb. 6: *Gußeisernes Ornament.* Carson Pirie Scott-Warenhaus von Louis Sullivan. Chicago, 1899

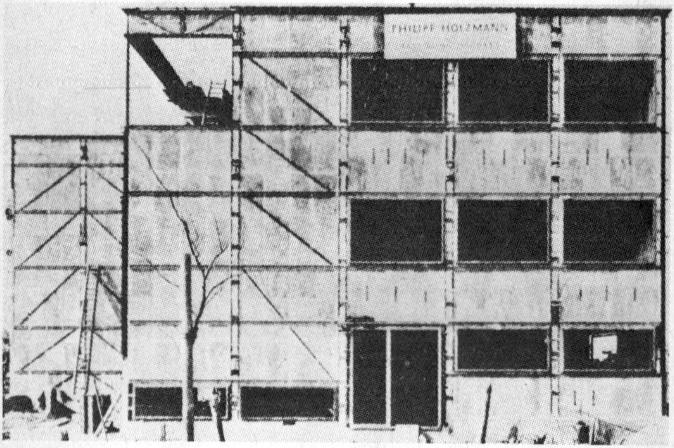

Abb. 7: Wohnhaus an der Schorlemer Allee in Berlin-Dahlem (1927) von: H. und W. Luckhardt und Alfons Anker (Rohbau)
Alexander Schwab schreibt zum Charakter des Rohbaus: »Tragendes Element: das Stahlgerüst; die Wand besteht aus eingehängten Platten, ist

Abb. 8: Vgl. Abb. 7 (Das Haus in fertigem Zustand)
In fertigem Zustand zeigt sich, daß das im Rohbau vorherrschende Gliederungsprinzip konsequent beibehalten wurde und nur die Wandfläche einheitlich weiß eingefärbt worden ist.

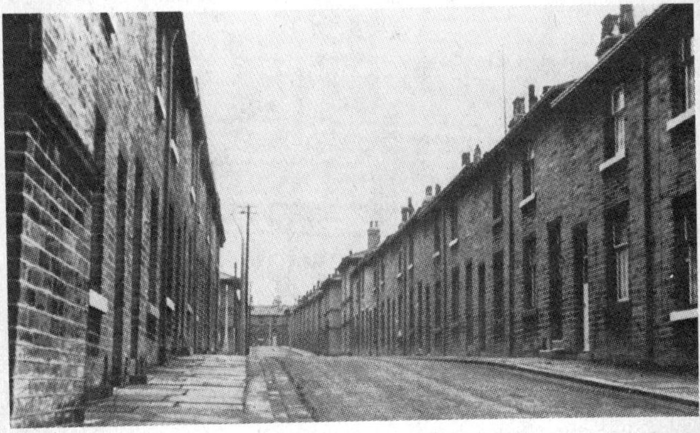

Abb. 9: *Saltaire* (nahe Bradford/England), Straße mit Arbeiterhäusern (1851)

nur Haut, die nichts zu tragen hat. Herstellung im Montage-Bau.« Es ist, in Verlängerung von Loos' *Haus Steiner*, das Aneinandersetzen von konstruktiven Bauelementen, deren Gliederung einzig durch offene und geschlossene Platten erfolgt.

Abb. 10: Walter Gropius und A. Meyer: *Fagus-Werke*, Alfeld a. d. Leine (1911)
Die Glaswände sind in die zurücktretende Stahlrahmung eingehängt, so daß die Transparenz des Materials Glas voll zur Wirkung gebracht werden kann. Dieser Eindruck verstärkt sich durch die Auflösung der Ecken mittels aneinanderstoßender Glasscheiben. Das Gebäude hat seine hermetische Abgeschlossenheit gegenüber früheren Bauten verloren; es öffnet sich – die Bewegung verläuft durch die Architektur hindurch und geht nicht einseitig vorbestimmt von ihr aus.

Abb. 10a: Walter Gropius und A. Meyer: *Werkbundausstellung*, Köln (1914)
Hier erinnern keine aus der Geschichte geborgten Formen an statusgebundene Öffentlichkeit, die sich einer einseitigen Kommunikation bedient. Wohl basiert die Symmetrie auf einem zentralen Eingangsprinzip und den die horizontale Glasfront überragenden zurückgesetzten Seitentrakten. Der Gesamteindruck bleibt aber ›offen‹, d. h. daß die Architektur sich nicht einer Wahrnehmung verschließt, die nicht in der Lage ist, die geschichtlich gewachsene architektonische Einzelform zu verstehen.

Abb. 11: Peter Behrens: *AEG Turbinenfabrik*, Berlin (1909)

Abb. 12: *Weberei in Ochtrup* (Laurenzstraße), erbaut 1893, Hauptfassade

Ein typisches Beispiel für eine Architekturauffassung, die den innerhalb der Architektur zur Anwendung gebrachten Produktivkräften eine architektonische Fassade vorsetzt, die nichts von dem, was drinnen geschieht, ahnen läßt.

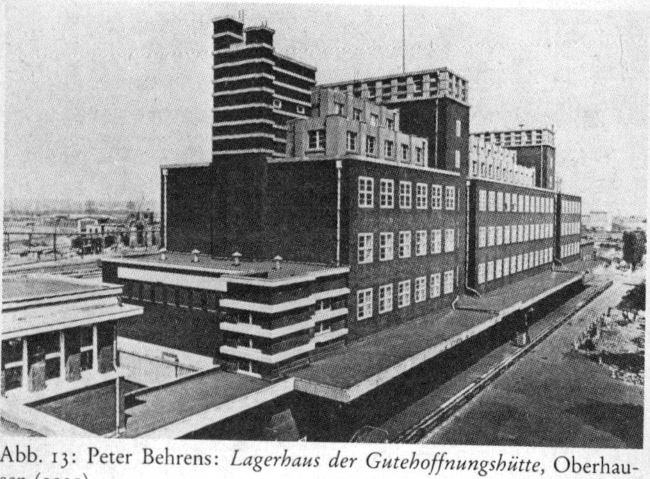

Abb. 13: Peter Behrens: *Lagerhaus der Gutehoffnungshütte*, Oberhausen (1921)

Abb. 14: *Weberei in Ochtrup* (vgl. Abb. 13) mit ›modernem‹ Anbau

Abb. 15: Schmidt, Gorden + Martin: *Montgomery Ward Warehouse* (1906/08), Chicago
Ein neungeschossiger Stahlbetonbau, dessen horizontal gegliederte Fassade unverkleidet ist. Gropius schrieb 1913 in *Die Entwicklung moderner Industriebaukunst:* »Im Mutterland der Industrie, in Amerika, sind industrielle Großbauten entstanden, deren unbekannte Majestät [. . .] unsere besten deutschen Bauten dieser Gattung überragt. [. . .] Sie tragen ein architektonisches Gesicht von solcher Bestimmtheit, daß dem Beschauer mit überzeugender Wucht der Sinn des Gehäuses eindeutig begreiflich wird.«

Abb. 13: Sieht man ab von den langgezogenen Laderampen, so könnte es sich ebenso um eine Wohnhausanlage handeln.

Abb. 15a: Max Taut: *Bürohaus des »Allgemeinen Deutschen Gewerkschaftsbundes«*, (Tresor), Berlin (1923/4)
Man vergleiche die auffallende Ähnlichkeit in der Gleichförmigkeit mit Abb. 15.

Abb. 16: Walter Gropius, *Fabrikhalle der Fabrik der Werkbundausstellung* und *Deutz-Motoren-Pavillon*. Köln, 1914

Abb. 17: Otto Hante, Erich Kettelhut, Karl Vollbrecht: Filmarchitektur zu Fritz Langs *Metropolis*, 1926

Abb. 18: *Plakat der Werkbundausstellung »Die Wohnung«*, Stuttgart (1927). Weißenhofsiedlung. Entwurf: W. Baumeister / L. Mies van der Rohe / W. Gräff

»Eine Wohnung alter Art, voll von Plunder, unpraktisch im Gebrauch, unruhig in den Linien.« Es sind Räume, die – so Schwab – »der Beweglichkeit des Menschen von heute, der viele Stunden seines Lebens regelmäßig auf der Eisenbahn, [. . .] im Auto [. . .] zubringt«, nicht entsprechen.

Abb. 19: F. L. Wright: *Larkin Building,* Büroraum

Kracauer schreibt, daß es bei der Errichtung des Bauwerks »auf das Format der Steine und ihre Anzahl« ankomme: »Es ist die Masse, die eingesetzt wird.« Davon kann hier vor allem im Innenraum die Rede sein. Die Wände sind kahl und setzen sich aus flachen Backsteinen zusammen, deren Addition die Massenwirkung hervorruft. C. R. Ashbee konnte sich denn auch 1909 beim Anblick des Gebäudes nicht des Gefühls verschließen, »daß die Großartigkeit der Geschäftsorganisation die Anregung zu dem großartigen Schaffen des Künstlers gegeben hat«. Die menschlichen

Abb. 20: F. L. Wright: *Larkin Building* (vgl. Abb. 19), Büroraum

---

Figuren, die in diesen Räumen zu sehen sind, erscheinen (wenngleich als »Einzelpersönlichkeit«) bereits in ein lineares Ornamentband aufgelöst, zur »ornamentalen Gesamtfigur« funktionalisiert. In der Mitte die Linie der dunkelhaarigen Sekretärinnen, in weißen Blusen einheitlich gekleidet, flankiert von Angestellten in schwarzen Anzügen. Die ornamentlose, Stein auf Stein gestaltete Wand ist der architektonische Rahmen für die Funktionalisierung der Arbeitskraft der Angestellten.

Abb. 21: Paul Citroen, *Großstadt*. Collage. 1922

Abb. 22: Bruno Taut, *Glaspavillon der Werkbundausstellung Köln*, 1914

Abb. 23: Lionel Feininger: *Die Kathedrale des Sozialismus.* Holzschnitt für das erste Bauhaus-Manifest (1919)

Abb. 24: Bruno Taut, *Alpine Architektur*, 1919

Abb. 25: Ernst May, *Römerstadt*, Frankfurt/M. nach 1925

Abb. 26: Erich Mendelssohn (mit Erich Laaser): *Umbau der Textilwerke in Wüstegiersdorf/Schlesien* (1922/3), Turmtrakt

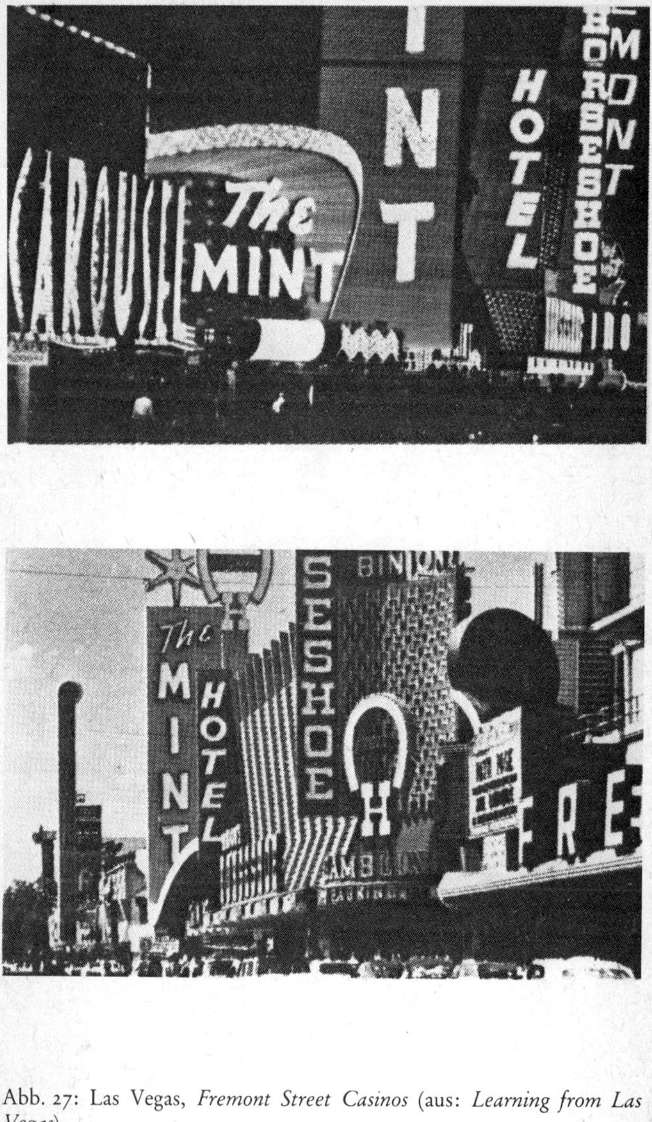

Abb. 27: Las Vegas, *Fremont Street Casinos* (aus: *Learning from Las Vegas*)

Abb. 28: Fotomontage einer Londoner Ansicht: ›*Sculptors in the City*‹ Crosby interpretiert einen solchen Versuch, das monotone Bild der Städte zu beleben, als durchaus sinnvoll. Zweifellos wird hier mit einem gewissen Überraschungseffekt operiert, der das bislang gewohnte ›environment‹ in geänderte optische Bezüge setzen soll. Wir kennen diese Bemühungen z. B. von den Straßenkunst-Aktionen in Hannover, wo an die Stelle verlorener optischer Bindung an Architektur, Plätze usw. das Kunstobjekt ›ins Auge springen‹ soll. Doch ist eine derartige Ästhetisierung, die nachträglich das »Bild der Stadt« harmonisieren bzw. mit ihm versöhnen soll, zweifelhaft, da sie nur schwer vom Vorwurf der kosmetischen Verschönerung der Städte freizusprechen ist.

Abb. 29: Robert Mallet-Stevens: *Rue Mallet-Stevens*, Paris (1927)

Abb. 30: Las Vegas, *Upper Strip* (aus: *Learning from Las Vegas*)

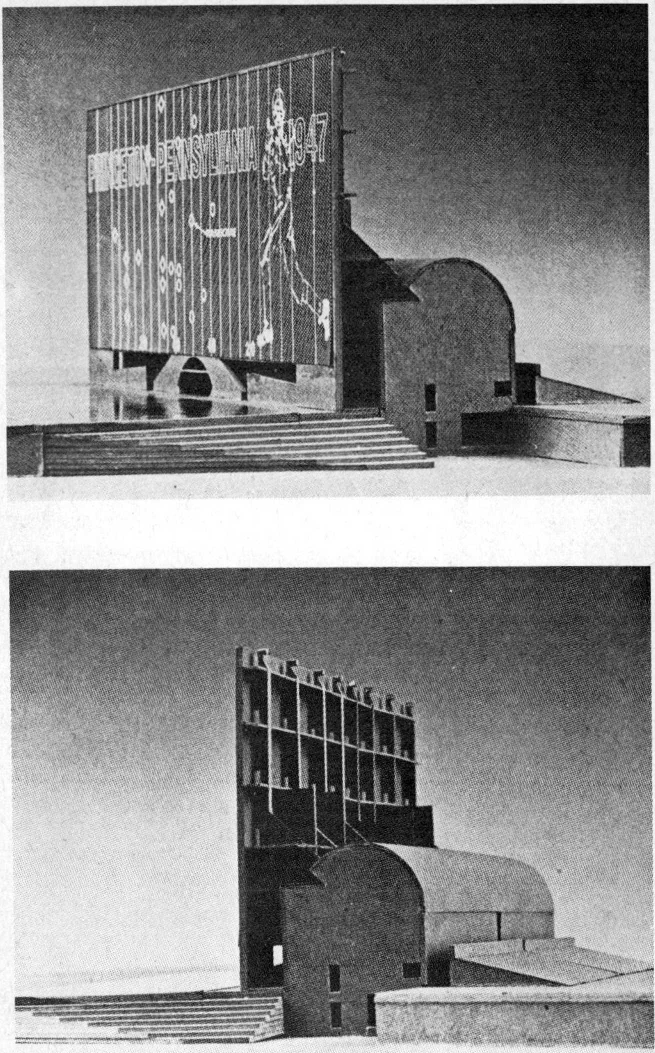

Abb. 31: Robert Venturi u. Denis Scott-Brown: *A Bill-Ding-Board for the National Football Hall of Fame Competition*, 1967

Abb. 32: Ein Doppelhaus aus der Arbeitersiedlung *Eisenheim*, Oberhausen, nach 1846

Abb. 33: *Spielendes Kind in einer Neubausiedlung* (vgl. auch Abb. 35)

Abb. 34: Mart Stam, *Reihenhäuser im Weißenhof*, Stuttgart 1927

Abb. 35: *Spielende Kinder in Eisenheim*

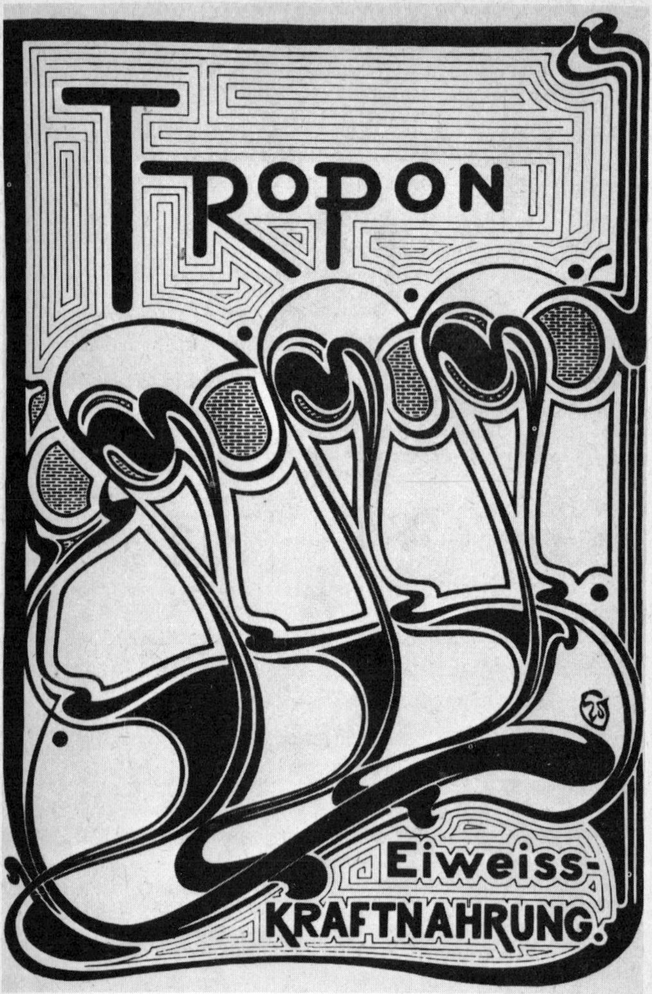

Abb. 36: *Plakatentwurf* von Henry van de Velde, 1898

Abb. 36a: Henry van de Velde: *Schaufenster für ›Tropon‹*, Weimar
Ein Beispiel für die kommerzielle Verwendung des Jugendstilornaments (hier ein van de Velde-Ornament für eine Eiweiß-Kraftnahrung produzierende Firma). Die Verbindung von Ornament und Geschäft, gegen die sich nicht nur Ruskin wandte, hat bereits Züge des Massenornaments angenommen. Wohl ist der Entwurf, für sich betrachtet, von individueller formenreicher Gestalthaftigkeit (vgl. das Ornament in Abb. 40a); doch in den Dienst der ›Warenästhetik‹ gestellt, verliert es seinen ›individuellen‹ Charakter und wird zum Träger eines im Schaufenster arrangierten Ornaments, dessen Tektonik es ganz beherrscht. Besaß das Ornament zunächst noch die Aura der individuellen Gestalthaftigkeit, so ist es in solcher Verbindung auralos: sein esoterischer Charakter ist preisgegeben. Vgl. vor allem Warhols *Campbell Soup Cans* (Abb. 37).

Abb. 37: Andy Warhol: *100 Campbell Soup Cans*, 1962 (Öl auf Leinwand, 185 × 131 cm)

Was bei van de Veldes ›Tropon-Kartons‹ die Addition des Einzelornaments zu einem ›Massenornament‹ erforderlich machte, war die umsatzbedingte ästhetische Präsentation der Ware vor einem an den Schaufenstern sich vorbeibewegenden Massenpublikum. Peter Behrens schrieb einmal, daß wir in einem »schnellen Gefährt« keine Details mehr an Gebäuden erkennen könnten. Ein ausgestelltes Einzelornament wird folglich kaum die Aufmerksamkeit auf sich bzw. die Ware, die es ästhetisiert, lenken können. Bei Warhol rückt diese Gestalt von Massenornament wieder in das Tafelbild, wobei der Bezugsrahmen der Wirklichkeit (i. e. das Schaufenster) wegfällt und die ästhetische Figur des Massenornaments zusätzlich eine Ästhetisierung erfährt. Was bei van de Velde noch zur Entauratisierung des Abgebildeten beitrug, erscheint bei Warhol aufgrund der ästhetischen Abstraktion erneut in einem auratischen Ambiente: i. e. das Museum. Die einhundert Campbell-Dosen vermitteln dem Betrachter eine gewisse harmonisierende Identität mit seiner Umgebung. Die Homogenität der Masse erscheint im Massenornament der Campbell-Büchse und wird darin zusätzlich ästhetisiert.

Abb. 38: *Zeitgenössische Darstellung der Eröffnung der Weltausstellung von London 1851 durch Queen Victoria*
Werden in dieser aus Glas und Eisen konstruierten Halle die angehäuften Schätze der Geschichte zur Schau gestellt, so werden sechzig Jahre später in einer vergleichbaren Halle (vgl. Abb. 39) Maschinen hergestellt von Maschinen, die in dieser Halle arbeiten und für deren Arbeit die Halle einzig gebaut wurde.

Abb. 39: Peter Behrens: *Turbinenfabrik der AEG*, Berlin (1909), Inneres der Großen Halle

Abb. 40: Henry van de Velde: *Arbeitszimmer für J. Meier-Graefe* (1896)

Abb. 40a: Henry van de Velde: *Empfangstoilette* (1896)
Gegenüber einem sich provozierend nach außen kehrenden, deformierten und bedrohten bürgerlich-autonomen Individuum erscheint bei van de Velde die Autonomie noch eingebunden in ein ornamentales Ensemble, in dem der (bzw. die) Einzelne sich einer schmückend organischen Pracht bedient. Flieht die Konstruktion des Massenornaments vor der Vernunft ins Abstrakte, so die organische Gestalt des Einzelornaments vor der Desillusionierung in die Illusion, durch eine Überhöhung des Körperlichen der Funktionalisierung desselben entgehen zu können.

Das Automobil in seiner Verwendung für das Kunstgewerbe.

Bemalung des Plafonds eines großen modernen Saales.

Abb. 41: Aus: *Fliegende Blätter*, 12. Juni 1903

Abb. 42: Adolf Loos: *Haus Moller*, Wien (1928). Blick aus dem Raum für die Kleiderablage

Abb. 43: Hans Makart: *Atelier*, Wien (um 1875)

Abb. 45a: Arend van Bolten, *Schnauken*, um 1610

Abb. 44: *Ausstellungspavillon der Arbeiterpresse im Rheinpark*, Köln (1928), Architekt: Hans Schumacher
Alexander Schwab schreibt dazu: »Die eigentliche Baumasse ganz in der Querlinie angeordnet; darüber strebt die Architektur der Inschrift propagandistisch in die Höhe.« Die Architektur verbindet die zum Ausdruck gebrachte technisch adäquate Form mit der Schrift. Die Arbeitserfahrungen und die Arbeit selbst sollen zu Wort kommen.

Abb. 45: *Cornelis Bos*

Abb. 46: Lorenz Stöer, aus der *Geometria et Perspectiva*, 1567

Abb. 46a: Zwei Hefte, *Compertament-Büchlein,* 1621 in Braunschweig von G. Müller

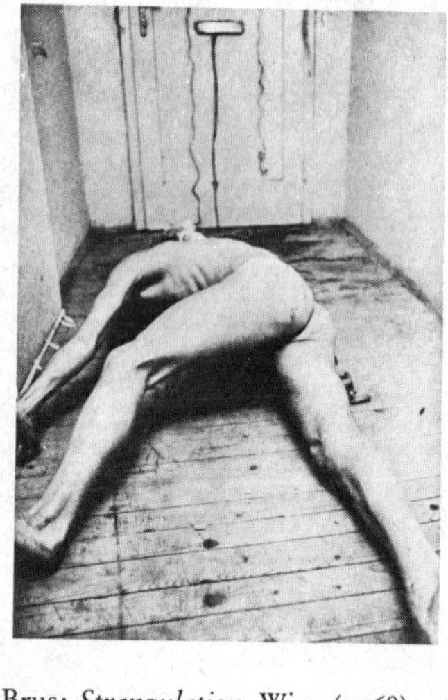

Abb. 47: Gunter Brus: *Strangulation,* Wien (1968)
Gorsen spricht von einer sowohl nach innen als auch nach außen gerichteten Aggression (Masochismus-Sadismus), wobei die nach innen gerichte-

Abb. 48: J. J. Oud: *Haus de Vonk*, Noordwijkerhout (1917). Die untere Halle

ten aggressiven Momente der Aktion die größere Aufmerksamkeit verdienen. Sie nämlich zeigen an, daß die individuell-ornamenthaften Mythologien den Kampf mit der Wirklichkeit nicht aufzunehmen in der Lage sind, ohne daß die Individualität an der Wirklichkeit zu zerbrechen droht.

Abb. 49: Adolf Loos: *Haus Moller,* Wien (1928). In der Halle
Nichts vermag in einem solchen Raum die Erinnerung an die Personen zu wecken, die darin wohnten oder noch wohnen. Die Photographie des Raums zeigt ein kubisches Ineinander von Raumteilen, deren Bewegungsmotive scheinbar zeitlos an keinen ›Geschichtsraum‹ gebunden sind.

Abb. 49a: Adolf Loos: *Haus am Michaelerplatz in Wien*, 1910-1911

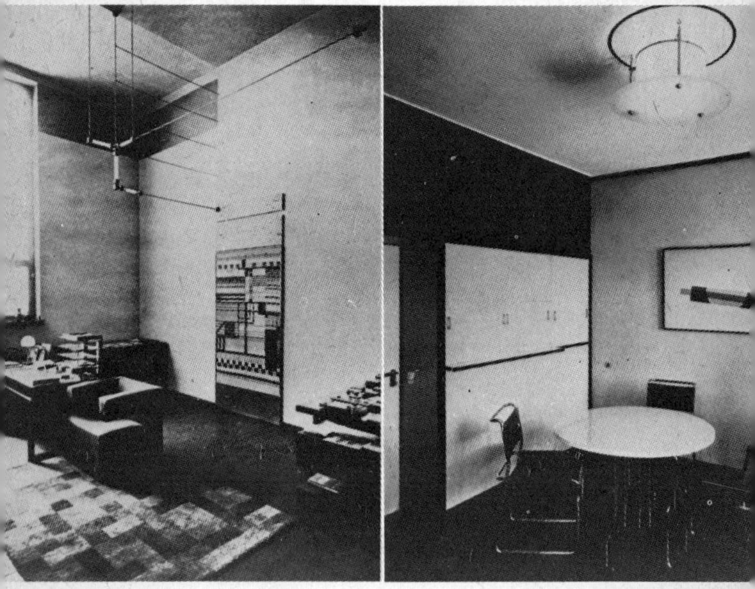

Abb. 50: Links: W. Gropius: *Direktionszimmer*, Bauhaus Weimar. Bauhaus-Werkstätten (1923)
Rechts: *Eßzimmer im Hause Maholy-Nagy*, Dessau (1926)

Abb. 51: Gebrüder Wjesnin: *Entwurf zu einem Redaktionsgebäude der ›Leningradskaja Pravda‹* (1923-24)

In diesem Gebäude wird in mehrfacher Hinsicht das Motiv der Arbeit, des arbeitenden, die Wirklichkeit nicht ›beschreibenden‹, sondern verändernden Menschen verkörpert. Das auf einem Grundriß von 6 × 6 Meter stehende Gebäude war als völlig transparent entworfen, so daß neben dem technisch konstruktiven Prinzip die im Innern sich abwickelnden Arbeitsvorgänge erkennbar sind. Die Funktion des Gebäudes und die Funktion der Arbeit werden dargestellt. Die Flächen, auf denen die schriftliche Information gegeben wird, was in diesem Gebäude geschieht, sind nicht im Sinne von Reklameflächen appliziert, d. h. der Fassade vorgesetzt. Die schriftliche Information ist vielmehr von Beginn an mitgestaltete Form, die gleichwertig neben anderen Bauformen steht. Sie ist wichtiger Bestandteil der Ausdruckskraft der Architektur.

Bibliothek Suhrkamp

454 Federico García Lorca, Bluthochzeit/Yerma
455 Ilja Ehrenburg, Julio Jurenito
456 Boris Pasternak, Kontra-Oktave
457 Juan Carlos Onetti, Die Werft
458 Anna Seghers, Die schönsten Sagen vom Räuber Woynok
464 Franz Kafka, Der Heizer
465 Wolfgang Hildesheimer, Masante
466 Evelyn Waugh, Wiedersehen mit Brideshead
467 Gershom Scholem, Walter Benjamin
468 Rainer Maria Rilke, Duineser Elegien
470 Alain, Die Pflicht glücklich zu sein
471 Wolfgang Schadewaldt, Der Gott von Delphi und die Humanitätsidee
472 Hermann Hesse, Legenden
473 H. C. Artmann, Liebesgedichte
474 Paul Valery, Zur Theorie der Dichtkunst
476 Erhart Kästner, Aufstand der Dinge
477 Stanisław Lem, Der futurologische Kongreß
478 Theodor Haecker, Tag- und Nachtbücher
479 Peter Szondi, Satz und Gegensatz
480 Tania Blixen, Babettes Gastmahl
481 Friedo Lampe, Septembergewitter
482 Heinrich Zimmer, Kunstform und Yoga
483 Hermann Hesse, Musik
486 Marie Luise Kaschnitz, Orte
487 Hans Georg Gadamer, Vernunft im Zeitalter der Wissenschaft
488 Yukio Mishima, Nach dem Bankett
489 Thomas Bernhard, Amras
490 Robert Walser, Der Gehülfe
491 Patricia Highsmith, Als die Flotte im Hafen lag
492 Julien Green, Der Geisterseher
493 Stefan Zweig, Die Monotonisierung der Welt
494 Samuel Beckett, That Time/Damals
495 Thomas Bernhard, Die Berühmten
496 Günter Eich, Marionettenspiele
497 August Strindberg, Am offenen Meer
498 Joseph Roth, Die Legende vom heiligen Trinker
499 Hermann Lenz, Dame und Scharfrichter
500 Wolfgang Koeppen, Jugend
501 Andrej Belyj, Petersburg
504 Juan Rulfo, Der Llano in Flammen
505 Carlos Fuentes, Zwei Novellen

506 Augusto Roa Bastos, Menschensohn
508 Alejo Carpentier, Barockkonzert
509 Elisabeth Borchers, Gedichte
510 Jurek Becker, Jakob der Lügner
512 James Joyce, Die Toten/The Dead
513 August Strindberg, Fräulein Julie
514 Sigmund Freud, Eine Kindheitserinnerung des Leonardo da Vinci
515 Robert Walser, Jakob von Gunten
517 Luigi Pirandello, Mattia Pascal
519 Rainer Maria Rilke, Gedichte an die Nacht
520 Else Lasker-Schüler, Mein Herz
521 Marcel Schwob, 22 Lebensläufe
522 Mircea Eliade, Die Pelerine
523 Hans Erich Nossack, Der Untergang
524 Jerzy Andrzejewski, Jetzt kommt über dich das Ende
525 Günter Eich, Aus dem Chinesischen
526 Gustaf Gründgens, Wirklichkeit des Theaters
528 René Schickele, Die Flaschenpost
529 Flann O'Brien, Das Barmen
533 Wolfgang Hildesheimer, Biosphärenklänge
534 Ingeborg Bachmann, Malina
535 Ludwig Wittgenstein, Vermischte Bemerkungen
536 Zbigniew Herbert, Ein Barbar in einem Garten
537 Rainer Maria Rilke, Ewald Tragy
538 Robert Walser, Die Rose
539 Malcolm Lowry, Letzte Adresse
540 Boris Vian, Die Gischt der Tage
541 Hermann Hesse, Josef Knechts Lebensläufe
542 Hermann Hesse, Magie des Buches
543 Hermann Lenz, Spiegelhütte
544 Federico García Lorca, Gedichte
545 Ricarda Huch, Der letzte Sommer
546 Wilhelm Lehmann, Gedichte
547 Walter Benjamin, Deutsche Menschen
548 Bohumil Hrabal, Tanzstunden für Erwachsene und Fortgeschrittene
549 Nelly Sachs, Gedichte
550 Ernst Penzoldt, Kleiner Erdenwurm
551 Octavio Paz, Gedichte
552 Luigi Pirandello, Einer, Keiner, Hunderttausend
553 Strindberg, Traumspiel
554 Carl Seelig, Wanderungen mit Robert Walser
555 Gershom Scholem, Von Berlin nach Jerusalem
559 Raymond Roussel, Locus Solus
560 Jean Gebser, Rilke und Spanien
567 Siegfried Kracauer, Georg

754 Zur Wissenschaftslogik einer kritischen Soziologie. Herausgegeben von Jürgen Ritsert
756 Hannelore u. Heinz Schlaffer, Studien zum ästhetischen Historismus
758 Brecht-Jahrbuch 1974. Herausgegeben von J. Fuegi, R. Grimm, J. Hermand
759 Der Weg ins Freie. Fünf Lebensläufe überliefert von H. M. Enzensberger
760 Lodewijk de Boer, The Family
761 Claus Offe, Berufsbildungsreform
762 Petr Kropotkin, Ideale und Wirklichkeit in der russischen Literatur
764 Gesellschaft, Beiträge zur Marxschen Theorie 4
765 Maurice Dobb, Wert- und Verteilungstheorien seit Adam Smith
766 Laermann/Piechotta/Japp/Wuthenow u.a., Reise und Utopie
767 Monique Piton, Anders Leben
768 Félix Guattari, Psychotherapie, Politik und die Aufgaben der institutionellen Analyse
769 Jahoda/Lazarsfeld/Zeisel, Die Arbeitslosen von Marienthal
770 Herbert Marcuse, Zeit-Messungen
771 Brecht im Gespräch. Herausgegeben von Werner Hecht
772 Th. W. Adorno, Gesellschaftstheorie u. Kulturkritik
773 Kurt Eisner, Sozialismus als Aktion
775 Horn, Luhmann, Narr, Rammstedt, Röttgers, Gewaltverhältnisse und die Ohnmacht der Kritik
776 Reichert/Senn, Materialien zu Joyce »Ein Porträt des Künstlers«
777 Caspar David Friedrich und die deutsche Nachwelt. Herausgegeben von Werner Hofman
778 Klaus Fritzsche, Politische Romantik und Gegenrevolution
779 Literatur und Literaturtheorie. Hrsg. von Peter U. Hohendahl und Patricia Herminghouse
780 Piero Sraffa, Warenproduktion mittels Waren
782 Helmut Brackert, Bauernkrieg und Literatur
784 Friedensanalysen 1
787 Gesellschaft, Beiträge zur Marxschen Theorie 5
790 Gustav W. Heinemann, Präsidiale Reden
791 Beate Klöckner, Anna oder leben heißt streben
792 Rainer Malkowski, Was für ein Morgen
793 Von deutscher Republik. Hrsg. von Jost Hermand
794 Döbert R./Nunner-Winkler, G., Adoleszenzkrise und Identitätsbildung
795 Dieter Kühn, Goldberg-Variationen
796 Kristeva/Eco/Bachtin u. a., Textsemiotik als Ideologiekritik
797 Brecht Jahrbuch 1975
798 Gespräche mit Ernst Bloch. Herausgegeben von Rainer Traub und Harald Wieser
799 Volker Braun, Es genügt nicht die einfache Wahrheit
800 Karl Marx, Die Ethnologischen Exzerpthefte
801 Wlodzimierz Brus, Sozialistisches Eigentum und politisches System

802 Johannes Gröll, Erziehung im gesellschaftlichen Reproduktionsprozeß
803 Rainer Werner Fassbinder, Stücke 3
804 James K. Lyon, Bertolt Brecht und Rudyard Kipling
806 Gesellschaft, Beiträge zur Marxschen Theorie 6
807 Gilles Deleuze/Félix Guattari, Kafka. Für eine kleine Literatur
808 Ulrike Prokop, Weiblicher Lebenszusammenhang
809 G. Heinsohn / B. M. C. Knieper, Spielpädagogik
810 Mario Cogoy, Wertstruktur und Preisstruktur
811 Ror Wolf, Auf der Suche nach Doktor Q.
812 Oskar Negt, Keine Demokratie ohne Sozialismus
813 Bachrach/Baratz, Macht und Armut
814 Bloch/Braudel/L. Febvre u. a., Schrift und Materie der Geschichte
815 Giselher Rüpke, Schwangerschaftsabbruch und Grundgesetz
816 Rainer Zoll, Der Doppelcharakter der Gewerkschaften
817 Bertolt Brecht, Drei Lehrstücke: Badener Lehrstück, Rundköpfe, Ausnahme und Regel
818 Gustav Landauer, Erkenntnis und Befreiung
819 Alexander Kluge, Neue Geschichten. Hefte 1-18
820 Wolfgang Abendroth, Ein Leben in der Arbeiterbewegung
821 Otto Kirchheimer, Von der Weimarer Demokratie zum Faschismus
822 Verfassung, Verfassungsgerichtsbarkeit, Politik. Herausgegeben von Mehdi Tohidipur
823 Rossana Rossanda / Lucio Magri u. a., Der lange Marsch durch die Krise
824 Altvater/Basso/Mattick/Offe u. a., Rahmenbedingungen und Schranken staatlichen Handelns
825 Diskussion der ›Theorie der Avantgarde‹. Herausgegeben von W. Martin Lüdke
826 Fischer-Seidel, James Joyces »Ulysses«
827 Gesellschaft, Beiträge zur Marxschen Theorie 7
828 Rolf Knieper, Weltmarkt, Wirtschaftsrecht und Nationalstaat
830 Manuela du Bois-Reymond, Verkehrsformen zwischen Elternhaus und Schule
832 Herbert Claas, Die politische Ästhetik Bertolt Brechts vom Baal zum Caesar
833 Peter Weiss, Dramen I
834 Friedensanalysen 2
835-838 Bertolt Brecht, Gedichte in 4 Bänden
839 Géza Róheim, Psychoanalyse und Anthropologie
840 Aus der Zeit der Verzweiflung. Beiträge von Becker/Bovenschen/Brackert u. a.
841 Fernando H. Cardoso/Enzo Faletto, Abhängigkeit und Entwicklung in Lateinamerika
842 Alexander Herzen, Die gescheiterte Revolution
845 Ror Wolf, Die Gefährlichkeit der großen Ebene
847 Friedensanalysen 3
848 Dieter Wellershoff, Die Auflösung des Kunstbegriffs
849 Samuel Beckett, Glückliche Tage
850 Basil Bernstein, Beiträge zu einer Theorie

851 Hobsbawm/Napolitano, Auf dem Weg zum ›historischen Kompromiß‹
852 Über Max Frisch II
853 Brecht-Jahrbuch 1976
854 Julius Fučík, Reportage unter dem Strang geschrieben
856 Dieter Senghaas, Weltwirtschaftsordnung und Entwicklung
858 Silvio Blatter, Genormte Tage, verschüttete Zeit
860 Gombrich/Hochberg/Black, Kunst, Wahrnehmung, Wirklichkeit
861 Blanke/Offe/Ronge u.a., Bürgerlicher Staat und politische Legitimation. Herausgegeben von Rolf Ebbighausen
863 Gesellschaft, Beiträge zur Marxschen Theorie 8/9
864 Über Wolfgang Koeppen. Herausgegeben von Ulrich Greiner
866 Fichant/Pêcheux, Überlegungen zur Wissenschaftsgeschichte
867 Ernst Kris, Die ästhetische Illusion
868 Brede/Dietrich/Kohaupt, Politische Ökonomie des Bodens
871 Friedensanalysen 4
872 Piven/Cloward, Regulierung der Armut
873 Produktion, Arbeit, Sozialisation. Herausgegeben von Th. Leithäuser und W. R. Heinz
874 Max Frisch/Hartmut von Hentig, Zwei Reden zum Friedenspreis des Deutschen Buchhandels 1976
875 Eike Hennig, Bürgerliche Gesellschaft und Faschismus in Deutschland
878 Leithäuser/Volmerg/Wutka, Entwurf zu einer Empirie
879 Peter Bürger, Aktualität und Geschichtlichkeit
881 Loch/Kernberg u. a., Psychoanalyse im Wandel
882 Michael T. Siegert, Strukturbedingungen von Familienkonflikten
883 Erwin Piscator, Theater der Auseinandersetzung
884 Politik der Subjektivität. Texte der italienischen Frauenbewegung, Herausgegeben von Michaela Wunderle
885 Hans Dieter Zimmermann, Vom Nutzen der Literatur
886 Gesellschaft, Beiträge zur Marxschen Theorie 10
887 Über Hans Mayer, Herausgegeben von Inge Jens
888 Nicos Poulantzas, Die Krise der Diktaturen
890 Bergk/Ewald/Fichte u. a., Aufklärung und Gedankenfreiheit. Herausgegeben und eingeleitet von Zwi Batscha
891 Friedensanalysen 5
895 Umberto Eco, Zeichen. Einführung in einen Begriff und seine Geschichte
898 Cohen/Taylor, Ausbruchversuche. Identität und Widerstand
902 Ernest Borneman, Psychoanalyse des Geldes
906 Brecht-Jahrbuch 1977
907 Horst Kern, Michael Schumann, Industriearbeit und Arbeiterbewußtsein
910 Peter Weiss, Stücke II
920 Tagträume vom aufrechten Gang. Sechs Interviews mit Ernst Bloch, Herausgegeben von Arno Münster
925 Friedensanalysen 6
954 Elias/Lepenies, Zwei Reden. Theodor W. Adorno-Preis 1977

Alphabetisches Verzeichnis der edition suhrkamp